欧米のホームレス問題
支援の実例

中村健吾
中山　徹
岡本祥浩 [編著]
都留民子
平川　茂

法律文化社

HOMELESSNESS IN EUROPE AND THE USA Volume 2 : EXAMPLES OF SUPPORTING PRACTICE

edited by Kengo Nakamura, Tohru Nakayama, Yoshihiro Okamoto, Tamiko Tsuru and Shigeru Hirakawa

Preface : Kengo Nakamura

Part I United Kingdom
  Introduction : Yoshihiro Okamoto
  Chapter 1,2 : Yoshihiro Okamoto
  Chapter 3 : Tohru Nakayama
  Chapter 4 : Yusuke Kakita

Part II Germany
  Introduction : Kengo Nakamura
  Chapter 1,5,6 : Kengo Nakamura
  Chapter 2 : Yoshiko Saga
  Chapter 3 : Reiko Shoya
  Chapter 4 : Shigenobu Uehata

Part III France
  Introduction : Tamiko Tsuru
  Chapter 1,2 : Tamiko Tsuru
  Chapter 3 : Mieko Hinokidani
  Supplement : Mieko Hinokidani

Part IV United States of America
  Introduction : Shigeru Hirakawa
  Chapter 1 : Mathew D. Marr
    (translated into Japanese by Shigeru Hirakawa)
  Chapter 2 : Takao Koike
  Supplement 1 : Shigeru Hirakawa
  Supplement 2 : Takashi Hisamoto

Horitsu bunka-sha, Kyoto, 2004

序

　2003年に上梓した本書の上巻『欧米のホームレス問題（上）―実態と政策』では，欧米4カ国におけるホームレス問題の歴史と現状，そしてホームレス生活者に対する支援施策の制度的枠組みを紹介した。そこでの支援施策の紹介は，全国的に施行されている法律や制度に重点がおかれ，支援の現場で実際にどのような活動がなされているかについての詳細な叙述は割愛されていた。

　そこで，この下巻では，欧米4カ国における地方自治体やNPO（民間の非営利組織）によるホームレス生活者への支援活動の具体的な事例を紹介している。4つの編の冒頭にはすべて「はじめに」がおかれており，各編の概要はそこで述べられている。いずれの編も一応は独立しているので，どの編から読んでいただいても支障はない。また，叙述の順序は各国の事情を反映して編ごとに異なっているが，基本的には，野宿状態にある人へのアウトリーチ活動から始まって恒久的な住宅への入居や就労にいたるまでの支援活動の段階的な進展に沿った叙述がなされている。したがって，豊富な実例を含んだ本巻は，どちらかといえば研究者向けに書かれていた上巻とは違って，日本で「路上生活者」あるいは「野宿者」の支援に携わっておられるNPO関係者や行政関係者にとって参考にしていただける，あるいは教訓にしていただける点を多々含んでいるものと思われる。ただ，現場での個々の支援がどのような法制度による裏づけを得ているのかについては，やはり上巻を参照していただかねばならない。

1）EU-US ホームレス研究会とその活動

　本書の叙述のもとになっているのは，文部科学省と厚生労働省の科学研究費補助金を受けながら，著者らが「EU-US ホームレス研究会」として2000年から2003年にかけて行った欧米4カ国での見学・聴き取り調査である。上巻の「序」でも述べておいたが，「EU-US ホームレス研究会」は，1998年6月の社

会政策学会第96回大会における共通論題報告「日雇い労働者・ホームレスと現代日本」の報告者の有志を中心にして，大阪市立大学大学院経済学研究科の福原宏幸教授の呼びかけにより結成された。研究会に集まった研究者の多くは，日本の「路上生活者」あるいは「野宿者」の実態調査に携わっていたが，日本国内の「野宿者」の実態調査だけでは支援施策を考案するうえで限界があり，海外における野宿者やホームレス生活者への支援施策を調査する必要性を感じていた。そこで，研究会は，各自の専門分野を尊重し，EU班，イギリス班，ドイツ班，フランス班，アメリカ班に分かれて調査・研究を行ってきた。この下巻の出版によって，研究会はその共同の研究成果をひと通り公表したことになる。

2）「ホームレス状態」という概念について

　上巻の「序」でも強調しておいた点ではあるが，本書の第Ⅰ編（イギリス），第Ⅱ編（ドイツ），第Ⅲ編（フランス）で使用されている「ホームレス生活者」や「ホームレス状態」という概念は，日本において「路上生活者」や「野宿者」をさして使われている「ホームレス」という語よりも広い範囲の人々または世帯を含んでいる。すなわち，イギリス，ドイツ，フランスをはじめとするEU加盟国は，「路上生活者」だけでなく，知人や親族の家に宿泊している人，安い民間の宿に泊まり続けている人，福祉施設に滞在している人などをも，「ホームレス生活者」の範疇に数え入れているのである。

　EUは，「ホームレス状態」についての公式の定義を現時点ではまだ示していない。とはいえ，EUの欧州委員会に対し公式の諮問相手としての地位を得ている欧州規模のNGOである「ホームレス生活者とともに活動する各国諸組織の欧州連合体（FEANTSA）[1]」は，「ホームレス状態」の定義をすでに提案しており，これがEU加盟国における支援のNGOや行政による問題把握に大きな影響を与えているものと思われる。そのFEANTSAの定義によれば，「ホームレス状態」とは，①屋根のない状態 rooflessness，②家のない状態 houselessness，③不安定な住居に住んでいる状態，④不適切な住居に住んでいる状態，という4つの状態を含む広い概念である。①は野宿状態をさす。②

は，NPO等が提供している緊急宿泊施設や比較的長期の滞在施設を利用してはいるが，社会生活への再参入の道が閉ざされている人をさす。③は，過渡的な住居，もしくは一時的に賃貸住宅に住んではいるが，恒久的な住居を確保できていない人のことである。④は，居住に適していないか，あるいは住人が過密であるような住居に住んでいる人をさしている。[2]

EU加盟国において「ホームレス状態」がこのように広く理解されていることは，これら諸国において，野宿状態という結果だけでなく，それにいたるまでの過程を射程に入れ，予防のための施策と段階的な支援策とが発展していることの背景をなしている。

これに対して，第Ⅳ編（アメリカ）で使用されている「ホームレス状態 homelessness」という語は，「路上生活者」，ならびに「シェルター」などの緊急宿泊施設に滞在している人々がおかれている状態をさしている。この概念は，日本でいう「ホームレス」に比べると外延が多少は広くなっているが，EU加盟国での理解と比べるならやはり狭い。これは，第Ⅳ編の著者たちが「ホームレス状態」についてのそうした狭い理解を積極的に支持していることを意味しているのではなく，混同や誤解を避けるために，アメリカにおける支配的な用語法を踏襲しただけのことである。日本においても，マスコミでの用語法や「ホームレスの自立の支援等に関する特別措置法」の制定によって，ホームレス状態を「路上生活」もしくは「野宿状態」に限定して捉える狭隘な理解が定着してしまった感がある。そして，そうした理解は，「路上生活者」ないし「野宿者」を，その権利が侵害されている市民と捉えるのではなく，社会に参入しようとしない「怠け者」とみる視角につながりかねない。

著者らが本書において「ホームレス状態」の広い理解に固執している理由は，それがEU加盟国に共通する了解事項となり，予防策を含む包括的な支援施策を発展させる根拠になっているという点にとどまらない。むしろ，今日の日本においてこの広い概念が提起しうる重要な含意は，それが，市民のあいだでの分断や亀裂を生み出すのを防ぐ効果をもちうるという点にある。このことは，上述のFEANTSAによる定義にあるような賃貸住宅での居住が不安定である状態や過密な住宅に住んでいる状態が，失業時の生活保障と住宅保障が十全で

ないかぎり多くの市民にとって生じうる状態であることから了解いただけるであろう。

　対するに，「ホームレスの自立の支援等に関する特別措置法」の具体化を図る目的で政府がまとめた「ホームレスの自立の支援等に関する基本方針」（2003年7月）は，「路上生活者」ないし「野宿者」を3つのタイプに区分している。すなわち，①「就労する意欲はあるが仕事がなく失業状態にある者」，②「医療や福祉等の援助が必要な者」，ならびに③「一般社会生活から逃避している者」，という3類型である。「基本方針」は，これら3つの類型に応じて施策を使い分ける必要性を唱えている。このような区分は，一見すると，個々人のニーズに見合った支援を提供するためのものであるかにみえる。しかし，この区分は実際には，「野宿者」と市民社会とのあいだに線引きをするにとどまらず，「野宿者」のなかにまで分断をもち込むものであるといわざるをえない。なぜなら，上記①のタイプに属するとみなされた「野宿者」に対しては公営住宅の提供や就労対策の実施が唱えられている一方，③のタイプに属するとみなされた人々に対し，「基本方針」は「相談活動」を挙げるのみで，なんらの具体的な施策をも示していないからである。支援施策のすべての選択肢は，万人に対して平等に開かれていなければならないし，どの選択肢を活用するかは当事者の判断に委ねられるべきである。

3）欧米におけるNPOの役割

　欧米におけるホームレス生活者への支援の実践においてNPOが果たしている役割は，日本に比べてはるかに大きい。とはいえ，NPOが各国の支援制度のなかに位置づけられ組み込まれているそのあり方は，当然のことながら国によって異なる。たしかに，欧米4カ国のいずれの国のNPOも，野宿状態にある人へのアウトリーチ活動から安定した住居の獲得にいたるまでの支援のシステムを分業によって構築している点では類似している。しかし，それらNPOが中央政府や地方政府（あるいは地方自治体）ととり結んでいる関係は，本書の各編で述べられているように国によってかなり異なるのである。

　イギリスのホームレス生活者支援においてNPO（「ボランタリー組織」）が重要

な役割を演じるようになった背景には，1970年代以降の「福祉多元主義」の台頭がある。すなわち，社会福祉は基本的には国家によって保障されるものであるという第2次世界大戦後のコンセンサスが崩れ，民間の営利組織や「ボランタリー組織」を活用した福祉の提供が推進された。ホームレス生活者支援もその例外ではなく，政府が提示する条件のもとでの競争入札と委託契約により資金提供を受けた「ボランタリー組織」が支援を担うようになった。そこには当然，利用者のニーズに見合った多様にして柔軟な支援が「ボランタリー組織」によって提供されうる反面，政府の意向に沿った支援策のみが助長され，「ボランタリー組織」の自立性が損なわれるという危険性が胚胎している。

　これに対してフランスとドイツでは，ホームレス生活者に限定されない普遍主義的な法制度を活用しつつ，戦後の早い時期からNPOと地方自治体とが協働して支援を展開してきた。両国のNPOによるホームレス生活者支援実践の多くは，財政面では公的な資金に頼ることがある。だからといって，それらNPOの政府からの自立性が損なわれることは，これまであまりなかった。フランスの多くのアソシエーションにおいては，国家補助を受ける事業体組織を独立させることで，本体組織の方は必要とあれば政府の方針に異議申し立てを行うなど，さまざまな形態をとりながら運動組織としての性格を維持しようとしている。ドイツでは，公的扶助の受給者本人が受け取る給付を基礎にしてNPOが支援を展開しており，しかも連邦社会扶助法をはじめとする法律を柔軟に，かつ安定して活用しているため，政府からの独立性を保ってきた。

　他方，社会福祉において政府の果たす役割が伝統的に小さかったアメリカにおいては，1960年代後半以降の連邦政府による福祉予算の拡大のなかで，政府がNPOを積極的に活用するようになった。そして，1987年に成立したマキニー・ホームレス支援法のもとで増設されていった通過施設の運営を担ったのは，本書の第Ⅳ編（とくに補論1）で紹介・分析されている「事業型NPO」であった。政府資金への依存度が高い「事業型NPO」は，政府資金を安定して獲得するために，連邦政府の方針に沿って「自立」させやすいホームレス生活者を選りすぐって通過施設等に収容していった。アメリカにおけるホームレス生活者対策の「産業化」が指摘されるゆえんである。

4）日本の特異性

　このように，欧米の4カ国においてNPOがホームレス生活者支援のシステムにおいて占めている位置は，あるいは言い換えるなら，各国の福祉レジームにおける国家と市民社会との関係は，すこぶる異なっている。そうした相違を，アングロサクソン諸国の自由主義的な福祉レジームと大陸ヨーロッパ諸国の保守的コーポラティズム・レジームという区分図式に縮約することも可能であろう[3]。しかし，本書の問題関心は，そうした福祉レジームの類型論の提示にあるのではない。むしろ，顕在化したホームレス問題にそれぞれの仕方で早くから取り組んできた欧米諸国の正と負の経験の双方から，日本のわれわれは何を学ぶことができるかという点にこそ，本書の主たる関心はおかれている。

　そうした関心からみるとき，欧米4カ国相互の差異よりも，それら諸国の共通性に対する日本の特異性の方が際立ってしまう。すなわち，日本には，ホームレス生活者ないしは野宿者の支援に携わるNPOが，欧米に匹敵するような規模においては存在しない。日本の状況は，イギリス，ドイツ，フランスはもとより，日本と同様に社会保障において貧弱なアメリカとも異なり，ホームレス生活者支援事業の大規模な「産業化」ないし「商業化」が問題視されるような状況にすら未だいたっていないといえよう。なるほど，日本においても，野宿者支援事業の資金獲得をめぐって悪質な民間の業者が群がり始めていることには，大きな警戒が必要である[4]。しかし，それでもなお，日本において「野宿者」への支援事業に民間の非営利組織や営利組織が関与する度合いは，欧米に比べると未だはるかに低いのである。言い換えれば，欧米の4カ国と同様に爛熟した資本主義社会でありながら，日本の国家と市民社会はまだホームレス問題に正面から向き合っていない。

　なぜであろうか。日本と欧米とでは，何が異なるのか。

　この違いは，日本の市民の権利意識や連帯感覚の希薄さ，ひいては公共精神の貧弱さなどといった次元とは異なる次元に起因しているものと思われる。

　第1に，日雇い労働という日本独特のシステムの存在を挙げなければならない。日本の「路上生活者」もしくは「野宿者」の多くが，かつての，あるいは現役の日雇い労働者であることは，各地での調査から実証されている[5]。大阪市

ないし大阪府が野宿者の数において日本最多の地域であるという事実は[6]，そこに釜ヶ崎という日本最大の日雇い労働市場が存在することに関連しているであろう。「路上生活」あるいは「野宿」は，寄せ場においては新しい問題では決してない。寄せ場の周囲では，病気・高齢・労災等のせいで仕事を得られなくなり，「ドヤ」での宿泊もできなくなって野宿を余儀なくされ，人知れず路上で亡くなっていく日雇い労働者が以前から存在した。そして，寄せ場では，日雇い労働者を支援するNPOや日雇い労働者の労働組合が活動を続けてきた。ただ，それが，寄せ場から離れて生活している人々には見えなかった，あるいは，見えていたとしてもそこから一線を画してきたのである。日本の高度経済成長を底辺で支えた日雇い労働者が高齢化し，もはや仕事を得られなくなって寄せ場を離れ，人通りの多い駅や公園などで野宿するようになったときになってようやく，人はこうした人々の存在を「ホームレス」として認識するようになった。要するに，寄せ場の周囲には以前から野宿を余儀なくされる人々が存在していたにもかかわらず，その寄せ場というシステムが「野宿者」の存在を隠蔽してきたのである。

　第2に，日本の社会保障の貧弱さを補ってきた戦後の例外的経済成長パターンと企業内福利厚生の存在とを指摘しなければならない。上で述べたように，日本の「路上生活者」ないし「野宿者」の多くは，元の，あるいは現役の日雇い労働者である。しかし，これも各地での調査から明らかになっているとおり，現在の「野宿者」のなかには，野宿にいたる直前まで常用雇用であった人が少なからず含まれている[7]。そうした人々は，貧弱な社会保障システムのもとにあっても，経済成長が続き，正規の従業員として雇用されているかぎりは，路頭に迷ったり，そこで寝泊りしたりすることなど考えられなかった。それどころか，自らが属する企業の業績に応じた昇進と安定した生活とが保障されていた。しかし，世界経済において，日本が爛熟した資本主義国のなかで占めていた例外的な地位が失われ，経済のグローバリゼーションのもとで東アジア諸国のみならず欧米諸国との競争にさらされ始めると，日本の企業は「リストラ」という名の人員削減による国際競争力の回復に努め始めた。かつては日本経済の例外的成長の源泉のひとつと考えられていた「終身雇用」は，日本企業の国際競

争力にとっては桎梏であるとみなされるようになった。いわゆる「バブル経済」崩壊以降に会社の「リストラ」や倒産によって職を失った人々は，日雇い労働を拒否して常用雇用の道を希望するが，うまくはいっていない。

　第3に，企業内福利厚生が貧弱な社会保障を代替してきたという戦後日本の構造は，その社会保障の貧弱さそのものを隠蔽することによって，政府が貧困問題と住宅政策とを軽視することにもつながっていた。EU加盟国の政府がホームレス問題を「貧困」あるいは「社会的排除」の「極限的形態」として位置づけ，これとの闘いが各国政府のみならずEUのレベルでも重要な課題として取り組まれていることは，本書の上巻で述べたとおりである。これに対して，日本政府は野宿状態を貧困という社会問題として捉えず，一般的な施策や制度とは異なる特別の法律や枠組みによってこれに対処しようとしている。また，住宅政策に関していえば，本書の編著者の1人である岡本祥浩が指摘しているように，政府は「長らく住宅建設を景気の浮揚策や牽引車としてのみ」捉えてきたために，市場メカニズムの欠損を補って「住宅困窮者に適切な住宅を提供する」という住宅政策本来の目標をなおざりにしてきた。その結果，日本には一方において大量の空き家住宅が存在するにもかかわらず，他方では野宿を余儀なくされる人が増大の一途をたどるという，なんとも皮肉な事態が生み出されている[8]。

　要するに，日本では，ホームレス問題が欧米諸国よりも顕在化しにくいような社会構造が第2次世界大戦後に形成されたといわざるをえない。野宿の問題は，一方では，もっぱら日雇い労働者という「特殊な」階層にとっての問題であるとみなされ，他方の常用雇用の労働者にとっては，自分には無縁の問題であると思われた——あるいは，問題の所在そのものを知ることがなかった——。そして，日雇い労働者と野宿者を支援するNPOや自助組織が存在してきたにもかかわらず，その活動が注目をあびることは少なかった。

　だがしかし，野宿の問題を特定の地域に局限し隠蔽してきた機制は崩壊した。いまや問題は寄せ場の周囲を越えて広がっており，しかも，おそらくはもはや一過性のものではなく，むしろある種の構造的な問題としての様相を帯びるにいたっている。日本のホームレス問題は，欧米のそれに匹敵するような規模と

深みに達しつつある。したがって，それは，緊急の対策とともに支援の長期的なあり方を議論し考案する必要性をも提起しているといえよう。野宿者の自助組織や野宿者を支援する NPO が，寄せ場以外の地域でも形成され始めているし，それらを横につなぐ全国的な連絡組織も結成されている。そして，これら組織と行政との関係のあり方もすでに議論の対象になっている。「ホームレスの自立の支援等に関する特別措置法」が徐々に具体化されつつあるいま，法制や行政による施策のうち有益なものは柔軟に活用しつつも，行政の単なる「下請け」としての地位に甘んじることなく，当事者の声をいかにして代表していくかが，支援の NPO に問われることになる。そして，行政の側もまた，おのれの施策にとって都合のよい NPO にのみ資金を提供し，施策の内容を批判する NPO の声を無視するようなことをしてはならない。行政が事態の改善を真剣に模索しているのであれば，施策に対する NPO からの批判は，歓迎されるべきものではあっても，これを敬遠したり疎んじたりする筋合いのものではないはずである。

　本巻の各編からは，NPO と行政との関係を考えるうえで留意されるべき多くの教訓を読み取ることができる。

5）就労による「自立」をめぐって

　「ホームレスの自立の支援等に関する特別措置法」における「自立」の概念が曖昧であると同時に，もっぱら「就労による自立」をさしているような含みを有していることは，すでに多くの方面から指摘されている[9]。「自立」が「常用雇用の確保による自立」に限定して捉えられるならば，「特別措置法」の第3条でいう「自立の意思があるホームレス」とは，常用雇用を確保する意思と見通しのある「野宿者」に限られてしまい，そうした意思と見通しがないと判断された「野宿者」は，一連の支援の枠組みから排除される可能性がある。若年者でさえ常用雇用を見つけるのが困難な雇用情勢のなかで，中高年の方が多い「野宿者」に対し支援の前提条件として雇用確保の意思を要求することは，倒錯しているといわざるをえない。なぜなら，欧米におけるホームレス生活者への支援の実践から引き出される重要な教訓のひとつは，安定的な居住をまず

は確保したうえで初めて雇用も得られるという点にあるからである。[10]

　本書の事例でいえば，就労への意思や見通しを前提条件にしないでホームレス生活者への支援を展開してきた最たるケースは，第Ⅲ編のフランスであろう。これに対し，1990年代半ばの「福祉改革」により，社会福祉全体の理念として「就労最優先アプローチ」を掲げることになったアメリカでは，政府から資金を得ている支援のNPOが，就労への見通しのあるホームレス生活者のみを選別して通過施設に入所させるという傾向が強まっている（第Ⅳ編を参照）。また，公的扶助を支給する前提条件として職業安定所での就労活動を要求する傾向，あるいは政府からの補助金で成り立っているような就労セクターを削減しようとする傾向は，ドイツでも強まっている（第Ⅱ編を参照）。

　断っておかなければならないが，アメリカやドイツで見られるこうした傾向に対して，本書の著者はきわめて否定的な評価を下しているし，そうした傾向への批判と抵抗はアメリカやドイツにおいても高まっている。著者は，このような就労優先アプローチは長続きしないと考えている。なぜならそれは，上で述べたように，ホームレス生活者の現実に即した支援の順序をとり違え，倒錯しているので，問題を解決しえないからである。日本ではむしろ，これまでフランスやドイツにおいて展開されてきたように，社会保障政策や住宅政策の枠内で「野宿者」にまずは安定的な居住を確保したうえで，政府の新たな助成金制度とNPOとによって雇用を創出すること――就労支援にとどまらない就労保障[11]――こそが問われているように思われる。

　しかるに，日本政府が2003年7月に発表した「ホームレスの自立の支援等に関する基本方針」は，「野宿者」に対する公営住宅への優先入居制度の活用という積極的な方向性を打ち出しつつも，他方ではこの施策の対象者を，「ホームレス自立支援事業等を通じて就労の機会が確保されるなど，自立した日常生活を営むことが可能と認められる」人にのみ限定することを示唆している。「自立」を「就労による自立」というふうに狭く捉え，「自立の意思」の有無によって施策を使い分けることは，「野宿者」内部での分断と施策の倒錯とをもたらすであろう。

このほか，本巻においては，ホームレス生活者への支援における中央政府と地方政府（あるいは地方自治体）との連携関係についても各編で論及されている。

謝　辞 Acknowledgements

本巻を準備するための調査と研究に際しても，調査の対象となった4カ国における数多くの方々や組織にお世話になった。そこで，以下にそうした方々や組織を編別に記させていただくことで感謝申し上げたい。

For their support and patience we would like to thank the following colleagues of ours;

Wir danken unseren folgenden Kolleginnen und Kollegen für ihre Unterstützung und Duldsamkeit;

Notre plus grande reconnaissance va aux celles et ceux qui nous ont beaucoup aidés, en répondant gentiment, précieusement à l'interview ou l'enquête;

【第Ⅰ編　イギリス United Kingdom】

政府の野宿者対策室 Rough Sleepers Unit のチャールズ・チャペルさん Mr. Charles Chappel。ロンドンのカムデン区住宅部のカレン・スウィフトさん Ms. Karen Swift。同じくタワー・ハムレット区住宅部のコリン・コーマックさん Mr. Colin Cormark。ロンドン・スクール・オブ・エコノミクスのクリスティーン・ホワイトヘッドさん Ms. Christine Whitehead，アンディ・ソーンリーさん Mr. Andy Thornley，レベッカ・タンストールさん Ms. Rebecca Tunstall，ならびに同スクール社会的排除分析センターのメガン・ラベンヒルさん Ms. Megan Ravenhill。キングス・カレッジ・ロンドンのクリス・ハムネットさん Mr. Chris Hamnett。ロンドン・リサーチ・センターのケイト・アレクサンダーさん Ms. Kate Alexander。セント・マンゴスのミック・キャロルさん Mr. Mick Carroll。クライシス Crisis のシャクス・ゴーシュさん Ms. Shaks Ghosh。ホワイト・チャペル・ミッションのトニー・ミラーさん Mr. Tony Miller。カーディナル・ヒューム・センターのマイケル・ライアンさん Mr. Michael Ryan。センターポイントのアリソン・カイヤさん Ms.

Alison Kaye。フォイヤー・フェデレーションのキャロライン・ヘイマンさん Ms. Carolyn Hayman。セイフ・イン・ザ・シティのメラニー・ブランシャードさん Ms. Melanie Blanchard。サイモン・コミュニティのフィリップ・バークさん Mr. Philip Burke。キングス・クロス・ホームレスネス・プロジェクトのケニー・ベヴァリッジさん Mr. Kenny Beveridge。シェルターのアラステア・ジャクソンさん Mr. Alastair Jackson。エマウス・ケンブリッジのポール・ベインさん Mr. Paul Bain。クラッシュのギル・キングさん Mr. Gill King。カーディフ大学都市地域計画学部 Department of City and Regional Planning, Cardiff University のデイビット・クラファン教授 Professor David Clapham、ロバート・スミス博士 Dr. Robert Smith、ポーリン・カードさん Ms. Pauline Card、ロブ・ローランドさん Mr. Rob Rowlands（現バーミンガム大学 The University of Birmingham）。カーディフ市シティ・センターチーム City Center Team, Cardiff City Council のスティーブ・ハイドさん Mr. Steve Hyde、ハウジング・ヘルプセンター Housing Help Center のジョー・ペインさん Mr. Joe Payne。通訳者として、戸田有心さん、髙橋美和さん、鴨澤小織さん、斉藤麻人さん。

【第II編 ドイツ Bundesrepublik Deutschland】
「ホームレス生活者扶助連邦協議体（BAG-WH）」のハインリッヒ・ホルトマンシュペッター氏 Herr Heinrich Holtmannspötter、トーマス・シュペヒト＝キットラー氏 Herr Thomas Specht-Kittler、ならびにヴェレーナ・ローゼンケ氏 Frau Werena Rosenke。ビーレフェルト市でホームレス生活者向けに諸種のサービスを提供している NPO である Gebal のライムント・クリンカート氏 Herr Raimund Klinkert。「ビーレフェルト市組織・決定協会 GOE-Gesellschaft für Organisation und Entscheidung」のアンドレアス・ケンパー氏 Herr Andreas Kämper。カッセル総合大学 Gesamthochschule Kassel のフロリアン・テンシュテット教授 Herr Prof. Florian Tennstedt。ノルトライン-ヴェストファーレン州の「労働社会・資格技術省社会局 Abteilung Soziales des Ministeriums für Arbeit und Soziales, Qualifikation und

Technologie」のラルフ・ゾンマー氏 Herr Ralf Sommer，ならびに同州の「州および都市開発研究プログラム事務局 Programmgeschäftsstelle des Instituts für Landes- und Stadtentwicklungsforschung」のシュテファニー・ベーム氏 Frau Stefanie Böm。フレンスブルク市 Stadt Flensburg 社会局のゲルト・コル氏 Herr Gert Koll。ブレーメン市の「ヤコブの家 Jakobushaus」にある就労相談所のベルント・ヴィントミュラー氏 Herr Bernd Windmüller，ならびに外来支援部門のアクセル・シュレーター氏 Herr Axel Schröter。「革新的社会研究・社会計画研究所（GISS）」のフォルカー・ブッシュ＝ゲーアトゥゼマ氏 Herr Volker Busch-Geertsema。ベルリン州保健・社会局 Landesamt für Gesundheit und Soziales Berlin でホームレス生活者支援部門を担当されているベアテ・フリューゲル氏 Frau Beate Flügel。INETRSOFIA のリアネ・シェンク氏 Frau Liane Schenk。「ベルリン都市ミッション Berliner Stadtmission」のヴァルター・ユルゲン＝ツィーマー氏と同僚の皆さん Herr Walter Jürgen-Ziemer sowie seine Kolleginnen und Kollegen。「ホームレス生活者ベルリン州当事者イニシアティブ Landesbetroffeneninitiative wohnungsloser Menschen Berlin」のユルゲン・ディンヒャー氏 Herr Jürgen Dincher。ベルリンで路上新聞『die strassenzeitung』を発行している mobobdachlosen machen mobil のシュテファン・シュナイダー氏 Herr Stefan Schneider。ベルリンのホームレス生活者向け日中滞在施設である「ヴァルマー・オットー Warmer Otto」のカーシュテン・クレル氏 Herr Karsten Krell。ベルリンのフランクリン通りにある臨時宿泊所 Notübernachtungsheim auf der Franklinstraße in Berlin のユルゲン・マーク氏 Herr Jürgen Mark。オルデンブルク市ディアコニー事業 Diakonisches Werk Oldenburg のペーター・スチュンカ氏と同僚の皆さん Herr Peter Szynka sowie seine Kolleginnen und Kollegen。ヴィルヘルムスハーフェン市ディアコニー事業 Diakonisches Werk Wilhelmshafen の皆さん。通訳者として，ヨシコ・フクダ＝クニュットゲンさん Frau Yoshiko Fukuda-Knüttgen，丹後京子さん，ならびに三浦まどかさん。静岡大学人文学部の布川日佐史教授，ならびに大阪市立大学大学院法学研究科の木下秀雄教授。

【第Ⅲ編　フランス République Française】

パリ SAMU-social および全国 SAMU-social 連合会の長ザヴィエ・エマニュエル氏 Dr. Xavier Emmanuelli、同じくブルノ・ル＝モアヌ氏 M. Bruno Le Moine、そしてマリヌ・ケナン氏 Mme Marine Quenin。パリ市福祉事務所のソーシャルワーカーであるアンヌ・ドーヴェルニュ氏 Mme Anne Dauvergne。フランス国鉄（SNCF）連帯委員会 Mission Solidarité の元委員で全国家族手当金庫（CNAF）の研究局責任者のジュリアン・ダモン氏 M. Julien Damon、フランス国鉄・モンパルナス駅のソーシャルワーカーのジョエル・デュマドラージュ氏 Mme Joëlle Dumasdelage。人道的アソシエーション・カトリック救済会の全国委員会・失業および参入サービス責任者のジャック・ブルジョワ氏 M. Jacques Bourgeois。シテ・カトリック救済会・Cité Saint Martin の副所長クロード・ギヨン氏 Mme Claude Gullon。同じくサン＝マルタン施設で「家族-健康（FA-SA）」部門サービス責任者のパスカル・フリエール氏 Mme Pascale Fourrer をはじめとするソーシャルワーカーの方々。シテ・カトリック救済会・ミリアム施設 Cité Myriam のロリック・カバリュ氏 Mme Rodrique Cabarrus、ナタリーボワヴァン氏 Mme Nathalie Boivent、ロペス・ド・ムサ氏 M. Lo'pez de Mesa をはじめとするソーシャルワーカーの方々。パリ県「社会福祉・児童・保健局（DASES）」・調査研究部長のロベール・ポワンサール氏 M. Robert Poinsard、ならびに DASES・社会福祉図書館の責任者モニック・シャラヴェル氏 Mme Monique Charavel。オー＝ド＝セーヌ県施設局長のフィリップ・サンドヴォワール氏 M. Philippe Sandevoir、ならびにポール・サン＝ルルー氏 Mme Paule Sanz-Leroux。オー＝ド＝セーヌ県の社会生活部門責任者のエス・ジェルマン氏 Mme Hesse Germain。ブッシュ＝ド＝ローヌ県都市政策担当のエヴリーヌ・カルディ氏 Mme Evelyne Cardi、ならびにマルセイユ市の住宅政策担当のナディーヌ・ギオット氏 Mme Nadine Ghiotto。居住問題に取り組むアソシエーション PACT-ARIM の全国連合事務局長レミ・ジェラード氏 M. Rémi Gérard。社会レジデンス「クロード・チリエ Claude Tiller」の運営を担当するアソシエーション ANRS のジュリアン・ポール氏 M. Julien Pauls、ならびにプロジェクトを担当した EFIDIS のデルフ

ィーヌ・ドゥペ氏 Mme Delphine Depaix。社会住宅財団の事務局長マルタン・ルグラン氏 M. Martin Legrand，ならびに調査協力者のフレデリック・ピュショー氏 Mme Frédérique Pieuchot とセリーヌ・アレン氏 Mme Céline Allain。通訳者の甲田充子氏。

【第IV編　アメリカ United States of America】
ロサンゼルス市の民間非営利組織「シェルター・パートナーシップ」のルース・シュワーツ氏 Ms. Ruth Schwarts。同市の民間非営利組織「飢餓とホームレス状態を終わらせるための連合」のボブ・アーレンブッシュ氏 Mr. Bob Erlenbush。同市の民間非営利組織「LA・ファミリー・ハウジング」のジェフリー・S・ファーバー氏 Mr. Jeffrey S. Farber。同市の民間非営利組織「ワッツ地区労働コミュニティ行動委員会」のマシュー・オルフェミ氏 Mr. Matthew Olufemi。同市の民間非営利組織「聖ジョセフ・センター」のジュディ・アレクサンダー氏 Ms. Judy Alexander。同市の民間非営利組織「ホームレス生活者を支援する人々」のサラ・ペレス・ヴァリム氏 Ms. Sara Perez Vallim。同市の民間非営利組織「ビヨンド・シェルター」のタニア・タル氏 Ms. Tanya Tull。同市の民間非営利組織「クリサリス」のロジーナ・サーバー・ワヒード氏 Ms. Rogena Thurber-Waheed。サンタモニカ市の民間非営利組織「オーシャン・パーク・コミュニティ・センター」のジョン・マセリ氏 Mr. John Maceri。サンフランシスコ市の民間非営利組織「ホーム・ベース」のトニー・ガードナー氏 Mr. Tony Gardner。同市の民間非営利組織「ドローレス・ストリート・コミュニティ・サービス」のフランシスコ・ディマス氏 Mr. Francisco Dimas。同市の民間非営利組織「ハミルトン家庭センター」のベス・ストークス氏 Ms. Beth Stokes。ニューヨーク市の民間非営利組織「ニューヨーク・サポーティヴ・ハウジング・ネットワーク」のマリーン・フレア氏 Ms. Maureen Fria。同市の民間非営利組織「サポーティヴ・ハウジング連合」のコンスタンス・テンペル氏 Ms. Constance Tempel。同市の民間非営利組織「ユダヤ家庭子ども支援サービス協議会」のスーザン・ウィボット氏 Ms. Susan Wiviott。シカゴ市の民間非営利組織「シカゴ・ホームレス連合」のレ

ス・ブラウン氏 Mr. Les Brown。同市の民間非営利組織「インターフェイス・ハウス」のナンシー・A・ハンソン氏 Ms. Nancy A. Hanson。同市の民間非営利組織「レイクフロント・SRO」のキャスリン・コール氏 Ms. Kathryn Cole。同市の調査で案内をしていただいたポール・フォッペ氏 Mr. Paul Foppe。

　このほか，各国での調査と資料の整理に際しては，大阪府立大学大学院社会福祉学研究科の伊藤泰三君，大阪市立大学大学院経済学研究科の大西祥恵君および松原仁美君をはじめ，大学院生の諸君にお手伝いいただいた。
　この下巻の編集に際しても，上巻と同様に，法律文化社編集部の田靡純子氏にご苦労をおかけした。編著者の多くが大学での職務で忙しくなるなかにあって，際限がないかにみえた締め切りの先延ばしに終止符を打ち，13名におよぶ著者らの原稿をとりまとめて下さったのは，田靡氏であった。あらためて感謝申し上げるしだいである。
　本書は，平成13年度厚生労働省厚生科学研究費補助金（H13-政策-012）を受けて刊行された。

　　　2004年1月

　　　　　　　　　　　　　　　　　　　　　　　　　　　著者を代表して
　　　　　　　　　　　　　　　　　　　　　　　　　　　中村　健吾

1）FEANTSA については，本書の上巻の18頁以下を参照願いたい。
2）European Observatory on Homelessness, *Review of Statistics on Homelessness in Europe,* 2002, Brussels (FEANTSA), p.13.
3）G.エスピン-アンデルセン（岡沢憲芙・宮本太郎監訳）『福祉資本主義の三つの世界――比較福祉国家の理論と動態』ミネルヴァ書房，2001年。
4）たとえば，東京都では，野宿者にも支給され始めた生活保護を目当てにして，本来は生活保護受給者のためではなく低所得者のための施設である民間の宿泊所が急増している。しかも，そうした宿泊所においては，設備や食事の劣悪さがしばしば指摘されているため，東京都は2003年3月に，これを規制する新しい「宿泊所ガイドライン」を定め

たほどである（新宿ホームレス支援機構編『季刊 Shelter-less』No.17，2003年，102頁以下）。また，自立支援センターに入所している人や日雇労働者を，国の奨励金支給によって民間企業に短期間だけ試行的に雇用させるという「ホームレス等試行雇用事業」には，奨励金の獲得を目当てにした悪質な業者が参入していることが報告されている。そこでは，実際には仕事がないにもかかわらず野宿者を飯場に収容し，奨励金を飯場での宿代や食事代として差し引いて，当事者には給与をいっさい支払わないという，日雇労働の飯場で見られたのと同一の手口が使われている（寄せ場・野宿者運動全国懇談会ほか「ホームレス自立支援法による国の基本方針への要求」『季刊 Shelter-less』No.17，2003年，29頁）。

5) 大阪府立大学社会福祉学部の都市福祉研究会が2001年に大阪府下の「野宿者」を対象にして行った調査によれば，野宿する直前に就いていた職業における従業上の地位は，「日雇い」が最も多く，全体の44.8％を占めていた（大阪府立大学社会福祉学部都市福祉研究会『大阪府野宿生活者実態調査報告書』2002年，83頁）。他方，厚生労働省が2003年に実施した「ホームレスの実態に関する全国調査」によれば，野宿する直前に日雇い労働をしていたという人の比率は全体の35.0％に低下し，「常勤職員・従業員（正社員）」と答えた人の比率（38.6％）よりも低くなるが，それでもなお，全体に占める比率としては高い。

6) 厚生労働省が2003年に実施した『ホームレスの実態に関する全国調査』によれば，大阪市の野宿者は6603人，大阪府は7757人となっており，後者の数は東京都の6361をも上回って，全国で最多である。

7) 注5)を参照せよ。

8) 岡本祥浩「ホームレス対策における住居の意味とその役割」『季刊 Shelter-less』No.17，2003年。

9) たとえば，藤井克彦・田巻松雄『偏見から共生へ——名古屋発・ホームレス問題を考える』風媒社，2003年，301頁以下を見よ。

10) 新聞報道によれば，東京都は2004年度から，テントで暮らす「野宿者」に対し，都が借り上げた都営住宅や民間アパートの約2000室を，低家賃で2年間にわたって貸しつける計画をまとめたという（2003年12月21日付け『毎日新聞』）。これ自体は歓迎すべき動きではある。しかし，貸しつけの対象者がテントで暮らす「野宿者」に限定され，テントを設けずに野宿している人が除外されるおそれのあること，東京都が同時にテントの撤去をも進める意向であることを鑑みると，居住保障よりもテントの撤去に主たる関心をすえた施策ではないかという疑念もつきまとう。

11)「就労支援」と「就労保障」という区分は，EU-US ホームレス研究会の一員である小玉徹が『ホームレス問題——何が問われているのか』（岩波書店，2003年）の中で提示している。

目　次

序

第Ⅰ編　イギリス

はじめに——「連携」と「ボランタリー組織」による階層的・段階的支援の展開　3

第1章　ホームレス支援施策の焦点　5

第2章　地域におけるホームレス支援施策の実践　11
　　　　——カーディフ市を事例にして
　1　地域におけるホームレス支援施策研究の意味　11
　2　カーディフのホームレス事情　13
　3　ホームレス支援施策の構成　15
　4　ホームレス支援施策の特徴　30

第3章　ホームレス支援における
　　　　ボランタリー組織の役割と支援の蓄積　33
　1　ホームレス支援におけるボランタリー組織の役割　33
　2　ボランタリー組織によるホームレス支援の蓄積　41

第4章　ボランタリー組織によるホームレス支援の実例　45
　1　支援活動の最前線　45
　　　アウトリーチ　　スープ・ラン, クロージング・ラン　　医療サービス　　デイ・センター
　2　一時居住施設の提供　52
　　　シェルター　　ホステル　　サポーティッド・ハウジング
　3　再定住に向けた支援　59
　　　恒久住宅の確保　　自立生活の支援とアフターフォロー——フォイヤーによる支援の実例　　再定住の支援

注・参考文献　65

第Ⅱ編　ドイツ

はじめに―自治体とNPOが個性的な支援を繰り広げるドイツ　73
  支援の統一性と多様性　各章の要旨　連邦政府による改革にともなう就労への圧力

第1章　ホームレス生活者扶助連邦協議体 ―――――― 76
――支援諸団体の全国組織
1　ホームレス生活者扶助連邦協議体の沿革，組織構成，財源　76
2　ホームレス生活者扶助連邦協議体の活動　78
3　駅からの追い出しに反対するキャンペーン　82

第2章　ノルトライン-ヴェストファーレン州における
ホームレス生活者対策の具体的展開 ―――――― 84
1　州プログラム「ホームレス状態を回避する―持続的な居住の保障」　84
2　ノルトライン-ヴェストファーレン州における各自治体のホームレス生活者対策　87
  ビーレフェルト市における実践例　デュイスブルク市における実践例

第3章　フレンスブルク市 ―――――――――――― 92
――ホームレス生活者支援の先進的都市
1　社会事務所の統合化・組織改革・専門部局制の確立とホームレス問題への対策　93
  行政機構改革と専門部局制　専門部局制とその意義
2　フレンスブルク市のホームレス生活者支援の構想　94
  フレンスブルク市のホームレス対策の経緯　フレンスブルク市のホームレス生活者支援の構想
3　連邦社会扶助法による予防施策と再統合施策　96
  ホームレス化を予防する措置　住居を失った人／ホームレス状態にある人への給付と支援サービス　施設の利用
4　ホームレス生活者自立支援―困窮者用の施設から普通住宅へ　101
5　連邦社会扶助法72条の新施行規則と「ベクバBeQua」の活躍　102

第4章　ブレーメン市における支援活動 ——————————— 106
——「ヤコブの家」を中心に

1　ヤコブの家の組織と活動　107

2　「外来支援」と「就労相談」の役割　113
　　「外来支援」の基本的な業務　　「就労相談」をめぐる最近の傾向

第5章　ベルリン州 ————————————————————— 118
——大都市における支援の可能性

1　ベルリンにおけるホームレス生活者の現状　119

2　ベルリンにおけるホームレス生活者支援策　120
　　予防策　　現にホームレス状態にある人への支援策　　社会への
　　（再）統合策

第6章　社会保険への加入をともなう就労プロジェクト —— 134

1　ニーダーザクセン州における「ホームレス生活者のための
　　就労支援」プログラム　134

2　プログラム参加者の輪郭　136

3　オルデンブルク市における就労支援プロジェクト　138

4　ヴィルヘルムスハーフェン市における就労支援プロジェクト　140

5　社会保障政策か，それとも労働市場政策か　142

注・参考文献　143

第Ⅲ編　フランス

はじめに—社会的緊急サービスから住宅保障への途とその課題　155
　　支援の複線化と参入プロセスの固定化　　支援の「質」の問題
　　生活の安定が前提にある雇用確保の支援

第1章　社会的緊急性に応えた活動 ——————————————— 160

1　社会福祉緊急サービス SAMU-social　160

2　「パリ SAMU-social」の活動　161
　　アウトリーチ活動と緊急フリー115番サービス　　緊急宿泊施設「緑
　　の扉」　　連帯-参入のためのセンター「庭園の館」

3　国鉄の連帯委員会 Mission Solidarité　167
　　　　　パリ-リヨン駅の事例　　マルセイユ-サン=シャルル駅の連帯委員会の事例

第2章　宿泊施設 hébergement ── 171
　　　1　アソシエーション-シテ・カトリック救済会　171
　　　　　シテ・サン=マルタン施設組織　　シテ・ミリアム施設組織
　　　2　全国宿泊施設アソシエーション連合会（FNARS）の活動　182

第3章　住宅保障のための制度的枠組みと支援の実態 ── 185
　　　1　行政の取り組み　185
　　　　　国と地方とのパートナーシップにもとづく計画制度　　「恵まれない者」のための県住宅行動計画（PDALPD）　　地方住居プログラム（PLH）
　　　2　民間非営利組織による居住支援活動　195
　　　　　現状と課題　　困窮者向け住宅の供給　　社会レジデンス Résidence Social の運営
　　　3　小　　括　203

〈補論〉社会賃貸住宅制度の動向 ── 206
　　　1　住宅困窮者への支援と社会住宅　206
　　　2　新しい融資制度　208
　　　3　社会賃貸住宅制度の課題　209

注・参考文献　211

第Ⅳ編　アメリカ

はじめに――アメリカのホームレス生活者対策の到達点　223

第1章　地方政府のホームレス生活者対策―――227
――ロサンゼルス郡の「ケアの継続」とホームレス問題経営の限界

1　全米におけるロサンゼルス郡の位置　227

2　ロサンゼルス郡内のホームレス生活者の人口学的特徴　230
   シェルター・パートナーシップによる調査　ロサンゼルス郡保健サービス局による調査

3　ロサンゼルス郡における大量ホームレス問題の構造的原因　233
   労働市場の変化　住宅市場　福祉政策

4　ロサンゼルス郡のホームレス生活者対策　239
   ロサンゼルス郡の「ケアの継続」　ロサンゼルス郡のホームレス問題経営

5　大量ホームレス問題経営の限界　256
   緊急シェルター，通過施設および恒久住宅の有効性　社会的コスト――公衆衛生，人権，社会的公正　ホームレス問題経営に対する異議

6　結　論　263

第2章　産業化したホームレス対策―――266
――通過施設 Transitional Housing の展開とその到達点から

1　課題の設定　266

2　マキニー・ホームレス支援法と通過施設　268

3　「シェルター産業」の生成　271

4　通過施設と付帯するプログラムの諸事例　278
   「就労支援」を主眼にすえた通過施設プログラムの事例から　家族ホームレスのための通過施設の事例から　通過施設の原型としての緊急シェルター

5　むすびにかえて　290

〈補論1〉　アメリカのNPO（民間非営利組織）―――293

1　ホームレス対策におけるNPOの位置　293

2　NPOとは何か？　294
　　3　NPOの2類型　297
　　4　NPOと行政機関の関係　299

〈補論2〉福祉改革とホームレス生活者 ─────── 302
　　1　福祉改革以前　302
　　2　福祉改革以後　303
　　3　カリフォルニア州の福祉改革　304
　　4　ホームレス生活者からみた福祉改革　310

注・参考文献　312

―――― **著者紹介**（執筆順）――――
①所属・職名，②主要著作，③本書での担当箇所

岡 本 祥 浩（おかもと・よしひろ）
　①と②：奥付参照，③第Ⅰ編の「はじめに」・第1章・第2章

中 山　　徹（なかやま・とおる）
　①と②：奥付参照，③第Ⅰ編の第3章

垣 田 裕 介（かきた・ゆうすけ）
　①大阪府立大学大学院社会福祉学研究科博士後期課程，②「ベヴァリッジ・プランにおける対象の包括性」（大阪府立大学社会福祉学部『社会問題研究』52巻1号，2002年6月），「野宿生活者の形成過程に関する一考察」（『季刊Shelter-less』No.18，2003年9月），③第Ⅰ編の第4章

中 村 健 吾（なかむら・けんご）
　①と②：奥付参照，③序，第Ⅱ編の「はじめに」・第1章・第5章・第6章

嵯 峨 嘉 子（さが・よしこ）
　①大阪府立大学社会福祉学部専任講師，②「ホームレスと社会扶助」（布川日佐史編著『雇用政策と公的扶助の交錯』御茶の水書房，2002年），「ドイツにおけるホームレス支援策」（社会政策学会編『グローバリゼーションと社会政策』法律文化社，2002年），③第Ⅱ編の第2章

庄 谷 怜 子（しょうや・れいこ）
　①大阪府立大学名誉教授，②『現代の貧困の諸相と公的扶助』（啓文社，1996年），「社会福祉の日独比較」（阿部志郎・井岡勉編『社会福祉の国際比較』有斐閣，2000年），③第Ⅱ編の第3章

上 畑 恵 宣（うえはた・しげのぶ）
　①社会福祉法人「釜ヶ崎ストロームの家」理事長，元同朋大学社会福祉学部教授，②「日雇労働あぶれ地獄と安心を保障していない『安全網』」（『賃金と社会保障』1244号，1999年2月），「ドイツにおける貧困と社会扶助行政の実態」（共著，布川日佐史編著『雇用政策と公的扶助の交錯』御茶の水書房，2002年），③第Ⅱ編の第4章

都 留 民 子（つる・たみこ）
　①と②：奥付参照，③第Ⅲ編の「はじめに」・第1章・第2章

檜谷美恵子（ひのきだに・みえこ）
　①大阪市立大学大学院生活科学研究科助教授，②『欧米の住宅政策』（共著，ミネルヴァ書房，1999年），「EU都市政策における住宅政策の位置付けと展開に関する研究」（共著，『財団法人住宅総合研究財団研究年報』27号，2001年3月），③第Ⅲ編の第3章と補論

平 川　　茂（ひらかわ・しげる）
　①と②：奥付参照，③第Ⅳ編の「はじめに」・第1章の翻訳・補論1

マシュー・D・マール (Matthew D. Marr)
　①カリフォルニア大学ロサンゼルス校社会学部博士候補生，②"Maintaining Autonomy: The Plight of the Japanese Yoseba and the American Skid Row", *Journal of Social Distress and the Homeless,* 6(3), 1997 ; "Seeking Work Daily: Supply, Demand, and Spatial Dimensions of Day Labor in Two Global Cities"(with Abel Valenzuela, Jr. and Janette Kawachi), *International Journal of Comparative Sociology,* 43(2), 2002，③第Ⅳ編の第1章

小 池 隆 生（こいけ・たかお）
　①専修大学大学院経済学研究科助手，②「現代アメリカにおけるアンダークラス問題とその研究視角」（専修大学大学院『社会科学論集』22号，1998年9月），「連邦政府のホームレス生活者対策」（小玉・中村・都留・平川編著『欧米のホームレス問題（上）』法律文化社，2003年），③第Ⅳ編の第2章

久 本 貴 志（ひさもと・たかし）
　①大阪市立大学大学院経済学研究科後期博士課程，②大阪府立大学社会福祉学部都市福祉研究会『大阪府野宿生活者実態調査報告書』（分担執筆，2002年），「アメリカの福祉改革」（大阪市立大学大学院経済学研究科2002年度提出修士論文），③第Ⅳ編の補論2

第Ⅰ編
イギリス

はじめに
――「連携」と「ボランタリー組織」による階層的・段階的支援の展開――

　上巻では，イギリスのホームレス問題および支援施策を概観した。本巻の目的は，上巻での概観を受け，ホームレス支援施策の具体像を示すことである。
　第1章では，「ホームレス支援策の焦点」を通してホームレス支援策における「多分野，多セクターの連携」そして「ボランタリー組織」の重要性を示している。ここでは，ホームレス支援策を考える際の背景となる論点と観点を指摘することによって，「連携」と「ボランタリー組織」の重要性を論じている。論点とは，政策論とホームレス問題の様相の変化を意味する。「小さな政府論」がボランタリー組織の活動の場を広げる条件を作り，「ホームレス問題の様相の変化」がホームレス施策を単純で短期的なものから長期的で本格的なものへ，そして多分野・多セクターの連携を必要とするものへ変えた。さらに，ホームレス支援サービスの供給者と利用者という観点を導入することによって，ホームレス支援策を取り巻く課題がみえてくることを示している。
　第2章では，これまであまり紹介されてこなかった地域におけるホームレス支援施策の実像を，カーディフ市を例に紹介している。ここでは多分野・多セクターの連携によってホームレス支援が実施されていることを示している。ホームレス支援施策が，野宿状態のホームレス生活者を緊急支援施設から恒久住宅に居住させるまで相互に連携している。また，低廉な公営住宅などのホームレス生活者に提供されるであろう恒久住宅が郊外に立地しており，ホームレス生活者の希望する市街地中心部との乖離が生じているが，ホームレス支援策を実施する組織やその施設が市街地の中心部に立地し，ホームレス生活者のニーズを補完する関係になっていることを示している。こうした地域におけるホームレス支援施策の相互連携や立地は，日本においておおいに学ぶべきものである。
　第3章と第4章では，ホームレス支援策におけるもうひとつの柱の「ボランタリー組織」に焦点をあてて紹介している。

第3章では，ホームレス支援にかかわるボランタリー組織の概観，意義，役割を示している。ここでは，ホームレス支援におけるボランタリー組織を中央政府との関係および活動の内容によって3つに区分している。第1に，中央政府の担当部局と契約を交わし，仕様書などを通して中央政府の趣旨を実現する事業を実施する組織。第2に，反対に中央政府の施策方向に左右されず，ホームレス生活者のニーズに忠実に活動を行う組織。第3に，中央政府の施策がどのようにホームレス生活者に効果を与えているかを評価し，その方向性をホームレス生活者のニーズに合わせるよう働きかける役割をする組織。中央政府の施策方針に対してこうした3方向からボランタリー組織がかかわることにより，ホームレス支援施策が特定のホームレス生活者のニーズに偏ることなくバランスよく実施されるよう調整する役割を担っている。

　第4章では，ホームレス支援にかかわるボランタリー組織の実態を多様なホームレス支援施策の紹介を通して把握している。第4章で紹介されているプログラムの多くは，著者らの現地調査に基づいている。

第1章　ホームレス支援施策の焦点

　イギリスのホームレス支援施策の議論において，リンケージ，ジョイン・アップなど多分野や多セクターの連携を示す言葉が使われる。そこでホームレス支援策における「連携」と「ボランタリー組織」の重要性をホームレス支援施策の焦点を通して考えてみよう。この「連携」と「ボランタリー組織」が重要視される背景として，以下の論点と観点がある。

　論点とは，「小さな政府」にみられる政策論と「ホームレス問題の様相」にみられる問題の変化である。観点とは，ホームレス支援というサービスを提供者側から考えるか，受け手側から考えるかという見方の違いを意味する。

　まず論点から考えると，大きな潮流として経済問題に端を発する政策論の変化がある。周知のように，1960年代に盛り上がった福祉国家論は70年代に入り変化した。1959年から15年にわたって行われたベトナム戦争，1973年のオイルショックなどがアメリカ経済と世界経済におよぼした影響は大きかった。1971年にアメリカがドルの金との交換を停止し，輸入課徴金賦課を実施するといういわゆるニクソン・ショックによって，それまで世界経済の枠組みであったブレトン・ウッズ体制が壊れた。これにより国家がもっていた資本統制の機能がなくなり［神野，2002，40-41頁］，中央集権型の福祉国家をめざした体制が崩れることになった。資本は，より安い労働力と制限の少ない環境を求め，労働力はより条件のよい職場を求めて世界中を自由にフライトすることになった。中央政府や地方政府は，資本がフライトすることを恐れ，減税・補助金・敷地や都市基盤の整備などさまざまなインセンティブを用意し，世界的な都市間競争・地域間競争を勝ち抜くことに血道をあげることとなった。その結果，中央政府や地方政府の利用できる財源が減少し，社会政策に使える資源が少なくなった。そこでクローズアップされるようになったのが政府（公）の非効率性と民間の効率性であり，「福祉多元主義」という考え方で慈善団体やボランタリ

一団体がサービスの供給主体として注目されるようになった。

次に,もうひとつの論点である「ホームレス問題の様相」の変化を考えてみよう。最近のホームレス問題発生のメカニズムは,「経済構造の変化」,「人口構造の変化」,「政策環境の変化」,「個人問題」の4要因が影響していると考えられている(詳しくは,［岡本,2003a］や［岡本,2002a; 2002b］を参照)。これらの要因が相互に関係しつつ,パートナーとの離死別,失業,家出,退職,ケアからの離脱,薬物中毒,アルコール依存症など主に個人的出来事が引き金となりホームレス生活者になる。

当初,イギリスにおいてホームレス問題は,住宅不足が原因であると考えられ,1977年に住宅の提供を基盤とするホームレス生活者支援政策がつくられた。その背景には次のような状況があった。ホームレス法制が議論になった1960年代には,第2次世界大戦後の住宅不足がまだ十分に解消されていなかった。1960年代の終わりになって全国的な世帯数と住居数のバランスがとれたが,地域的には住宅不足は解消されていなかった［Malpas/Murie, 1999, p.58］。それにもかかわらず,政府のスラム・クリアランスがうまく機能せずに住宅を失う人々が発生していた。そうした状況をBBCがドキュメンタリードラマ「キャシー・カム・ホーム」に仕立てて(1966年に放映),ホームレス生活者に対する国民の共感を集めた。そしてホームレス支援団体のシェルターが設立され(1966年),政治的な圧力が高まるとともに,ホームレス問題の原因が住宅不足であるという多くの研究報告書が政府機関や研究者から出された［Clapham/Kemp/Smith, 1990］。こうした状況と労働党政権という条件が重なり,1977年住居法(ホームレス生活者法)が成立した。

1977年住居法の意義は,「ホームレス状態を定義したこと」,「ホームレス問題の責任の所在を地方自治体の住宅部局に定めたこと」,「ホームレス支援に恒久的な住宅提供を定めたこと」,「ホームレス支援の基準を定めたこと」(適格性,優先条件,恣意性,地域とのつながり)である。そこで,家族を中心に住宅を提供するホームレス支援策が展開された。ところが,現在までにホームレス問題を取り巻く状況は大きく変化した。その変化は以下の4点にまとめられる。

第1に,ホームレス生活者の属性の変化である。従来,ホームレス生活者は

家族ホームレスが中心であると考えられ，施策対象も家族を中心にすえていた。ところが，ホームレス生活者の中心が若年の単身者に変化した。この変化に，「産業構造の変化」が大きな影響を与えている。すなわち，産業構造の変化は，製造業などの重厚長大型から卸売・小売業，サービス業，金融，研究・開発などの軽薄短小型の産業への転換を促す。産業の高度化に対応した職業に就職するために高等教育機関での教育が必要となり，「独立するまでの時間が長期化」した。たとえば，1970年代のスウォンジーでは，16歳で学校教育を卒業し，職業につき，10代で結婚し，自分の家を持てた。学校を卒業後，すぐに就職できる若者は1976年には53％であった。ところが，1986年にはその比率が15％に低下した。知識・技能を修得していない若者に就職の可能性が少なくなった。その結果，ホームレス支援の申請者に占める単身者の比率は，1987年の29％から96年の44％に上昇した［Hutson, 1999］。こうした変化に対応するため，職業能力の欠如した若者に職業訓練の機会を与えたり，ホームレス生活者支援の優先基準年齢の切り下げが行われたりしている。

　第2に，ホームレス問題が「短期的問題」から「長期的問題」に変わったことである。当初は，スラム・クリアランスなどによる住宅不足がホームレス問題の原因とみられていた。そのため，住宅が建設され，住宅戸数が増えれば問題は解決されると考えられていた。ところが，前述の就労問題が居住の安定性を脅かすようになった。産業構造の転換によって非熟練若年労働者の職場が減少し，小売業やサービス業で女性の就労の場が増える。さらに，国際的な価格競争から優秀な労働力をできるだけ安く，必要なときだけ雇用しようとする企業の力によって，パートや一時雇用などの不安定な就業状態が増えた。その結果，安定した居所を確保することが困難で，ホームレス状態を引き起こしやすくなった。また，ホームレス生活者が住宅以外のさまざまな問題を抱えているため，住宅を確保したからといってただちにホームレス状態が解消できるわけではない。実際，ホームレス生活者はあまり減少せず，2000年に約13万世帯がホームレス生活者として自治体に認定されている。

　第3の変化は，ホームレス問題が「単純な問題」ではなく「複雑な問題」となったことである。当初は，前述した住宅不足がホームレス問題の原因であっ

た。ところが，住宅があっても就労の場がなかったり，生活方法（たとえば，電気・ガス・水道の契約方法，食料品の購入場所や方法，栄養バランスのとれた食生活の仕方など）がわからなかったり，精神的な問題や薬物・アルコール依存症を抱えていたりして，ホームレス状態を招く。こうした問題は，住宅の提供だけでなく，都市の産業政策，教育，福祉，医療などとの連携がないと解決できない。また，伝統的家族観の変化，家出，離婚の増大などが，ホームレス問題の発生を容易にし，その解決を困難にしている。こうした問題の対処には，複数の分野の専門家の協力が必要であり，ホームレス支援策にマルチエージェンシー・フォーラムの設置やコーディネートの役割を担う担当者が求められている。

　第4に，ホームレス対策の資源が減少したことである。サッチャー政権以降の政策変更の影響が大きい。公的住宅の払い下げ the Right to Buy，シェルターやホステルの閉鎖，各種給付金の削減などが1980年以降次々と実施された。その結果，セイフティネットが小さくなり，ロンドンを中心に多くの野宿者が急激に発生した。また，従来の公営住宅は家族を対象としていたので，単身者にふさわしい住宅が少なかった。ホームレス対策も家族を重点においていた。しかし，ホームレス生活者に占める単身者の割合が増え，ホームレス生活者の需要とホームレス対策の資源に大きなずれが生じた。政府は，野宿者の集中している地域を中心に「野宿者優先プログラム Rough Sleepers Initiative（ＲＳＩ）」を実施しつつ，資源の減少を補うためボランティアや慈善団体の力を活用するようになった。政府・自治体の役割は，戦略的な計画を立案し，それが実施されるような環境づくりを行うイネブラーとなった。また，ホームレス生活者に対する事後的な施策だけではなく，ホームレス問題を発生させない予防策が重視され，自治体における計画や戦略の確立（2002年法で），ホームレス生活者への情報の提供や相談・アドバイスが義務づけ（1996年法で）られている。

　以上のホームレス問題の変化が，政府や単一部門だけによるホームレス支援サービスの直接供給ではなく，多分野や多セクターが連携したホームレス支援策を必要としたのである。

　次にホームレス支援サービスの供給側と利用者側という2つの観点からホームレス支援施策を考えると，4つの課題がみえてくる。

第1に、「中央と地方」、「中央集権と地方分権」という課題である。前述の政策論から小さな中央政府を作ろうとする流れがあることを認識しておく必要があろう。これまでも全イギリスを統括する中央政府と地方政府や地方自治体との力関係の問題で、それぞれがより強い権限を得ようとしてきた歴史があり、保守党が中央政府に力を入れ、労働党が地方自治に力を注いできたという経緯も考慮しなければならない。1997年の労働党政権以降、地方政府への権限委譲が進み、地方の実情に合わせた独自のホームレス支援策が展開されるようになっている。イングランドとウェールズは多くの場合、同じ法律のもとで支援策が形成されるが、それぞれの地方政府がガイダンスを策定し、ホームレス支援策を実施している。スコットランドは、より自立性が強く別の法律を制定し、ホームレス支援策を実施している。利用者の観点からするなら、地方分権化が進み、ホームレス生活者の実情に合わせたホームレス支援策が展開されることはより望ましい。

　第2に、「一般策と焦点策」という課題である。「野宿者優先プログラム」は、イングランドおよびスコットランドで展開されているホームレス支援の焦点策である。1990年代初頭に急増したロンドンの野宿者に対処するために、保守党政権によって創設された地区限定的な施策である。これは、予算削減のためのホームレス生活者支援施策の減少やホステルなど緊急避難施設の閉鎖などによって急増した野宿者をなくすため、野宿者の多い地区に限定し、シェルターやホステルの開設・アウトリーチの実施などによって路上の野宿者を施設に迎え入れ、野宿者の姿を一般大衆から見えなくしようというものであった。結果は、路上から多くの野宿者が施設に収容された。野宿者が減少したという効果から、野宿者優先プログラムはイングランドの野宿者の多い都市に拡大され、さらにスコットランドにも拡大した。

　しかし、ホームレス問題は解決したのではなく、野宿者が路上から施設に移ったけであった。ロンドンではB&B（Bed&Breakfast：簡易ホテル）などで生活するホームレス生活者が統計史上最大になった。その結果、ホームレス問題を引き起こす住宅問題の根本的解決が最大の課題となった。ホームレス対策は、ロンドンなど大都市における限定的な焦点策から抜本的で一般的な対策が求め

られている。

　第3に，政権政党によって施策が変わるという「政治との関係」がある。1977年にホームレス生活者法が制定されたのは労働党政権下であり，ホームレス問題への責任が自治体に明確に位置づけられていた。1996年に住居法が改正された時点では，保守党政権下で自治体がホームレス生活者に恒久的に住宅を提供する制度が廃止され，公営住宅へのホームレス生活者の居住の権利が弱くなった。ところが，2002年にホームレス生活者法が労働党政権下で改正されると，1996年法で制定された2年間の期限付きの一時居所の提供に関する期限が撤廃され，ホームレス支援者の優先条件が拡大されるなど，逆にホームレス生活者の居住の権利は強められた。このように政権を労働党がとるか，保守党がとるかによって，その施策は大きく変化している。

　最後に第4として，政府とボランタリー組織や慈善団体との関係がある。政府による補助金方式から委託契約方式への移行，公共サービスにおける市場メカニズムの導入が，ボランティア精神を危機に向かわせた［高寄，1996，407頁］。ホームレス生活者支援の体験から新たなニーズをつかみ出し，支援策を展開するというのがボランタリー組織や慈善団体の活動の特徴であると考えられるが，ホームレス支援策が契約を通して実施されるようになると，これらの組織は支援策の契約をすることが至上命題となり，ホームレス生活者よりは政府や自治体に目を向けるようになる。その結果，ボランタリー組織や慈善団体のホームレス支援活動がホームレス生活者の需要に合っているかどうかが疑問視されることになる［Guardian, 1/11/2001］。多セクターをホームレス支援策に組み込むことは重要なことであるが，その導入方法を間違うと意味をなさなくなるおそれがあり，細心の注意が必要である。

　以上みてきた「論点」や「観点」が具体的にどのように展開されているか，次の第2章でカーディフを例に挙げて紹介しよう。

第2章 地域におけるホームレス支援施策の実践
——カーディフ市を事例にして

1 地域におけるホームレス支援施策研究の意味

　近年，イギリスのホームレス政策研究が本格的に進められてきたが[2]，従来の研究は一国としての政策を捉えようとして，全体的な状況や制度的な紹介が多く，施策が具体的にどのような仕組みで機能しているのかがわかりづらかった。そうした研究は，日本とは異なる政策の存在を示すことはできたが，野宿者問題を抱えている日本の地方自治体が具体的にどのような施策展開を行えるのか，地域としてはどうすればよいのか，という問題解決の糸口を提示しえず，個別対策の域を超えた地域的総合施策の展開に結びつかなかった。そこで本章は，ウェールズの首都カーディフを対象とし，地域におけるより具体的で総合的な施策体系を紹介することによって，地域におけるホームレス支援施策の見取り図を提示するものである。

　ここで注意する必要があるのは，対象の妥当性である。日本へのホームレス施策の紹介は，これまで地域の人口規模や情報の多さからイングランドを中心に行われてきた。イギリスのホームレス支援施策は，1977年の住居法制定以降，自治体住宅部局が責任をもち，住宅を提供することを中心に行われてきた。ところが，1979年に保守党政権が樹立され，大きな政策変更が行われた。多くの政府予算が削減された。社会保障や住宅関連も例外ではなかった。なかでも1980年に導入された公的住宅の払い下げは，これまでホームレス支援施策に活用していた社会的住宅のストックを減らし，ホームレス支援施策を困難にした。1980年代後半よりロンドンで野宿者が急増したが，シェルターやホステルなどが次々と閉鎖されていったこともひとつの原因であった。そこで政府は，1990年に「野宿者優先プログラム（RSI）」を創設し，野宿者の集中する地区に集

中的に資金と人を投入し，施設の開設とアウトリーチの実施，チャリティ団体などの活動によって野宿者を減らした。この事業は1996年以降，深刻な野宿者問題を抱えるイングランドの他の大都市へ，1997年にはスコットランドへも拡大した。現在のイギリスのホームレス支援策は1996年住居法を基礎に展開しているが，イングランドとスコットランドは以上の経緯から基本的な施策に加え，「野宿者優先プログラム」によって特例的な施策を展開している。こうした背景が Iwata［2002］の論点にも影響を与えている。ところが，ウェールズは，イングランドとほぼ同じ施策体系でありながら，「野宿者優先プログラム」を含まない基本的な施策だけが実施されている。そのためウェールズでは地域における基本的なホームレス支援施策がイングランドに比べてわかりやすく展開されていると考えられる。これが，地域としてウェールズを取り上げる理由である。

　次に，ウェールズにおけるカーディフの位置である。カーディフは1955年にウェールズの首都に認定され，「ヨーロッパで最も若い首都」といわれている。人口は約30万人，カーディフから車で1時間の圏内に200万人が居住している。ウェールズの総人口が約300万人なので，カーディフ大都市圏内にウェールズの人口の3分の2が居住していることになる。ウェールズは鉱物資源が豊富で，良質の石炭を産出し，カーディフはかつて世界一の石炭積出港として繁栄した。カーディフの郊外には多くの炭鉱があり，ウェールズの内外から仕事を求めて多くの人々が移り住んできた。しかし，産業構造の転換が進み，現在では石炭産業が消滅し，カーディフは政治・経済・司法・文化・教育・イベントなど高次産業の拠点となっている。一方，かつての炭鉱を抱えたカーディフ郊外の町々は，十分な産業基盤を形成できず，イギリスでも最も貧困な地域のひとつとなっている。つまり，カーディフを中心に現代産業の最も高次機能が集積し，繁栄の側面を示している都市の中心部と最も衰退した地域としての貧困が取り巻いた郊外という，貧富が隣り合わせに存在する典型的な地域となっている。これは，ホームレス問題を引き起こすひとつの要因である経済のグローバリゼーションがもたらす典型的な状況である。こうしたことからも，カーディフをこの問題の対象として取り上げることに十分な意味がある。

2　カーディフのホームレス事情

カーディフのホームレス問題の規模と性格を検討しておこう。

まず，ウェールズ全体の全般的な住居の状況をみておこう。ウェールズの2000年12月末現在の住戸は127万戸と推定されている。ウェールズの住宅の特徴は，古く（1919年以前の建築が35%），持ち家比率が高い（72%）ことである。持ち家は1961年以降（48%）増加し，公営住宅は公的住宅の払い下げ the Right to Buy によって減少（1961年の24%から2001年の15.2%）している。民間借家も1961年の29%から2001年9%へと減少している。それを補うかたちで登録された社会的家主の借家（4.1%）が1981年の1万1000戸から2001年の5万5000戸に増加している［Welsh Housing Statistics, 2001］。

カーディフの住戸数は12万7867戸（2001年）で，公営住宅が12.5%（1万6000戸），登録された社会的家主の借家が7.1%（9082戸），持ち家・民間借家・その他の合計が80.4%（10万2785戸）である［ibid.］。

ホームレス問題にはさまざまな要因が関係するため，ホームレス生活者の規模や属性は地域によって異なる。**図表Ⅰ-2-1**に示すように，大都市ほどホームレス生活者の比率が高い。カーディフのホームレス世帯比率はロンドンの9分の1程度にすぎない。しかし，この数値は自治体が支援すべきホームレス生活者として認めたものであり，ホームレス生活者の実態を忠実に示しているわけではない（申請しない者や基準に合わない者は含まれない）。大都市ほど一時居所で暮らす世帯数（**図表Ⅰ-2-2**）が多く，ホームレス生活者に対する比率も高く，大都市のホームレス問題の深刻さを示している。

ホームレス状態になった理由（**図表Ⅰ-2-3**）をみると，イングランドとウェールズでは「両親と住めなくなった」，「他の親戚や友人と住めなくなった」，「パートナーとの人間関係の崩壊」の合計が過半数を超えており，ホームレス問題が住宅だけの問題ではないことを示している。とくに「他の親戚や友人と住めなくなった」をみると，ウェールズ，カーディフ，イングランドの順で増えており，都市化の程度と人間関係に起因する問題との相関が示唆される。反

図表 I-2-1　自治体に認められたホームレス世帯（2000／01年）

地域	優先条件を備えた恣意的でないホームレス世帯	千世帯あたりの数
ロンドン	29,630	9.5
イングランド	114,350	5.5
ウェールズ	4,390	1.5
カーディフ	356	1.1

出所：[DTLR, 2002]，[Welsh Housing Statistics, 2001] より作成。

図表 I-2-2　一時居所で暮らす世帯

地域	世帯数
ロンドン	44,340
イングランド	77,940
ウェールズ	1,079

注：ロンドンとイングランドは2001年9月末，ウェールズは2000/01年度末の値。
出所：[DTLR, 2002]，[Welsh Housing Statistics, 2001] より作成。

図表 I-2-3　ホームレス状態になった理由（2000／01年）（単位：世帯，（　）は％）

主な理由	イングランド	ウェールズ	カーディフ
両親と住めなくなった	19,900（17.4）	745（17.0）	68（19.1）
他の親戚や友人と住めなくなった	15,790（13.8）	331（7.5）	34（9.6）
パートナーとの人間関係の崩壊	25,970（22.7）	1,248（28.4）	52（14.6）
ローン破綻	3,750（3.3）	233（5.3）	28（7.9）
家賃滞納	3,750（3.3）	144（3.3）	8（2.2）
他の理由による住居の喪失	25,880（22.6）	1,307（29.8）	127（35.6）
その他	19,310（16.9）	382（8.7）	39（11.0）
合計	114,350（100.0）	4,390（100.0）	356（100.0）

注：イングランドの「他の理由による住居の喪失」には，15%の「定期借家期限の終了」を含む。ウェールズとカーディフの「その他」には，「施設やケアに居た」を含む。
出所：[DTLR, 2002]，[Welsh Housing Statistics, 2001] より作成。

対に，居所自身の問題をホームレス状態になった理由に挙げている比率はウェールズ，とくにカーディフで高くなっている。「ローン破綻」の高さや「他の理由による住居の喪失」の高さが注目される。カーディフにおける「ローン破綻」は，産業構造の転換による失業などが影響を与えていると推察される。カーディフでのホームレス状態になった理由は居所の喪失が半数近くを占め，他の地域に比べて住宅問題が大きな意味をもっているのが特徴である。また，イングランドにおける「他の理由による住居の喪失」の3分の2が「定期借家期限の終了」であることも注目される。ホームレス問題に対処する民間借家市場の問題のひとつが示されているといえよう。

野宿者の数は，イングランド全体で530人以上と推定されている。カーディフでは，シティ・センター・チームの朝食サービス Breakfast Run による確認で13〜14人である（2001年10月下旬から11月初旬にかけての人数，19人から7人の間を上下している）。

このようにカーディフのホームレス問題は，ロンドンやイングランドの大都市よりもその規模は小さい。しかし，前述のようにホームレス問題が社会・経済の構造を通して生まれてくる以上，軽視すべき問題ではない。

3 ホームレス支援施策の構成

現在のホームレス支援施策の基礎は1977年の住居法によって定められたが，地方の独自性が強い。カーディフのホームレス支援施策は，住居法，ガイダンス（ウェールズ政府によって定められる），ウェールズの住宅戦略，ウェールズのホームレス戦略，カーディフの住宅戦略，カーディフのホームレス戦略という階層的な計画体系のなかで位置づけられている。住居法によってホームレス生活者の定義，支援の対象としての優先条件（地方政府でも独自に基準を設定している），ホームレス支援の責任の所在など，ホームレス支援施策の基本方向が定められる。実際の運営方策に関して各地方政府がガイダンスを発行し，地方自治体にその指針をさし示している。ホームレス問題の責任の所在が地方自治体住宅部局に定められているので，ホームレス対策が住宅戦略の重要な部分を占めてい

る。そのためホームレス支援施策は，各地方政府・地方自治体の住宅戦略およびホームレス戦略で位置づけられている。地方政府の住宅戦略やホームレス戦略は，地方政府全域を対象とし，すべての地方自治体に当てはまるように作成されるため，やや抽象的となる。

　住宅戦略やホームレス戦略での議論の中心は「予防」，「協同（連携）」，「戦略」である。「予防」は，ホームレス問題の解決が容易でないため，問題の発生を防ぐことが最も重要な対策であるとの認識にもとづいている。「協同（連携）」には複数の意味合いが込められている。ホームレス問題が「複雑な問題」であるため，複数部門の専門家が協力しなければ解決しないこと，自治体のサービスが官僚的で柔軟な対応ができないことや資源の少なさをカバーするためにさまざまなセクターの協力を必要とするのである。地方自治体の重要な役割は，ホームレス対策が効果的，機能的に働くよう「戦略」を立案し，機能させることにある。そのため，地方自治体の住宅部局がホームレス対策の要となる。

　ホームレス支援施策は，本書上巻の第2章で述べたように，「緊急施策」（野宿者への宿所，生活支援サービス，野宿のおそれのある者への相談・情報提供など），「サポート施策」（一般住宅で生活を継続するための支援サービス），「恒久住宅」（公営住宅や登録された社会的家主の借家など居所の提供），「情報・相談」（ホームレス支援サービスの紹介，居住継続のための相談），「戦略とイノベーション」（施策の有効性を評価，有効に機能する方策の検討，戦略的プランの策定）に分けられる。これらの施策は，ホームレス生活者が緊急事態である野宿状態から恒久的な住宅での居住に向かうよう連携づけられている。

　カーディフのホームレス支援施策の要は，ホームレス担当部局でホームレス戦略の立案・実施と関係部局との調整役を担っている。ホームレス生活者との接点はシティ・センター・チームと Cardiff Council Housing Help Centre である。ホームレス支援策の実施は，カーディフ市直営のホステルを除いてチャリティ団体[3]によって実施されている。カーディフ市とチャリティ団体，チャリティ団体どうしは，後述の情報の共有化やホームレス生活者への給付金や補助金，基金などを通して密接に連携するように仕組まれている。

　カーディフのホームレス支援施策は，ホームレス生活者に対してホームレス

第2章 地域におけるホームレス支援施策の実践 17

状態の厳しい状況から順に1次・2次・3次のホームレス支援サービスが、さらにホームレス状態に陥っている者やその危険性をもつ者に対しては、その他の支援組織から支援が野宿状態から順次状況を改善し、一般住居で生活できるように段階性をもって提供されている(図表I-2-4)。

　ホームレス支援1次サービスは「緊急施策」を意味し、居所の提供とアウトリーチ・サービスに分けられる。アウトリーチ・サービスは、野宿者やホームレス生活者に直接彼らの生活の場で会い、サービスを提供するものである。**図表I-2-5**に示されるように、警察、看護師、チャリティ団体、役所の窓口などさまざまな団体が密接に連携しサービス提供にかかわっている。

　野宿問題対応の中心はシティ・センター・チームである。シティ・センター・チームは、カーディフ市のさまざまな部署から12人の職員が集まり、都心の野宿問題を解決するために結成されている。毎朝夜明け前からチャリティ団体 Wallich Clifford Community と協同で朝食を配りながら、野宿者の状況の把握に努めている。シティ・センター・チームは野宿者に緊急的な宿所提供が必要であると判断した場合、ホステルなどに野宿者を紹介する。野宿者自身の詳しい調査は施設入所後に行われる。また、年に一度、24時間体制で都心の野宿者の状況を調査 Snapshot survey している。さらに、そのほかのチャリティ団体などが炊き出しなどを行って野宿者の生活を支えている。

　ホームレス生活者へのサービス情報提供の中心は Cardiff Council Housing Help Centre である。Cardiff Council Housing Help Centre は、市民の利用しやすい市街地の真ん中に立地し、住宅問題の相談やアドバイスを提供するだけでなく、住居費保証会議 Cardiff Bond Board など住宅問題に対応する機関とともに立地し、連携を図っている。路上でホームレス生活者が週刊誌を販売し(2年間の期限付き)、販売額の一部を

写真I-1　市街地の中心に立置するハウジング・ヘルプセンター(カーディフ)

図表 I-2-4　ホームレス支援施策の構造

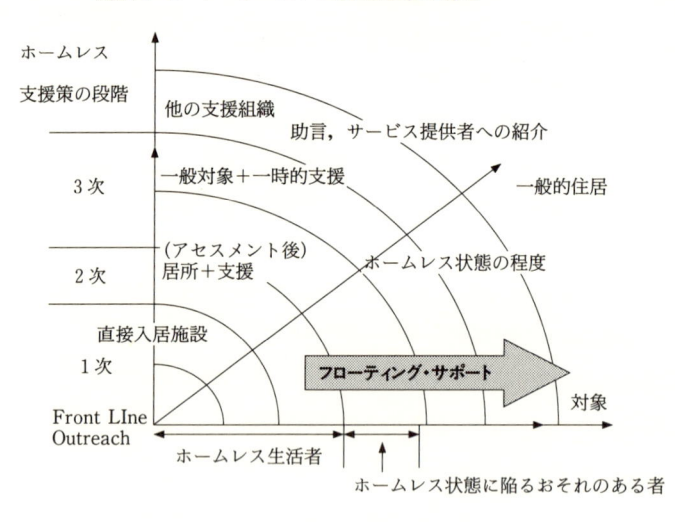

[図：ホームレス支援策の段階を示す扇形図。縦軸「ホームレス支援策の段階」、横軸「対象」。
- 3次：他の支援組織／一般対象＋一時的支援／助言，サービス提供者への紹介／一般的住居
- 2次：（アセスメント後）居所＋支援／ホームレス状態の程度
- 1次：直接入居施設／Front LIne Outreach
- フローティング・サポート（矢印）
- ホームレス生活者／ホームレス状態に陥るおそれのある者]

図表 I-2-5　1次サービス・アウトリーチ

機　関	サービスの属性または対象
Cardiff Council City Centre Team	【カーディフ市都心の野宿者対策チーム】
Wallich Clifford Community (Breakfast Run)	野宿者を対象とする
Cardiff Council Homelessness Section	住居法にもとづく部署
Daytime/Evening Soup Runs – various	【さまざまな団体の炊き出しサービス】
Midnight Soup Runs	野宿者を対象とする
Llamau	若者への住居の助言
Cardiff Council Housing Help Centre	一般的な住居の助言
Primary Health Care Provision	看護婦によるケア
South Wales Police	Cardiff County Council と連携
CASH	【カーディフ単身ホームレス支援団体】
Dyfrig House	禁酒のデイ・センター
4 Winds Day Centre	精神的健康問題をもった者を対象とする
Futures Outreach Project	Butetown, Grangetown, Riverside の若者を対象とする

注：【　】内は著者が補った。
出所：[HNAP, 2001]

写真 I-2　精神的不健康者のためのデイ・センター（4 WINDS）

写真 I-3　アルコール依存症者のためのデイ・センター

写真 I-4　カーディフ市のダイレクト・ホステル

写真 I-5　若者のためのホステル

受け取ることによって物乞いをせずとも生活を維持し，自信を取り戻して自立した生活へ進めるように，ビッグ・イッシューが1991年にロンドンで設立されたが，そのウェールズ版を創設するための事務所スペースの提供なども Cardiff Council Housing Help Centre が行ってきた。ビッグ・イッシュー・カムリ（ビッグ・イッシュー・ウェールズの意味）は1994年に設立され，ウェールズ内に5カ所の事務所を設置し，平均1万4000部を販売し，500人以上のホームレス生活者を支援している。

　ホームレス生活者にはさまざまな問題を抱えている者が多い。このためアルコール依存症の者には Dyfrig　House が，精神的健康問題を抱えた者には 4 Winds　Day　Centre がデイ・センターとして設置されている。4 Winds Day Centre は，利用者を中心にすえた運営を行っていることで有名である。とくに，他の施設が活動しない休日などを中心に活動し，当事者の不安を少しでも

図表 I-2-6　1次サービス提供者

機関	サービスの属性または対象	収容人数
Salvation Army	18歳以上の男性のみ／高齢で身体的問題を抱える者へのケア	54
Cardiff Council Tresillian House	優先条件を備えるようになった者への居室の提供／ペットの持ち込みを認める	20
Wallich Clifford Community (Nightshelter)	一般的に他のホームレス支援の基本的サービス提供機関を通して入所	10
CASH	【カーディフ単身ホームレス支援団体】	20
Cardiff Housing Link	【薬物，飲酒，精神的な健康問題を抱えた単身ホームレス生活者および家庭内暴力を受けている女性へのホステル】	18
YMCA	【キリスト教主義にもとづく国際的青年運動団体】	74
Wallich Clifford Community	【ホームレス生活者支援団体，ダイレクト・ホステルなどを運営する】	21
Church Army	若年者（16〜24歳）への24時間支援つき居所	10
	合計	227

注：【　】内は著者が補った。
出所：［HNAP, 2001］

和らげるよう努めている。

　図表 I-2-6 に1次サービスとしての居所提供を示している。この居所は，ホームレス生活者自身が施設に出向き，そこでサービス提供者に居所を直接提供してもらう施設 Direct hostel を含んでいる。対象年齢などが限定されている施設もあるが，基本的に野宿者一般を対象としている。施設入所の原則はホームレス状態から脱却する努力を継続することで，住居法によるホームレス生活者支援基準と同じである。野宿状態であっても本人がその状態の解消に努力する姿勢を示さない限り，居所提供による支援策は認められない。ダイレクト・ホステルやデイ・センターといわれる施設であっても運営方法はさまざまである。デイ・センターでもオープン・ドア・システムを採用し，出入り自由なところもあれば，セキュリティの厳しいところもある。デイ・センターはオープン・ドア・システムでも，併設されたナイトシェルターはCCTV（監視カメラ）でガードされ，午後5時から翌朝午前9時までしか利用できないという

第2章　地域におけるホームレス支援施策の実践　21

写真Ⅰ-6　アルコール依存症者のためのホステル 　　写真Ⅰ-7　サポーテッド・ハウスのプロジェクト

施設もある。

　図表Ⅰ-2-7に2次サービスを示している。図表Ⅰ-2-4に示すように、1次および2次サービスの対象者がホームレス生活者である。2次サービスは、居所提供にさまざまなサービスが付随したものである。サービス対象の区分は「飲酒」（アルコール依存症）、「女性」、「子連れ」、「若者」、「複合」、「犯罪」である。ホームレス問題の大きな課題のひとつに薬物中毒があるが、カーディフではまだ薬物依存者のための2次サービスが提供されていない。2次および3次サービス（特定者へのサービス）の居所を利用するためには、事前のアセスメントが義務づけられている。1次入居施設を提供している機関の場合、1次入居施設の入居者が2次サービスの居所を利用する場合が多い。それ以外にもHousing Help Centre、ホームレス担当部局、シティ・センター・チームなどの1次サービス・アウトリーチ機関やその他の1次入居施設からの紹介によって2次サービスの居所を利用することができる。施設利用にあたり利用料の支払い保障（たとえばAdult or Children's Servicesから給付金の支払いが決定している）[5]や前払いが要求される［HNAP, 2001］。この仕組みによって2次サービス提供施設の事業採算が経済的に保障され、ソフト的に機関相互の連携が密になる。

　筆者の見学した1次・2次サービスの居所提供施設の水準は、おおむね良好でホステルといわれなければ、安いビジネスホテルと変わらない。「子連れ」ホームレス生活者対象のホステルでは、専用スペースが一室ではなく、家族のスペースを守るため主寝室に前室が設けられている。また、さまざまな人種・

図表 I-2-7　2次サービス提供者

区分	機関	サービスの属性または対象	収容人数
飲酒	Wallich Clifford Community Shoreline Project	飲酒問題を克服したい路上飲酒者を対象とする	18
飲酒	Dyfrig House	一般的にはコミュニティ・ケアか個人的な資金によるが、とくに飲酒問題を克服したい者へのサービス	30
飲酒	Cranogwen Project	一般的にはコミュニティ・ケア資金によるが、とくに飲酒問題を克服したい者へのサービス	(1)
女性	Cardiff Women's Aid	家庭内暴力を避けている女性（およびその子ども）	12 (1)
女性	BAWSO	さまざまな虐待を受けているマイノリティの女性（およびその子ども）をサービス対象の中心にする／助言・情報および安全な場所を提供する	6 (2)
女性	YWHA Newport Road	単身若年の女性	29
女性	Cardiff Single Women's Housing Group	【子どものいない女性への居所と支援サービスの提供】	27
女性	Seren Project	虐待を避けている若い（16〜21歳）黒人女性を対象に居所を提供する	(1)
子連れ	YWHA Ninian Road	【妊娠しているか乳児を抱えている若い女性への居所の提供と自立するための訓練の提供】	21
子連れ	Welcare	【子どもを抱えるひとり親をアセスメントし、必要な知識を与え、地域で生活できるように訓練する】	16
子連れ	YMCA Ambassador	単身者（男女），カップルおよび家族に一時的な居所を提供し、助言や相談（24時間可能）を行う／より恒久的な住居への転居を支える	36
子連れ	Cardiff Council Green Farm	家族を対象とする／カーディフ市の指名者のみ	37
若者	Foyer Project	教育、訓練、就業経験を含む活動	16
若者	Llamau Housing Trideg	家族およびコミュニティへの行政サービス部局との協同事業	5

若 者	Llamau Housing Llandaff Road	若年犯罪者とケアから離れた者をサービス対象の中心とする	5
若 者	Wallich Clifford Community Riverside Project	犯罪歴のある若者（16歳以上）を対象とし，恒久住宅で暮らすために訓練，ボランティア活動，教育などを行う	8
若 者	Triangle	若年（16〜25歳）同性愛者への一時的居所と支援の提供	5
若 者	Barnard's Projects	【記載なし】	24 (1)
若 者	Shortlife Housing	主にカーディフ市のホームレス部局からの紹介による	5
若 者	YMCA	主に他の YMCA からの紹介による	14
複 合	CASH Supported Housing	主に CASH のハガッド・センターの紹介による	25
複 合	Salvation Army (Resettlement Units)	救世軍（1次サービス）からの紹介による	7
複 合	Wallich Clifford Community Community House Team	主に他の Wallich Clifford Community の事業からの紹介による	23
複 合	Grangetown PREP	他の機関とのパートナーシップによって自立して地域で暮らせるようコミュニティ・ケアや成人支援サービスを提供している	11
複 合	Cardiff Move-on/ United Welsh HA	【恒久的な住居に住めるように生活技術などを提供】	4
犯 罪	Trothwy Cardiff Projects	【犯罪者やその危険性のある者に居所を提供し，さらに長期の適した居所への移住を支援】	7
犯 罪	Mandeville House	主要な目的は居所を提供することではない	25
		合　　計	416 (6)

注：（　）数字は，サービス提供を増加できる可能性を示している。【　】内は著者が補った。
出所：[HNAP, 2001]

民族が暮らしているため，食文化が異なる。そういうことを反映して，ホームレス生活者に調理方法を修得させる共同の調理スペースには，複数のコンロが設置されている。

　ホームレス生活者が自立するためには就職しなければならないが，就業訓練

図表 I-2-8　3次サービス提供者(特定者への提供)

機　関	サービスの属性	収容人数
Cardiff MIND	精神的不健康に起因するニーズを世話する	23
Cartrefi Cymru	学習障害に起因するニーズを世話する	14 (1)
Opportunity Housing Trust	学習障害に起因するニーズを世話する	116 (4)
CUSS - Cardiff University Social Services	精神的不健康や学習障害に起因するニーズを世話する	15 (3)
Community Opportunities Consortium	学習障害に起因するニーズを世話する	6 (1)
Celtic Community Consortium	学習障害に起因するニーズを世話する	6
DRIVE	学習障害に起因するニーズを世話する	4 (1)
New Life Housing	学習障害に起因するニーズを世話する	3
Ategi	学習障害に起因するニーズを世話する	12 (1)
First Choice HA	精神的不健康や学習障害を抱えた者に配慮した住居を提供する住宅協会	
Shaw Housing Trust	精神的不健康や学習障害を抱えた者に配慮した住居を提供する住宅協会	
	合　計	199 (11)

注：( ) 数字は, サービス提供を増加できる可能性を示している。
出所：[HNAP, 2001]

写真 I-8　鉄道駅, バスセンターに面して立地するヘルプ・センター（カーディフ）

は居所提供者とは異なる団体が担っている場合がほとんどで, ここでも多くの連携がみられる（後で詳出される Foyer は, 居所提供と就業訓練を合体させたタイプのサービス提供組織である）。

図表 I-2-8, 9 に3次サービスを示している。3次サービスは, 特定者へのサービスと一般的サービスとに大別される。図表 I-2-8 に示している特定者への3次サービスは, 2次サービスと同様にアセスメント（コミュニティ・ケアのアセスメントを含む）の後に提供される。利用料支払いの保障

図表 I-2-9　3次サービス提供者（一般的サービス）

機　　関	サービスの属性または対象
Cardiff Council Homelessness Section	【カーディフ市のホームレス問題にかかわる担当部署】
Cardiff Council Housing Management	ケア付き住宅の提供
Glamorgan & Gwent HA	ケア付き住宅および自立生活にコミュニティ・ケアが必要な者（少なくとも15人分）へのサービスの提供
Cadwyn HA	ケア付き住宅および自立生活にコミュニティ・ケアが必要な者（少なくとも6人分）へのサービスの提供
Taff HA	ケア付き住宅および自立生活にコミュニティ・ケアが必要な者（少なくとも6人分）へのサービスの提供
Hafod HA	ケア付き住宅および自立生活にコミュニティ・ケアが必要な者（少なくとも46人分）へのサービスの提供
United Welsh HA	ケア付き住宅および自立生活にコミュニティ・ケアが必要な者（少なくとも9人分）へのサービスの提供
Wales & West HA	ケア付き住宅および自立生活にコミュニティ・ケアが必要な者（少なくとも82人分）へのサービスの提供
Cardiff Community HA	ケア付き住宅および自立生活にコミュニティ・ケアが必要な者（少なくとも23人分）へのサービスの提供
Aelwyd HA	ケア付き住宅のみ
Newydd HA	グラモーガン郡中心に活動、カーディフでは1件のみ
Cardiff Council Advice and Benefits	住居手当を基本的なサービスとしている
Benefits Agency	利用者への基本的なサービス
少なくとも187人分の居所が確保される	

注：【　】内は著者が補った。
出所：[HNAP, 2001]

（たとえばコミュニティ基金）や前払いも2次サービスと同様、要求される。2次サービスとの対象者の違いは、ホームレス生活者ではなく、もし支援がなければホームレス状態になるであろうことが予想される者である。サービスは、精神的および肉体的不健康問題と学習困難問題を抱えている者に提供される[HNAP, 2001]。

図表I-2-9に3次サービスの一般的サービスを示している。このサービス

図表 I-2-10　他の支援組織

区　分	機　関	サービスの属性または対象
一般的助言	Children's Society	若者対象
居住助言	Cardiff Bond Board	居住権を獲得するための財政的支援
居住助言	National Probation Service Accommodation Unit	刑事裁判にかかわっている者への助言
健康助言とアウトリーチ	Community Alcohol Team	飲酒問題にかかわる助言や相談
健康助言とアウトリーチ	Community Addictions Unit	薬物使用者への助言
健康助言とアウトリーチ	Bro Taf Drug & Alcohol Action Team	飲酒や薬物問題にかかわっている機関への助言および支援
健康助言とアウトリーチ	Inroads	薬物使用者への助言
行政サービス	Families & Community Services (Adult)	行政外のサービスや登録されたケアを利用する者へ知らされるべき情報
行政サービス	Children's Services (Independent Support Service)	ケアを離れている若者への対処が中心となる傾向
行政サービス	National Probation Service	【保護監察】
その他のサービス	Big Issue Cymru	主にホームレス生活者への『ビッグ・イッシュー』の販売委託
その他のサービス	Cardiff Law Centre	【無料の法律相談】
その他のサービス	Wallich Clifford Community (Task Force)	ホームレス生活者に対する就業経験や技術の訓練を提供する
その他のサービス	Track 2000	自立生活に移行するための基本的な生活家具を提供する
その他のサービス	Salvation Army (Walker Road)	自立生活に移行するための基本的な生活家具を提供する
その他のサービス	Safer Cardiff	盗難などから財産を守るための助言や器具を提供する

注：【　】内は著者が補った。
出所：[HNAP, 2001]

図表 I-2-11　フローティング・サポート機関

機　関	サービスの属性
Trothwy	薬物使用者や飲酒癖の者を対象
Cardiff Move-On	【恒久的な住居に住めるように生活技術などを提供】
Shortlife Housing	Short life 住居事業の居住者を支援
Llamau (Network Project)	若　者
National Probation Service (Accommodation Unit)	犯罪者およびかつての犯罪者
Ategi	身体的健康支援
Wallich Clifford Community (Community House Team)	他の Wallich Clifford Community の事業から転居してきた者の支援（すべてではない）

注：【　】内は著者が補った。
出所：[HNAP, 2001]

　は，社会的家主（ほぼ住宅協会）が長期間の居住権を居住者に中・短期の生活支援サービスを受けることで提供している。サービスは，フローティング・サポート提供機関や3次サービス提供機関内部で提供される [HNAP, 2001]。

　図表 I-2-10にホームレス支援以外の他の支援組織を示している。ここに挙げられているサービスは居所の提供を含まない。このサービス提供者は，住居を中心とするホームレス問題そのものに対処するというよりは，居住の継続や居所の確保を困難にする諸問題に対処している機関である。サービスの内容は，住居費保障会議のように借家の敷金や家賃を保障する経済的支援，刑事事件にかかわる者への助言，コミュニティ・ケアの評価，薬物・アルコール依存症への助言，子どもへの支援，生活家具の提供，ケアを離れた若者の支援，路上雑誌販売（物乞いを防ぐため2年を限度に雑誌『ビッグ・イッシュー』の販売権を与える。売上金の一定割合がホームレス生活者に分け与えられる。併せて職業訓練なども受けられる），就業支援，技術訓練，財産を守るための助言，行政内外のサービス情報の提供など広範囲におよんでいる。こうしたサービスが提供されることによってホームレス状態に陥ることが予防され，ホームレス状態の悪化が防止され，さらにホームレス生活者がホームレス状態から抜け出しやすくなる。サービス提供者は，チャリティ団体から行政の窓口，さまざまなプロジェクト・チーム

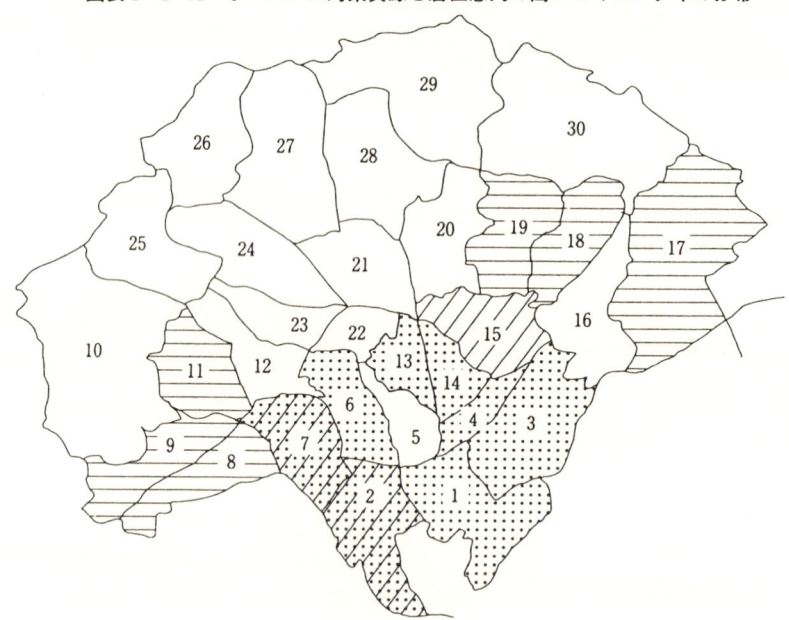

図表 I-2-12　ホームレス対策資源と居住意向の高いコミュニティの分布

a ▭ 1次および2次サービス提供者の立地およびサービスが集中しているコミュニティ
b ▤ 公営住宅の集中している（1000戸以上）コミュニティ
c ▨ 居住意向の高い公営住宅のあるコミュニティ（上位3位）

カーディフ・コミュニティ境界

1	Butetown	2	Grangetown	3	Splott	4	Adamstown
5	Castel	6	Riverside	7	Canton	8	Caerau
9	Ely	10	St.Fagans	11	Fairwater	12	Llandaff
13	Cathays	14	Plasnewydd	15	Roath	16	Rumney
17	Trowbridge	18	Llanrumey	19	Pentwyn	20	Cyncoed
21	Heath	22	Gabalfa	23	Llandaff North	24	Whitchurch
25	Radyr	26	Tongeynlais	27	Rhiwbina	28	Llanishen
29	Lisvane	30	St.Mellons				

資料：Homeless needs Assessment Project Draft Audit Report on Support, 2001. Cardiff County Council, Housing Strategy Operational Plan 2001/2002-2003/2004，吉賀憲夫・吉賀恭子「カーディフ・コミュニティ境界図」『カーディフ生活案内』1990年，55頁の上に筆者が作成。

と多種多様である。また，こうした他の支援組織の活動を通してホームレス生活者が発見され，彼らがホームレス生活者支援サービス提供機関に紹介されることもある。

　図表Ⅰ-2-11にフローティング・サポートを示している。フローティング・サポートは一般に居住支援サービスであるが，建物ではなく居住者に付随するサービスである。既述したように，居住支援サービスがなければ容易にホームレス状態に陥ってしまう者も多い。そこで，居住支援サービスを提供し，徐々に自立した生活を営めるようにするのがフローティング・サポートである。ホームレス支援制度におけるサービス提供期間は，基本的に2年である。その間，ホームレス生活者は1次サービスから2次，3次へと徐々に一般的住居に向けて転居を繰り返す。サービスが建物に付随していると，ホームレス生活者が転居するたびに生活支援サービスとの調整を行う必要がある。その場合，ホームレス生活者と生活支援サービスの関係がうまくいかず，それまでの成果を引き継げない場合も考えられる。そうしたことを防ぐため，居住者に付随するフローティング・サポートによってスムーズな一般住居への移行を促進させる。

　次に，ホームレス支援サービスの立地状況を検討する。

　図表Ⅰ-2-12のaは，1次および2次サービス提供者の立地とサービスが集中しているコミュニティを示している。サービスの提供とサービス提供者の立地が都心に集中していることが明らかである。

　図表Ⅰ-2-12のbは，居住意向の高い公営住宅のあるコミュニティを示している。それらは，都心の外縁部で**図表Ⅰ-2-12**のaと一部重なる。

　図表Ⅰ-2-12のcは，公営住宅の集中しているコミュニティを示している。これらのコミュニティは市域の外縁部に位置する。

　以上のことから次のことがいえよう。都心地域は多くの施設が立地し，買い物，レジャーはじめ多様な生活活動がしやすく，居住意向が高い。しかし，低所得者やホームレス生活者に恒久的な居所を提供する公営住宅は，移動手段をもたなければ生活しにくい市域の縁辺部に多く立地している。そこで，居住者のニーズと公営住宅という資源立地とのギャップを補うために，都心地区にホームレス支援サービス提供者が立地している。ホームレス生活者はこの支援資

源の立地を利用して，ホームレス状態からの脱却を図ることができる。

4 ホームレス支援施策の特徴

最後にカーディフのホームレス支援施策の特徴をまとめて，日本における地域のホームレス支援策立案への見取り図の示唆としたい。

第1に，カーディフではホームレス対策に関する戦略や計画に階層性がある。最上位にイングランドとウェールズを対象とする住居法，次にウェールズを対象とするウェールズ政府ガイダンス，ホームレス戦略や住宅戦略計画，そしてカーディフ市を対象とするホームレス戦略や住宅戦略，各地域ごとに行われる調査や提案書・レポートなどがある。ホームレス問題解決に向けてさまざまな人々がかかわり，理念から方策までを議論することにより，多くの人にホームレス問題が認識され，多くの人の参加による解決の道が開かれている。全体では抽象的で共通的な問題が議論されるが，各地域では具体的で地域の資源に合わせた課題が議論されるため，地域の実情にあった施策が展開されやすい。こうした条件があるため，「イギリスにはイギリスを代表するモデルとなる政策がない」といわれる。

第2に，施策に地域的統合性がある。これまでみてきたようにホームレス支援施策の実施には，行政，チャリティ団体，住宅協会などさまざまな機関が関与している。しかも，これらの機関はお互いに得意な分野を出し合い，一体となって活動している。お互いの連携を高めるために，支援機関がどのような資源を抱え，どのようなサービスを提供できるのかを明らかにするフォームを作成し，各機関に情報提供している。また，ホームレス生活者の属性も統一フォームに記録し，無駄なインタビューや資源とのマッチングの遅れを防ごうとしている。支援機関を動かしている人と資金も複合化している。支援機関に働く人々は，常勤，パート，夜勤，日勤，アルバイト，ボランティアなどさまざまであり，それぞれの人が入れ替わり立ち替わり自分の能力を働かせている。資金も多様である。ウェールズ政府の補助，カーディフ市の補助，さまざまな基金からの補助，カンパなどが活用されている。

第3に，ホームレス生活者が支援施策を受けるための窓口の多さである。中心地区に散在するフロントライン・アウトリーチを通してホームレス支援施策にアプローチできる。固定された施設だけでなく，アウトリーチを担うさまざまなチームがホームレス生活者とコンタクトを取る。フロントライン・アウトリーチだけでなく，他の支援組織からの助言やホームレス支援サービス提供者へのホームレス生活者の紹介もある。

第4に，ほとんどのホームレス生活者支援施設の規模は小規模である。各々のホームレス生活者支援サービス提供機関の規模は大きくなく，きめ細かな施策が可能である。ほとんどの施設の収容人員は数十人までで，支援期間後のアフターフォローも比較的容易にできる。施設数は多いが，全体のキャパシティとしては十分とはいえない。Mary Flynn (The Children's Society) は，2 Way street Project のレポートにおいて，カーディフでは毎年124人（5歳から15歳，人口比では0.3%）が野宿にいたっていると推定している。カーディフ市内で提供している居所サービスの規模は，ホームレス生活者と認定されている数や毎日確認されている野宿者数と比較すると大きいが，このように毎年次々と発生する若い野宿者に対応するには足りない。[7]

第5に，ホームレス支援資源の立地である。ホームレス支援施設が中心市街地に立地している。中心市街地はさまざまな施設が立地し，ホームレス生活者の生活を支えるのに都合がよいし，ホームレス生活者も集中しているために支援施策の実施も容易である。ところで，ホームレス支援策の最終目標は，ホームレス生活者を恒久的な住宅で自立生活を維持させることにあるが，図表Ⅰ-2-12に示されるように公営住宅の多くは郊外に集中しており，恒久的な住宅での自立生活は不便な郊外で展開されることが想像される。しかし，ホームレス生活者がただちに郊外の公営住宅に居住させられるとは限らない。ホームレス生活者の状況に応じて自立生活の能力の獲得とともに徐々に恒久的な住宅に移行させ，問題の発生を予防している。また，ホームレス生活者が自立したとみなされ，通常の生活を送るようになった後で問題が発生すれば，ホームレス生活者自身がホームレス支援機関などに相談することも可能である。[8]とはいえ，移動手段をもたないホームレス生活者が医療・福祉・商業・教育・職場などの

施設から離れて生活することは困難である。そこで、登録された社会的家主の住宅を含んだ社会的住宅の配分方法を、申請者の選択を基本とした制度に変えるよう提案がなされている[9]。

　第6に、施策の段階性である。ホームレス生活者が1次サービス提供施設から2次、そして3次、一般的住居へと移行するように、ホームレス支援策が段階性をもって構築されている。直接入居施設が野宿者を入居させることによって資金面で運営が困難にならないよう、職員がホームレス生活者にさまざまな給付金を申請している。カーディフ市のダイレクト・ホステルでの恒久的住宅への移行比率は50〜60％である[10]。この数値は、イングランドで行われたホームレス支援策を受けるために申請した者の恒久的住宅への移行比率30％［O'Callaghan et al., 1996］と比べて非常に高い数値であり、施策が効果的に働いていることを示している。イングランドでのこの調査を詳細にみると、ホームレス支援策を受けるために申請した者の恒久的住宅への移行比率は、ロンドンで23％、他の地域で35〜38％である。この数値からもホームレス問題の規模と質が深刻化するほど、その解決が困難であることが示唆される。

　現在のホームレス問題は、単純な住宅不足という住宅問題ではない。「経済構造の変化」、「人口構造の変化」、「政策環境の変化」、「個人的問題」が関与し、主に若年単身者に生じている複雑で長期的な社会問題である。ホームレス対策を効果的に実施するため、イギリス全体で職業訓練の実施、優先条件の対象年齢の切り下げ、生活技術の支援、多分野団体の連携、ホームレス状態の予防、ホームレス戦略・計画の立案などを実施しているが、カーディフを例に検討してきた地域における階層的で広範囲な機関や人々の連携を無視しては施策が機能しないことを見逃してはいけない。

第3章 ホームレス支援における
ボランタリー組織の役割と支援の蓄積

1 ホームレス支援におけるボランタリー組織の役割

　第1章で指摘されたように，ホームレス生活者あるいは野宿者支援に関しボランタリー組織の果たしている役割は大きい。ここでは，ホームレス支援にかかわるボランタリー組織の役割や提供されているサービスの規模などについて考察する。考察対象地域は主にロンドンである。

　イギリスのホームレス生活者は，上巻で論述されているように，住居法 Housing Act の規定により認められた法的なホームレス生活者と，住居法の適用からもれがちな非公式のホームレス生活者に大別される。前者については，住居法により自治体による住宅保障が義務づけられている。ただし，その主な対象者は，住居法で「プライオリティー」のある扶養すべき家族をもつ世帯や妊婦を抱える世帯などであった。後者には，ホームレス状態の極端な形態としての野宿者や，ホステル，シェルターやB&Bで生活している者，さらには「隠されたホームレス生活者」と呼称される他の世帯と一緒に暮らしている人々が含まれ，これらを総称して単身ホームレス生活者問題と呼ばれ，1990年前後から，大きな社会問題となった［中山, 2003］。

　ホームレス生活者支援の基本は，1996年の住居法にもとづいて地方自治体の住宅部局が実施する支援である。住居法の規定した「ホームレス」と認められるかどうか，優先的ニーズの有無，故意かどうかにより，さらには地域との関連があるかどうかで，受けられる支援は異なる。宿泊施設が保障される場合もあれば，情報と助言だけのサービス提供にとどまることもある［伊藤, 2002, 50頁］。自治体によるホームレス支援のほかに，前章でも述べられたように，さまざまなボランタリー組織による支援施策が存在している。これらの支援活動には，寄付や自己資金によるボランタリー組織独自の使命にもとづくものだけ

でなく，政府からの資金提供によって政府施策の一翼を担って展開されるものも数多く存在している。とくに，1990年代に始まる「野宿者優先プログラム（RSI）」や1999年以降の「野宿者対策室 Rough Sleepers Unit」（以下，RSUと略記）のような特別対策としてのホームレス政策の展開のなかで，政府からの資金提供もあってボランタリー組織による各種支援活動はきわめて重要な役割を果たした。この背景には，入札制度と委託契約に基礎づけられた「コントラクト・カルチャー Contract Culture」と呼ばれる政府とボランタリー組織との関係がある。

民間の非営利組織に関して，日本ではNPO（Non Profit Organization）という用語が一般化しつつあるが，イギリスにおいては民間の非営利組織は「ボランタリー・組織 Voluntary organisation」と呼ばれており，それら組織を社会的集合体として示す場合は「ボランタリー・セクター Voluntary sector」という語が用いられている。このボランタリー組織に関する法制度は，「チャリティ法 Charity Act」である。チャリティとしてチャリティ委員会に登録されると，免税資格をはじめとした特典が得られる。チャリティとして登録されるためには，チャリティ委員会などによる条件を満たす必要がある。その条件は，組織の目的あるいは対象が貧困者の救済，教育の向上，宗教の奨励，コミュニティにとって利益になるといった項目のうち少なくともひとつが該当していることとされている［宮城，2000，27頁］。チャリティ団体の数は，2002年で16万2335団体に達している。ただし，すべてのボランタリー組織がチャリティ登録をするわけでも，また認可されるわけでもない。

これらボランタリー組織の役割を，社会福祉分野からではあるが確認しておこう。1970年代まで社会サービスは国家が供給するものとされていたため，ボランタリー組織は基本的な公的サービスを補完するものと位置づけられてきた。障害者分野，児童福祉分野で活動し，サービス供給だけではなく，権利の擁護や政策提言などのアドボカシー分野での活動もみられる。ホームレス支援団体としては最古参の「シェルター」は，劣悪住宅の改善を図る団体として1966年に設立された。1970年代後半には，「福祉多元主義」を打ち出した「ボランタリー組織の将来」という報告が発表された。そこでは，公的サービスが主要な

図表 I-3-1　年間収入別スコットランドとウェールズのチャリティ数

年間収入階級 (ポンド)	チャリティ数	構成比(%)	年間収入階級別総収入額 (10億ポンド)	(構成比%)
0-1,000	39,935	24.60	0.008	(0.03)
1,001-10,000	60,224	37.10	0.269	(0.91)
10,001-100,000	42,838	26.39	1.428	(4.85)
100,001-250,000	8,753	5.39	1.401	(4.76)
250,001-1,000,000	6,629	4.08	3.219	(10.93)
100万-1000万	3,535	2.18	10.087	(34.25)
1000万以上	421	0.26	13.038	(44.27)
合　　計	162,335	100.00	29.450	(100.00)

出所：http://www.charity-commission.gov.uk/registeredcharities/ccfacts02.asp より作成。

役割を果たすものの，ボランタリー組織やインフォーマルセクターなどが独自の役割を果たすとされ，「福祉多元主義」が打ち出された。そして，1979年のサッチャー政権のもとで，社会サービスの「民営化」が強力に推進され，社会サービスの直接的供給が制限され，競争入札による委託契約が推奨された。

　1990年に成立した「国民医療サービスおよびコミュニティケア法」は，1990年代のボランタリー組織と社会サービス全般に大きな変革をもたらした。同法は，直接的には精神病院を閉鎖し，精神障害者を地域や家庭でケアしていこうとするものであったが，この法制度のもとで地方自治体はケアの作成とマネジメントを担当し，サービス供給は民間機関に外部委託するという方向が進められ，コントラクト・カルチャーと呼ばれる政府とボランタリー組織との関係が生まれたとされている［川口，1999，51-55頁］。この入札制度には，当然2つの側面がある。プラスの側面としては，専門的能力の向上であり，契約で支払われた資金に見合ったサービスの質を要求されるため，活動内容を専門化し，利用者のニーズにもより柔軟に対応できるようになる。だが，一方では，活動内容やサービス内容に制約が課されるというマイナス面も生じる。ボランタリー組織は，政府と契約し，公的資金を使ってサービスを提供する際に当然納税者へのアカンタビリティが求められる。自治体は，このアカンタビリティ確保と条件整備者としての役割を遂行するため，ボランタリー組織に対して要請を

行うことになる。その結果，自発的で政府と異なった立場で活動するボランタリー組織は，その独自性を失う危険性をもっていた［栗本，2003，110頁］。

1997年に労働政権が成立した後，ボランタリー組織との関係の再構築のため「イングランドにおける政府とボランタリー・セクターおよびコミュニティ・セクターとの関係についての協定」が政府と結ばれた。そこでは，政府と民間ボランタリー・セクターが相互補完的な機能をもっており，後者の独立と多様性を尊重し，その財源確保に政府が積極的に協力しつつ，両者が独自かつ補完的な関係を結んでいくことが指摘され，「福祉多元主義」をさらに一歩おし進めたといわれている。いわば，発注者と下請けという関係からパートナーとしての関係へ再構築する方向が打ち出されたとされている［川口，1999，62-64頁］。

このような政府とボランタリー組織との関係の変化がホームレス支援組織に今後どのような影響を与えるのか，注視する必要がある。

ホームレス支援施策展開過程においても，政府はホームレス支援事業の展開に際して仕様書等を示し，入札制度を用いてさまざまなボランタリー組織に資金を提供している。しかし，上で指摘されたようなマイナス面があることから，政府からの補助金を受けない，または入札制度に応じないボランタリー組織も当然存在している。われわれが訪問したボランタリー組織のなかでは，エマウス・ケンブリッジ Emmaus Cambridge，ホワイト・チャペル・ミッション White Chapel Mission，サイモン・コミュニティ Simon Community などが，そうした組織に該当する。これらの組織が政府や自治体からの資金提供を受けない主な理由は，政府の「言いなり」になり，当該団体の理念にもとづく独自の支援活動の運営が損なわれるという点にある。元野宿者の就労と生活拠点をセットで提供し，その場所を「コミュニティ」として位置づけているエマウス・ケンブリッジでは，入所者が生活している期間，社会保障給付を受け取ることを認めないという手法で彼らの自立を図っている。また，野宿者対策室の野宿者削減戦略では，後述する Contact and Assessment Teams （以下，CATsと略記）の活動とチャリングクロス警察との連携した活動が強調され，高い評価も与えられているが，イースト・エンド地区でデイ・センターなどのサービスを提供しているホワイト・チャペル・ミッションでは，警察を一切呼ばない

こと，排除を一切行わないことをサービス提供の原則としている。

これに対し，ロンドンにおける最大のホームレス支援組織セント・マンゴス St Mungo's や若年ホームレスの支援組織センターポイント Centrepoint など，いわば大手の組織では，RSU のような政府のホームレス政策の一翼を積極的に担い資金提供を受けることによって，支援活動を運営している。

政府のホームレス支援，とくに野宿者施策の展開に際し，ボランタリー組織がどのような役割を果たしたのか，施策の提案内容や入札条件を含めてみておこう。

上巻の第II編第3章で述べたように，1999年に設立された野宿者対策室は，2002年3月までに野宿者を3分の1にまで削減するため，①現在野宿している者を救済する，②元野宿者の生活を再構築する，③新しい野宿者を予防する，という戦略を立てた。この戦略には，有効なベッド数の増加を図るため既存の資金提供を行っている居住施設をチェックするという提案以外に，いくつかの新しい施策が含まれていた。それは，第1に，CATsによる新しいアウトリーチ手法の導入である。第2に，野宿者支援の最前線を担うものとしてCATsと連携したローリング・シェルターの設立，第3に，若者の宿泊施設であるセーフ・ストップ Safe Stop の設立，第4に，元野宿者の賃借権維持・継続を支え，再び野宿状態に戻るのを防止するための賃借権維持チーム Tenancy Sustainment Teams（以下，TSTsと略記）の設立などである。

これらの新しい施策の実施にあたっては，入札制度が用いられた。この入札に際して，①その提案が対策室の目的に合致していること，②金額に見合う価値があること，③透明性と客観性，という3つの基本原則が示された［DETR, 1999b］。

ここでは紙幅の関係で，CATsの仕様書の概要だけを示す（**図表 I - 3 - 2**）。CATsは次節で詳細に述べられるように，ロンドンの特定地域の野宿者に対して接触・評価し，専門家からなるアウトリーチ・ワーカーがデイ・センターなどへの照会活動を行うことによって，2002年3月までに，1998年の野宿者数をベースにゼロまたは少なくとも3分の1の水準まで削減するという政府の目標を実効力あるものにするために設立された特別チームである。2002年3月に発

図表 I-3-2　CATs の入札に際しての仕様書の概要

- ●地理的な付託事項
  - ロンドン市内野宿者集中地区（7地区）3つの CATs チームが担当。
  - ロンドン郊外では，デイ・センターが担当。
- ●活動内容などの要件
  - 地区内の長期野宿者数や身元の把握。
  - 長期の野宿者に対する路上から家への継続的ケアの提供。
  - すべての路上でのコンタクトの評価（精神疾患の評価を含む）を確保する責任を負う。地区内野宿者のニーズ把握の専門的知識。
  - 野宿者の法的権利の確立（子ども，亡命者などに関しては適切な部署への照会）。
  - 新しい野宿者に対する短期の介入と以前の場所などの基礎的情報の収集。
  - 新しい情報システムの活用（補助金の条件）。野宿者自身を含んだ CAT サービスの提供。
  - クライアントの居場所の追跡。
  - ホステルや TSTs との連絡。
- ● CATs の目的や要件をふまえた活動プログラムの提案
  - 潜在的な困難性とこれに対処するリスク・マネージメントを明らかにした提案書。
  - 2000年4月までに実施可能であること。
- ●品　　質
  - 短期間の目標達成のための高い品質と結果を重視する評価。
  - 内部での品質管理対策のプランの提出。
- ●プロジェクト・プランの提出
  - 提案された活動プロジェクトを支援するプロジェクト・プランの提出。
- ● CAT スタッフの要件
  - アウトリーチや他組織との連絡，プロジェクト管理において証明された経歴をもつチームリーダー
  - 路上でのアウトリーチ経験をもつ者
  - 青年時代活動経験のある者
  - 専門的領域での経験のある者（薬物，精神疾患，複合的なニーズに対応した活動）
  - ケースワークや再定住のスキルがある者
  - 新しいホームレスに介入するスキルのある者
  - 法的なサービスに関するアドボカシーのスキルがある者
  - チームのスキルと経験の詳細の提出，など。
- ●マネージメント
  - 環境・交通・地域省 DETR 内の RSU が契約
- ●評価基準
  - タイム・スケジュール内での実施能力
  - 許容できるコストでの実施能力
  - 提案された活動プログラムとスタッフ・チームの品質
  - セントラル・ロンドンでのアウトリーチ活動の実績
  - 高い支援ニーズをもつ野宿者に対する再定住の実績
  - 対策室や他のサービス提供者と協力して活動する意欲
  - リスクに対する理解や緊急事態への対応策
- ※入札期限・2001年1月28日午後5時までに入札文書を対策室宛に提出。
- ※入札フォーム，期限内での提出以外は認められない。

出所：〔DETR, 1999b〕より作成。

表された RSU の評価報告書においても非常に高い評価を受けたプロジェクトである［Randall and Brown, 2002］。

　仕様書の概要にみるように，その入札条件は，非常に高い専門的知識をもっていることや高いケースワーク・スキル，そしてプログラムの実施能力などを入札者に問うものとなっている。活動内容では，担当地区内の長期野宿者数や野宿者の身元の把握，長期の野宿者に対する路上から家への継続的ケアの提供といった点にとどまらず，当事者を含んだチーム構成や野宿者の居場所の追跡など詳細な活動が提示されている。また，プロジェクト・プランでは，スタッフに経験とスキルの高さを求めている。評価基準では，今までの活動実績以外にも，タイム・スケジュール内で実施できる能力，許容できるコストでの実施能力といったボランタリー組織の管理・運営能力や野宿者対策室などとの連携・協力の意思の確認などが挙げられ，対策室や自治体とのパートナーシップが強く求められている。

　上のような入札条件に対応できるのは，野宿者支援に関する蓄積された実績と高い専門性をもつ豊富な人材を擁しマネージメント能力を有したボランタリー組織だけであろう。この CATs は，先にふれたセント・マンゴスやテムズ・リーチ Thames Reach（後にボンドウェイ Bondway と合併し，テムズリーチ・ボンドウェイに名称変更）といった主にセントラル・ロンドンでホームレス支援を行っていた大規模なボランタリー組織によって担われた。ローリング・シェルターについては，建設業界主導で単身ホームレス支援のために設立されたクラッシュ CRASH が担当した。TSTs については，セント・マンゴス，テムズ・リーチ，ルック・アヘッド・ハウジング・アンド・ケア Look Ahead Housing and Care，ニュー・イズリントン・アンド・ハックニー New Islington and Hackney といったボランタリー組織がそのプロジェクトを実施した。このように，ボランタリー組織は野宿者対策の要となる施策の一翼を担ったのである。

　ホームレス生活者に直接的なサービス提供を行うことよりも，調査研究や出版活動，ロビー活動，メディアなどを通じたキャンペーン活動を重視し，ホームレス問題や劣悪な住宅問題に取り組んでいる組織もある。その典型はシェルター Shelter であろう。シェルターの設立は1966年で，ホームレス支援のボラ

図表 I-3-3　登録年次別ホームレス支援チャリティ数
（イングランド，ウェールズ）

登録年次	チャリティ数
1960年代	16
1970年代	16
1980年代	72
1990年代	289
2000年以降	106
合　計*	500

＊ チャリティ委員会に登録されたホームレスを目的とする団体を検索し，それを登録年次別にしたものである。検索結果の表示の上限が500団体であるため，この合計は実際のチャリティ団体総数を示していない。また，後で詳細に紹介されるホームレス支援団体であるシェルター，キングス・クロス・シングル・ホームレス・プロジェクト，フォイヤー・フェデレーション，エマウス，クライシスなどのホームレス支援団体は含まれているものの，ホームレス支援において重要な役割を果たしているセント・モンゴスが漏れてしまうなど実際の数やデータの性格上，活動開始時期とも一致しない。

資料出所：チャリティ委員会のサイト http://www.charity-commission.gov.uk/ より検索して作成。

ンタリー組織としては最古参であり，1977年の住居法の成立に大きな役割を果たした。総収入は2001年現在で2665万1896ポンドに達している［Charity Commission, 2002］。

では，ホームレス生活者支援にかかわるボランタリー組織はどの程度存在しているのか。必ずしも正確に捉えることはできない。チャリティ委員会によれば，ロンドンにおいてホームレス支援活動を行っている団体は130団体であるが，路上で無料の食事サービスを提供するスープ・ランや貧困者のために非公式な活動を行っている小さい教会などを加えれば，その数は2000団体におよぶとされている［Guardian, 22/12/2001］。表示の上限が500件という制限があるが，チャリティ委員会のサイトでホームレス支援などを目的としている登録団体を検索し，登録年次別に見ると**図表 I-3-3**のようになる。1990年前後より，ホームレス生活者や野宿者問題が大きな問題となり，急速にホームレス支援組織が設立されたことを推測させる。

このような新しい組織の誕生には政府の資金提供と政策が影響しており，実際のニーズとの間にミスマッチが生じているとの指摘もある［Guardian, 1/11/2001］。野宿者数の激減という状況のもとで，シェルターとクライシスとの合併交渉が伝えられたり，ホームレス・ネットワーク Homeless Network とナショナル・ホームレス・アライアンス National Homeless Alliance，さらにはテムズリーチとボンドウエイとの合併など再編が進む一方，ボランタリー組

織が増加し，ホームレス問題領域が「産業化」しているといった評価も出てきている［Guardian, 22/12/2001］。

2 ボランタリー組織によるホームレス支援の蓄積

上巻の第II編第3章で述べたように，野宿者の数は，RSU の支援戦略とボランタリー組織による活動により，1998年の3分の1に減少した。イングランドにおける野宿者数は，公式数値で1998年に1850人であったものが，2002年6月で596人，2003年6月の推計では504人にまで減少した［Homeless Directorate, 2003］。しかし，ロンドンの野宿者数は267人で，ロンドン市内ではウェストミンスター区が133人と多く，依然として集中地区であることに変わりがない。2001年末のロンドンの野宿者数は261人であるので量的変化はみられない。

野宿者問題は，ホームレス問題の典型的な形態ではあるが，それはあくまで氷山の一角でしかない。イングランドにおける野宿者が減少する一方で，法定ホームレス生活者の数は2000年の11万1550世帯から2001年第4四半期は11万8700世帯と増加基調にあり，しかも一時的な宿泊施設であるホステルや B&B に居住している世帯が約30％を占めるなど，問題は残されたままとなっている［伊藤, 2002］。

2002年3月以降，ホームレス委員会 Homeless Directorate が新たに創設され，RSU と B&B 対策室はそのもとに再編された。B&B 対策室は，2001年10月，地方自治体のホームレス家族への救済方法の開発援助と B&B で生活している子どもと同居している世帯の削減を図ることを目的として設立されたものである。ホームレス委員会の代表には，RSU の代表者が就任した。

2002年3月ホームレス委員会は，2002年ホームレス法 Homelessness Act 2002を展望した *More than a Roof* という新しい戦略を発表した。その目的は，①現在ホームレス状態にある者，あるいはホームレス状態にいたる危険にさらされている者に対する支援を強化すること，②ホームレス状態に取り組むためのより多くの戦略的アプローチを発展させること，③ホームレス問題に取り組むための新しいアプローチを奨励すること，④ B&B に居住する子どもをもつ

世帯の削減を図ること，⑤減少した野宿者数の水準を維持すること，⑥すべての人々に適正な家の機会を保証することである〔DTLR, 2002a〕。④と⑤はイギリスにおけるホームレス支援策の特徴である対象を限定した焦点化政策を意味していよう。

ちなみに，B&Bに居住するホームレス世帯は，2002年第4半期現在，イングランドで1万2670世帯，ロンドンで8190世帯，子どもをもつホームレス世帯ではイングランド全体が5620世帯，ロンドンで4000世帯となっている〔Homeless Directorate, 2002〕。2004年3月までに大幅削減を図ることが重要施策として位置づけられている。また，野宿者に関しては，削減施策とほぼ同額の予算措置が引き続きなされた〔DTLR, 2002b〕。そして，2002年ホームレス法が同年7月に成立し，1996年住居法のホームレス認定基準であるプライオリティーの若年者への拡大や，ホームレスに対する支援や防止のための戦略作成といった新たな自治体の義務などが織り込まれた。このホームレス対策の根幹をなす住居法の規定の拡大などで，どの程度現状の改善あるいは予防的機能が果たせるのか，そしていわば重点施策が今後どのように推移していくのか，注目される。

こうした状況のなか，ホームレス支援組織のあり方に問題が投げかけられているものの，その役割は依然として大きいものと思われる。

そこで，ロンドンにおけるホームレス支援のさまざまなプロジェクトや支援サービスなど，ボランタリー組織や自治体が提供している社会的資源の量的規模をサービス内容別・区別にみたのが図表I-3-4である。ここで取り上げた区は野宿者集中地区である。この表に示されている数値は，施設だけでなくプロジェクトやサービス数を含んでいること，ホームレス支援プロジェクトは複合的な機能をもっているため重複して掲載されていることに注意する必要がある。とはいえ，それは，ロンドンにおけるホームレス支援サービスの多様さと蓄積された支援の多さを示している。

図表I-3-4では，住宅に関する相談や情報提供など（自治体による相談窓口を含む）のホームレス支援プロジェクトを含む「アドバイス Advice」が188で最も多い。そして「デイ・センター Day centres」が58，住居法にもとづくホームレス申請を受け付けている自治体などの「住宅部局 Housing department」

図表Ⅰ-3-4　ロンドンにおけるホームレスなどに関する支援施設,プロジェクト・サービス数

	London	Towerhamlet	Westminster	Camden	Hackny	Southwark
アドバイス	188	39	55	50	37	36
デイ・センター	58	7	11	9	6	5
住宅部局	55	7	1	3	1	2
市民相談所	1	2	4	3	3	2
電話相談	5	1	2		1	3
情報提供のみ	1		3		1	
実践的支援	87	7	18	12	10	8
ヘルスケア	33	10	14	14	7	10
ジョブセンター・プラス・ネットワーク	2	7	12	10	6	7
雇用と職業訓練	78	28	41	42	29	24
ダイレクト・アクセス・ホステル	53	4	14	6	1	6
長期滞在型ホステル	227	15	21	25	21	22
専門住宅	13	7	16	28	21	19
社会福祉サービス	2	5	16	10	11	11

注：ロンドンの数値は、ホームレスに対する施設やプロジェクト数であり、区別の数値は、その地区に存在しているアルコール・ドラッグ、DV、エスニックマイノリティ、失業者、若年者対策などホームレス生活者問題に関連したさまざまな領域の社会的資源の数を示しており、両者は一律に比較できない。
出所：ホームレス支援の社会的資源に関するデータベースを構築しているウェブサイト
　　　http://www.homelesslondon.org.uk/より作成。

が55、「ヘルプライン」や「シェルター・ライン」といった24時間無料の「電話による相談サービス Telephone helplines」が5、ホームレスに関するさまざまな情報が1カ所で得られる「ワン・ストップサービス One stop service」が1、専門的な支援を必要とするアルコール・ドラッグ、精神的問題を抱えているホームレス生活者に対する「実践的支援 Practical help」プロジェクトが87、医療サービスに関するプロジェクト「ヘルスケア Health care」が5、職業紹介や職業斡旋などを行う職業安定所などの「ジョブセンター・プラス・ネットワーク Jobcenter Plus network」が2、仕事や職業訓練プロジェクトなどの「雇用と職業訓練 Employment & training」が78となっている。さらに、直接宿泊できる「ダイレクト・アクセス・ホステル Direct access hostels」が

53,「長期滞在型ホステル Longer stay hostels」が227（ベッド数ではない），アルコールやドラッグ，精神疾患などに対する専門家による対応が可能な「専門住宅 Specialist housing」が13となっている。そのほかにウェストミンスター区の社会福祉サービス部局やコミュニティ・サービス部局などの「社会福祉サービス Social service」が掲載されている。

区別にみると，ロンドンの中心に位置し野宿者の集中しているカムデン区，ウェストミンスター区ではやはり社会的資源が多いことがわかる。これらの社会的資源は，支援の入り口である相談窓口，それぞれの段階ごとの居住施設の提供，それらをつなぐものとしてのデイ・センター，さまざまなニーズに対応した実践的支援プロジェクト，雇用と就労プロジェクトといったものに大別される。

ホームレス生活者支援，とくに野宿者支援の主な目的は，いくつかの段階を経て，最終的には恒久的で安定的な住宅へ再定住させていくことにある。しかし，ホームレス問題は単に住宅の確保，雇用の確保といった問題にとどまらず，複合的問題となっている。したがって，その過程は，さまざまなレベルでの居住施設の提供とともに，社会保障給付の受給問題，アルコールや精神疾患，薬物問題を抱える者などに対する健康や医療サービスの対応，就労・雇用の確保とそのための教育と職業訓練といったことから通常の日常生活が可能な生活スキルの習得に関する支援をも含むものとなっている。この再定住過程は，主に3つの段階を経る［中山，2003］。第1段階は，アウトリーチやデイ・センターなどによる路上での支援活動，第2段階として，シェルターやホステルなどの居住施設の入居に関する支援，第3段階は，恒久的で安定な住宅の確保とその維持と社会・コミュニティへの再参入に向けた支援である。そして，これらいわば事後的なホームレス生活者支援だけでなく，ホームレス状態に陥ることを防止するための施策に現在重点がおかれつつある。ボランタリー組織による再定住へ向けた段階ごとのホームレス支援の具体的実践事例は，次章で詳細に展開される。

第4章　ボランタリー組織によるホームレス支援の実例

　本章では，前章に示したボランタリー組織による支援活動の構成に従って，路上から再定住にいたる各ステージにおいて展開されている支援活動の実例を整理・紹介する。主にボランタリー組織による支援活動に焦点をあてているが，必要に応じて中央政府や地方自治体との連携についても言及している。なお，本章で紹介する組織はとくに断りのない場合，すべてチャリティ団体として登録されているボランタリー組織である。

1　支援活動の最前線

　ここで，ボランタリー組織による支援活動の最前線の実例として挙げるのは，アウトリーチ，スープ・ラン，クロージング・ラン，医療サービス，デイ・センターである。これらはいずれも，今まさに野宿している者に対する緊急的なサービスであり，その多くは政府による財政支出に支えられ，ボランタリー組織によって運営されている。

1）アウトリーチ

　まず，最前線での支援活動のなかでも，野宿者に対して路上でアプローチするアウトリーチ活動について紹介しておこう。アウトリーチとは，ごく概説的にいえば，路上等で寝泊りする野宿者のもとへ出向いて状況やニーズを把握し，居住施設およびサービスの機会や情報・助言の提供を通じて，野宿からの脱却を支援する活動である。

　本書上巻で示されているように，アウトリーチは，1999年に設立された「野宿者対策室 Rough Sleepers Unit」（以下，RSU と略記）による野宿者削減の戦略の中核に位置づけられ，その担い手として Contact and Assessment Teams

（以下，CATsと略記）と呼ばれる，専門家を含んだアウトリーチ・チームが立ち上げられた。こうして政府によって設けられたCATsは，実際にはボランタリー組織によって運営されることとなり，その支援活動の範囲は居住施設への入居や恒久住宅への再定住までを含む。さらに，ドラッグやアルコール中毒，精神疾患をもつ野宿者に対して適切な支援を提供するために，専門ワーカー specialist worker もチーム内に配置されている［DETR, 1999a; 2000; DTLR, 2001a］。

　CATsによるアウトリーチ活動の実例をみておこう。ロンドンのランベス区とサザック区は，セント・マンゴス St Mungo's の運営するCATsが担当している。ただし，アウトリーチといってもその活動範囲は路上でのサービス提供にとどまらず，居住施設の確保から再野宿の防止，恒久住宅への再定住までを包括しており，野宿からの脱却に向けた一連の過程を射程に入れた活動を展開している［St Mungo's, 14/9/2003］。また，情報提供に関しては，セント・マンゴスは路上などでコンタクトをとった野宿者やホームレス生活者に対して *Inreach: Services for the Homeless* という手帳を配布しており，関連サービスの情報提供に取り組んでいる。いま著者の手元にある2001年版は，サイズが縦15cm，横10cm程度で，その内容は野宿あるいはホームレス状態にある者が利用

写真Ⅰ-9　ロンドンのセント・マンゴス本部。ここは事務職員のビジネス・オフィスとなっており，訪問者向けに大型のパネルが何枚か展示されている。このパネルでは，野宿者にアウトリーチしている場面が紹介されている。

写真Ⅰ-10　セント・マンゴス本部の室内。アウトリーチやホステルなどの活動拠点が地図で示されている。

することのできる諸サービスの概要と連絡先が記されている。他のボランタリー組織や政府・行政による給付や施設、サービスなども含めて、96頁にわたって種類別に掲載されている［St Mungo's, 2001c］。

このチームがアウトリーチ活動の対象としているのは、長期にわたって野宿している者と野宿を始めたばかりで援助から漏れている者である。物乞いや路上でのアルコール、薬物中毒といった問題には対処していない。具体的な活動内容をみると、まず路上に出向いて野宿者とコンタクトをとることから始める。その時間帯は、晩、早朝、日中とさまざまである。次に、コンタクトをとった野宿者のニーズを把握したうえで、必要な支援を提供するか、または支援が提供されるようにアレンジする。ホステルに空き部屋があることを確認できれば、野宿者に対して入居するように勧める。こうした居住施設の空き部屋は、アウトリーチを行う CATs のために特別に確保されており、その日に CATs が使用しない場合はその他の野宿者が入居できるように開放される仕組みがとられている。こうして野宿者を路上からホステルに移動させた後も、引き続き細やかな支援が行われる。ホステルに入居した元野宿者に対しては、ホステルのスタッフの協力を得て入居後の状況をモニタリングする。これは、元野宿者が再び野宿に戻ることがないであろうと判断されるまで続けられる。そして最後に、恒久住宅での再定住を支援する。ここには、住宅を見つけ、引っ越し作業を支援することも含まれる。

さて、アウトリーチ活動の担い手は、以上のように RSU によって設けられた CATs にとどまらない。ボランタリー組織が独自に活動を展開している例も少なくない。1例だけ挙げると、クライシス Crisis は「リーチアウト ReachOut」というプロジェクトのもとで、専門ワーカーが全国の路上やホステルに出向いて精神疾患を抱えるホームレス生活者の支援を行っている。2001/02年には1531人が支援を受け、そのうち593人が一般医（GP）や薬物あるいはアルコール中毒を扱う専門機関などへ照会された［Crisis, 2001; 2002］。

2）スープ・ラン，クロージング・ラン

スープ・ラン soup run，クロージング・ラン clothing run は、それぞれ野

宿者に対して食事，衣類等を路上で提供する活動である。

　路上での食事や衣類の提供は，ホームレス生活者に対する支援活動のなかでも重要な部分を占めると位置づけられている［Alexander, 1998, p.70］。しかし，こうした路上でのサービス提供は，RSU において検討課題として提起されている［DETR, 2000, p.7］。その理由は第1に，地域によって供給に偏りがある点である。ロンドンの中心部にあるストランド Strand では毎晩12の団体が野宿者に食事を提供しているのに対し，他の地域ではこうしたサービスがまったくなされていない。第2に，スープ・ラン活動をホステルなどの施設サービスと連携させる必要性が提起されている。RSU は救世軍 Salvation Army に資金を提供し，ロンドンにおけるスープ・ラン活動のコーディネートに取り組んだ。これは先の第1の問題点と重なり合うのであるが，ロンドン中心部に偏っていたスープ・ランを各地域のドロップイン・センター drop-in centre やホステルで運営させることによって，野宿者がロンドン中心部に来なくても食事の提供を受けられるようにする，という取り組みである。こうすることで，野宿者に食事を提供するサービスは，居住施設やそこに付随する多様な支援（たとえば薬物やアルコール中毒，精神疾患などへの対処）と連携することができるわけである［DTLR, 2001a, p.11］。

　2000年9月にわれわれが訪問インタビューしたチャリングクロス警察 Charing Cross Police によれば，RSU が野宿者対策を担当するようになってから，スープ・ランなどの活動について，それが野宿者を路上に定着させる要因になるとして評価が厳しくなったという。ちなみにチャリングクロス警察では，1993年に警察官5名で構成される「ホームレス・ユニット」を立ち上げ，長期にわたる野宿者を主な対象として路上からの追い出しを図っている。ボランタリー組織のアウトリーチ・ワーカーとは月に1度ミーティングを行い，路上で危機に面した野宿者についてはボランタリー組織に照会するという。

　話を戻そう。こうして，セント・マンゴスによるスープ・ラン，クロージング・ランも，デイ・センターを拠点として行われるようになっている。セント・マンゴスによる食事や衣類の配布サービスも，前述したように救世軍によってコーディネートされている。セント・マンゴスが運営するデイ・センター

第4章　ボランタリー組織によるホームレス支援の実例　49

では，施設内で食事や寝場所を提供しているほか，ロンドン中心部のさまざまな場所でスープ・ランを行っている。週4日それぞれ午前中にサンドイッチとスープを路上で無料提供している［St Mungo's, 14/9/2003］。

　また，クライシスによる食料品の再分配プロジェクト「フェアシェア Fare-Share」では，スーパーマーケット等で売れ残った消費期限内の食料品の有効活用がなされている［Crisis, 2001; 2002; 14/9/2003］。このプロジェクトでは，食品メーカーや小売店であまった食料品がボランティアによって集められ，ホームレス生活者を対象とするデイ・センターやホステルなどの施設に届けられる。施設の側は，こうして食料品の提供を受けることによって，訓練や相談などといった他のサービスに予算を回すことができる。現在の，あるいはかつてのホームレス生活者も，このプロジェクトのボランティアとして活動することができる。

　プロジェクトの事務所はロンドンにおかれ，実際の運営拠点はロンドンやマンチェスター，エディンバラなど全国に8カ所が設けられている。活動するボランティアは250人を数える。こうして再分配される食料品は，全国で週に2万食にのぼるという。また，このプロジェクトから食料品の提供を受けた施設は，2002年の1年間で，ホームレス生活者を対象とするデイ・センターやナイト・シェルターなど178施設にのぼる。

3）医療サービス

　野宿者は，身体や精神に疾患を抱えている場合が多い。この問題は RSU によっても当初から重要視されてきた。

　クライシスの「モバイル・ヘルス・ユニット Mobile Health Unit」は，まさに最前線での医療サービス提供を行っている。看護師と救急隊員のボランティアによって編成されたチームが救急車でロンドンを巡回し，野宿者に助言を行うほか，医療機関へのアクセスを支援している。2000年10月以降は出動回数を倍に増やし，週に1度の巡回を行うことになった。それまでの実績として，年間37回の出動で504人の野宿者に支援を行った［Crisis, 2001, p.13］。

　また，路上での医療サービスの提供について，地方自治体による取り組みも

紹介しておきたい。2000/01年，ロンドンのウェストミンスター区の社会サービス当局は，薬物濫用や精神疾患の野宿者を支援するために100万ポンドの追加資金を受けた。この支援活動の特徴は，精神疾患の専門家チームによるサービス提供の強化である。この専門家チームは警察やボランタリー組織とともに路上に出向いて活動する。こうして2000年4月以降，この専門家チームによって，精神疾患を抱える野宿者約300人が支援を受けた［DTLR，2001a, p.14］。

4）デイ・センター

　ホームレス生活者を対象とするデイ・センター day centre では，さまざまなサービスが提供される。食事や寝場所，トイレや洗濯設備などの基本的なものから，住宅や福祉に関する助言，医療サービスの提供，薬物やアルコール中毒への対処，職業訓練や雇用に関する支援まで含まれている場合が多い［Alexander，1998, pp.72-73］。その構造や運営形態は多様だが，共通しているのは「出入り自由 open door」の施設であり，諸々の助言や支援が提供されているという点である。デイ・センターの利用者が目当てにしているのは，安価あるいは無料で利用できる設備，交流の場，楽しく有意義に時間を過ごすこと，助言や情報提供といったサービス，といわれている［Fitzpatrick/Kemp/Klinker，2000, p.42］。なお，一般的にデイ・センターの利用者は野宿者に限られているわけではない。ホステルや恒久住宅などの居住施設を持ちながら，日常生活で孤立感をもっている者，デイ・センターの他の利用者と交流したい者なども利用している。

　ここでは具体的な例として，さしあたり主に野宿者を対象としたデイ・センターを紹介しておこう。第1に，セント・マンゴスがロンドンで運営しているノース・ランベス・デイ・センター North Lambeth Day Centre である［St Mungo's, 2001a; 14/9/2003］。このデイ・センターはロンドンのランベス区に位置し，ウォータールー駅 Waterloo Station 近くの教会内に設けられている。その立地からして，利用者の多くはロンドン中心部で寝泊りする野宿者が占めており，1日に100人以上が利用している。野宿者以外にも，居住の環境が危機的あるいは安全でない者が利用している。センターを自由に利用できるのは平

日の午前8時半から午前11時半で、水曜日は50歳以上の者を対象に午前10時から午後3時までとなっている。午後にサービスを利用する場合には事前に予約する必要がある。

さて、このセンターで提供されるサービスは以下に示すとおり、非常に多様である。紅茶やコーヒー、衣類は無料で提供され、食事は安価でふるまわれる。シャワーや洗濯機、乾燥機も利用でき、荷物を預けることもできる。またソフト面においても、居住や社会保障給付、アルコールや薬物、雇用などに関する助言や援助も行われている。精神疾患も対象に含めた保健医療サービスも提供される。そのほか、他の利用者との交流やレクレーションを目的として、ゲームや園芸、工作や絵画、詩作などの創作活動なども企画されている。

もうひとつ、興味深い事例を紹介しておきたい。ロンドンのイースト・エンドには、1896年以来の活動歴を有するボランタリー組織ホワイトチャペル・ミッション Whitechapel Mission によって運営されるデイ・センターがある。われわれがここを訪問したのは2000年9月であるが、いまでも印象深く記憶している。この組織は、政府からの補助金を一切受けていない（チャリティ団体としては登録している）。補助金を受けると政府による指導の影響を被るためである。「絶対に排除しない、絶対に警察を呼ばない」という2つのポリシーのもとに、さまざまな人々を対象にサービスを提供してきた。この組織の年次活動報告書

写真Ⅰ-11　ホワイトチャペル・ミッションによる食事提供サービス。1階厨房内部より撮影。

写真Ⅰ-12　ホワイトチャペル・ミッションの地下にある衣料保管スペース。衣料のほか、靴や毛布、寝袋など物資を保管するスペースを確保するため、建物の地下を掘ったという。

の冒頭には活動目的が次のように記されている。「われわれの活動の焦点は，われわれのところへやって来る貧困者やホームレス生活者に対して，人間としての基本的ニーズ basic human needs を充たすことにある」[Whitechapel Mission, 2000]。

このデイ・センターでは，主に食事や衣類，毛布の提供，シャワーやトイレ，洗濯設備などを開放している。利用時間は水曜日を除く毎日午前6時から午前11時で，1日120～150人の利用者に対して手づくりの朝食が提供される。また，靴を提供しているデイ・センターはここだけだという。衣類は種類・サイズ別に整理され，靴や毛布，寝袋などとともにセンターの地下の倉庫に保管されている。

利用者の内訳をみると，野宿者とホステル居住者，恒久住宅居住者がそれぞれ30％，残り10％が難民や移民である。難民や移民の場合，難民認定されなかった者や不法入国者は所得保障や社会サービスを受給することができないが，このセンターではそうした者の利用を排除していない。資金集めもひと工夫されている。寄付金のほか，デイ・センターの上階にある居住スペース16部屋のうち12部屋を貸し出し，入居者から支払われる家賃を活動資金に充てている。部屋の質からすれば週40～50ポンドが妥当な家賃であるが，そこにチャリティを合わせて週600ポンドに設定し，収入の多い医師などが入居している。こうした家賃による収入は年額25万ポンドにのぼるという。

2 一時居住施設の提供

次に，シェルター shelter（緊急宿泊施設）やホステル hostel などの一時居住施設 temporary accommodation において提供されるサービスを紹介する。これらはいずれも定住を目的とした居住施設ではないため，おおよそ入居期間が定められている。これらの一時居住施設は，単に寝場所だけでなくさまざまな支援サービスを合わせて提供しており，次項でふれる恒久住宅 permanent accommodation での定住に向けた重要なプロセスを形成している。

第 4 章　ボランタリー組織によるホームレス支援の実例　53

1）シェルター
（1）ナイト・シェルター

　センターポイント Centrepoint は，「セイフ・ストップ Safe Stop」プロジェクトと名づけたナイト・シェルター night shelter を運営している。このナイト・シェルターは RSU による資金提供を受け，最大でも男性 8 名，女性 4 名の計12名が利用できる小規模なシェルターである。ここに寝泊りできる期間は 3～7 晩である。このシェルターの目的は，野宿を始めて間もない若年者に対して宿泊施設を提供することによって，その間に今後の居住や生活について好ましい選択肢を考えてもらう点にある。かつての居住環境を建て直す，あるいは新たな居住場所を確保するといった方策をとることで，若年者が野宿者として路上に定着するのを予防している［Centrepoint, 2001; 2002］。

　また，地方自治体によって提供されているシェルターもある。ブライトン・ホーブ Brighton and Hove の環境・住宅当局が立ち上げた「ブライトン・アドバイス・センター Brighton Advice Centre」では，アウトリーチ・ワーカーや警察などから照会を受けた人々に対して，短期の緊急宿泊施設を提供している。利用者はそこで住宅に関する助言とともに，素早いアセスメント（目安は 5 日以内）を受ける。さらに，ホステルや社会的住宅 social housing，民間の賃貸住宅（必要な場合は敷金を支援する）などの居住施設を利用者に紹介している

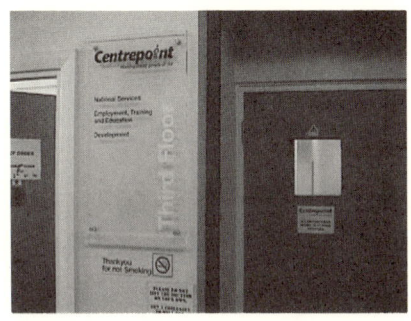

写真 I-13　ロンドンのセンターポイント本部入口。このフロアー全面が事務職員のビジネス・オフィスとなっている。

写真 I-14　センターポイント本部のディレクター・ルーム。

[DTLR, 2001b, p.24＝中山・垣田, 2003, 241頁]。

(2) 冬季臨時シェルター

冬季臨時シェルター Cold Weather Shelter とは，毎年12月から翌年3月末までの間，ロンドン，ブライトン，ブリストル，ケンブリッジにおいて臨時的に開設されるシェルターである。このシェルターは1991年末に初めて開設された。そもそもは，1990年に保守党政権下で設立された「野宿者優先プログラム(RSI)」による資金提供を受けて，セント・マンゴスやクライシス，センターポイントなどのボランタリー組織によって運営されるようになったものである。現在は RSU が資金を提供している。

このシェルターの運営をコーディネートしているのは，クラッシュ The Construction and Property Industry Charity for the Homeless（CRASH）である。この団体は，建設・不動産業界の企業による出資を中心として，ホームレス生活者の支援を目的として1991年に設立された。クラッシュは，冬季臨時シェルターの運営を担当する各ボランタリー組織と連携しつつ，毎年秋には年末にシェルターとして利用する空きビルを借り上げ，冬季の開設に間に合うように猛スピードで改修する。その際に活用されるのが，クラッシュに協力する建設業界企業による技術や物資，資金の提供である。こうして毎年，上記の主要都市において合計500を超えるベッドが用意され，ホームレス生活者によって利用されることとなる。

シェルター利用者の7割以上は野宿者である。利用者に対しては，宿所や食事の提供にとどまらず，医療サービスの提供，アルコールや薬物からの離脱支援，再定住に向けた助言なども行われる。また，職業訓練や娯楽の目的でパソコンも設置されている［CRASH, 2000; 9/10/2003］。

ここで，冬季臨時シェルターの具体例を挙げておこう。ロンドンのサザック通り Southwark Street に面した冬季臨時シェルターは，クライシスによって運営されている。このシェルターは40ベッドを有し，飲酒や薬物使用から抜け出したい者を対象とした設備 detox facility も用意されている。その設備を利用した者のうち55％はアルコール・薬物からの離脱に成功した。シェルター利

用者に対する支援を担うのはスタッフとボランティアそれぞれ15名であり，そのなかに薬物中毒に対処する専門ワーカーが1名，再定住の支援を受けもつワーカーが2名含まれている。利用者の3割は恒久住宅を確保し，残りの者はホステルなどの一時居住施設や病院等に移っている［Crisis, 2000; Alexander, 1998］。

（3）ローリング・シェルター

ローリング・シェルター Rolling Shelter とは，ロンドンの空きビルを利用しておおむね4カ月単位で移動する臨時シェルターである。1999年に RSU が立ち上げられ，野宿者対策のターゲットに長期野宿者が取り上げられた。彼らに接近し，そのニーズにもとづいて適切な支援を行う，という基本戦略にもとづいて前述の CATs が設立されたわけであるが，このローリング・シェルターもその一環に位置づけられる。先にみた冬季臨時シェルターとの端的な違いは，年間を通して利用することができる点である。もちろん，前述したように一定期間を過ぎればシェルターは別の場所へ移動する仕組みになっているが，いずれもロンドンで開設される。2000年4月から開設され，2001年11月までの3期で計12カ所が開設された。入所定員の規模は，小さいもので12ベッド，大きいものは85ベッドである。このローリング・シェルター事業においても，空きビルの賃貸契約や使用内容の同意をとりつける過程で，前述のクラッシュが活躍している［CRASH, 2002］。

事例として，RSU から資金提供を受けながらクライシスが運営しているローリング・シェルターを紹介しておこう。ここでは，クライシスのアウトリーチ・ワーカーによる照会を通じて，とくに高齢や長期間の野宿者を受け入れている。入居期間中に恒久住宅の確保などの支援が提供される。2000年7月から11月の間，週に58ベッドが用意され，99人が恒久住宅に移った［Crisis, 2001, p.12］。58ベッドのうち8ベッドは緊急用に確保されている。支援は24時間体制で行われ，3交替制となっている（7:30〜15:00, 14:30〜22:30, 22:00〜8:00）。どの時間帯も，常に熟練のスタッフが3名配置されるようになっている。医師は常駐していないが，必要に応じて地域の一般医が診察する。

2）ホステル

多様な居住施設があるなかで，野宿者は直接アクセスできる施設を利用する傾向にあるといわれる［Alexander, 1998, p.73］。ダイレクト・アクセス・ホステル direct access hostel とは，申請や照会などの手順をふまなくても，野宿者などが直接施設を訪れて，空いたベッドがあれば即座に寝泊りできるホステルをいう。

通常のホステルでは多くの場合，宿泊設備のみでなくさまざまな支援も提供される［Fitzpatrick/Kemp/Klinker, 2000, p.38］。ボランタリー組織によって運営されるホステルについていえば，宿泊設備に合わせてケアや支援も提供される施設が著しく増加したのは1980年代であった［Neale, 1997, p.205］。

ホステルなどの居住施設の提供は，野宿者が路上生活から脱却するための第1歩として位置づけられる。もちろん，これらの施設の態様やサービスは各施設によって質量ともに大きく異なる。なかには，居住設備が非常に低水準で，相部屋のためにプライバシーが守られないといった旧式のホステルもある。政府の社会的排除対策室 Social Exclusion Unit によれば，ホステルは必ずしも野宿者に好まれているわけではない。というのは第1に，相部屋になった者が飲酒や薬物の問題を抱えているかもしれないし，所持品が安全でない可能性もあるなど，居住環境が危険をともなっているためである。第2に，規則が多すぎることである。たとえば，ペットを飼うこと，パートナーと連れそうこと，そして飲酒は認められないなど。そうなると，騒々しくて危険な居住施設に入るよりは路上生活を選ぶという者もあらわれてしまう［Alexander, 1998; Social Exclusion Unit, 1998］。

ここで，いくつかの事例を紹介しておこう。いずれも2000年9月にわれわれがロンドンで訪問インタビューした，ボランタリー組織によって運営されているホステルであり，必要に応じて資料を参照して補足している。

初めに，大規模ボランタリー組織であるセント・マンゴスがロンドンで運営するホステルは11カ所以上にのぼり，計565ベッドを擁している。それぞれの入居者についてキー・ワーカーが担当し，入居者がスムーズに恒久住宅へ移行できるよう，一般的および専門的な支援の提供やコーディネートが行われる。

すなわち，食事や宿泊設備の提供といった基本的な支援をはじめ，保健医療や雇用，再定住に関する支援まで幅広く行われる。また，入居者が犬を飼うスペースも用意されている［St Mungo's, 2001a, p.4］。

　これとは対照的に，サイモン・コミュニティ Simon Community が運営するホステルは小規模である。団体そのものは40年の歴史を有しているが，このホステルが開設されたのは1995年である。政府からの補助金は受けておらず，施設運営において政府の指示には従っていないとのことである。運営資金は，入居者が受給する住宅給付 Housing Benefit が中心を占めている。部屋は相部屋になっており，ベッド数は16，そのうち1ベッドは緊急用として普段は空けてある。職員は計10名で，その内訳はアウトリーチ・ワーカーが2名，退所者のアフターフォロー・ワーカーが2名，施設内のキー・ワーカーが6名となっている。医師は常駐していないが，週に2回ここで診察を行っている。このホステルは，アウトリーチ活動やストリートカフェ（スープ・ラン）を通して野宿者と接点をもち，支援が必要と判断された者を入居させることにしている。とくに精神疾患を抱えた野宿者を入居させることが多い。初回アウトリーチのコンタクトでは，野宿者も心を閉ざしているためにワーカーとの会話が成り立たないが，雑談やスープ・ランなどを通じて，徐々に信頼関係を築くよう心がけているという。このホステルでは，基本的にダイレクト・アクセスは受け付

写真 I-15　サイモン・コミュニティが運営するホステルのリビング。入所者どうし，あるいはスタッフと談話を楽しむことで，「コミュニティ」の形成を目的としている。

写真 I-16　サイモン・コミュニティが運営するホステルのスタッフ・ルーム。アウトリーチやスープ・ランなどの活動拠点が地図で示されている。

けていない。しかし，緊急性の高い場合は空きベッドに受け入れている。ホステル入居者それぞれを，キー・ワーカーが担当する。

最後に，カーディナル・ヒューム・センター Cardinal Hume Centre の運営するホステルも比較的小規模である。1986年に開設され，入居定員は18名である。入居者のうち半数以上が，かつて肉体的または性的な虐待を受けた経験をもつなどといった問題を抱えているため，部屋はすべて個室となっている。入居者は16～21歳の若年者で，以前は友人宅を転々と居候していた者が多い。こうしたホームレス状態にあった若年者を，平均で9カ月間にわたって入居させる（希望があれば1年間入居することができる）。ここでも入居者それぞれをキー・ワーカーが担当し，雇用や訓練，教育に関する支援が提供される。自信や意欲を取り戻し，自立生活のスキルを蓄積し，安全な居住場所が見つかれば，退所する。しかし，このホステルによる支援はここで終わらない。退所後もスタッフが訪問を続け，その後の生活が軌道に乗ったことが確認されて初めて，支援にピリオドが打たれるのである。しかし，退所者の1割はその後連絡がつかないという。運営資金をみると，1999年の収入は約100万ポンドであり，うち3分の2は寄付，残り3分の1が政府と地方自治体からの補助金，住宅給付を受ける入居者から支払われる家賃などで構成されている。24名のフルタイム職員と30名のボランティアによって運営されている［Cardinal Hume Centre, 2000］。

3）サポーティッド・ハウジング

サポーティッド・ハウジング supported housing は，独立して生活することのできない者を対象とした居住施設であり，自立生活の促進と保護とを合わせ持った支援を提供している。言い換えれば，サポーティッド・ハウジングでの生活はホステル居住と自立生活との中間にあたり，自立生活を営むための足がかりとしての役割を担っている。その意味でサポーティッド・ハウジングは準独立住宅 semi-independent housing とも呼ばれる。

セント・マンゴスは40カ所以上のサポーティッド・ハウジングを運営しており，合計550名の男女が入居している。ここでは，それまでホステルで居住していた者のうち，自立生活を送ることのできる者を受け入れている。また，精

神疾患，薬物・アルコール中毒を抱えた者や高齢者を受け入れるサポーティッド・ハウジングも用意されている。入居ルートは，セント・マンゴスのホステルやアウトリーチ・チーム，再定住支援チームの照会を経由するのが原則であるが，他団体からの照会も受け付けている。居住施設は共同または単独で利用し，共同で利用する場合も個室が提供される。犬を飼っている場合など個別の事情があれば単独で利用できる。家具や調理・洗濯設備は完備されている。入居者はセント・マンゴスが行っている求職・訓練支援を利用することができ，就労または求職している者に対しては，おそらく就労意欲の維持を目的として，家賃を割り引いている。入居者のニーズに応じて，スタッフが居住施設に常駐している場合と，週に2～5回の割合で定期訪問する場合がある［St Mungo's, 1999; 2001a; 2001b; 14/9/2003］。

3 再定住に向けた支援

再定住サービスの目的は，人々がホームレス状態から恒久住宅に移るのを支援することにある。その過程で当事者が直面するニーズは非常に幅広い。金銭面を含めて，住宅での生活を切り回すにはさまざまな困難がともなう［Alexander, 1998, p.73］。

1）恒久住宅の確保

ホームレス生活者の再定住を実現するうえで第1に直面する課題は，恒久住宅 permanent accommodation の確保である。具体的には，家主の理解，敷金保証，家具等の調達などが必要となる。社会的住宅が不足していることから，民間セクターの賃貸住宅を活用する試みが各地で本格化している。こうした試みはボランタリー組織によって主導され，なかには地方自治体や住宅協会 housing association が積極的に協力している事例も少なくない。そうした事例のいくつかは，交通・地方政府・地域省DTLRによって紹介されている［DTLR, 2001b＝中山・伊藤・垣田, 2002; 中山・垣田, 2003］。

ひとつ例を挙げておこう。クライシスの「スマートムーブ SmartMove」プ

ロジェクトでは，社会的住宅に入居できない者を民間賃貸住宅へ入居させることを目的としている。このプロジェクトの主眼は，主にホームレス生活者を対象として，住宅に関する包括的な助言の提供に加え，民間セクターの良質な賃貸住宅への入居に結びつける点にある。家主に敷金を支払う代わりに，家主とクライシスとが保証契約を結ぶ。自立生活の経験をもたない入居者には必要な生活支援を提供する。このプロジェクトの拠点は全国に33カ所あり，2001/02年の実績をみると，住宅に関する助言を受けた者が5351人，クライシスが仲介して住宅に入居した者が1135人，地方自治体や住宅協会が運営する長期居住施設に入居した者が267人となっている [Crisis, 2002]。

2）自立生活の支援とアフターフォロー─フォイヤーによる支援の実例

ホームレス生活者の再定住に向けた支援の過程では，恒久住宅の確保と維持が重要なポイントとなる。しかし，それだけではなく，再定住を成功させるためには，就労機会の提供，自立生活を構築するためのスキルの習得，再定住後のアフターフォローなど，ソフト面でのきめ細やかな支援が求められる。

フォイヤー Foyer によるホームレス生活者支援の特徴は，16～25歳の若年層に焦点をあてて，居住施設とともに雇用や訓練に関するサービスを提供している点にある。支援の目的は，「家がない─仕事がない─家がない no home—no job—no home」という悪循環を断ち切ることである。施設利用の典型例をみると，恒久住宅を確保するまでの1年半から2年の間入居し，退所するころには提供される各プログラムを修了し，雇用機会や高水準の教育を得るということになっている。フォイヤーの活動の発祥はフランスで，1991年にボランタリー組織であるシェルター Shelter によってイギリスへ紹介された。翌92年に，イギリスでのフォイヤーの展開を図る目的で「フォイヤー連合 Foyer Federation」が設立された。以降，その活動規模は全国で拡大し，2002年現在で106カ所が稼動しており，さらに63カ所が建設中である [Quilgars/Anderson, 1997; Fitzpatrick/Kemp/Klinker, 2000; Network East Foyers, 2002]。

それでは，フォイヤーの支援活動の具体的内容を紹介しよう。われわれは2002年2月，ロンドンのストラトフォード Stratford で運営されているホステ

ル「Focus E15」を訪問した。ここは，イギリスのフォイヤーのなかでも最大の規模であり，定員210名の若年入居者に対して，居住施設や雇用機会，訓練サービスが提供されている。このホステルで提供されている支援やサービスは大きく3つに分けられ，居住のマネジメント，雇用機会と訓練の提供，再定住支援とアフターフォロー，となっている
［Network East Foyers, 2002］。

第1に，居住のマネジメントについては，フロントの職員が24時間体制で支援と警備を行っている。ワーカーは当番制で配置され，毎日午前8時から午後11時までの間，入居者に対して1対1で支援を行っている。このホステルが有する210室は，2000/01年の1年間でみると，99.22％が利用されている。

写真Ⅰ-17 イギリスのフォイヤーのなかで最大規模をほこるホステル「Focus E15」の外観。

第2に，入居者に提供される雇用機会や訓練サービスには，基礎的なスキルや生活スキルの訓練，求職活動の支援や職業紹介なども含まれる。訓練のなかには，ラジオ技術や運転技術，写真撮影のコースがある。生活スキル訓練のプログラムでは，必要な知識の獲得や他者に依存せずにサービスにアクセスできるよう，入居者の個別ニーズに対応している。最近では訓練の枠が拡充され，健康の増進や争いごとへの対処法，起業アドバイスなども含まれるようになった。訓練の提供については，その対象は必ずしも入居者に限られておらず，最短のもので1日コースも用意されている。

第3に，再定住支援とアフターフォローについて，このホステルの開所（1996年11月）以来，320名の若年者が恒久住宅への再定住に成功した。ホステル入所から恒久住宅への再定住にいたる過程では，中間的な居住施設が用意されている。そこでは，再定住を成功させるために，高水準の専門ワーカーによる支援が提供される。具体的には，居宅を訪問し，個別の状況に応じた実用的な支援や活動計画づくり等が行われている。フォイヤーの居住施設を退所し，

写真 I-18 フォイヤーの運営する「Focus E15」に設けられたパソコン・ルーム。入居者が無料で利用することができる。

再定住にいたったあと1年以内は，アウトリーチによるアフターフォロー支援が行われ，フォイヤーが提供するサービスの評価やフィードバック等の参考としている。とはいえ現実的には，再定住後のアフターフォローは予算上の制約から困難な面もあるため，ホステルで催しを企画して元入居者に来てもらうなどの工夫をしている。しかし，こうした催しには退所後の就労・生活が成功している者が来所する傾向がみられる。また，退所後1～2年を超えると，来所しなくなり，離れていく。それが退所後の就労・生活に成功しているためなのか，あるいは失敗してしまったためなのか，来所しない理由は把握できていないという。

以上にみたフォイヤーの支援活動は，若年者が抱える住宅・雇用ニーズに対して総合的にアプローチしている点で，おおむね積極的に評価されている。その一方で，慎重な評価もみられる。すなわち，居住施設と雇用・訓練サービスとを結び付けている点で，入居者が就労や訓練に失敗した場合にはかえって居住施設も失いかねないとする懸念がみられる。また，フォイヤーは入居者に対して雇用と居住の機会を効率的に提供してきたが，とくに雇用機会についていえば，求人数の少ないことや臨時・低賃金の雇用が大半を占めているという問題を克服することができなかったとする厳しい評価もみられる［Quilgars/Anderson，1997; Fitzpatrick/Kemp/Klinker，2000］。

3）再定住の支援

恒久住宅での再定住 resettlement は，ホームレス生活者に対する一連の支援において最終的なゴールに位置づけられる。もちろん，先にみた恒久住宅の確保にも困難がともなうが，再定住が維持されるためには，以下に示すように多様な課題を乗り越える必要がある［Warnes/Crane，2000］。

（1）フローティング・サポート

初めに取り上げておきたいのは，施設から恒久住宅に移る過程でサービスの橋渡しを担うフローティング・サポート floating support である。フローティング・サポートの特徴は，施設などの建物ではなく個人に付随する支援であるという点である。そのため，この支援を受ける者が恒久住宅に移った後も，ニーズの変容に応じて必要な支援を受け続けることができる。個々人のニーズに柔軟に対応するという点では積極的に評価されるが，施設から恒久住宅に移って自立生活を営む際につきまとう孤立や孤独を克服する支援までは手が回っていないという批判もある［Fitzpatrick/Kemp/Klinker, 2000］。ここで，RSU が「良い事例 good practice」として紹介しているフローティング・サポートの例を挙げよう。ロンドンのウェストミンスター区の住宅当局は，福祉に関する問題を抱える借家人に関して多くの苦情問題が生じているという調査報告を受け，次のような支援計画を立ち上げた。社会的に弱い立場にあり特別な問題を抱えた借家人を受け入れている家主は，その借家人についてボランタリー組織のテムズ・リーチ Thames Reach に照会することができる。必要な場合にはテムズ・リーチの職員が危機介入や支援活動を行うというものである［DTLR, 2001b, p. 11＝中山・伊藤・垣田, 2002, 137-138頁］。

（2）再定住支援の主軸とは

さて，再定住支援においては，ホームレス生活者の個別ニーズに対応することが求められ，そこには情緒面の支援も含まれる。その点でいえば，前述のフローティング・サポートは，再定住支援の過程で重要な役割を担っている。再定住支援の主軸は次のように整理されている。すなわち，金銭面での困難に対処すること，社会的孤立を軽減すること，労働市場へ戻るのを支援すること，の3点である［Randall/Brown, 1995］。

再定住支援が直面する課題は多岐にわたっており，施設退所者のニーズを満たしつつ再定住を成功させることは簡単ではない。とくに，いったん定住したものの途中で自立生活を維持できなくなるケースが多いといわれる。元野宿者の場合，再定住の失敗を引き起こす最大のファクターは孤独感であるといわれ

る。再定住にあたっては，その個人のペースに合わせる必要がある。必要な家具や支援の確保，住居や地域の選定に加えて，自立生活を開始するにあたっての不安の解消も重要である。クライシスが実施した調査によれば，こうした準備をふまえて恒久住宅に入居するタイミングが決定的に重要であると強調されている［Alexander/Ruggieri, 1998］。また，アルコールや薬物中毒，精神疾患を抱えた者や若年者の場合には，居住のマネジメントに問題が生じる。さらに，地方自治体による社会サービスなどの制度的支援を受けたがらない者に対しては，再定住支援を特別にコーディネートすることが課題となる［Fitzpatrick/Kemp/Klinker, 2000］。

　RSU は，賃借権 tenancy の崩壊による再定住の失敗を予防するために，「賃借権維持チーム Tenancy Sustainment Teams (TSTs)」を設立した。RSU の資金提供を受けてボランタリー組織によって運営される TSTs は全国10カ所以上の地域で活動しており，フローティング・サポートや生きがいある居住，賃借権崩壊の危機への介入に取り組んでいる。ここでは，ルック・アヘッド Look Ahead がイースト・ロンドンで運営するチームの活動内容を例示しておく。このチームが借り上げている恒久住宅では，入居者向けに就労や訓練，学習のコースを設けているほか，美術品や工芸品の製作，ボランティア活動の奨励なども行っている。このチームは入居者を地域サービス（医師，歯科医師，商店，図書館，ジョブ・センター）とつなぐ役割を果たしている。入居者が路上から離れて生活を維持できるか否かを左右するものは，就労や訓練，学習，あるいは雇用や訓練を支援するコミュニティ・センター community centre とのつながりであるという［DTLR, 2001b, p.13＝中山・伊藤・垣田，2002, 140-141頁］。

（3）孤立の解消，コミュニティへの統合
　先にふれたように，元ホームレス生活者の再定住過程では，孤立や孤独の解消という情緒面の支援が重要視されている。ここではクライシスが2001年1月に開始したプロジェクト「ビフレンディング Befriending」を紹介しておきたい。このプロジェクトでは，居住施設に入居する元野宿者とボランティアのビ

フレンダー befriender を引き合わせて，元野宿者が新たに地域参入できるように支援することを目的としている。具体的には，情緒的そして実用的な支援を提供することで居住の安定を図り，生活に意欲をもてるような支援を行う。

また，セント・マンゴスはコミュニティ・センター「ラドブローク・グローブ Ladbroke Grove」を開設し，すでに再定住過程にある元ホームレス生活者を対象として，彼らが新たな居住地のコミュニティに溶け込むことができるように支援を提供している [St Mungo's, 2001a, p.4]。

---

1) 婚姻を届けない，婚外子が約40%を占める，同棲カップルの上昇による，と解釈している（*Social Trends*, No. 31, p.50）。
2) イギリスのホームレス政策は，日本の野宿問題が深刻化し，全国的に広がるにつれて紹介され始めた。1998年6月に開催された社会政策学会第96回大会における共通論題「日雇労働者・ホームレスと現代日本」がその契機のひとつになっている。イギリスのホームレス政策の研究は2つに区分される。ひとつはイギリスの施策そのものの紹介であり，他は日英の比較である。

　前者としてイギリスにおけるホームレス研究の一端を紹介した石畑良太郎の「現代イギリスにおけるホームレス研究」[石畑，2001]，イギリスのホームレス政策の概略を紹介した岩田正美の「現代都市と『ホームレス問題』」[岩田，1999] や岡本祥浩の「イギリスのホームレス問題と住宅政策の模索」[岡本，2001] などがある。また，1999年12月に「EU-US ホームレス研究会」が12名の研究者を中心に結成（著者もその一員）され，2001年の社会政策学会第103回大会におけるテーマ別分科会で「ヨーロッパにおけるホームレス問題の挑戦」としてその中間報告が行われた。その報告をもとに中山徹が「イギリスにおけるホームレス問題と「野宿者」対策」[中山，2002] として最近のイギリスにおける野宿者支援策を紹介している。また，「EU-US ホームレス研究会」が本書上巻でイギリスのホームレス支援策を詳しく紹介している。

　後者のイギリスと日本のホームレス政策の比較研究として岩田正美と岡本祥浩の研究がある。岩田正美は，日英のホームレス支援策が特別策として実施されているという共通点を指摘している [Iwata, 2002]。一方，岡本祥浩は，日英の野宿者の違いは，住宅・社会保障制度・文化など多くの背景の違いに起因しているとしている [Okamoto, 2002]。
3) チャリティ団体の数は常に変動しているが，2001年の Housing Help Centre のホームページより算出すると26団体。http://www.cardiff.gov.uk/advice/housing help ce …/Housing %20Help %20Centre %20streetwise.ht 2003/01/15
4) ホームレス生活者の支援を主たる目的としない図表Ⅰ-2-7に掲げられているような組織。組織本来の活動を行うことでホームレス生活者の発生を未然に防いだり，ホーム

レス生活者やホームレス生活者になる危険性のある人々を発見することになる。そういう意味で側面からホームレス支援対策を行っていると考えられる。
5) ホームレス生活者を受け入れた施設や家主は，事業のための費用を賄う資金が必要となる。事業や組織運営全般に対して地方政府やチャリティ基金などから補助を受ける場合が多いが，個々のホームレス生活者へのサービスに関する費用も確保しなければならない。ホームレス生活者が利用料を現金で支払える場合は問題がないが，そうでない場合さまざまな給付金によってその費用を賄う必要がある。ホームレス生活者の状況によって受給できる給付金は異なるが，所得補助や住宅給付金などがある。施設の担当者は，事業運営が円滑に行えるようホームレス生活者のために給付可能性のあるさまざまな制度を検討し，給付申請を行う。
6) フローティング・サポートの定義はさまざまあるが，ここではさまざまな生活支援ニーズをもった人々がそのニーズに対応した施設やケア付き住宅から普通の住宅に通常の管理のもとで暮らせるように支援する方策を意味している。一般的には，その対象は非常に幅広く，ケアを離れた若者から虚弱老人までを含む。カーディフでは図表Ⅰ-2-11に示されるフローティング・サポートがホームレス生活者を対象としている。
7) カーディフ市のダイレクト・ホステルでのヒアリング（2001年10月5日）。
8) サポーテッド・ハウスなどでのヒアリング（2001年9月18日）で電話などによる相談に応じていることが判明している。
9) 申請者の選択を基本とする社会的住宅の配分について2000年『住宅緑書』(Department of Environment, Transport and Regions and Department of Social Security 2000, *The Housing Green Paper: Quality and Choice; A Decent Home for All*) でデルフト・モデルをベースに議論されている。
10) ダイレクト・ホステルでのヒアリング（2001年10月5日）。
11) 第2章は，岡本［2003b］を加筆修正したものである。

【参考文献】

石畑良太郎　2001：「現代イギリスにおけるホームレス研究」小原信・神長勲編『日本の福祉』以文社。

伊藤泰三　2002：「イギリスにおける『ホームレス』への住宅保障施策―『住居法（Housing Act）』の運用を中心に」大阪府立大学社会福祉学部『社会問題研究』第52巻第1号。

岩田正美　1999：「現代都市と『ホームレス問題』」大阪市政調査会『市政研究』第124号。

岡本祥浩　2001：「イギリスのホームレス問題と住宅施策の模索」『都市住宅学』第34号。

岡本祥浩　2002a：「日英ホームレス比較（前編）」『中京商学論叢』第48巻第2号。

岡本祥浩　2002b：「日英ホームレス比較（後編）」『中京商学論叢』第49巻第1号。

岡本祥浩　2003a:「ホームレス生活者の現状とその支援制度」小玉徹・中村健吾・都留民子・平川茂編著『欧米のホームレス問題（上）―実態と政策』法律文化社。
岡本祥浩　2003b:「地域におけるホームレス支援策の構造―カーディフ（ウェールズ）を中心に」社会政策学会編『現代日本の失業』（社会政策学会誌第10号），法律文化社。
川口清史　1999:『ヨーロッパの福祉ミックスと非営利・協同組織』大月書店。
栗本裕見　2003:「文献紹介：ルイシャムコンパクト―ロンドン，ルイシャム区での政府と民間非営利セクターとの協定」大阪自治体問題研究所編『地方財政危機と住民生活』（研究年報6），文理閣。
神野直彦　2002:『地域再生の経済学』中央公論新社。
高寄昇三　1996:『現代イギリスの都市政策』勁草書房。
中山徹　2002:「イギリスにおけるホームレス問題と『野宿者（Rough Sleepers)』対策」社会政策学会編『グローバリゼーションと社会政策』（社会政策学会誌第8号），法律文化社。
中山徹　2003:「野宿者の現状と野宿者支援策」小玉徹・中村健吾・都留民子・平川茂編著『欧米のホームレス問題（上）―実態と政策』法律文化社。
宮城孝　2000:『イギリスの社会福祉とボランタリーセクター――福祉多元化における位置と役割』中央法規。
Alexander, K.　1998:*Homelessness Factfile 1998/99,* Crisis.
Alexander, K. and Ruggieri, S.　1998:*Changing Lives,* Crisis.
Cardinal Hume Centre　2000:*Annual Report 1999.*
Centrepoint　2001:*This is Centrepoint.*
Centrepoint　2002:*Annual Review 2001-2002.*
Charity Commission　2002:http://www.charity-commission.gov.uk/registeredcharities/show charity.asp?remchar=&chyno=263710
Clapham, D., Kemp, P. and Smith, I. S.　1990:*Housing and Social Policy,* Macmillan.
CRASH　2000:*Survey of Users of Winter Shelters Provided in London, Brighton, Bristol and Cambridge: December 1999-March 2000.*
CRASH　2002:*Survey of Users of Rolling Shelters Provided in London: Aplil 2000-November 2001.*
CRASH　14/9/2003:http://www.crash.org.uk
Crisis　2000:*Annual Review 2000: Why are People still Homeless?.*

Crisis 2001：*Annual Review 2001: This is the Crisis You can See.*
Crisis 2002：*Annual Review 2002.*
Crisis 9/10/2003：http://www.crisis.org.uk/crash/history.lml
Department of the Environment, Transport and the Regions (DETR) 1999a, *Coming in from the Cold: The Government's Strategy on Rough Sleeping.*
Department of the Environment, Transport and the Regions (DETR) 1999b, *Coming in from the Cold:Delivering the Strategy.*
Department of the Environment, Transport and the Regions (DETR) 2000： *Coming in from the Cold: Progress Report on the Government's Strategy on Rough Sleeping: Summer 2000.* (中山徹・高橋美和 2001：「＜資料紹介＞環境・交通・地域省『寒い路上から屋内へ』―ラフ・スリーパーズ・ユニット (Rough Sleepers Unit) の戦略」大阪府立大学社会福祉学部『社会問題研究』第50巻第2号)
Department for Transport, Local Government and the Regions (DTLR) 2001 a：*Coming in from the Cold: Progress Report on the Government's Strategy on Rough Sleeping: Summer 2001.*
Department for Transport, Local Government and the Regions (DTLR) 2001 b：*Preventing Tomorrow's Rough Sleepers: A Good Practice Handbook.* (中山徹・伊藤泰三・垣田裕介 2002：「＜資料紹介＞交通・地方政府・地域省『将来の野宿者を予防する事例ハンドブック』（その1）」大阪府立大学社会福祉学部『社会問題研究』第52巻第1号，中山徹・垣田裕介 2003：同（その2・完），同誌第52巻第2号)
Department for Transport, Local Government and the Regions (DTLR) 2002 a：*More than a Roof: A Report into Tackling Homelessness.*
Department for Transport, Local Government and the Regions (DTLR) 2002 b：*The Government's New Approach to Tackling Homelessness.*
Fitzpatrick, S., Kemp, P. and Klinker, S. 2000：*Single Homelessness: An Overview of Research in Britain,* The Policy Press.
Guardian 1/11/2001：The Homelessness Industry.
Guardian 22/12/2001：Mergers Likely as Homeless Charities.
HNAP (Homeless Needs Assessment Project) 2001：*Homeless Needs Assessment Project Draft Audit Report on Support.*
Homeless Directorate 2002：*Homelessness Statistics: December* 2002 *and Bed & Breakfast Policy Briefing.*

Homeless Directorate 2003：*Homelessness Statistics: June 2003: Improving Employment Options for Homeless People.*
Hutson, S. 1999：A Decade of Youth Homelessness, in：Dunkerly, D. and Thompson, A. (eds.), *Wales Today,* University of Wales Press.
Iwata, Masami 2002：Commonality of Social Policy to Homelessness: Beyond the Different Appearances of Japanese and English Policies, prepared for ENHR 2002.
Malpas, P. and Murie, A. 1999：*Housing Plicy and Practice,* 5th edition, Macmillan.
National Assembly for Wales：*Welsh Housing Statistics 2001*：http://www.wales-go.uk/keypubstatisticsforwales/content/publication/housing/2001/whs2001/whs2001-info-ehtm
Neale, J. 1997：Hostels: A Useful Policy and Practice Response?, in：Burrows, R., Pleace, N. and Quilgars, D. (eds.), *Homelessness and Social Policy,* Routledge.
Network East Foyers 2002：*Annual Review 2000-2001.*
O'Callaghan et al. 1996：*Study of Homeless Applicants,* HMSO.
Okamoto, Yoshihiro 2002：Comparative Study of Homelessness in UK and Japan, prepared for ENHR 2002.
Quilgars, D. and Anderson, I. 1997：Addressing the Problem of Youth Homelessness and Unemployment: The Contribution of Foyers, in：Burrows, R., Pleace, N. and Quilgars, D. (eds.), *Homelessness and Social Policy,* Routledge.
Randall, G. and Brown, S. 1995：*Outreach and Resettlement Work with People Sleeping Rough,* DoE.
Randall, G. and Brown, S. 2002：*Helping Rough Sleepers off the Streets: A Report to the Homelessness Directorate,* Office of the Deputy Prime Minister.
Social Exclusion Unit 1998：*Rough Sleeping: Report by the Social Exclusion Unit,* The Stationery Office.（岡本祥浩 2001：「＜翻訳＞野宿（仮訳）」中京大学商学部『中京商学論叢』第47巻第2号）
St Mungo's 1999：*St Mungo's Yearbook: Facts and Figures.*
St Mungo's 2001a：*More Information about St Mungo's: Includiong Summary Accounts 2000-2001.*
St Mungo's 2001b：*Supported Housing: General Projects.*

St Mungo's, 2001c： *In Reach: Services for the Homeless 2001.*
St Mungo's 14/9/2003： http://www.mungos.org/projects sm/CAT/SL cat.shtml
Warnes, A. and Crane, M. 2000： *Meeting Homeless People's Needs: Service Development and Practice for the Older Excluded,* King's Fund.
Whitechapel Mission 2000： *Annual Report for* 1999.

第II編
ドイツ

はじめに
――自治体とNPOが個性的な支援を繰り広げるドイツ――

1）支援の統一性と多様性

　ドイツには，もっぱらホームレス生活者を対象とする支援施策を定めた特別の法律は存在しない。ホームレス生活者への支援は，主として，日本の生活保護法に相当する連邦社会扶助法を活用しつつ行われている［小玉ほか，2003，161頁以下］。連邦社会扶助法の存在によって，ホームレス生活者支援策の統一性と一貫性がドイツ全土にわたって保障されているといえる。

　しかし，連邦社会扶助法にもとづいて自治体が支給する扶助の資金を活用しながら，ホームレス生活者への支援を現場で担っているのは，たいていの場合，大小さまざまな非営利の民間福祉団体（NPO）である。その際，NPOは，地方の特殊な事情を考慮しつつ，それぞれ特色のある支援を展開している。しかも，連邦制をとり，かつまた地方自治の長い伝統をもつドイツでは，州政府や自治体がこれまた独自のホームレス生活者支援プログラムや指針を組み立て，実行している。したがって，連邦社会扶助法によって統一性が担保されているとはいえ，支援の具体的な実践内容は州や自治体によってかなり異なる。

　そこで，この下巻のドイツ編は，州や自治体での実践例を基本にして章立てをしている。紹介されている事例は，著者が訪問した自治体やNPOの実践に限定されているので，ドイツ全体を網羅していないのはもちろんのこと，必ずしも代表的な事例であるとは限らない。地域的には，どちらかといえば北ドイツの事例に限られており，しかも，北ドイツはドイツ全体のなかでも社会政策や社会保障政策がよく発展している地域である。とはいえ，小都市（フレンスブルク），中都市（ブレーメン），大都市（ベルリン）というふうに，規模の異なる都市が直面している課題と実践されている支援とを紹介することで，ドイツの多様性の一端を示すことができたと考えている。

2）各章の要旨

　第1章は、ホームレス生活者を支援する諸組織ないし諸機関の全国的な連合体である「ホームレス生活者扶助連邦協議体（BAG-WH）」の活動について述べている。この団体は、地域レベルでのNPOによる支援の実践だけでなく、連邦政府による法律の改正や施策の方向性に対しても影響力をもっている。

　第2章は、重工業の中心地であったルール工業地帯を抱え、現在も多くの先端産業が立地しているノルトライン-ヴェストファーレン州の政府による、独自のホームレス生活者支援プログラムを紹介している。そして、このプログラムにもとづく同州内2つの中規模都市（ビーレフェルト市とデュイスブルク市）における支援の事例について叙述している。「ホームレス状態を回避する―持続的な居住の保障」という名称が示しているとおり、州政府のプログラムは予防策に重点をおくとともに、ホームレス生活者が住居を確保したあともそこに長く住んでいられるようにアフターケアを強化することをめざしている。プログラムのこうした方向性は、ホームレス生活者支援におけるドイツ全体の傾向の先行例となっている。

　第3章から第5章までは、先に述べたように、規模の異なる都市における課題と実践を紹介している。第3章のフレンスブルク市は、路上生活者やホームレス生活者に対するきめ細かい支援実践ゆえに、著者がこの20年来注目し続けてきた小都市である。第4章は、ドイツの代表的な民間福祉団体のひとつであるプロテスタント系のディアコニーがブレーメン市で運営している「ヤコブの家」の取り組みについて述べている。「ヤコブの家」は、規模の大きなNPOが運営しているだけあって、路上生活者に対する緊急の支援から始まって、各々のホームレス生活者のニーズに対応した相談所や「過渡的住居」、ひいては就労支援にいたるまで、広範囲にして体系的な支援の枠組みを発展させている。これに対して、第5章で紹介されているベルリンは、統一ドイツの首都として人口規模が抜きん出て大きい（350万人）だけに、他の諸都市とは異なる課題に直面している。なるほどベルリンでは、ホームレス生活者向けの独特の住宅制度や医療支援など、先進的な施策が実施されており、支援に携わるNPOも数多く存在している。しかし、その概数すら把握することの困難な路上生活

者の多さに，行政と支援の NPO がついていけないという現実がある。

　第6章では，社会保険に加入することのできる就労形態を（元）ホームレス生活者に提供している，ニーダーザクセン州の2つの小都市（オルデンブルク市とヴィルヘルムスハーフェン市）による試みが紹介されている。この試みは，ホームレス生活者の就労への意欲を高めるとともに，失業時の給付金が公的扶助から失業保険に切り替わるという点でも，貴重な取り組みであると思われる。

3）連邦政府による改革にともなう就労への圧力

　各章の随所で指摘されているように，ドイツでは現在，社会政策と社会保障政策の大規模な再編成が進行中である。シュレーダー政権によって「アジェンダ2010」と名づけられたこの改革は，ドイツでは雇用者による社会保険料負担などの賃金付随コスト Lohnnebenkosten が高く，しかも労働市場政策や公的扶助制度が効率的でないために，費用が高くついているわりには失業者を再度就労させることができないでいるとして，就労支援を機軸にすえるよう社会政策と社会保障政策を再編することをめざしている。これは，イギリスのブレア政権が唱える「第3の道」のドイツ版である「新しい中道 neue Mitte」路線が本格的に実行され始めたことを意味している。しかし，これに対しては，ドイツ国内で多くの方面から批判や抵抗が突きつけられている。ホームレス生活者への支援策にとって，「アジェンダ2010」のなかでは，失業扶助と社会扶助とを統合するという改革案がとくに重大な意味をもっているであろう。

　本書では，この大規模な改革案を吟味するゆとりはなかった。しかし，この改革にともない，ホームレス生活者を含む長期失業者と，これらの人々を支援する NPO とに対して，補助金を受けていない通常の労働市場ですみやかに就労先を確保せよという圧力が強まるであろうことは間違いないし，そうした圧力は支援の現場においてすでに日増しに強まっている。ドイツの自治体と NPO が築き上げてきたホームレス生活者への支援システムが，この改革によってどのような変容をこうむるのか——著者たちは引き続き注視していかなければならない。

第1章 ホームレス生活者扶助連邦協議体
―― 支援諸団体の全国組織

　ドイツには，民間の団体であると公的な団体であるとを問わず，ホームレス生活者を支援する諸団体を束ねる全国的な連合組織が存在する。それが，本書の上巻の第Ⅲ編でもしばしば登場した「ホームレス生活者扶助連邦協議体 Bundesarbeitsgemeinschaft Wohnungslosenhilfe」(以下，「BAG-WH」と略記) である。BAG-WH は現場で支援を実行している組織ではないが，それが提供する統計，研究報告書，提言やキャンペーンなどは，地方自治体レベルの民間福祉団体による支援の実践だけでなく，連邦政府による法律の制定や政策の内容をも左右するきわめて重要な役割を演じている。そこで，ドイツにおけるホームレス生活者支援の実例を紹介するこの第Ⅱ編を，まずは BAG-WH の活動について述べることから始めたい。

1　ホームレス生活者扶助連邦協議体の沿革，組織構成，財源

　BAG-WH の前身である「非定住者保護連邦協議体 Bundesarbeitsgemeinschaft für Nichtseßhaftenfürsorge」が結成されたのは，第2次世界大戦後の混乱が静まり経済復興が本格化し始めた1954年10月のことであった。
　戦前・戦中は国家の指揮と権限のもとに服属しつつ路上生活者への支援活動を担ってきた諸々の民間の福祉団体は，戦争の終結とともに自らの目標を自由に追求できるようになった。他方で，これらの団体や組織は自らの支援実践を構想するにあたって横の連絡を必要としていたし，政府に要求を汲み取らせるための交渉力をも必要としていた。そこで，19世紀の半ば以来ビーレフェルト市で障害者や路上生活者向けの施設を運営していたプロテスタント系の民間福祉団体である「ベーテル Bethel」の提唱により，当初はソーシャルワーカー

たちが中心になって，「非定住者保護連邦協議体」が結成されたのであった。

ところで，路上生活者をさす「非定住者」という呼称はもともとナチス時代に広がったものであり，定住所をもたないことを個人的な性癖の問題に還元するような含蓄とスティグマとをともなっていた［小玉ほか，2003，132頁以下］。この呼称は，ドイツの公的扶助のあり方を定めている連邦社会扶助法の施行規則でも用いられていた。1954年に結成された「非定住者保護連邦協議体」も，公的扶助の資金を得るために，問題を含んだこの用語を団体名の中に取り入れたのである［小玉ほか，2003，142頁］。その後，1970年代からホームレス状態が生じる社会的原因に関する研究が進むなかで，「非定住者」という概念に対する批判が高まり，「非定住者保護連邦協議体」も1991年からはその名称を「ホームレス生活者扶助連邦協議体」に変更した。これと同時に BAG-WH は連邦政府に対して，連邦社会扶助法72条の施行規則から「非定住者」という語を削除することを要求し，2001年からはこの語が削除された新しい72条施行規則が発効している［小玉ほか，2003，167頁以下］。

名称変更とともに1991年に採択された BAG-WH の新しい規約によれば，協議体の目的は「ホームレス状態と定住所の喪失，貧困と社会的孤立に見舞われている人々，あるいはそうした状態に陥りそうになっている人々の特別な社会的困難を克服するための支援を，その公的・私的な実施者，結社，ならびに管轄権を有する官庁のあいだでの密接な協力を通して促進する」ことにある［BAG-WH，1991］。

BAG-WH に加盟している全国レベルの民間福祉団体としては，労働者福祉団，ドイツ・カリタス，ディアコニー事業，パリテーティッシュ福祉事業団，ホームレス生活者連邦当事者イニシアティブをはじめとして11団体がある。これらとは別に，約160にのぼる地方自治体と地域レベルの民間福祉団体とが加盟している。そして，こうした民間の団体のみならず，連邦雇用庁 Bundesanstalt für Arbeit，連邦保健・社会保障省 Bundesministerium für Gesundheit und Soziale Sicherung，連邦交通・建設・住宅省 Bundesministeirum für Verkehr, Bau- und Wohnungswesen といった連邦レベルの官庁や，社会保障政策を管轄する各州の官庁の協議体である「州社会官庁会議 Konferenz der

写真Ⅱ-1　ベーテルが運営するホームレス生活者向けの過渡的住居。

写真Ⅱ-2　ベーテルの滞在施設内にある食堂。

obersten Landessozialbehörden」といった官庁組織が加盟していることは，BAG-WH のユニークな点である。BAG-WH の機関としては，2 年に 1 回開かれる定期総会 Mitgliederversammlung，1 年に少なくとも 2 回招集される総務会 Gesamtvorstand，そして 6 名の人員によって日常的な業務を執行する事務局 Geschäftsstelle がある。事務局の 6 名のうちの 3 名が専従の職員である。また，就労，社会法，女性，住宅，相談，セラピー，統計といった分野ごとの専門委員会も設けられている。事務局は，先に紹介した民間福祉団体の「ベーテル」がビーレフェルト市に所有している敷地の中におかれている（**写真Ⅱ-1，2 参照**）。

年間で約80万マルク（約4800万円）の予算の収入は，80％を連邦政府や州政府からの補助金と「ベーテル」などからの寄付に頼っており，10％は加盟している諸組織からの年会費で賄い，残りの10％を出版物などからの収益金で得ている。

2　ホームレス生活者扶助連邦協議体の活動

BAG-WH の活動内容として，現行の規約はおおよそ以下のような点を掲げている［BAG-WH，1991］。

1．支援にかかわる共通の諸問題を解決し，支援の実践をお互いに改善するた

めに，加盟諸組織の相互理解に努める。
2．態度表明や提案を通して，支援にかかわる立法や規則の制定に関与する。
3．当事者のおかれている状況を改善するために，加盟諸組織に共通する社会政策上の要求やプログラムを作成し，提案する。
4．地方自治体と地域レベルでの適切な支援のあり方を考案し，促進する。
5．支援のニーズを把握し，支援のあり方を発展させ，支援実践の法律適合性や法的安定性を確保するための学問的研究を提案し，促進し，実行する。
6．ドイツ全体のホームレス状態に関する量的・質的データを収集し，評価し，公表する。
7．連邦社会扶助法72条でいう「特別な社会的困難を克服するための扶助」にかかわる全国レベルの他の連合組織との協力。
8．支援にかかわる専門的な会議の開催や，専門的な文献の出版。
9．ソーシャルワークや社会扶助に関する専門的な職業教育。
10．ホームレス問題に関する世論への啓発。
11．同様の問題に取り組む外国の団体，とくに他のEU加盟国の団体との連絡。

　上記2の立法過程への関与については，しばしば連邦の官庁の職員も参加する総務会が担当する。連邦社会扶助法の条項やその施行規則も，この総務会で検討の対象になるという。実際，最近では2001年の連邦社会扶助法72条施行規則の改正でみられたように，法律の改正に際してのBAG-WHの発言力は大きい[6]。また，法律や施行規則の条文を支援の現場でどう解釈したらよいかという点についても，BAG-WHの専門委員会が発表する提案が役立っている。
　上記3の社会政策上の要求や支援プログラムの策定については，ホームレス状態をめぐる情勢の変化に対応してBAG-WHが公表する「基本プログラムGrundsatzprogramm」が重要である。これは，連邦政府に対する制度改正要求や現場で支援に取り組む民間福祉団体の活動への示唆などを含んだ文書である。2001年に採択された最新の「基本プログラム」は，「市民と地方自治体にとって身近なホームレス生活者支援のために」というタイトルをもち，ホームレス生活者支援実践の新しい目標として以下のような点を強調している

[BAG-WH, 2001, S.18]。

＊相談と支援を通して，当事者の自助力，自信，自立性を強める。
＊コミュニティの生活への参加を可能にし，ソーシャルワーク等のシステムにおける専門的なサービスへの接近路を開くことで，社会的排除を克服する。
＊介護，リハビリテーション，セラピーを通して，個々人の生活上のリスクの増大を防止する。
＊近隣コミュニティでの自由時間内の活動や文化的行事を通して，安定した人間関係のための前提を作り出す。
＊とくに女性のホームレス生活者にみられるような，暴力をともなう生活環境を克服するための措置。
＊人間の品位にかなう住居の斡旋，（さらなる）住居喪失の防止，そして居住環境の安定化を通して，ホームレス状態を克服すること。

　次に，上記6のホームレス状態に関するデータ収集と統計の作成は，BAG-WHの仕事のなかでもおそらく最も影響力の大きいものに属するであろう。というのも，BAG-WHが1992年以来発表し続けているこの統計は，民間福祉団体や研究者はもとよりドイツの連邦政府までもが利用しているからである。BAG-WHは連邦政府に対し，ドイツ全土のホームレス生活者数に関する統計を整備し公表するよう催促し続けているが，それはまだ実現していない。連邦政府に代わってBAG-WHが発表している統計はあくまで推計値であり，それは，数値を発表している州や自治体のホームレス生活者統計，住宅市場と労働市場における変化，社会扶助受給者数の変化，移住民の数の変化などにもとづいて算出されている。最新の数値を含むドイツ全土のホームレス生活者の数の推移は，**図表II-1-1**のとおりである。
　ところで，この推計値で示されている「ホームレス生活者 Wohungslose」とは，路上で野宿している人（最近のドイツでは一般に「路上生活者 Auf der Straße lebende Menschen」と呼ばれる）だけでなく，知人や親戚の住居に一時的に泊め

図表II-1-1　1994〜2002年におけるドイツのホームレス生活者の推計値

(単位：人)

年＼世帯構造	1994	1995	1996	1997	1998	1999	2000	2001	2002
多人数世帯	37万	39万	38万	37万	33万	26万	22万	20万	18万
単身世帯	18万	19万	21万	22万	20万	18万	17万	15万	15万
引き揚げ者	33万	34万	34万	27万	15万	11万	11万	9万	8万
合　計	88万	92万	93万	86万	68万	55万	50万	44万	41万

注：上記の数値はすべて，(＋)(－)10％の誤差をともなっている。なお，図表中の「引き揚げ者 Aussiedler」とは，第2次世界大戦後にドイツが失った領土内にかつて住んでいたが敗戦後に立ち退きをさせられたドイツ人で，ふたたび現在のドイツに戻ってきた人をさす。
出所：Bundesarbeitsgemeinschaft Wohnungslosenhilfe, *Pressemitteilung* の各年度版より著者が作成。

てもらっている人，安い宿に自己負担で宿泊している人，ならびに秩序法や社会扶助法にもとづいて何らかの一時的滞在施設に入所している人をも含む広い概念である。この概念は BAG-WH が提唱したものであり，BAG-WH の簡潔な定義によれば，通常の住宅市場において自分で賃貸借契約を結んで住居を確保することができない人のすべてを含むことになる。本編で使われる「ホームレス生活者」という語はすべて，このような広い範囲の人々を含んでいる。これに対して，野宿している「路上生活者」の数は，2002年の段階で単身世帯のホームレス生活者のうちの13％を占め，約2万人であると見積もられている。ちなみに，ドイツの総人口は約8200万人である。

　図表II-1-1を見ると，ドイツ全土のホームレス生活者の数は1996年から2002年まで一貫して減少していることがわかる。しかし，2002年に単身世帯のホームレス生活者の減少傾向が鈍っていることに兆候が示されているように，住宅建設ブームの中断と社会住宅の不足によって，2003年以降にホームレス生活者の数が再び増大に転じるおそれがあるという [BAG-WH, 2003]。

　さて，上記の活動内容の8に関することでいえば，BAG-WH は VHS Verlag Soziale Hilfe という出版社の主たる出資者であり，この出版社を通してホームレス生活者支援についての専門文献を数多く出版している。BAG-WH が編集する季刊の雑誌『ホームレス *wohnungslos*』も，この出版社から出されている。

上記の活動内容の11にかかわる点では，ホームレス生活者支援諸組織の欧州規模での連合体であるFEANTSA（「ホームレス生活者とともに活動する各国諸組織の欧州連合体」[9]）との関係がある。1989年におけるFEANTSAの結成を他の欧州諸国の姉妹組織に呼びかけた団体のひとつが，BAG-WHであった。

3 駅からの追い出しに反対するキャンペーン

最近，BAG-WHが重点課題として取り組んでいるのが，路上生活者を駅から排除しようとするドイツ鉄道株式会社 Deutsche Bahn AG（民営化されたドイツの旧国有鉄道）の方針に反対する全国キャンペーンである。

2001年10月，ドイツ鉄道の社長であるハルトムート・メードルンは，ホームレス生活者や麻薬服用者に対する「駅ミッション」の支援活動を，今後は駅から離れた場所で行ってもらうことを示唆する発言をした。「駅ミッション」とは，19世紀の末から今日にいたるまで主要な鉄道駅でキリスト教会によって行われてきた長い伝統を有する活動であり，田舎から都市へ出てきた未成年，高齢者，障害者，宿泊場所をもたない人，貧しい学生などに対して，介護，案内，宿舎，飲料や食事の提供を行っている。目下，ドイツ全土には各都市の中央駅を中心にして107の「駅ミッション」がおかれており，その多くがカトリックとプロテスタントなどの宗派を超えてキリスト教会によって共同で運営されている。ドイツ鉄道としては，「サービス，安全，清潔さ」を会社の方針に掲げており，「駅ミッション」によるホームレス生活者らへの支援活動はこうした会社の方針に反するとみなしたのであろう。

BAG-WHは事態を重く受けとめ，ドイツ鉄道の社長の発言について，憲法で万人に保障されているはずの自由移動の権利（この文脈では，公共の建造物である駅構内に入る権利）を路上生活者から奪うものであり，とくに寒さの厳しい冬場においては彼らの生存の権利を否定するに等しい[10]と批判し，社長への会見を申し入れた。しかし，社長からの返事は来なかった。そこで，BAG-WHは2002年2月から，加盟諸組織，市民，そして広告代理店に依頼して，全国の100以上の都市と主要な駅の掲示板に異議申し立てのポスターを張り出すキャ

ンペーンを開始した。ポスターには，「駅での発見：消費しない者は出て行かねばならない!?」というスローガンが記された（**写真Ⅱ-3参照**）。これは，「駅での発見」というドイツ鉄道の宣伝文句を逆手にとったものである。

写真Ⅱ-3 BAG-WH のポスター。

ところが，ドイツ鉄道の宣伝・広告を手がける同社の子会社である「鉄道広告有限会社 Bahnreklame GmbH」は，BAG-WH のポスターを掲示板に張り出すことを拒絶した。これに対し BAG-WH は，「鉄道広告」のこうした対応が表現の自由という基本権を侵害するとともに，BAG-WH が民間の広告代理店に依頼したポスター掲示の業務契約を妨害するものであるとして，カッセル市の地方裁判所に訴えを起こした。2002年3月に出されたカッセル地方裁判所の判決はBAG-WHの訴えをほぼ全面的に認め，件のポスターを駅構内に掲示するよう「鉄道広告」に命じた。

ところが，「鉄道広告」はカッセル地裁の判決に不服だとして，2002年4月，フランクフルトの上級地方裁判所に上訴した。これに対しBAG-WHは，上訴によってカッセル地裁の判決の有効性が脅かされること，訴訟費用の負担が限度を超えることなどを鑑みて，カッセル地裁の判決命令の履行請求を取り下げることを決断せざるをえなかった（2002年12月）。[11]

結局，路上生活者を駅構内から遠ざけるという方針をドイツ鉄道は撤回していないので，BAG-WH のキャンペーンは引き続き行われるであろう。この問題は，駅や公園といった公共の施設の利用と路上生活者の生存権との関係にかかわっているだけに，日本のわれわれにとってもその経過と帰趨に関心を抱かざるをえない問題である。

第2章 ノルトライン-ヴェストファーレン州における ホームレス生活者対策の具体的展開

　本章では，ノルトライン-ヴェストファーレン州（以下，NRW州と略記）のホームレス生活者支援策について紹介する。NRW州は1996年に，州独自のホームレス生活者支援プログラムを策定しており，ドイツ連邦政府が2001年にEUに提出した「貧困ならびに社会的排除と闘うためのナショナル・アクション・プラン」においても，最もよい実践例として紹介されている。ドイツ国内でもホームレス生活者支援については，先進地域といえる。

　NRW州の人口は1982万人で，連邦州のなかで最も多く，連邦全体の20％を超えている［加藤ほか，1998］。州の失業率は9.2％（2002年平均。ドイツ全体では9.8％）である［Statistisches Bundesamt Deutschland, 2003a］。生活扶助受給者（施設入所者を除く）は，2001年末現在で65万9000人（ドイツ全体269万人），受給率は約3.3％である［Statistisches Bundesamt Deutschland, 2003b］。

1　州プログラム「ホームレス状態を回避する─持続的な居住の保障」[12]

　NRW州は，秩序法による緊急宿泊施設入所者[13]（無宿者 Obdachlose）が増加したことを受け，1996年に州プログラム「ホームレス状態を回避する─持続的な居住の保障 Wohnungslosigkeit vermeiden─dauerhaftes Wohnen sichern」を策定した。この州プログラムは，予防施策と敷居の低い施策を強化するために市町村を支援することを目的に始められた。プログラムの結果，1996年には5万2181人存在した緊急宿泊施設入所者が，2001年には2万3056人にまで減少した（図表II-2-1, 2）。プログラム実施以降，とりわけ無宿者の減少が顕著にみられた都市はデュイスブルク（91.3％減），ハーゲン（87.3％減），ヴッパタール（87.4％減）などである［MGSFF, 2003］。

第2章　ノルトライン-ヴェストファーレン州におけるホームレス生活者対策の具体的展開　85

図表II-2-1　ノルトライン-ヴェストファーレン州における無宿者Obdachlose数の年次推移

年（6月30日）	総　数	住民1000人あたり*
1975	86,144	5.0
1980	64,911	3.8
1985	49,932	3.0
1990	49,920	2.9
1995	57,847	3.2
1996	52,181	2.9
1997	44,355	2.5
1998	36,063	2.0
1999	29,707	1.7
2000	25,619	1.4
2001	23,056	1.3

注：＊前年12月31日時点の人口
出所：NRW州HPより作成。http://www.lds.nrw.de/stat nrw/land/daten/d313obdachlos.htm

図表II-2-2　無宿者の世帯類型別年次推移

年(6月30日)	総数	単身ホームレス	家族ホームレス					総数	単身ホームレス	家族ホームレス				
			小計	若年夫婦世帯	多子家族	高齢夫婦世帯	その他			小計	若年夫婦世帯	多子家族	高齢夫婦世帯	その他
	実　数(人)							割　合(%)						
1975	19,624	3,233	16,391	1,112	8,148	570	6,561	100.0	16.5	83.5	5.7	41.5	2.9	33.4
1980	17,103	4,403	12,700	994	5,239	373	6,094	100.0	25.7	74.3	5.8	30.6	2.2	35.6
1985	15,426	4,877	10,549	920	3,254	382	5,993	100.0	31.6	68.4	6.0	21.1	2.5	38.8
1990	17,229	5,850	11,379	1,323	2,786	331	6,939	100.0	34.0	66.0	7.7	16.2	1.9	40.3
1995	22,912	10,684	12,228	1,011	2,796	312	8,109	100.0	46.6	53.4	4.4	12.2	1.4	35.4
1996	21,310	10,297	11,013	818	2,353	287	7,555	100.0	48.3	51.7	3.8	11.0	1.3	35.5
1997	19,223	9,816	9,407	604	1,981	263	6,559	100.0	51.1	48.9	3.1	10.3	1.4	34.1
1998	16,419	8,495	7,924	454	1,555	205	5,710	100.0	51.7	48.3	2.8	9.5	1.2	34.8
1999	14,338	7,864	6,474	420	1,206	214	4,634	100.0	54.8	45.2	2.9	8.4	1.5	32.3
2000	12,796	7,219	5,550	294	1,011	184	4,061	100.0	56.4	43.4	2.3	7.9	1.4	31.7
2001	11,768	6,692	5,076	244	881	184	3,767	100.0	56.9	43.1	2.1	7.5	1.6	32.0

出所：NRW州HPより作成。http://www.lds.nrw.de/stat nrw/land/daten/d313obdachlos.htm

　この州プログラムは3領域に分類される［MASQT，1996］。第1に，予防措置の強化である。中央専門部局Zentrale Fachstelle の設置などがこれに含まれる。中央専門部局は1987年にドイツ都市会議で提唱された概念で，異なる行政部局にまたがって存在するホームレス生活者支援にかかわる権限をひとつの専門部局に統合するものである。NRW州における専門部局の設置は州プログラムによって促進され，現在，連邦全体の半数を超えるまでになっている（図表II-2-3）。この領域では25プロジェクトが存在する。
　第2の領域は，すでに住宅を失った人に対して住宅を再び提供するプロジェクトである。住宅に入居したホームレス生活者に対し，同伴活動をすることに

図表II-2-3　ホームレス専門部局数の年次推移（類似の機構を含む）

年	連邦全体 (NRW州を除く)	NRW州	うち、州プログラムによる
1987	11	—	
1988	11	—	
1989	11	—	
1990	11	—	
1991	51	—	
1992	52	—	
1993	86	—	
1994	13	7	—
1995	21	8	—
1996	26	12	—
1997	28	15	6
1998	30	19	11
1999	30	24	14
2000	30	26	17
2001	30	28	17

出所：NRW Programmgeschäftsstelle, Frau Böhmより入手。

よって近隣との関係を調整するなど、長期に住み続ける援助が含まれる。また、ホームレス生活者自らが住宅の建設に従事し、完成後、その住宅に居住するプロジェクトも行っている。この領域では36のプロジェクトがある。

第3に、敷居の低い訪問型の扶助の提供である。この領域には、路上新聞の発行や路上への訪問診療など34プロジェクトが存在する。

プロジェクトの全体の方向性としては、予防施策に重点をおき、現存する扶助システムを効果的に利用し、施設収容ではなく、在宅での支援を進めていくことがねらいとされている。入所型扶助から在宅型扶助に転換することによって費用を抑制することも効果のひとつとされている。

1996年以来、NRW州の約40都市において102のプロジェクトが実施され、総額1460万ユーロが支出されている。2003年州予算では、このプログラムのために約200万ユーロが用意されている。プログラムの財源は、全額を州が負担しており、連邦政府や欧州社会基金の援助は受けていない。州は、都市のプロジェクトに対し、2～3年の間、スタート費用として負担する（プロジェクトによっては、30％ほどを都市が負担することもある）。

統計上は順調に減少してきたようにみえるNRW州のホームレス生活者だが、注意が必要である。というのは、この統計は、すでに住宅を失った、緊急

宿泊施設に入所している無宿者 Obdachlose のみの数であり，ホームレス状態にある人たちの一部を表しているにすぎないからである。住宅を失う危機に直面している者や，いわゆる路上生活者などは含まれておらず，また秩序法においては，ホームレス状態にある家族が優先的に保護されるため，単身のホームレス生活者がこの統計に表れにくい結果となっている。NRW 州では2002年においても，家賃滞納と強制立ち退き訴訟の世帯数が依然として高水準で存在しており，今後の動向については予断を許さないとみている。

次に，NRW 州の州プログラムにもとづいてホームレス生活者支援に取り組む2都市の実践例を紹介する。

2　ノルトライン-ヴェストファーレン州における各自治体のホームレス生活者対策

1）ビーレフェルト市における実践例

まず，ビーレフェルト市 Stadt Bielefeld におけるホームレス生活者対策を紹介したい。[14] 同市の人口は32万4590人，失業率12.8%，社会扶助受給者1万9517人（受給率約6%）となっている（2002年3月現在）[MASQT, 2002]。

公法上把握されているホームレス生活者数は，引き揚げ者や難民など特別なケースを除くと，1994年の1779人を境に，2000年には545人にまで減少している（図表Ⅱ-2-4）。[15]

公法上把握されているホームレス生活者数の動向に対し，住宅喪失のおそれのある者の動向は異なる動きをみせている。1997年には1243世帯だったのに対し，2000年には1411世帯に増加している（図表Ⅱ-2-5）。これらの者は，支援が何も行われなければ，住宅を喪失してしまっていた者である。これらの世帯を類型別にみると（図表Ⅱ-2-6），単身男性が4割を占めており，サービス提供主体にとって，単身男性にいかに接近するかが最大の課題となっている。そのため，ビーレフェルト市では，州プログラムにもとづいて，とくに単身男性に焦点をあてた訪問型の支援が計画されている。

住居喪失のおそれのある世帯とは，解約通告を受けた者，明け渡し訴訟を起

図表II-2-4 ビーレフェルト市における施設入所したホームレス数の年次推移

(単位：人)

	(国内のheimische)ホームレス数	引揚者	難民	総数
1990	1085	2765	1194	5044
1991	1264	3468	985	5715
1992	1494	2955	1394	5843
1993	1735	2161	2173	6069
1994	1779	1860	2486	6125
1995	1648	1771	2237	5656
1996	1332	1509	1835	4676
1997	1030	898	1203	3131
1998	921	458	648	2027
1999	670	375	585	1630
2000	545	319	426	1290

出所：Stadt Bielefeld Dezernat V ,"Statistik Wohnungswesen 2000",S.11.

図表II-2-5 住宅喪失のおそれのある世帯数の年次推移 (単位：世帯)

	1997	1998	1999	2000
解約通告	783	830	957	843
明け渡し訴訟	353	283	298	365
強制立退決定	107	131	155	203
総世帯数	1243	1244	1410	1411

出所：Stadt Bielefeld Dezernat V, "Statistik Wohnungswesen 2000",S.12.

図表II-2-6 住宅喪失のおそれのある世帯の世帯構成別年次推移 (単位：世帯)

	1997	1998	1999	2000
男性単身	513	508	582	628
女性単身	178	152	176	162
ひとり親世帯	100	117	120	113
家族	337	376	406	340
共同生活	72	59	85	112
WG*	43	32	41	56
総世帯数	1243	1244	1410	1411

注）WG：共同住宅 (Wohnungsgemeinschaft)
出所：Stadt Bielefeld Dezernat V, "Statistik Wohnungswesen 2000",S.12.

こされた者，強制立ち退き決定を受けた者などが含まれる。こうした状況に対して，ビーレフェルト市では1996年7月より，「住居維持と住宅保障のための専門部局 Fachstelle für Wohnungserhalt und Wohnungssicherung」（職員5人）を設置し，対応している。専門部局は，住宅を失うおそれのある世帯についての情報を，①裁判所，②住宅組合 Wohnungsgesellschaft，③地区にあるサービス給付センター，の3つのルートを通じて入手している［van der List, 2002］。専門部局は家主と交渉し，社会扶助法の15a条にもとづいて滞納家賃の肩代わりをすることによって，住宅の喪失を回避している。

専門部局の機構において重要なことは，ホームレス生活者支援にかかわるそれぞれの課の管轄をひとつにまとめていることである。秩序法による緊急宿泊施設の宿所提供業務と連邦社会扶助法（BSHG）による滞納家賃の肩代わり措

置に関連する業務とがひとつの管轄に統一されたことによって，滞納家賃の肩代わりをしなければ専門部局自らに宿所提供義務が発生するため，積極的に滞納家賃の肩代わりをするようになっている。

また，通常の賃貸契約を結ぶ際に何らかの問題を抱えている者に対しては，「試験的居住 Wohnen auf Probe」という制度を用いて対応している。[16]家主のなかには，家賃滞納をおそれて，元ホームレス生活者に住宅を貸すのを嫌がる者も存在する。そのため，家主の不安を取り除くために，ビーレフェルト市がホームレス生活者の代わりに家主と賃貸契約を結び，ホームレス生活者を住まわせている。試験的居住プログラムは，通常，半年から1年だが，この期間中は，専門部局に所属するソーシャルワーカーがケアを担当し，その後，通常の賃貸契約に切り替わることになる。現在，約120世帯がこの制度の対象となっている。このプログラムは5年前に開始され，これまで400〜500世帯がこの制度を利用している。そのうち9割は，通常の賃貸契約への移行が可能となっている。

そのほか，ビーレフェルト市では，路上での診療 Streetmed，日中滞在所，女性のための相談所などがある。こういったサービスを市と協働して担当しているのが民間支援団体「ゲーバル Gebal」である。[17]ホームレス生活者のための入所施設もあるが，近年では，脱施設化の流れのなかで，60人分の民間アパートを「ベーテル Bethel」が借り，ソーシャルワーカーが訪問をし，継続的にケアをするという試みもとられている。

2）デュイスブルク市における実践例

次に，デュイスブルク市 Stadt Duisburg の取り組みを紹介する。デュイスブルク市は2002年時点で人口51万378人の都市であり，失業率は13.6％と州全体の失業率に比べやや高い。社会扶助受給者は3万673人で，受給率は6％である［MASQT, 2002］。デ

写真II-4　ベーテルの建物と，streetmed 用のワゴン車（右）。

図表Ⅱ-2-7　デュイスブルク市におけるホームレス支援の旧組織図

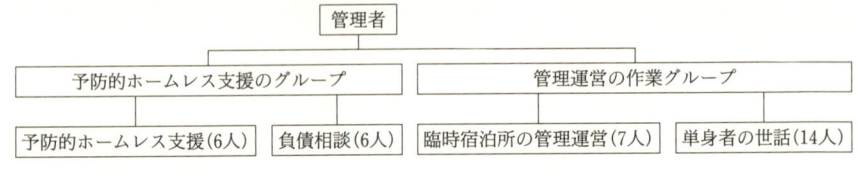

```
                        管理者
            ┌─────────────┴─────────────┐
    予防的ホームレス支援のグループ      管理運営の作業グループ
    ┌───────────┬───────────┐    ┌───────────────┬───────────┐
  予防的ホーム  負債相談(6人)   臨時宿泊所の       単身者の世話(14人)
  レス支援(6人)                管理運営(7人)
```

出所：MASSKS NRW, 2000, S.30.

ュイスブルク市をここで取り上げるのは，州プログラムの中で最重要課題のひとつである中央専門部局を設置することによって，無宿者の大幅な減少に成功した都市のひとつだからである。

　中央専門部局のコンセプトは，住宅難状態にある人を支援する際に，管轄と資源をひとつに束ねることである。従来，ホームレス支援にかかわるサービスは，社会局，住宅局，青少年局，秩序局，地所 Liegenschaft 局などにまたがって存在しており，支援の際に部局間の調整に手間取り，迅速な対応の妨げになっていた。中央専門部はこれらをひとつの専門部局に委ねるものである。

　デュイスブルクのホームレス生活者支援にかかわるかつての組織形態は，次の2つの作業領域から成り立っていた（図表Ⅱ-2-7）。ひとつは BSHG15a 条（滞納家賃の肩代わり），もう一方はホームレス生活者の収容と世話，および緊急宿泊施設の管理であった。旧組織の問題点は，滞納家賃の肩代わりの際の決定権限が地区事務所の狭間におかれていたこと，住宅に対して間接的なアクセスしか存在しないこと，などであった。

　緊急宿泊施設入所者数が1988年の692人から94年の2159人に増加した事態を受けて，デュイスブルク市議会は1996年末に，中央専門相談部局の設立を決定した（図表Ⅱ-2-8）。予防策の強化によって，相談件数は1996年の1747件から98年の2539件にまで増加し，住宅を喪失する前段階での支援が可能となった。2539件のうち，滞納家賃の肩代わりが必要だったのは570件で，全体の22％にとどまった［MASSKS, 2000］。また，専門部局の介入を立ち退き訴訟の前後別にみると，1994年には，立ち退き訴訟前のケースが38件，訴訟後のケースが1752件，1997年には，訴訟前のケースが1135件，訴訟後のケースが1222件とな

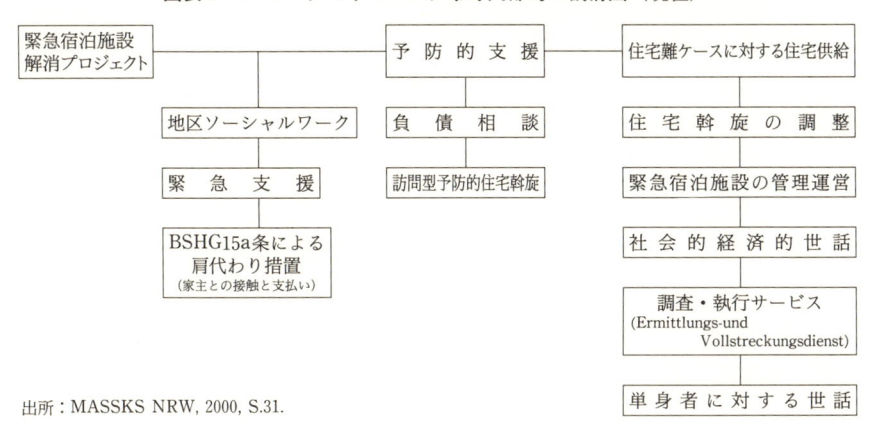

第 2 章　ノルトライン-ヴェストファーレン州におけるホームレス生活者対策の具体的展開　91

図表II-2-8　デュイスブルク市専門部局の機構図（現在）

```
緊急宿泊施設        予 防 的 支 援      住宅難ケースに対する住宅供給
解消プロジェクト
       │                │                      │
       │           地区ソーシャルワーク    負 債 相 談        住 宅 斡 旋 の 調 整
       │                │                │              │
       │           緊 急 支 援     訪問型予防的住宅斡旋   緊急宿泊施設の管理運営
       │                │                              │
       │        BSHG15a条による                         社 会 的 経 済 的 世 話
       │          肩代わり措置                          │
       │        (家主との接触と支払い)                  調査・執行サービス
       │                                               (Ermittlungs-und
       │                                                Vollstreckungsdienst)
       │                                               │
       │                                           単 身 者 に 対 す る 世 話
```

出所：MASSKS NRW, 2000, S.31.

っている。これらは，住宅喪失の前段階での介入というだけでなく，立ち退き訴訟が提訴される前に対応するといった，より早期の段階での専門部局の対応が可能になっていることを示している。

　これらの取り組みの結果，秩序法による緊急宿泊施設の入所者数は1996年の1492人（649世帯）から，98年の470人（263世帯）にまで減少した［ebd.］。財政の観点からみると，専門相談部局設置の初年度において，補助金は，前年度の653万ドイツマルクから769万ドイツマルクに増加したが，2年後には，ホームレス生活者の減少によって旧組織形態時の水準に近づいたとされる［ebd.］。

　州プログラムが実施された1996年から2002年までの間に，NRW州における無宿者数は59％減少したと報告されている［MGSFF, 2003］。このプログラムは2005年までの時限的な措置ではあるが，自治体が行うさまざまなプロジェクトの初期費用（2～3年）を州が負担することによって，自治体はいくつかのプロジェクトに着手しやすくなった。また，早期に支援さえすればホームレス生活者数は確実に減少し，長期的にみれば自治体の財政の負担軽減につながることを自治体に明示した点に，大きな意味があったといえる。

第3章 フレンスブルク市
——ホームレス生活者支援の先進的都市

　フレンスブルク市はシュレスヴィッヒ・ホルシュタイン州北部に位置し，デンマークとの国境に接している。北海に面した入江の奥に位置する港町であり，町の歴史は古く，歴史的建造物も多い。人口約8万4000人の落ち着いた都市である。市にはこれといった大きい企業はない。フレンスブルク市では，連邦社会扶助法の扶助受給者数（生活扶助，特別扶助，両扶助の併給者）は2000年時点で8608人であり，人口に対する扶助率は10.2％，人口の約1割で全国平均より高い。失業率は11〜12％におよんでいる。

　フレンスブルク市でのホームレス生活者対策は，1970年に秩序法による警察の管轄から社会扶助法による社会事務所へ移管され，先進的な支援対策を展開してきた。そのコンセプトは20年間，自信をもって進められてきた。

　1980年代末のドイツ統合の前後に，難民，引き揚げ者，移民などの流入があって，住宅市場が逼迫し低家賃住宅が不足した。さらに，社会的にも不安定化して，住宅契約違反なども立ち退きの原因となった。そのため，追加的な施設や住居を補充する対応に迫られたが，数年で問題は解決し，1990年代中頃にはさらに積極的なホームレス問題への取り組みが可能になった。

　その後，1990年代には失業の増大と長期化のなかで，自治体における社会扶助受給者が急増した。そこで，労働局の雇用創出措置（ABM）[18]を活用したり，1993年の社会扶助法改正を契機に生活扶助の就労扶助を活用したりして，失業者を第2労働市場へ，さらには第1労働市場へと送り出す努力が進められた。[19]しかし，経済動向と財政の落ち込みは容易に改善されず，今日ではドイツ政府は失業扶助（Alhi）[20]と生活扶助（HLU）の統合を目的とする大きな制度変革へ向けての渦中にある。本章では，その流れのなかでフレンスブルク市のホームレス生活者対策の現状と特徴をできるだけ具体的に明らかにしたい。

1 社会事務所の統合化・組織改革・専門部局制の確立とホームレス問題への対策[21]

1）行政機構改革と専門部局制

　市は自治体行政改革の一環として，社会事務所・青少年事務所・保健所の3つの事務所を統合し，「事務所 Amt」という呼称をやめて，1996年から導入された専門部局制を敷くことになった。そこでは，専門職（Sozialpädagoge/Sozialarbeiter）と行政職のケースワーカー（Sachbearbeiter）がチームを組んで協力する体制で仕事を行うことになっている。

　専門部 Fachbereich は各部局の種々の給付・サービスをまとめて「製品」と考える。受給者は「クライエント」でなく，「製品」としてのサービスを購入する「顧客」であるというコンセプトに立脚して，経営観念を取り入れた分権的な組織改革を行った。分権化された専門部局では業務の目的，課題，内容，人件費も含む費用対効果を見積もった予算編成も行う。厳しい財政削減要請のもと，「総合的予算編成」という名称で1995年からすでに導入されている。

　改革の目標は，ヒエラルヒーを解消し，総合的な窓口において顧客にサービスを提供することで経費を削減するという，オランダの Tillburger Modell[22]を導入することにある。目的はあくまでサービスの効率的な提供にあるので，サービスの縮小ではない。

2）専門部局制とその意義

　フレンスブルク市では1996年から分野ごとの専門部局制を敷いて，社会福祉専門職と行政職公務員がチームを組んで協力している数少ない都市である。

　市の職員には一般行政職と専門職がある。一般行政職（Sachbearbeiter）の中級職員は，実業中等学校 Realschule を卒業後，3年間の公務員教育と2年間の実務経験をしてその後5カ月の研修教育を受ける。上級職員は大学受験資格試験を受け，3年の公務員専門大学（実習義務あり）を修了する。専門職（Sozialpädagoge/Sozialarbeiter）は4年制の大学で社会・教育制度を専攻し（1

年間の実習義務と卒業論文がある），社会福祉の国家認定資格をとる。

　市の青少年・社会部全体では行政職が87人，社会福祉専門職は68.5人（1998年）であった。専門職は，ケース援助においては行政職に対して監督責任がある。1996年から専門部局制を敷き，先述した「総合的予算編成」手続きを導入しているが，1999年の初めから行政改革の新体制をスタートさせ，2001年から専門部局ごとに予算要求を行うという大きな変革を経験した。ホームレス生活者対策にとっても専門部局制であることが重要だと担当者は評価し支持している。

　2001年のホームレス専門部の資料によれば［Fachstelle für Wohnhilfen und Schuldnerberatung, 2001］，同年1月1日からホームレス問題の専門部局は債務相談部と組織統合されている。ホームレス問題と多重債務の問題は古典的テーマであり，この統合はホームレス生活者の問題状況にとって，論点を整理し正確にすることを可能にし，財政面でも節約になる。また，住宅供給のカルテを業界に提供することで，賃貸住宅の市場価格が低下し社会扶助の費用削減にもつながった。ホームレス生活者を施設から在宅へ重点を移すという指針が出ており，それによって1事例あたりに年間2万5000ユーロの節約になると評価されている。

　市は連邦社会扶助法72条施行規則の改定（2001年）により，市の出資による外郭団体「ベクバ BeQua」と専門部局とが直接に業務内容の申し合わせをすることで，これまで市内のヴィルヘルミネンタール地域で行われてきたソーシャルワーク・サービスを専門部局が「ベクバ」に委託できるようになった。この点でも，専門部局制の設置が施策の運用に効率的であることが強調されていた。

2　フレンスブルク市のホームレス生活者支援の構想

1）フレンスブルク市のホームレス対策の経緯

　第2次世界大戦後，大量の戦後「浮浪者」は防空壕や非居住用の建物や，廃棄キャンピングカーなどに住むことを余儀なくされたが，その後も秩序法によ

る質素な設備，厳しい管理と交通不便な人里離れた施設環境にあるといった問題は続いており，とりわけ子どもたちの教育環境は劣悪であった。フレンスブルク市はこの問題を放置できないとして検討することになった。

1970年11月まではフレンスブルク市のホームレス生活者対策も警察の管轄下にあった。秩序庁は困窮者用住宅（施設）へホームレス生活者の入居を指示し，彼らを管理していた。市社会局は，建物と入居者の管理を含めて，ホームレス問題に対する管轄を社会事務所に移し，ホームレス生活者の継続的増加を阻止し，それをゼロにするという目標を設定した。ホームレス生活者対策の全責任が社会事務所に移管されたので，官僚的なやり方を廃止し，個々のケースに適切で必要な措置をとることができるようになった。その結果，要扶助者との信頼関係も生まれ，4年目の1974年にはホームレス生活者の数は640人（うち15歳以下の子どもは60％）から59人へと減少し，77年にはすべての人を普通住宅に移転させることができるようになったと記録されている。

その後の援助は，警察庁の担当者も含めて専門のソーシャルワーカーと民間の協力で行われた。1978年，連邦家族・青少年・保健省はバンベルク総合大学のバスコヴィッチ教授に，ホームレス生活者に対する統合的援助の活用とその効果の検討を委託した。バスコヴィッチらによる「社会的縁辺グループ Randgruppe ならびにホームレス生活者に関する研究の現状と社会扶助についての研究報告」[Vascovics/Weins, 1979] は新聞にもその要約記事と論評が掲載されたが，こうした支援戦略により最も進んだ成果をあげている都市としてフレンスブルクとフランクフルトが挙げられている [庄谷，1979；1980]。

2）フレンスブルク市のホームレス生活者支援の構想[23]

市内3つの地域（ヴィルヘルミネンタール，エッケンフエルダー，オスターアレー）にある，ホームレス生活者のためのコンクリート建造物の使用権限は，1970年に社会事務所に移管された。それによって包括的な意味でのホームレス生活者支援が可能になった。主要な目標は，①ホームレス生活者の再統合と普通の居住空間へ彼らを戻すこと，②ホームレス状態を回避するための，早期の長期的な援助であった。

1970年の移管で、総計640人のホームレス生活者が社会事務所の管轄に移された（住民1000人に対して6.7人がホームレス状態）。この人たちは社会事務所の努力の結果、4年後には15歳以下の子ども28人を含む59人のみがまだホームレス状態であった。状況の改善とともに宿泊施設は順次明け渡され、普通の居住空間に統合することが困難な人々のみ（すべて単身男性）がヴィルヘルミネンタールの施設に入居した。市（担当部）はホームレス問題の解決に自信をもった。

その分析によれば、これまでのホームレス化の原因は52％が家賃債務のため、36％が家の取り壊しなど住居に住めない状態、5％が家主の自己利用のための解約、7％が入居者の居住契約違反のための解約であった。

以上の経験から市は、ホームレス生活者支援の重点課題は、社会扶助法15a条の活用によってあらゆる可能性を汲みつくしてホームレス化を予防し、専門的な事前の予防的援助でホームレス状態を緩和することにあると考えた。本章の冒頭で述べたように、この考え方は基本的に1990年のドイツ統合時まで約20年間支持されてきた。統合の前後に、難民、引き揚げ者、移民の不規則な流入が始まり、住宅スペースが不足し、支払い可能な低価格の住空間の造成が追いつかず、1人あたりの住居費が上昇して賃貸関係に明らかなアンバランスが現れた。教育の不十分な人々の場合、失業の長期化は避けられず、その結果、家賃滞納のほかにもアルコール・薬物問題、精神的不健康と荒廃、犯罪等も加わり、借家の賃貸契約解除、住宅の強制明け渡し事件が増加し、代替住居確保も困難となる結果をもたらした。そのため市は、ホームレス生活者のためにヴィルヘルミネンタールの宿泊施設を9室から14室に増設することをはじめとして、一連の追加的な宿泊所創出の対応を迫られた。[24]

3 連邦社会扶助法による予防施策と再統合施策

1）ホームレス化を予防する措置

ホームレス状態になることは、心理的・社会的に測りがたい結果費用をもたらす。ホームレス生活者の宿泊費用だけで、1995年に1人あたり年間3850マルクを必要とした。住居を明け渡すことになる前にそれを防ぐことが、本人にと

ってはいうまでもなく，財政的にも望ましいことが再確認された。

　まず，社会扶助法では6条で予防的扶助とアフターケア的扶助を規定しており，必要な場合には収入が基準額を超えていても予防的に扶助をすることが認められている。さらに，ホームレス化を予防するために，社会扶助法15a条の補充・改正で，住宅喪失のおそれがあれば，住宅建設組合 Wohnungsbaugesellschaften，住宅局 Wohnungsverwaltungen，区裁判所 Amtsgericht（立ち退きの告訴をする先），家主（または借家人自身）がそれを社会事務所に報告することを義務づけている。必要な場合には，15a条にもとづく補助金または消費貸借による財政的補助とソーシャルワーカーの的確なサービス介入により，居住空間が確保されることになった。法は，市民の居住空間を保持するために社会資源のすべてを汲みつくすことを社会事務所に求めている。

　実際に住宅喪失に脅かされていることをすぐに把握できる最前線にある専門の担当者は，すぐに家賃を立て替えるために現場へ駆けつけ，立ち退き要請を受けるにいたった原因と事情を把握し，家主と話し合い，家賃の分割，立て替え，本人への貸与等の話を詰め，一方で借家人の家族や家計などの問題点を掌握して援助と指導に入る。2002年のホームレス専門部局のデータによれば，立ち退きの通告を受けたのは941事例であったが，その後，専門部局からの予防のための措置により，最終的に強制執行された明け渡し件数は61件に減少した。

　予防の段階からかかわることによって，ホームレス状態になってからの援助も手遅れにならないように進めることが可能になり，財政的にも負担が軽減されている。

　この措置によって，ホームレス状態になる前に相談にのることが可能になり，費用も節約されるので，市のホームレス専門部局は仕事の70%を予防におくようになった。残りの30%は，住宅を確保し，維持する仕事や，当事者を支援する活動に当てられる［Fachstelle für Wohnhilfen und Schuldnerberatung, 2001, 2002］。

2）住居を失った人／ホームレス状態にある人への給付と援助サービス

　現にホームレス状態にある人には社会扶助法72条が活用される。その目的は，住居を失った人が可能な限り短期間に再び居住できるようにすることである。

まず，ヴィルヘルミネンタールの臨時宿泊所 Übernachtungsstelle への入所が可能であり予定されている。この段階で援助の必要性が明らかにされ，必要な扶助措置が導入される。また，ソーシャルワーカーによるインテンシブなサービス介入の必要も検討される。対象グループによって，たとえば何らかの問題を抱えた単身男性に対しては，他のグループとは別の臨時宿泊所の提供を考える。

　ソーシャルサービスの期間は原則として3カ月であり，最長でも6カ月を超えないようにする。通常の住宅への移行を可能にするために，最初はソーシャルワーカーのサービスが毎日平均3～4時間必要となる。1人のワーカーが3人を対象とするインテンシブなサービスが必要であっても，援助の最終段階には週3時間の平均的なサービス投入でよくなる。その時点では職員1人あたり12人を担当する程度になるという。

　それでも社会復帰が困難な人の場合，少し孤独な，田舎にある質素な住居へ転居することも考慮される。家族または子どもを育てている単親世帯のために3～5ユニットの住居を新たに賃借りする必要も生じうる。

　6カ月の期間でも社会復帰が困難な場合，宿泊期間は最大1年に延長される。通常の住居に戻す目的が達成できない場合，ソーシャルワーカーのサービスの付されるヴィルヘルミネンタールのホームレス生活者向けの過渡的住居の利用が予定される。

　通常の居住空間に移行する平均6カ月目の移行段階で，ソーシャルワーク・サービスが不十分であった人の社会復帰の場合でも，一般の家主はその人の事情にほとんど配慮を示さない。社会事務所のホームレス生活者援助専門部局では，とくに問題を抱えた人を通常の住居へ戻すのに，年間に25～35ケースを目標として専門的援助サービスを追加している。こうしたインテンシブなサービスには，何よりもソーシャルワーカーの専門的な能力が必要とされる。

　2002年までのデータをみると，住居からの立ち退きを通告された人の数は全体として必ずしも少なくなっていないが，住宅建設数も増し，住宅市場での空家率も高いので，コストは低く対応できている。援助計画を立て，個々人の目的にあった支援をしている。

3）施設の利用

ホームレス生活者のためには，臨時宿泊所 Übernachtungsstelle，過渡的住居 Übergangswohnung，日中滞在用の家 Flensburger Tageswohnung，女性の家 Die Treppe: Anlauf-Beratungsstelle für Frauen などが用意されている。

写真Ⅱ-5　ヴィルヘルミネンタールの滞在施設。

ヴィルヘルミネンタールの施設は，平屋で白壁の飾り気のない建物で，**臨時宿泊所**として2室の宿泊室とシャワー室もあり，1室には3台のベッドがある（写真Ⅱ-5参照）。路上で生活する男性が自分の自由意志で，午後5時から翌日の午前8時まで滞在し宿泊できる。

そのほかに，この施設には10室8単位の宿泊所があり，3世帯4人が入れる部屋がある。また，女性のためにも1室が用意されている。立ち退きの決定を受けて家を失い，家具を持って入所してくる人のために2室がある。そ

写真Ⅱ-6　日中滞在用の家。

こにある浴室は「衛生ルーム」といわれ，皮膚病や蚤・虱をもつ人の薬湯にもなっている。ホームレス生活者の宿泊に日数制限はないが，4週間くらいを限度に次の段階の家をすすめる。この白壁の施設には**過渡的住居**もあり，著者の訪問当時，そこに1家族が入居していた。台所には電磁調理器などが置かれていた。

ヨハニスキルヒホッフにある**「日中滞在用の家」**は，1993年に設置された（写真Ⅱ-6参照）。そこは，夜間を路上で過ごした人が昼間に横になれるようにマットを用意している。作業所もあって，希望があれば木工作業もできる。台所，洗濯機，シャワールームもある。ここを利用する人は登録する必要はない。

誰でも利用できる。自分用のコインロッカーがあり、鍵もかけられる。毎朝7時半に4人の職員がきて会議を開いている。ホームレス生活者の利用施設で最も大事なことは、いつ、誰が利用しても、誰も何も言わないという点で、ここはそのようにしている。

　1990年の東西統一時期の前後数年間にホームレス生活者が増加し、財政的にも余裕があったので、そうした当事者の要求に見合う施設を作る動きが連邦全体でみられたが、今ではそのような余裕はあまりないという。社会局のコルさん Herr Koll は20年間ホームレス問題に携わってきた専門職のワーカーであるが、その経験から感じたことは、当事者の意志で利用できるような援助でなければならないということであった。ずっと重要な仕事であると誇りを感じてきたが、近年、財政難で費用が少なくなり長期間同伴支援するだけの余裕がないと、残念そうであった。

　女性のホームレス生活者は全体の15％（2000年）で、増加傾向にある。女性のための家である「トレッペ」は、日中の家の支援メンバーがこうした施設の必要性を強調して、1997年に設けられた（**写真II-7参照**）。ここに滞在する女性のなかには、自分の家を出たいと思っている人、すでに家がなくなった人、一時的に友人の家に居る人などがあり、人数は少ないが援助を必要としているのは事実である。女性は、何とかして野宿したくないという必要性から男性に依存してしまう。そこに暴力問題も発生してくる。1人の女性がトレッペに来所すると、自立するまでの援助には何週間もの時間をかけている。ここに来た人のために扶助のプログラム（Hilfeplan）を立てる。具体的には、社会扶助受給、アパート確保、1人で自立できるようにする、仕事の斡旋、それに必要な資格のための教育の確保などであり、ひとつの援助が欠けても自立にいたらない。「トレッペ」は、小さいが家庭的な雰囲気で相談ができる環境

写真II-7　女性専用の施設である「トレッペ」。

にある。週に2回は朝ごはんを食べる会を設けている。著者が訪問したときは5〜6人が集まって小さな部屋で話し合いが行われていた。相談を受ける専門職の方はザビーネ・ボグナーさん Frau Sabine Bogner とマルティナ・ドレーガーさん Frau Martina Dreger で，参加者もお互いに知り合い，他のことにも積極的にかかわるというグループづくりをして喜ばれている。ここに来る人々は，野宿とドメスティック・バイオレンスの危険との狭間におかれ，不安を抱えている人たちである。全体の経費は州，市，教会（ディアコニー）から出ており，「トレッペ」のソーシャルワーカーの人件費は州と市から出ている。

4 ホームレス生活者自立支援 ——困窮者用の施設から普通住宅へ

市のホームレス生活者対策としては，連邦社会扶助法72条施行規則の改正という大きい変化があって，2001年8月からは就労扶助に重点をおくとともに，「個々人のケースに合った支援の仕方を」という指示を受けている。72条の施行規則の改正で，専門部局が民間団体と直接協議してホームレス生活者支援を委託できるような権限をもつことになったので，集中してホームレス生活者支援と就労支援もできるようになった。また，施設での援助から在宅支援の措置に重点をおくようにも変わった。フレンスブルク市の特徴は，大きい施設をもつ民間福祉団体がないということにあって，以前から在宅でのソーシャルワークに力を入れ，専門性の水準も高い。民間になるべく任せていく方向で，ディアコニーとの協約にもとづき，女性のための宿泊所もそこの管理内容になる。

● **在宅でのソーシャルワークの事例：Bさん　34歳の男性**
　Bさんは10年前に東ドイツから移住してきた。定住の住居がなくアルコール依存症で，約5年前，重度のアルコール依存で倒れて入院した。9カ月の間，精神的にも身体的にもダメージがあったが，徐々に回復し，車椅子から松葉杖で歩けるようになったころに再度フレンスブルクに来た。施設に入りたくない，独立して生活したいというので，労働局に登録し社会扶助を受給して，「個人のための（総合的）援助」を受けることになった。アパートに入ったが失業中で，アルコール依存もある。労働局が彼のプロファイリング（就労の判定）をする。アパートを

確保し，年金・失業保険その他の収入認定をする段階で，市の出資した「NPO：職業と資格付けの有限会社（BeQua）」（後述）が関与する。日中施設の担当者と当事者と社会局の3者で話し合い，契約（約束）が交わされる。支援計画書の中で相談内容と支援の時期も明記される。Bさんの目標は3つであった。すなわち，第1に住宅を確保・維持し家賃を滞納しないこと，第2に依存症の治療を受けること，第3に就労への努力・斡旋である。その内容で本人と約束した。まず依存症治療のため病院へ同行したが，処遇に不満があったため，また市内に戻ってしまった。

　Bさん支援の第2期には，目標を少し低くして支援の順番を変えようということになった。第1に治療ではなくて，むしろ習慣づけをすることを目標とした。約束の時間を忘れないように携帯電話を持たせて，こちらで確認をする。支援方法を通してわかってきたことは，目標設定が高すぎて達成できていないので，徐々に生活習慣を確保するという点であった。依存症を直そうという意志がないことがわかってきたので，飲みながらでも仕事に就く方向で支援すれば，張り合いにもなると考えた。その結果，支援計画が延長された。

　社会局の専門職のコルさんは費用を支出する立場であるとともに，専門職でもあるので，第三者的な立場でかかわる。Bさんに関して，これからはスケジュールや約束事を守るよう訓練する方向で進める予定である。

5　連邦社会扶助法72条の新施行規則と「ベクバBeQua」の活躍

　フレンスブルク市および社会・青少年・保健局（局長　Frau Rose Grzesiak）とフレンスブルク市教会区ディアコニー事業団，ディアコニー，マルティン宗教財団北ドイツ連盟は，社会法典第10編の規定にもとづき，住居がなく移動する人やホームレス状態になった人の受け入れと援助に関する保障協定を2002年に結んだ。[25] 協定の前書きでは，ホームレス生活者の宿泊については市に義務があること，さらに社会扶助法72条の課題は特別な生活状況にある人々への援助にあることを承認し，対象はホームレス生活者で，臨時宿泊所や路上生活者のための日中施設などの資産・建物の経営・管理，利用者へのサービス提供など給付の内容と質の確保，そしてNPOに対する報酬などを規定している。

　NPO「ベクバBeQua」は市の出資会社ではあるが，独立して運営されている。このNPO会社の支配人は，教育学出身のソーシャルワーカーで専門職で

ある。市と業務に関する契約協定を結んでいる。サービスは1人ひとりの対象者に提供され，市に1人あたりの費用を請求する。社会扶助を申請する人はすべて「ベクバ」の窓口に来ることが義務づけられている。最初の相談で，申請者の能力や抱えている困難な状況が把握され記録される。稼働能力の有無，どのような訓練・教育が必要か，資格取得によって統合が可能であるかどうかを判断し，それぞれの専門窓口に紹介される。

　社会事務所から送られてきた人に稼働能力がないと判断されると，再び社会事務所に戻され，扶助を受ける。一時的に就労斡旋不可能な場合（依存症の治療など）もいったんは市に戻し，6カ月程度してから再び「ベクバ」へ来てもらうようにする。すぐに就労斡旋可能な場合は，「ベクバ」で得ている求人資源を活用し，企業に斡旋する。

　必要に応じて研修を付すこともある。企業が雇用することになれば，賃金補助金が必要であるかどうかが検討され，就労にいたる。

　「ベクバ」の職員構成は大規模で，資質は多様・多彩である。基幹職員は55人で，相談員，斡旋者，プロジェクト担当者，教育者，事務職，各種専門職の指導員，社会福祉専門職資格者，保育士，経営学士，商学士，会計・管理者等がいる。そのほか，無資格の職員であっても，コミュニケーションとイノベーションの能力があり，状況を改善する柔軟性を有することが要求される。また，600〜700人が協力者として多様な措置に従事している。

　若年者に対する各種のプログラムもあるが，プログラムの中で重要な位置にあるのは，ひとつは小中学校で卒業資格取得が困難と思われる生徒を紹介してもらい，こちらの教育者を派遣して職場見学・体験などのプログラムを提供して，学校を卒業することの動機づけをしていることである。もうひとつに，「イカロス」という薬物依存者の相談にのる窓口を設けたり，25歳以下の若い母親に対する保育支援や就労支援をしたり，外国からの移住者にドイツ語の教育を提供したり，外国人に対する差別・偏見を解消したりする活動にも取り組んでいる。ホームレス生活者も来るので，日雇い労働のような簡単な仕事を斡旋して仕事に慣れるのを支援し，シャワーや洗濯のできる場所も提供している。

　2002年時点では，政府の財政難と失業対策にかかわる法改正の急激な展開で，

ホームレス生活者への就労支援にも影響が現れている。社会扶助法の就労扶助による第2労働市場への参入（「補償金」付き労働）[26]は，当初は一時的に適用される措置にすぎないと想定されていたが，将来の保障もなく，結局は「補償金」付き労働を繰り返すことになれば，この人たちは貧困状態のなかにとり残されることになるという懸念も出されている。

「ベクバ」は，市と契約を結び連携しながら，生活扶助の対象者とその縁辺グループの多様なニーズに対して，総合NPOともいえる多様な専門的援助をきめ細かく提供している。もちろん，「ベクバ」以外にも民間の小規模の支援グループがそれぞれの得意な領域で活躍している。市は，専門部局制による高い専門性を維持しつつ，72条とその改正施行規則を活用して，民間の社会資源であるNPOと連携しつつ資金を提供し，専門的サービスの提供を受けて協働し，このむずかしい局面を乗り越えようと考えているようである。

フレンスブルク市では，財政削減を主原因とする大規模な制度改革のなかでも，積極的に専門職員を増やすことで，専門的・効率的な援助を行って就労に結びつけ，受給者や失業者を減らし，最終的には費用を削減することができるという方針を実行している。そのためには組織的なコーディネートが必要となるので，専門部局は不可欠であるということであった。

さらに重要なことは，専門部局において行政職と専門職の協働体制が確立していること，その専門性の水準が高いことである。そして，支援サービスの委託契約をＮＰＯと対等の信頼関係で結び，財政と専門的助言によって行政がＮＰＯの活動を積極的に支援し，活用している。

また，専門性の内容からみるなら，ホームレス生活者に対する援助計画 Hilfeplan を立てる場合も，当事者とNPOと専門職とが常に3者で相談している点が注目される。第4節の【事例】にみられるように，目標が高すぎて，当事者の現在の能力では達成が困難だと思われたときには，目標の水準を下げて修正援助計画を立てるなど，常に当事者の自発的な意志を引き出すことの重要性が強調されている。アルコールを断つことが無理だと思われたときには，順序を入れ替えて先に就労の可能性を検討するという柔軟性をもっていることは，

当事者の人格の尊重が大前提になっていることがわかる。

　フレンスブルク市は，1970年にホームレス担当を秩序法から社会扶助法へ移管して以来20年余の経験と実績をふまえ，1996年からは専門部局制を設置しホームレス問題に取り組んできた。ホームレス問題は州，郡など広域実施主体が担当することになっているが，フレンスブルク市にはビーレフェルト市の「ベーテル Bethel[27]」のような大きな施設をもつ民間の福祉事業団がないため，「移動する単身の男性ホームレス生活者」への根気強い援助も，広域実施主体から財政支援を受けながらも市の専門部局の責任で行っている。

　連邦レベルでの生活扶助と失業扶助の統合という大きな改革の変動のなかにあっても，フレンスブルク市ではすでに先取り的に改革に取り組んでいるので，積極的に対応できるのではないかと著者は理解した。

第4章　ブレーメン市における支援活動
　　　──「ヤコブの家」を中心に

　ブレーメン市は，北ドイツのヴェザー川沿いにあり，北海に面した古い港町で，メルヘン街道の終着点にあたり，中世の古い街並みや「ブレーメンの音楽隊」で有名なこともあって，訪れる観光客でにぎわう活気のある都市である。人口は約55万人であるから，日本でいえば地方の中都市の規模であるが，ベルリンやハンブルクと同様に，ブレーメン市は単独で州を形成している。1998年の段階で，ブレーメンにおいて何らかの施設に入所しているホームレス生活者は約200人であったという。その当時，全体では4055人のホームレス生活者が支援団体から何らかの援助を受けていた。

　「**ヤコブの家** Jakobushaus」（**写真**II-8参照）は，プロテスタント系の民間福祉団体であるディアコニーによって設立・運営されている施設である。ブレーメンでのヤコブの家の開設は，ホームレス生活者対策としては全国的にみて画期的なもので，これこそがホームレス生活者対策として求められてきたものだという評価を受けた。ブレーメン市の政策としても位置づけられた。開設当初は，120人を収容する単一の施設だったが，それ以降，その時どきのホームレス生活者のニーズに応じて施設や支援策が細分化されていった。設立当初は専門職員がいなかったため，単に一般の市民で経験がある人たちを募集して採用していた。やがて，それが専門化されなければならなくなっていった。

　以下，本章では，第1節においてヤコブの

写真II-8　さまざまな施設が収まっている「ヤコブの家」。

家の組織と活動の概要を述べ，第2節では同施設の活動のなかでわれわれが詳しくインタビューすることのできた「外来支援」と「就労相談」の内容を紹介していくことにする。

1 ヤコブの家の組織と活動

1997年以来，ヤコブの家は**図表II-4-1**のような専門分化した新しい組織編成のもとで活動している。

図表にもあるように，ヤコブの家はブレーメンにおけるホームレス生活者対策のための**中央相談所** Bereichsleitung Sozialzentrum での一部署を形成している。路上生活者，ホームレス生活者，そしてホームレス状態にいたるおそれのある人を支援の対象にしている。以下，この図表に記されている活動をひとつひとつ紹介していくことにしよう。

「**現場訪問ソーシャルワーク** Aufsuchende Brennpunktarbeit」とは，ホームレス生活者がよく集まる場所にソーシャルワーカー Sozialarbeiter や社会教育士 Sozialpädagoge が出かけていって，いろいろと相談に応じる活動のことである。ソーシャルワーカーや社会教育士は，とくに冬，凍死の危険がある時期には，寝袋をもって駅で寝ている人（ブレーメンに来るのは30人から80人）のところへ出かけていく。

巡回医が毎週月曜日と木曜日にヤコブの家に出向いて診察する「**応急医療ケア**」も行われている。1日に3人ないし5人のホームレス生活者を診察し，必要であれば病院への通院を勧める。ホームレス生活者は医師に対して警戒心が強く，医療機関に近寄りたがらないため，このような取り組みは重要である。

「**ヤコブの談話室** Jakobustreff」（**写真II-9参照**）とは，施設に入所することを嫌う路上生活者にも開放されたフロアであり，午前9時から午後8時まで自由に滞在することができる。食堂では食事も提供しており，シャワー設備や洗濯設備も置かれている。希望者には各種の相談に応じている。

「**一時宿泊所**」は，緊急な場合に宿泊できる施設であり，住居をなくした人が最初に入所するところである。将来どういうやり方で援助をしていくかが，

図表 II-4-1 ヤコブの家 組織図

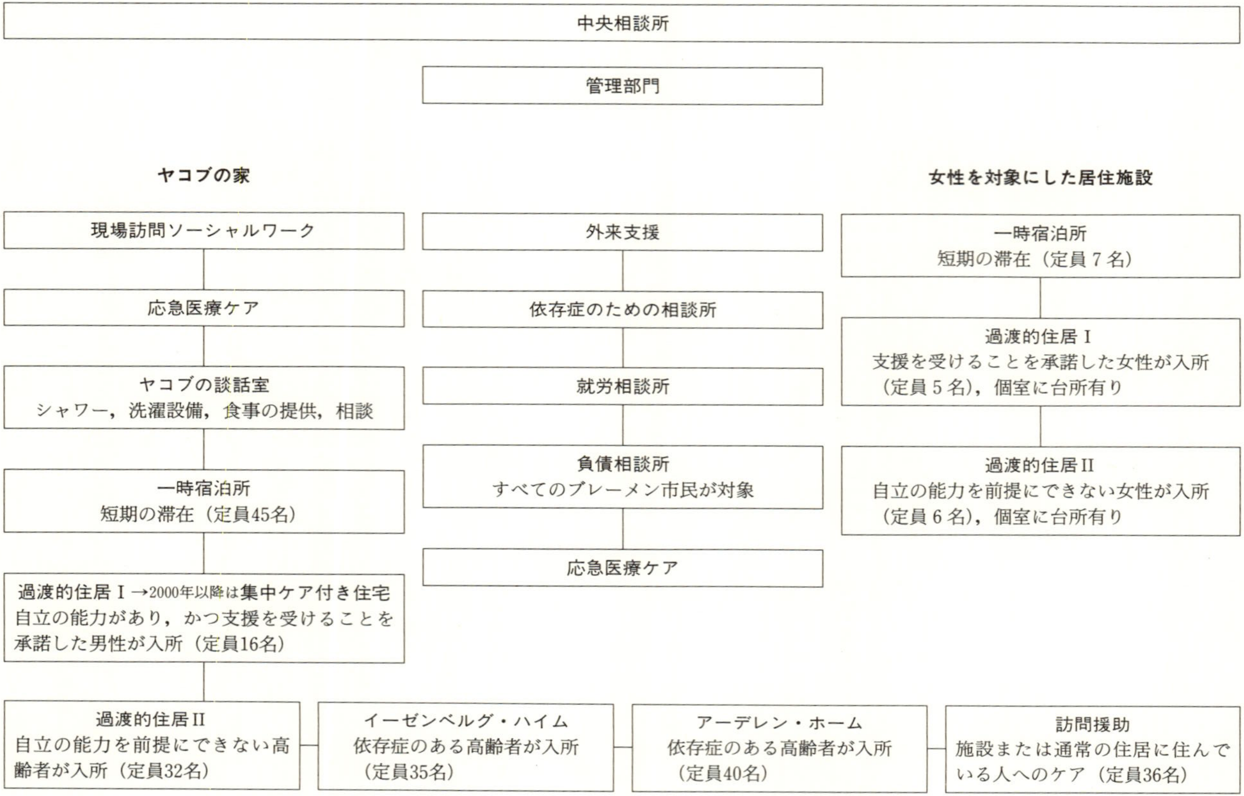

中央相談所

管理部門

ヤコブの家

- 現場訪問ソーシャルワーク
- 応急医療ケア
- ヤコブの談話室
  シャワー、洗濯設備、食事の提供、相談
- 一時宿泊所
  短期の滞在（定員45名）
- 過渡的住居 I →2000年以降は集中ケア付き住宅
  自立の能力があり、かつ支援を受けることを承諾した男性が入所（定員16名）
- 過渡的住居 II
  自立の能力を前提にできない高齢者が入所（定員32名）

- 外来支援
- 依存症のための相談所
- 就労相談所
- 負債相談所
  すべてのブレーメン市民が対象
- 応急医療ケア

- イーゼンベルク・ハイム
  依存症のある高齢者が入所（定員35名）

女性を対象にした居住施設

- 一時宿泊所
  短期の滞在（定員7名）
- 過渡的住居 I
  支援を受けることを承諾した女性が入所、個室に台所有り（定員5名）
- 過渡的住居 II
  自立の能力を前提にできない女性が入所、個室に台所有り（定員6名）

- アーデレン・ホーム
  依存症のある高齢者が入所（定員40名）

- 訪問援助
  施設または通常の住居に住んでいる人へのケア（定員36名）

ここで決定される。2カ月から3カ月といった短期間の滞在が用意されており，定員は45名である。ヤコブの家は男性のみを受け入れており，女性には別の専用の一時宿泊所が設けられている。

一時宿泊所の経費は1日につき1人あたり75マルクであるが，そのうちの5マルクは入所者の自己負担となる。2人で1部屋に宿泊

写真Ⅱ-9　「ヤコブの家」の1階にある「ヤコブの談話室」。

する。入所者には，まず施設に宿泊して休養をとってもらったうえで，ソーシャルワーカーが当事者と相談しつつ，連邦社会扶助法72条に則った「総合援助計画 Gesamtplan」を作成する。そして，最終的にその当事者が受けるのにふさわしい支援のあり方（「過渡的住居Ⅰ」か，「過渡的住居Ⅱ」か，それとも社会住宅か，ひいては就労支援が可能か，など）を判断する。

次に，一時宿泊所を出て一般の賃貸住宅に入居するまでの過渡的な住居として設けられたのが，図表Ⅱ-4-1にある「**過渡的住居Ⅰ**」である。これは，1997年に開設された定員24人の居住施設である。自立の能力（掃除や食事の準備等を自分でできる能力）のあることが前提となる対象者に働きかけて，一定の要求を受け入れてもらったうえで入所するところであった。ある程度の能力があることが求められ，進んで自立する気力と能力があるとみなされる場合にのみ，「過渡的住居Ⅰ」への入居が認められる。これに対して，高齢等の理由によりそうした自立の能力を前提にできない人は，のちに紹介する「過渡的住居Ⅱ」へ入居してもらうことになっている。「過渡的住居Ⅰ」に入居できる期間は原則として12カ月であるが，教育上必要であると判断された場合にはもう6カ月間延長することができた。

しかし，当初の期待に反して「過渡的住居Ⅰ」へのニーズはあまりなく，常時，定員の半数ほどの人が入居しているという状態であった。そのため，経営面でも困難があった。

現在では，この「過渡的住居Ⅰ」は廃止され，その代わりに「**集中ケア付き住宅** Intensiv Begleitetes Einzelwohnen」が用意されている。「集中ケア付き住宅」は，家主協会である「住居支援協会 Verein Wohnungshilfe」と提携してアパートを借り，そこにホームレス生活者に住んでもらうことにしている。現在，16軒の提供を受けている。入所の期限は2年間であり，入所者はその間に，集中的ケアを受ける状態から独立した生活へと移っていくことをめざす。借家の環境は，社会的に問題が多い地域のなかにではなく，点在する普通の最低限の設備が整った個室住居の提供を住居支援協会に依頼している。対象者のそれぞれの個性を尊重し，環境に問題なく溶け込むことを目標にしている。アルコール依存症の人が3，4人で一緒に住まないように注意を払っている。住居支援協会自体も，入居する人が周囲の環境に適合するのかどうかを判断して，賃貸契約を結んでいる。

　この施策のポイントは，アパートの賃貸契約を本人と家主協会が独立して契約締結することにある。本人に対するヤコブの家からの援助の合意項目は，最初の段階の診断をもとに決定される。たとえば，アルコール問題，失業問題，自立にかかわる問題（金銭問題）に応じて，援助内容が決定される。

　このケア付き住宅に出向いて援助するソーシャルワーカーは，ヤコブの家の職員であり，対象者16人を2人のソーシャルワーカーで担当している。援助の費用（対象者1人あたり1日につき96マルク）の内訳は職員の人件費，交通費，特別勤務手当（休日，夜間等）であり，すべて連邦社会扶助法72条（特別な社会的困難を克服するための扶助）から支出される。食費や家賃は福祉事務所から出る。96マルクという額は比較的高い水準の援助であり，福祉事務所との協議をもとに算出された額である。

　2000年の初めに閉鎖した「過渡的住居Ⅰ」であれば，費用は施設入所者1人あたり1日につき150〜160マルクかかっていた。現在ではこれが96マルクなので，集中ケア付き住宅になって大幅に減額されたことになる。

　定員32名の「**過渡的住居Ⅱ**」（**写真Ⅱ-10参照**）には，先にも述べたように，高齢のため身の回りの家事が自分ではできない人が入る。経費は1人あたり1日につき117マルクである。大きな食堂があるので，そこで食事をとる（**写真Ⅱ-**

写真Ⅱ-10　「過渡的住居Ⅱ」にある個室の内部。　　写真Ⅱ-11　「過渡的住居Ⅱ」の台所兼食堂。

11参照)。入所者が自由に使える小遣いは，月々160マルクである。

　図表Ⅱ-4-1 にあるとおり，「**女性を対象にした居住施設**」には男性へのそれと同様に「一時宿泊所」，「過渡的住居Ⅰ」，「過渡的住居Ⅱ」の3種類があるが，それぞれの施設のベッド数は少数である。以前は男女をまとめて収容していたが，今日では分離するようになった。

　以上のような一連の過渡的住居については，いったんは退所した人であっても，必要がある場合には再び入所することができる。この点は，1度しか入所することができない日本の自立支援センターと異なる点である。

　「**イーゼンベルク・ハイム** Isenbergheim」(定員35名)と「**アーデレン・ホーム** Adelenstift」(定員40名)はいずれも，65歳以上の高齢者でアルコール・薬物依存症の人が入所する施設である。前者は男性のみの施設であるが，後者には男性も女性も入所できる。セラピーやリハビリテーションが可能で，静かに生活できる場所である。ここでは，アルコール飲料を飲むことができる。

　「**外来支援** Ambulante Hilfe」は，住居を失った人に対して新たに居室を斡旋することを主な任務とする部署であるが，それとともに，連邦社会扶助法72条に則って「総合援助計画」を立てる。「外来支援」の活動については2002年2月の訪問時に詳しく聞くことができたので，その詳細は第2節で述べることにする。

　「**依存症のための相談所**」は，主としてアルコール依存症の人たちのための相談窓口である。ブレーメンの場合，麻薬等の依存症の問題は別の部署で対処

している。アルコール依存症のある人はまず，依存症の人たちのための一時宿泊所に入所する。一時宿泊所から，当事者は集中ケア付き住宅を紹介される。ケア付き住宅でのケアは一般的な意味でのソーシャルセラピーであり，社会教育士がこれを担当する。その目標は，当事者が自分の住まいで助けなしで生活できるよう支援していくことにある。

「**負債相談所**」とは，借金を抱えている人たちの相談窓口である。一般市民を対象に相談をしている。職員は2人で，1年に約300件の相談がある。負債相談所は，連邦社会扶助法による支給ではなく，州独自の財源に依拠している。

「**就労相談所 Arbeitsberatung**」では，職場復帰のための支援を行っている。午後4時から6時まで1カ月間にわたって行われる準備のためのコースでは，単身のホームレス生活者だけでなく，他の分野の人たちも対象にした措置を提供している。これは，就労がうまくいくのかどうかテストするコースでもある。支援を求めてくる人は，自由意志で来所する人たちであり，男性，女性両方おり，宿泊している人，施設に入所している人や集中ケア付き住宅に住んでいる人もいる。準備のコースには出向いてこなくてもよく，必ずしも必要なわけではない。当事者の発展段階に応じて，社会教育的な観点から，当事者が自分の意志で相談に出向いてくることを重視している。平行して，要保護者の履歴書を検討し，具体的な支援方法を考えていく。その段階で，個人的なデータを集め，生活扶助や失業手当が支給されているかどうかの確認をする。

ブレーメンの福祉事務所では，「**ブレーマー・アルバイト有限会社 Bremer Arbeit GmbH**」[28]が提供している「**報奨金 Prämie**」[29]付きの仕事を斡旋しているが，この仕事を当事者が理由なくして1日，2日休んだ場合，「ブレーマー・アルバイト有限会社」から福祉事務所に連絡が入る。福祉事務所はこれを受けて，社会扶助の支給額を20％削減したりする。その後，福祉事務所は当事者に対して仕事に出ることを要請するが，それでも出ない場合，社会扶助は数カ月後に支給停止となる。次の段階として，その場合の相談窓口があることを知らないのであれば，当事者を個人的に観察し，調査し，援助をしていくこととなる。本人の能力に合った支援措置を行う。

「**訪問援助 Aufsuchende Hilfe**」は，訪問による相談援助である。3名の相

談員が活動している。たとえば，民間賃貸住宅から立ち退かされるおそれがある場合には，裁判所から福祉事務所への通知がある前に相談員が当事者のところへ出向いて支援していく。目的は，ホームレス状態にいたることへの予防対策である。相談の結果，施設に入所してもらうか，それとも在宅支援措置になるのかが診断され，その後，福祉事務所を訪ねてもらうか，あるいは集中ケア付き住宅に入所するかが決められる。集中ケア付き施設は1日につき1人あたり69マルクかかるのに対し，「訪問援助」の場合はそれが35マルクですむ。予防策は財政の面でも合理的である。

2 「外来支援」と「就労相談」の役割

ブレーメン市州におけるホームレス生活者支援システムの特色として，福祉事務所に直接的な相談窓口がなく，そうした相談を民間の福祉団体であるディアコニーが**「外来支援」**というかたちで請け負っていることが挙げられる。州から独立して運営できるということには，それなりの意味がある。たとえば，州の福祉事務所が経費節減政策を立てた場合，州の管轄であれば扶助費削減となるが，独立していることにより，ディアコニーから州政府に対して扶助費の削減の再考を求めることができる。[30]

本節では，ヤコブの家の「外来支援」と「就労相談」部門の活動について，少し詳しくみていくことにしよう。

1)「外来支援」の基本的な業務

ヤコブの家の「外来支援」部門には5人の担当者がおり（2000年当時は3人であった），そのうちの2人が社会教育士，1人が心理学士，2人がソーシャルワーカーである。

業務の内容は，以下の4つに大別される。

第1の業務は，ホームレス状態に陥った直後の人たちに対する緊急の相談である。路上生活者や住所が安定していない人に対し，ブレーメン市での住民登録の有無を問わず，ブレーメンに滞在していれば支援をする。ここを訪ねる人

の約50％は福祉事務所から紹介された人，40％はホームレス生活者向けの施設から紹介された人であり，残りの10％が本人の意志で訪ねてくる人である。

　当事者が抱えている問題に応じ，まずは宿泊所を紹介する。単身で住居がなく，年齢が25歳以上であれば，ヤコブの家を含む一時宿泊所や簡素なホテルを紹介する。他方，男女を問わないで18歳以上25歳未満の人は，両親の家に再び住むことができるかどうかを検討し，両親のもとに戻れない人については，一時宿泊所，安価なホテル，あるいは世話をしてくれる青少年措置の枠内で数人が同居する共同住宅 Wohnungsgemeinschaft に入所してもらう。女性で25歳以上の人は，女性専用の一時宿泊所に宿泊できる。「外来支援」部門のアクセル・シュレーター氏 Herr Axel Schröter によれば，ホームレス生活者は年齢や性別に応じて異なる問題に直面しているので，それぞれのニーズに応じた支援措置を考案しなければならないという。

　第2に，福祉事務所での社会扶助への申請に対する支援がある。ここでは，当事者がどの程度扶助が必要かを調査し，福祉事務所に報告する。当事者にとって，将来どのような措置が必要かを確認する。もしその人に社会的セラピー措置が必要な場合は，連邦社会扶助法72条に定められた「総合援助計画」に関連して社会心理鑑定書を作り，集中ケア付き住宅に入所できるよう申請する。

　第3は，鑑定家としての業務である。これは，何らかの施設に一時的に入所することが可能になった場合，半年後に，その施設が適当であったかどうか，支援が成功しているかどうかをチェックする業務である。入所先からの報告書を見ながら行う。鑑定後，結果がよければ，福祉事務所から支援費用の支給が承認される。しかし，鑑定で問題が出てきた場合，施設運営主体と社会扶助実施主体（自治体）が参加する月1回の検討会議に，「外来支援」の職員も鑑定側として立ち合う。ときには，社会扶助実施主体が非常に経費がかかりすぎると苦情を出す場合があるという。

　第4に，ホームレス生活者向けの一般的な相談窓口があり，週に3日の面接日を設けている。定例面接日以外の2日間は，緊急な場合にのみ対応している。

　シュレーター氏によると，ドイツでは施設に入所するほうが高くつき，民間賃貸住宅を確保したほうが安くつくので，安価な民間賃貸住宅や社会住宅があ

れば，そこへ入居するよう斡旋しているという。ホームレス生活者が臨時宿泊所に入所する場合の費用は，1カ月につき1人あたり1700ユーロだが，在宅だと1カ月700ユーロですむというわけである。しかし，現状では低家賃の民間住宅の数が不足しており，社会住宅の数も減ってきているため，安いホテル等での宿泊も多いようである。

　ひとりで住宅を探しに行くホームレス生活者もいるが，斡旋料や敷金を支払えないため入居できないケースが多い。福祉事務所は，斡旋料や敷金まで負担しないのである。「外来支援」では敷金や斡旋料のいらない住宅も紹介するが，それは十分な水準の住宅ではない。

2）「就労相談」をめぐる最近の傾向

　社会福祉政策の総合モットーとして，連邦政府は，「支援と要請 Fördern und Fordern」という2つの言葉を掲げるようになった。これは，雇用政策にせよ社会扶助にせよ，困難を抱えている人に対して必要な「支援」は行うけれども，支援を脱却して自立できるよう，当事者に対して就労などの努力を「要請」するという意味である。しかも，そうした「要請」に従わなかった場合には，サービスと給付金の削減や支給停止が行われるということをも，上記の2つの言葉は意味している。連邦政府のこうした動向は，シュレーダー首相が2003年3月に発表した，「アジェンダ2010」という労働行政・社会保障行政の大規模な改革案において如実に現れている。

　ヤコブの家の「就労相談」部門を担当するヴィントミュラー氏 Herr Windmüller によれば，州政府からの要請で，ヤコブの家でもいわゆる「第1労働市場」（通常の労働市場）[31]に被支援者の25％を斡旋しなければならなくなっているという。ブレーメン州政府と労働局は，予算制約が厳しくなっているなかで，斡旋する人を選り分けて，「第1労働市場」で就労可能な人に支援を限定していく傾向がみられるというのである。実際にはしかし，ホームレス生活者も就労する意志がないわけではない。ただ，長期にわたる失業のなかで労働生活への即座の復帰が困難であったり，一定の障害をもっていて長時間にわたる労働が不可能であったりする場合が多い。あるいは，当事者の適性に合わないよう

な仕事を福祉事務所が斡旋するケースもみられるようである。そこで「就労相談」部門としては、8時間の労働ができない人の場合、3時間の仕事を週3日だけ行えるような就労先を提供するよう、「ブレーマー・アルバイト有限会社」などの事業所に働きかけている[32]。また、これらの事業所が提供する仕事はホームレス生活者だけを対象にした就労プロジェクトではないので、「就労相談」部門の職員は当事者に一緒に事業所までついて行って、一定の配慮をするよう事業所側に要請している。

また、ホームレス生活者は心理的な問題を抱え、他者と話ができない状況にあることが多く、しかも心理的な問題を抱えていると診断されることを嫌がる。たとえば、ヴィントミュラー氏が紹介してくれた2001年の事例では、福祉事務所の担当職員が連邦社会扶助法25条の要請に則って、進んで就労する意志のない人に仕事に行くよう要請をしたものの、当事者は心理的に障害があって恐怖症を抱えており、結局、福祉事務所の職員は保健所に出向くよう指示した。保健所の担当医師は、ひと月は休んでいてもいいが、その後復帰しなければならないと診断した。本来、診断書を書いてもらう医師を選択する自由が当事者にはあるにもかかわらず、保健所の医師でなければ認めないと福祉事務所は主張している。その結果、福祉事務所は、恐怖心のために就労していないという事実でもって、「就労する意志がない」と安易に判定する傾向にあるという。

ヴィントミュラー氏へのインタビューからみえてきたことを結論的にいえば、ホームレス生活者を短期間で「第1労働市場」へ斡旋することには大きな困難がともなう。それにもかかわらず、連邦政府や州政府の政策は、ホームレス生活者がおかれている特殊事情を鑑ることなく、「第1労働市場」での就労が不可能であれば社会扶助の支給を打ち切るという方向を向いているように思える。ちなみにヴィントミュラー氏によれば、提案された就労プログラムに参加しなかったことへの制裁措置として給付制限をされるような対象者にとっては、そもそもそのプログラムに参加しようという主観的意志があっても、肉体的もしくは精神的状態からして参加が困難であるわけだから、扶助の削減はまったく効果がないか、非常に少ない。

このように、連邦政府主導の制度改革の波はブレーメンにも着実に押し寄せ

ている。ヤコブの家をはじめとして，ホームレス生活者支援の現場に位置している人々は，改革の圧力とホームレス生活者が直面している現実との狭間に立って，解決策を模索している。

第5章 ベルリン州
―― 大都市における支援の可能性[33]

　ベルリンは，ドイツのなかでもかなり特殊な都市である。
　ベルリンは統一ドイツの首都であり，その人口350万人はドイツのなかでもずば抜けて多い（2位のハンブルクの人口は165万人）。ポツダム広場を筆頭にあちこちで進む都市の再開発にともない，多くの人々が仕事を求めて，あるいは匿名性を求めてベルリンへ流れ込む。しかし，連邦政府の官庁の多くがかつての西ドイツの首都であったボンからベルリンへ移転したとはいえ，雇用を創出しうるような産業に乏しいベルリンには，出稼ぎに来た数多くの「底辺」の失業者を雇用しうるだけの職場がそもそも十分には存在しない。新しい首都での仕事を期待しながら上京した人が，仕事を見つけられないままホームレス状態に陥るという事態は，決して稀なことではない。したがってベルリンでは，一方において他の州ではみられない革新的な措置が採用されている（たとえば，後述する「保護された部分市場」や路上生活者に対する医療面でのケア）のだが，他方では公的扶助を受けようとしない路上生活者がなかなか減少しないという問題を抱えている。ホームレス生活者ないしは路上生活者の多さに，州政府や民間支援組織がついていけないという現状がある。住居を失い，区役所に支援を申し込んだが，役所をたらい回しにされたとか，あるいは臨時宿泊所の規則が厳しいために宿泊施設を利用しようとしない路上生活者がいるといった事態は，ベルリン以外の都市ではあまり例をみない。他の都市では，福祉事務所の職員が路上生活者全員を把握して，住居を見つけられるまできめ細かいケアを行うというようなケースがみられるが，そうした高い水準のサービスを提供することはベルリンでは相当に困難である。
　同時にしかし，大都市における緊急の課題としてたち現れている日本での野宿者支援策を考える場合，ドイツの諸都市のなかでまず参考にされるべきはベ

ルリンの支援策であろう。なぜならそれは，巨大な人口と行政上の数多くの課題，そして財政赤字を抱えた大都市におけるホームレス生活者支援がどこまで可能であるかを教えてくれるからである。

1 ベルリンにおけるホームレス生活者の現状

ベルリン州のホームレス生活者扶助システムにおいては，州政府と区役所との間で分業がなされている。州政府（とりわけ保健・社会庁 Senatsverwaltung für Gesundheit und Soziales と，その下におかれている保健・社会局 Landesamt für Gesundheit und Soziales) は，ベルリン全体のレベルでの構想や指針を策定したり，民間福祉団体や住宅建設公社等と協定を結んだりする役割を負っている。これに対して，実際に扶助措置を担うのは区役所であり，ホームレス生活者やホームレス状態に陥りそうな人が支援を求めて訪れるのは区役所である。

ベルリンにおけるホームレス生活者の数は，区役所に扶助を申請してくる人の数にもとづいてかなり正確につかむことができる（図表II-5-1参照）。

図表II-5-1にはしかし，区役所との接触をもたない路上生活者が含まれていない。路上生活者の数は1999年の時点でも，避寒扶助施設（後述）の利用人数にもとづいてベルリン全体で2000〜4000人であると見積もられている。

ここ数年のベルリンにおける趨勢も，連邦レベルでの傾向（81頁の図表II-1-1参照）に類似している。すなわち，全体としての数の減少が確認されるとともに，東西間の傾向の違いも緩和された。しかし他方では，外国人の路上生活

図表II-5-1 ベルリン州におけるホームレス生活者の数の年次推移

(単位：人)

	1994	1995	1996	1997	1998	1999	2000	2001	2002
東ベルリン	771	2751	2804	2490	2558	2330	―	―	―
西ベルリン	9787	7746	7068	6460	4715	4323	―	―	―
東西合計	10558	10497	9872	8950	7273	6653	6513	6045	6647

注：上記の数値はすべて第IV4半期のもの。これらはすべて，区役所に登録されている人の数である。移住民や，区役所との接触をもたない路上生活者は含まれていない。なお，2000年以降は，区の合併が行われたため，東西別の人数を表示することができなくなっている。

出所：Landesamt für Gesundheit und Soziales Berlin から入手した資料をもとに著者が作成。

者が増えつつあるといわれている。実際,2002年の上半期にベルリンのホームレス生活者向け諸施設を利用した人々のなかで移民の占める割合は約25%に達している［BAG-WH, 2002］。

また,住宅市場での需給逼迫が緩和されることで家族や多人数世帯のホームレス生活者の割合が減少したが,単身世帯の割合が増えている（1995年の74%から98年の82%へ）点も,問題点として指摘されている。

ホームレス生活者の数が全体としては減少傾向にあるからといって,州政府や民間福祉団体が警戒を解いているわけでは決してない。というのも,2003年までには制約期間が切れた大量の社会賃貸住宅が通常の民間賃貸住宅に転換されることになっているにもかかわらず,連邦政府による社会住宅建設への支出は大幅に削減されているからである。実際,**図表Ⅱ-5-1** に示されているとおり,1994年から一貫して減少してきたホームレス生活者の数は,2002年から増加の傾向に転じている。

2 ベルリンにおけるホームレス生活者支援策[34]

州議会が1998年5月に採択した決議にもとづいて,ベルリン州政府は「ベルリンにおけるホームレス生活者への扶助と政策に関する指針および措置・行動計画」[35]（以下,「指針」と略記）を作成した。この「指針」は,ベルリンにおけるこれまでのホームレス生活者扶助の問題点を点検して改善の方向性を示した文書である。したがって,この「指針」からは,ベルリンにおけるホームレス生活者支援策の到達点を知ることができる。

「指針」によれば,「ホームレス状態とホームレス状態に陥る危険は,自分の住居に入居するか,あるいは自分で賃貸借契約を結び,かつその住居が同伴ケア措置により長期にわたって確保されるとき,初めて終了したとみなすことができる」。

この引用文のなかで,住居（再）獲得後も同伴ケア措置により「長期にわたって」住居が確保されていることがホームレス状態終了の条件に挙げられている点に注目されたい。つまり,ホームレス生活者がいったんは住居を獲得した

としても，家賃を滞納したり，近隣との間でトラブルが起こったりして，再び住居を失い路上に戻るというケースがかなり存在するのである。したがって，単に手ごろな家賃の住居を斡旋するだけでは不十分である。住居を獲得したあともそこに長く住んでいられるよう，アフターケアであると同時に予防策でもあるソーシャルワーカーによる同伴ケア措置が必要だというわけである。

かくして「指針」によれば，「ホームレス生活者支援政策の一般的な目標は，予防（住居喪失の回避）と（再）統合（自分の住居と社会関係へのつれ戻し）である」。

「指針」はしかし，予防とケアの重視を根拠にして，ケアをともなわない施設にも与えてきた補助金をできる限り削減し，あまった予算を，施設収容をともなわないケアやケア付き施設のほうに重点的に配分するという方針を打ち出している。というのも，ケアをともなわない施設への収容は，しばしば「ホームレス状態を固定化し，社会的なコストを結果的には高める」（「指針」）と認識されているからである。ここには，「財政再建法」によって毎年 5 ％ずつ州予算を削減しなければならないベルリン州の厳しい財政事情も反映している。

過渡的な滞在施設に 5 〜10年も滞在している人が数多く存在することを鑑みれば，ケアをともなわない施設の効果をこのように疑問視することも，あながち不当とはいえない。しかし，問題は，現在ホームレス生活者の多くが滞在しているケアなし施設への補助金を削減し，その予算をケア付きの施設に振り向けた場合，はたしてホームレス生活者は宿所を確保できるのかという点にある。なるほど，「指針」が策定されてからの 2 年間で，ケア付き施設の数は 2 倍以上になり，2000年の時点では82施設（1926人収容可能）を数えるにいたっている（表II-5-2の「連邦社会扶助法93条にもとづく措置」の項目に記されている一連の施設が，ケア付き施設に該当する）。しかし，ソーシャルワーカーによるケアを嫌うホームレス生活者や路上生活者もかなり存在する。さらに，補助金が打ち切られることによって運営が成り立たなくなる小さなケアなし施設もかなり出てくるのではないかと懸念される。[36]

さて，以下では，ベルリンにおけるホームレス生活者支援策を，1）予防策，2）現にホームレス状態にある人への支援策，3）社会への（再）統合策，に分けて概観してみよう。

1）予　防　策

　最初に強調しておかなければならない点であるが，「住居喪失を防止することは，あらゆる措置のなかで最も効果的で，長い目で見て費用が最もかからない措置である」（「指針」）。ベルリンに限らずドイツの多くの都市で予防策に重点が移されるようになった背景のひとつに，こうした認識があるものと思われる。実際，ケルンでは，連邦社会扶助法15ａ条にもとづいて行われた**滞納家賃の肩代わり**は，約60％のケースで住居喪失を防止することに成功している。さらに，同じくケルンの例でいえば，1989年における滞納家賃の肩代わりは１件あたり1800マルクですんだのに対し，秩序法にもとづいて施設に収容する事後的な扶助の場合には，これの５倍から６倍の費用が１件あたりにかかったという [Steinmeier, 1992, S.312]。

　この連邦社会扶助法15ａ条にもとづく滞納家賃の肩代わりについて，ベルリン州では1999年に6614世帯に対し，計1846万マルクが支払われた。これは定期的な収入のある世帯に対して行われる。

　しかし，「滞納家賃の肩代わりは，同時に家賃滞納の原因（それはしばしば当事者の人格的な困難にある）に対処しない限り望ましい結果をもたらさない」（「指針」）。そこで，州政府は2000年９月１日から，ベルリンの大規模な民間福祉団体の連合体であるＬＩＧＡ（Liga der Spitzenverbände der freien Wohlfahrtspflege）[37]と協力しつつ，住居維持と獲得のために，施設収容をともなわないケアサービスを実施している。これは，家主から住居を出ていくよう言われた人，家賃を滞納している人，近隣から苦情を受けた人などに対して助言を行うサービスである。具体的には，計画的な家計，社会的協調能力を高める訓練（ゴミを窓から捨てないようにする等），アルコール依存症の人のための禁酒プログラムなどがある。ケアに要する費用は，連邦社会扶助法72条にもとづいて州政府が民間福祉団体に支払う。

　次に，ベルリンに独特の社会住宅政策として，「**保護された部分市場**」というシステムがある。通常の社会住宅には一定の所得以下の人ないし世帯なら誰でも入居できるが，「保護された部分市場」の場合は州政府が住宅建設公社と契約を結んで，もっぱらホームレス状態に陥りそうな人，ないしは現にホーム

レス状態にある人のために社会住宅の特別枠を供給している。このシステムを通して，1994年から2000年までに1万3500人に対して手ごろな価格の住宅が提供されてきた。

2000年1月1日からは州政府と住宅建設公社との間で新しい契約が結ばれ，現存するホームレス状態の除去よりも住居喪失の阻止のほうを優先するという原則が強調されるようになった。この新契約によれば，1100戸の単身世帯向け住居と250戸の多人数世帯向け住宅が毎年供給されることになっている。家賃には住宅の規模や質に応じて上限が定められ，州の社会法上の諸規定に見合った質の住宅が提供されなければならない。他方で，住宅建設公社は，滞納家賃や改装費などを区役所ないし州政府に負担してもらえるし，住人による住居破損についてもそれへの賠償を州政府に請求できる。

ただ，このシステムにもとづく住宅には訪問型のケアが付いていないので，「回転ドア」でしかないという批判もある。つまり，長い間ホームレス状態にあった人がケアなしの社会住宅に入居しても，近隣との間でトラブルが生じた場合，すぐに住宅を出ていかねばならなくなるというわけである。[38]

2）現にホームレス状態にある人への支援策

現にホームレス状態にある人への支援策は，図表II-5-2にまとめられている。以下，この図表に沿って説明を加えよう。

図表を見ればわかるとおり，路上生活者に対しては「**敷居の低いサービス**」が提供されている。「敷居が低い」とは，原則として匿名でサービスを受けられることを意味する。氏名や出生地などを明かしたくない路上生活者が利用しやすいように，こうしたサービスが提供されている。むろん，こうした施設では，当事者が希望すれば，連邦社会扶助法などにもとづく通常の社会扶助の申請を区役所に対して行うことを支援する。したがって，「敷居の低いサービス」は通常の扶助システムへのつなぎの役目を果たしているといえよう［嵯峨，2000］。

図表II-5-2にある「**区が責任を負う敷居の低いサービス**」とは，民間福祉団体が経営する日中ないし夜間の「敷居の低い」滞在施設に対し，区役所が補

図表Ⅱ-5-2　ベルリン州における段階を踏んだホームレス生活者扶助システム一覧
(2000年7月現在)

措置	対象者	サービス	施設数	収容人数(人)	費用(マルク)
区が責任を負う敷居の低いサービス					
通年的な措置(集会所, 暖房付の施設等)	路上で生活する成人	便所・浴室・洗濯設備の利用や部分的給食をともなう日中の滞在施設	約30		Z：額は不明
避寒扶助(通常は11月から翌年3月まで)	路上で生活する成人	部分的給食をともなう日中かつ／あるいは夜間の滞在施設	約50		Z：額は不明；寄付、ボランティア
LIGA契約にもとづく敷居の低いサービス					
駅サービス	路上で生活する成人	日中滞在施設や路上ソーシャルワーク等	3		Z：827540
路上ソーシャルワーク	路上で生活する成人	訪問型ソーシャルワーク, 助言, 紹介	2		Z：860000
医療提供	路上で生活する成人	基本的な治療, 社会的助言, 紹介	3(4)		Z：683550
臨時宿泊所(通年)	路上で生活する成人	ベッド・部分的給食・助言をともなう夜間滞在施設	2	72	Z：1632813,15
一般的な相談所	路上で生活する成人	助言と紹介	5		Z：2111042,96
刑余者相談所	刑余者	助言と紹介	4		Z：1082840,65
一般社会秩序法に則った収容(区の任務)	区役所にホームレス生活者として登録した者	(ケアなしの)宿泊			
連邦社会扶助法93条にもとづく措置					
住居の維持と獲得	ホームレス状態が間近に迫っている者およびホームレス生活者	助言			
ケア付きの個人住宅	ケアを必要とするホームレス生活者	助言	32	847	E：41,60
かつての麻薬服用者のためのケア付き集合住宅	ケアを必要とするホームレス生活者	助言	5	195	管轄外
ケア付き集合住宅	ケアを必要とするホームレス生活者	助言	21	265	E：48,24
過渡的住居	ケアを必要とするホームレス生活者	宿泊と助言	14(17)	530	E：58,10～147,85
緊急施設	ケアを必要とするホームレス生活者	宿泊と助言	4(6)	69	E：161,34～205,30
看護ステーション	路上で生活する成人	宿泊, 給食, 助言, 看護	1	20	E：164,74
特別住居プロジェクト	路上で生活する成人	助言	2	73	Z：596682,75

注：費用の欄のEは2000年における1日あたりの費用をさし, Zは1999年の1年間の費用をさす。
出所：Landesamt für Gesundheit und Soziales Berlin から入手した表 (Angebote abgestuftes Hilfesystem für Wohnungslose (Stand 7/00) im Land Berlin)。

助金を支給することで成り立っているサービスをさしている。これは、**通年的な措置**と**避寒扶助**とに分けられる。避寒扶助とは、ベルリンやケルンで行われている独特の措置であり、冬季の滞在場所を増やすべく、区役所が11月から翌年3月に限って支給する補助金で運営されている施設である。

写真 II-12　日中の滞在施設である「ヴァルマー・オットー」の外観。

こうした「敷居の低い」日中の滞在施設のひとつに、ブーゲンハーゲン通り Bugenhagenstraße に位置する「**ヴァルマー・オットー** Warmer Otto」がある（**写真II-12参照**）。これは、プロテスタント教会の教区が運営主体となっている通年的な滞在施設である。開所時間は、1週間のうち4日間は午後のみ、2日間は午前中のみとなっており、土曜日と祝日には閉鎖される。施設の表通りに面した部分はすべてガラス張りであり、いかにも「敷居が低く」、かつコミュニティに開かれているという印象を受ける。週3回の昼食の提供、週1回の昼食の自炊、週1回の朝食の提供を無償で行っている。トイレ、シャワー、洗濯機があり、区役所との連絡用にタイプライター、電話、FAXも利用できる。また、職業安定所等を利用する際に必要となる郵便住所も提供している。ここでは5人のソーシャルワーカーが勤務しており、利用者の希望に応じてさまざまな助言をしている。利用者は1日平均して40人から50人である。

こうした日中の滞在施設とは別に、夜間の滞在・宿泊施設がある。ベルリンではこうした夜間の施設のことを「**夜間喫茶**」と呼んでおり、その多くは、先に述べた「避寒扶助」を区役所から受給しつつ運営されている。

この夜間喫茶の1例として、ヴューリッシュ通り Wühlischstraße にある「**キーツ・カフェ** Kiez Café」（**写真II-13参照**）を紹介しておこう。これは、「ベルリン州ホームレス当事者イニシアティブ Landesbetroffeneninitiative wohnungsloser Menschen Berlin」によって1999年11月に開設された新しい施設で

写真Ⅱ-13 「キーツ・カフェ」の内部。

ある。「ベルリン州ホームレス当事者イニシアティブ」とは、名称からも読み取れるように、ホームレス生活者自身がホームレス生活者を支援するという自助組織であり、1999年9月に11人の元ホームレス生活者によって設立された。

キーツ・カフェは、24時間・365日開いている施設である。ホームレス生活者の支援組織はキリスト教系のものが多く、日曜日に食事を提供する施設がどうしても少なくなるので、キーツ・カフェのように日曜日も食事と滞在場所を提供する施設は（とくに冬季において）貴重である。ここでは朝食、昼食、夕食が無料で提供されているほか、シャワー、洗濯機、衣裳部屋、台所も利用することができる。1日に100名から150名の人がここを訪れ、平均して50名から60名分の昼食が提供されるという。夜間には12床の寝台（そのうち7床はマットレス）が用意されるが、寝台は年間を通じて満杯である。また、健康相談、区役所への扶助の申請のための勉強会、絵画の展示会、コンサート、政治討論会、ソーシャルワーカーによる助言などの企画を週に1回、そのときどきの必要に応じてホームレス生活者自身が決定して開催することになっている。

キーツ・カフェの運営費用は、これまですべて寄付金によって賄ってきており、州政府や区役所からの補助金は受けてこなかった。しかし、2001年からは避寒扶助の適用を受けている。カフェで提供する食事については、大きな会議やレセプションで出された食事のあまりを集めている「**ベルリンの食卓** Berliner Tafel」というＮＰＯ[39]からの支給を受けたり、近隣からの寄付に頼ったりしている [Dincher, 2003]。

さて、図表Ⅱ-5-2 にある「**駅サービス**」は、日中の滞在施設であり、かつまた麻薬依存者へのケアを含むさまざまなケアを提供するものである。長距離列車が発着する3つの大きな駅（ツォー駅、東駅、リヒテンベルク駅）におかれている。現在では非営利の有限会社が中心となって運営されているが、もともと

はキリスト教会の活動（「駅ミッション[40]」）から出発したものである。

　1例を挙げると，ツォー駅には，社会活動に取り組むプロテスタント系のNPOである「ベルリン都市ミッション Berliner Stadtmission[41]」とカトリック系の福祉団体であるカリタスとが共同で運営する「駅ミッション」がおかれている。ここには，1名のソーシャルワーカーを含む10名の職員と30名のボランティアが待機しており，1年中・24時間の開業をしている。食事と飲料を提供し，臨時の宿泊のために20台のベッドを設置しているほか，簡単な巡回医療サービスや他の施設への仲介も行っている。[42]また，ツォー駅に近接して，カリタスが運営するメディカル・センターがおかれており，必要とあれば，ここで医師による治療も受けられる。

　図表Ⅱ-5-2 の「**路上ソーシャルワーク**」のなかには，「路上への社会扶助」が含まれる。これは，社会扶助を受ける権利がある人（非合法に滞在している外国人や政治的庇護申請者，戦争難民などを除く）に対して，住宅があるかないかにかかわらず社会扶助の基本額を支給するというサービスである。

　また，「医療提供」のひとつとして「**移動医師 Arztmobil**」というサービスがある。これは，医師1名，看護師1名，ソーシャルワーカー1名が月曜日から金曜日まで，公園や教会の近辺といった市内12カ所の異なる場所をワゴン車で訪問するサービスである。対象となるのは疾病金庫に未加入の路上生活者であり，治療やサービスは無料。ソーシャルワーカーは路上生活者に対し，社会扶助の申請や疾病金庫への加入を勧める。

　これに対して「**看護ステーション Krankenstation**」とは，入院する必要はないが路上で過ごせば病状が悪化するような路上生活者の患者に対して，宿泊，治療，助言，ケア等を提供する施設である。ベルリンには，プロテスタント系のNPOである「ベルリン都市ミッション」が運営する看護ステーションがレーアター通り Lehrter Straße に1カ所だけ存在していたが，2001年にもう1カ所が開設された。レーアター通りの看護ステーション（**写真Ⅱ-14，15参照**）には4つの個室と8つの2人部屋（いずれも1室につき10畳程度の広さ）がおかれ，20人まで収容できる。患者1人あたりの平均的滞在期間は4週間だという。必要とあれば，通常の病院への入院を斡旋する。施療の費用は主として，患者1

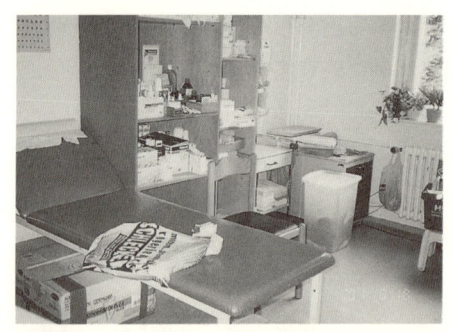

写真II-14　看護ステーションの診察室。

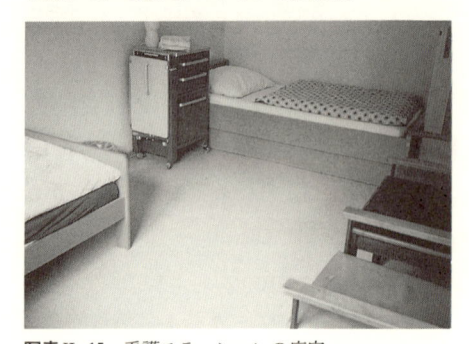

写真II-15　看護ステーションの病室。

人あたりで1日に164マルクを区役所から受け取ることで賄っている。患者への給食は，先に述べた「ベルリンの食卓」というNPOが無償で提供している。医薬品は寄付されたものを使用している。

この看護ステーションに入所する人は主に，ツォー駅や東駅におかれているメディカル・センターから紹介されてくる路上生活者であり，しかもその多くがアルコール依存症である。このため，ステーション内ではアルコール類の服用が禁止されている。また，看護ステーション側は，施療を終えた人に対しては，再び路上に戻ることを防ぐために，のちに紹介する「過渡的住居 Übergangshaus」に入居することを勧めている。[43]

さて，ホームレス生活者向けの「**臨時宿泊所** Notübernachtungsheim」は，**図表II-5-2** にあるとおりベルリンに2カ所存在する。臨時宿泊所とは，入所に際してとくに条件を設けることなく，基本的には1日ごとに入所手続きをして宿泊する施設であり，住む住居を失った人はまずはこの種の臨時宿泊所に泊まることになる。ここに宿泊を続けるなかで，通常の住宅に戻りたいという意志をもつ人は，のちに述べるような「過渡的住居」へと移っていくのである。

フランクリン通り Franklinstraße にある臨時宿泊所（**写真II-16参照**）は，カリタスと「ベルリン都市ミッション」が共同で運営しているもので，ケア（食事，宿泊場所の提供，週に2回の健康診断）と，1名のソーシャルワーカーによる助言（失業，住居の喪失，中毒，家族関係など）とを無料で提供している。ただし，麻

薬と暴力とを放棄することが原則であり，施設内ではアルコール飲料も禁止されている。73床のベッドがある（6畳ほどの部屋に2段ベッドが2台置かれている）。

入所者は，毎日午後3時に受け付けをすませて入所し，午後11時には就寝し，翌朝の午前6時半に起床，午前9時には宿泊所を出ていく。1日だけ宿泊して出ていく人もいれば，2～3カ月滞在する人もいるという。ただし，患者用ベッドを4床用意しており，こちらでは1日中寝ることができる。

写真Ⅱ-16　フランクリン通りの臨時宿泊所。

以上のような数多くの措置を実施していても，それについての情報をホームレス生活者が知らなければ意味がない。そこで，州政府はＮＰＯと協力しつつ，**毎冬に『避寒扶助の手引き』**という刷子を発行し，市内のさまざまな施設で配布している。これには，臨時宿泊所，日中の滞在施設，「夜間喫茶」，食事を提供する施設，衣類や家具を提供する施設，医療施設，カウンセラー，負債に関する相談所等の住所と連絡先が区ごとに記されている。

3）社会への（再）統合策

以上が，ベルリンで実施されている「敷居の低い」ホームレス生活者支援策の概要である。この「敷居の低い」サービスを受けた路上生活者に対しては，本人の希望と意志にしたがって社会への（再）統合のための次なるステップが用意されている。州政府や区役所も，ＮＰＯの側も，段階を踏んで路上生活者が社会へと再参入できるようにするための支援の体系を，分業によって意識的に追求しているのである。ベルリンにおけるそうした社会への（再）統合策の現状について，ここでは(1)入居支援策と(2)就労支援策とに分けて概観する。

(1) 入居支援策

　住居を失い路上で寝泊りすることを余儀なくされた人がまずは臨時に宿泊する場所として「臨時宿泊所」がおかれていることは，先に述べた。ここを訪れた人のうち，通常の住居の(再)獲得を希望する人は，次なるステップとしてしばしば**過渡的住居** Übergangshaus」を紹介される。これは，連邦社会扶助法72条（「特別な社会的困難を克服するための扶助」）にもとづく家賃などの支給を受けて，ソーシャルワーカーによる日常的な助言やケアをともないながら，通常は1年間を限度とする過渡的な住居を提供するプログラムである。

　ベルリンには14の過渡的住居が存在するが，このうちのひとつであり，「ベルリン都市ミッション」が運営している，レーアター通り Lehrter Straße の過渡的住居（**写真II-17参照**）を紹介しておこう。この施設は，先ほど紹介した「看護ステーション」と同一の建物の中におかれているため，同ステーションを訪れた路上生活者がしばしばこの施設に入居するという。2001年6月の時点では，30歳から62歳までの男性42名が入居中であった。入居者には，バス・トイレ付きで8畳程度の広さの個室が提供される。

　これはいわゆる「敷居の低い」施設ではない。したがって，入居希望者に対しては面接が行われ，「これまでの生活を変える用意があるかどうか」が尋ねられる。ここには4名のソーシャルワーカーが勤務しており，各種扶助の申請や，職業安定所を通した就労への支援をはじめ，生活上のさまざまな助言を日常的に行っている。入居者はそれぞれ，連邦社会扶助法72条にもとづいて，福祉事務所から1日あたり90マルクの支給を受けており，これによって家賃とケアの費用を賄っている。

　この「過渡的住居」につけられている「過渡的」という語は，この施設が臨時宿泊所と「住居プロジェクト Wohnprojekt」との間

写真II-17　ベルリン都市ミッションが運営する過渡的住居の個室。

に位置する過渡的施設であることを意味している。そこで次に，後者の「住居プロジェクト」を紹介しておこう。

ベルリン都市ミッションは，ベルリン市内の7カ所で「住居プロジェクト」を運営している[44]。これらはすべて，連邦社会扶助法72条に則ったケア付きの施設である。

そのひとつである「**ノイケルン住居プロジェクト** Wohnprojekt Neuköln」（レナウ通り Lenaustraße に立地）は，成人の男女向けに，個室1室だけからなる住居を38戸，2室からなる住居を1戸，5室からなる（住居共同体 Wohngemeinschaft 形式の）住居を1戸，提供している。これらの住居とならんで，台所をともなう集会室，洗濯機と乾燥機を備えたシャワー室がある。

この施設への入居の条件は，①自分の生活を変える用意があること，②ケアや助言などの時間を守ること，③施設内で催されるミーティングに参加することなどである。入居者1人ひとりに対して「扶助プラン」が作成されるとともに，施設利用とケアに関する契約が入居者との間で結ばれる。このほか，アルコールや麻薬の中毒問題を抱えている人に対しては，定期的なセラピーを受けることが義務づけられる。また，この施設は，社会への（再）参入のいわば最終段階として位置づけられているわけであるから，買物・炊事・掃除・洗濯などの家事，社会扶助を受給するための手続き，ならびに住居探しと仕事探しを自分で行うことが促される。

なお，入居者1人あたりで1日にして42マルクのケア費用ならびに家賃が，連邦社会扶助法72条にもとづいて福祉事務所から支給されている[45]。

このように，ベルリンに限らずドイツの都市の多くには，「臨時宿泊所」から始まり「過渡的住居」や「住居プロジェクト」を経て社会住宅あるいは通常の賃貸住宅の確保へといたるような，住居（再）獲得支援のための「段階を踏んだシステム Stufensystem」［Busch-Geertsema, 2001, S.374］が発達している。こうしたシステムは，ホームレス状態にある人それぞれの実情に応じてきめ細かい扶助を提供している。しかし，他方においてこのシステムは，意図せざる結果として，それぞれの段階に応じて居住者の自律性や権利にさまざまな制約が加えられた「第2住宅市場」を発展させる危険をはらんでいる。通常の「第

1住宅市場」で住居を確保することができず，そこから排除されている人は居住者としての権利に制約が加わった「第2住宅市場」へと追い込まれることになりかねない。したがって，「段階を踏んだシステム」においては，居住者の自律性や権利を可能な限り通常の住宅に近いかたちで保障するような配慮がこれから問われることになるだろう。[46]

（2）就労支援策

ベルリンにおけるホームレス生活者向けの就労支援プロジェクトについて，ここでは，ベルリン都市ミッションが運営している「**シュテファン通り住居共同体 Wohngemeinschaft Stephanstraße**」だけを紹介しておこう［Schenk, 1998, Materialienband, S.69ff.］。

この施設は，ホームレス生活者に対し職業訓練とならんで住居とケアをも同時に提供するという目的で設置された。したがって，ここには，トイレと小さな台所を備えた約70名を収容できる数の住居（1室だけからなる住居と2～4室を備えた住居）がおかれ，2名のソーシャルワーカーが勤務している。これらの住居のうちの33戸は連邦社会扶助法72条に則ったケア付きの住居として認可されているので，ケア付きの個室に住んでいる住人に対しては1日40.20マルク，ケアの度合いが高い住人に対しては1日46マルクが支払われている。ここでの滞在期間の上限は2年間であるが，個々の場合に応じて延長も可能である。麻薬を服用している人は受け入れていないが，アルコール依存症の人は迎え入れ，希望者に対してはセラピーがなされている。

宿舎の1階には作業場が設けられ，そこでは木製の玩具を制作する作業が行われている。鋸を使う作業は一定の技術を要するため，1～2人の住人しか従事することができない。しかし，木材を研ぐ作業にはそれほどの技術を要しないので，多くの住人が取り組んでいる。1体の木像につき3マルクの補償金を支給することで，作業への参加のインセンティブを高めることにしている。住人たちはでき上がった木製玩具をもってプロテスタント教会の諸行事やクリスマス市に出かけ，そこで製品を販売する。こうした仕事から得られた所得の一部は，住人たちが抱えている負債の返済にあてられる。

作業場には始業時間と終業時間が設けられている。作業への参加を通して規則正しい労働生活に慣れることが，プロジェクトの主要な目的である。なかには読み書きができない住人もいるので，そういう人には成人学校 Volkshochschule への就学を助言し，コンピューターや電気機器の技術に関しては，ベルリン-ブランデンブルク技術検査協会（TÜV）のコースを斡旋している。

作業場での労働のほかに，雇用創出措置や就労扶助の公益労働を利用する道も開かれている。1996年の時点では，3名の住人が雇用創出措置を受け，別の3名の住人が公益労働をやり遂げ，5名の住人が定職に就いた。しかし，多くの住人にとって，この作業場での作業は居心地がよいために，社会保険を備えた正規の職を外で見つけようという意志が彼らには乏しいという。また，運転免許証を有していないこと，あるいは警察が発行する品行証明書の記載内容がよくないこと等の事情も，彼らがいわゆる第1労働市場（通常の労働市場）で定職を見つけるのを困難にしている。[47]

さて，社会への（再）参入にいたる過程の最終段階に位置づけられているこのプロジェクトを終えた人は，その後どのような生活へ移行するのであろうか。1996年に5名の住人が定職に就いたことはすでに述べたが，同年には44名がこの施設を去っており，そのうちの27名は自分の住居を見つけている。すなわち，6名はベルリン独特の「保護された部分市場」のシステムを通して，13名は住宅建設公社を通して，そして6名は独力で住居を手に入れた。しかし，1996年には同時に，2名が路上生活に戻り，1名が禁固刑に服することになり，4名が施設からの退去を言い渡され，11名が理由を告げることなく施設を立ち去るなど，否定的な結果をともなって施設を出ていく住人もかなりみられる。

このように，ホームレス生活者が就労支援プロジェクトを終えてから第1労働市場で正規の雇用を見つけるのは，現状ではきわめて困難である。この点は，「シュテファン通り住居共同体」に限らず，ベルリンで行われているホームレス生活者向けの就労支援プロジェクトの多くが直面している共通の問題点である。すなわち，いずれのプロジェクトも，第1労働市場での就労に有利になるような公式の職業資格を付与するプログラムを有していないのである。

第6章 社会保険への加入をともなう就労プロジェクト

　本章で紹介するのは，ニーダーザクセン州のオルデンブルク市 Stadt Oldenburg とヴィルヘルムスハーフェン市 Stadt Wilhelmshaven においてプロテスタント系の民間福祉団体（NPO）であるディアコニー事業 Diakonisches Werk が営んでいるホームレス生活者向けの就労支援プロジェクトである。北部ドイツに位置するこれら2つの小都市での取り組みをわざわざ紹介するのには，それなりの理由がある。

　本書の上巻でも述べたように，ホームレス生活者の大多数が連邦社会扶助法の「就労扶助 Hilfe zur Arbeit」制度によって就労する形態は，行われた労働に対する低額の補償金（俗に「報奨金 Prämie」とも呼ばれる）と「生活扶助 Hilfe zum Lebensunterhalt」とを受給しつつ短時間の単純作業に従事するという形態である（連邦社会扶助法19条2項1文第2選択肢）。この就労形態には社会保険が適用されず，補償金の額も1時間あたり2～3マルクと少額であるため，受給者の勤労意欲を高められないという問題点が指摘されてきた。[48]

　これに対して，本章で紹介する2つの就労支援プロジェクトは，社会保険への加入義務をともなう仕事をそれ相応の賃金水準でもって提供している。社会保険へ加入することは，いったんは仕事を見つけたホームレス生活者が再度失業したときに，今度は社会扶助ではなく失業保険給付や失業扶助を受給しながら仕事を探せるようになることを意味する。その意味で，オルデンブルク市をはじめとするニーダーザクセン州での取り組みは重要である。

1　ニーダーザクセン州における　　「ホームレス生活者のための就労支援」プログラム

　ニーダーザクセン州においても1988年にいたるまでは，ホームレス生活者へ

第6章　社会保険への加入をともなう就労プロジェクト

の就労支援プロジェクトといえば，上記のように社会保険への加入義務をともなわずに少額の補償金を支給する形態が支配的であった。しかし，同州は1988年以降，「ホームレス生活者のための就労支援 Hilfe zur Arbeit für Wohnungslose[49]」という独特のプログラムを実行に移した。すなわち，社会保険への加入義務とそれ相応の賃金水準とをともなう仕事を，さしあたっては9つのNPO関連施設で提供し始めたのである。その背景には，これまで大規模な収容型施設において提供されてきたような少額の補償金による労働がはらむ問題点への認識の深まりがあったといわれる［Diakonisches Werk Oldenburg, 2001］。1988年の時点では，このプログラムを通して185人分の仕事が提供された。

このプログラムは1991年に，EUの補助金制度である欧州社会基金（ESF）[50]からの補助金にもとづくニーダーザクセン州の諸々のプログラムのなかへ統合された。その結果，プログラムの規模が拡大し，現在では州内の14の施設で年間にして298人分の仕事が提供されている。該当者1人に支給される補助金の上限は1時間あたり14.37ユーロ（28.10マルク）[51]であり，1年間に1人あたり1800時間分まで支給されうる。

同時に，欧州社会基金からの補助金の受給にともない，NPO関連施設での就労に際しては職業訓練や職業上の資格の付与が重視されるようになった。すなわち，就労時間のうち少なくとも50％は職業上の資格の取得に役立つような仕事内容を提供しなければならないし，しかも，そのうちの5％は職業上の知識を向上させるような講習で占められていなければならなくなった［Bötel/Sandau, 2002, Teil A, S.8］。

こうして，ホームレス生活者に対しても社会保険加入義務をともなう就労先を提供するというニーダーザクセン州の試みは，全国的にも注目される先進的なプログラムとなった［Klinkert, 1995, S.180］。

ところが，ニーダーザクセン州政府は近年，EUや連邦政府の政策動向に沿って，このプログラムの重点を大幅にずらす新しい方針を採用した。2001年6月に発表され，2001年1月にまで遡って施行されることになった州政府の新しい指針は，プログラム参加者が「〔第1〕労働市場での持続的な就労[52]」を確保することを目標にすえている。このため，これまでは上限のなかったプログラム

への参加期間に原則として1年間という制限が加えられ，通常の職場での実習が2～6カ月間は保証される場合に限って最大限1年間の延長が認められた［Niedersächsisches Ministerium für Frauen, Arbeit und Soziales, 2001, S.581］。

2001年にはまた，「補助金が当初の目的に見合うような成果をあげていないのではないか」という疑義をニーダーザクセン州の会計検査院が提起したのを受けて，州政府はこのプログラムの効果を調査することをハノーファー大学の開発計画・構造研究所（IES）に依頼している。

以上をまとめるなら，ニーダーザクセン州におけるホームレス生活者向けの就労支援プログラムは2つの大きな転換を経てきたことになる。第1の転換は，社会保険に加入せず少額の補償金しか支給しない就労形態をできる限り廃止して，相当の賃金と社会保険加入義務とをともなう就労形態を提供しようという，1980年代半ばにおける転換である。そして第2の転換は，たとえ第2労働市場（公的な助成金を受給することで成り立っている就労セクター－）であっても社会保険加入義務をともなう就労先を提供しようとする指向を切り替えて，第2労働市場から第1労働市場への移行を促進するという，2001年以降の変化である［Bötel/Sandau, 2002, S.9］。この第2の転換の結果，ホームレス生活者に就労先を提供しているNPOは，就労プログラムの修了者をできる限り第1労働市場に参入させなければならないという圧力にさらされている。

2 プログラム参加者の輪郭

先述したように，プログラムの効果について州政府から調査の依頼を受けたハノーファー大学の研究所は，プログラムの補助金を受けている州内の14の施設について調査を行った。調査の対象となった14の施設には，次節以下で紹介するオルデンブルク市とヴィルヘルムスハーフェン市の施設も含まれている。調査結果をまとめた報告書［Bötel/Sandau, 2002］からは，2001年度にこのプログラムに参加したホームレス生活者の輪郭を知ることができる。

まず，プログラム参加者292名の年齢は，22歳から60歳までと幅があるが，平均年齢は42.6歳であった。年齢層別にみれば，25歳未満が3％，25歳以上45

歳未満が60%，45歳以上55歳未満が30%，55歳以上が7％となっている。全体の37%を占める45歳以上の中高年の参加者については，プログラム修了後に第1労働市場で仕事を見つけるうえでの困難を予想させる。ちなみに，292名のうち9名のみが女性であった (3.1%)。

参加者の18.3%は，義務教育基礎課程 Grundschule も含めて学校の卒業資格をまったく有していなかった。他方，ドイツの勤労人口全体の中で学校の卒業資格をまったくもたない人の割合は6.5%である。

職業上の免許や資格についてみれば，参加者の5割強にあたる155名は何らかの職業資格や免許をもっている。職業資格のうちで比較的多数を占めるのは，手工業や建設業にかかわるもの (32名)，金属加工にかかわるもの (26名) である。他方しかし，職業上の資格をまったくもたない人が全体の半数に近い137名 (45.7%) もいることも注目される。

2001年度のプログラム参加者のうちの39.5%は2002年度も引き続きこのプログラムに参加することになっており，25.2%は参加期間が満了したのでプログラムから退出したが，残りの35.3%はプログラムを修了することなく施設を立ち去っている。[56] 施設を立ち去ってしまう理由は多岐にわたっているが，[57] 複雑な問題を抱えたホームレス生活者や長期失業者が規則的な労働生活に立ち戻ることの困難さを物語っている。また，ハノーファー市のディアコニーが実施した調査によれば，1998年にこのプログラムを満期修了した人の58.4%は，その後再び失業状態にあった [Diakonisches Werk Hannover, 1999]。

残念ながら，プログラムを満期修了した人のなかで，そののち第1労働市場で仕事を見つけられた人がどのくらいいるのかという点については，そもそもハノーファー大学による調査の対象になっていなかったため判明しない。とはいえ，1990年代半ばから10％を超える失業率が持続しているドイツにおいて，上述のようなさまざまなハンディキャップを抱えたホームレス生活者が第1労働市場で仕事を見つけるのはきわめて困難であろうことは，容易に想像できる。したがって，ハノーファー大学の報告書も，プログラムの成果は「〔第1労働市場での〕就労への橋渡しというよりは，むしろ雇用確保力 Beschäftigungsfähigkeit の改善」においてみられると結論している。実際，報告書によれば，

プログラムに10カ月以上参加している人は，プログラムを短期で中断した人に比べて，勤労意欲，言葉の使い方，人との接し方などの面で顕著な改善がみられる。また，負債をいっさい抱えていない参加者は平均して12カ月以上プログラムに参加しているのに対し，何らかの負債を抱えている人の参加期間の平均は10.2カ月にとどまるという。つまり，プログラムへの参加を通した定期的な賃金収入が，参加者の負債の減退に貢献しているというわけである［Bötel/Sandau, 2002, Teil A, SS.1-54］。

3 オルデンブルク市における就労支援プロジェクト[58]

　オルデンブルク市（人口は約13万8000人）のディアコニーは，1984年以来，連邦社会扶助法72条の「特別な社会的困難を克服するための扶助」を受給している長期失業者やホームレス生活者の就労を支援するためのプロジェクトを実施してきた。1996年からは，諸々の就労支援プロジェクトを「**ベーケプラッケン作業場** Werkstatt Bäkeplacken」に一本化し，系統的な就労・生活支援のコースを提供するようになった。

　ベーケプラッケン作業場には，かつてホームレス状態にあった人で，連邦社会扶助法72条の「特別な社会的困難を克服するための扶助」を受給している人に対し，年間にして8名分の仕事を提供している[59]。路上で生活している人は，オルデンブルク市の「ホームレス生活者外来支援相談所 ambulante Wohnungslosenhilfe」を訪れ，そこでの支援を通して自分の住居を確保した人のみが作業場へ紹介されることになっている。すなわち，「まずは住居，その後に仕事」がオルデンブルクのディアコニーの合言葉であるという［ebd., S.30］。ちなみに，この作業場で就労支援プロジェクトに参加している人の平均年齢は36歳であり，年齢層としてはかなり若い［ebd., S.41］。

　プロジェクト参加者に対して，2001年段階では1時間あたり16.11マルクの賃金が支払われた。これは，教会で働いている労働者と同じ水準の賃金である。

　作業場では，不要になった家具や亡くなった人の遺品などを市民から引き取り，必要な場合にはそれらを工作室で修理して，倉庫で販売することになって

いる。工作室には本格的な工具が置かれており，専門的技能をもつ指導員のもとで修理作業が行われる（**写真II-18**参照）。

中古家具の引き取りを依頼する市民からの電話が1日に50件もあるというから，販売用の家具の調達には事欠かないようである。家具を販売する相手については社会扶助の受給者が優先され，中古の家具が市場価格の10％程度で販売される。家具の収納庫には，1日に11人程度の顧客が来訪するという。

就労支援プロジェクトへの参加者は，作業場において一連の仕事を一通り経験することができるし[60]，その各々について，職業上の能力を測る指標であるMELBA[61]による計測が行われる。

写真II-18 ベーケプラッケン作業場の工作室。

写真II-19 ベーケプラッケン作業場のパソコン講習室。

このほか同作業場では週に1回（2時間），州政府の方針に従って，職業上の知識を向上させるための講習が専門の指導員によって開かれる。作業場にはこの講習のためにパソコンを備えた教室（**写真II-19**参照）が設けられており，簡単な情報処理やコミュニケーションの訓練，ひいては自分が工作室で行った作業を省みるための討論が行われる。

作業場は，以下の「信念」と「目標」に沿って運営されている。

【信　念】
＊すべての人がわれわれの社会のなかで居場所をもっている。
＊すべての人は，自分がおかれている状況を変えることについて，最終的には

自分自身でのみ決定することができる。
＊国家による社会的サービスへの依存から解放されることは，可能であるとともに望ましいことでもある。

【目　標】
＊第1労働市場での活動に従事するための資格を身につけること。
＊人格の安定と社会への統合。
＊生計を維持しうるような生活の見通しを立てること。
＊基礎的な職業資格を授与すること。

　ホームレス生活者はしばしば，学校や施設での学習ないしは職業訓練において規則やプログラムを不本意に押しつけられるという経験を経ている。したがって，作業場のスタッフが作成した運営プランにおいては，「学習への意欲は新たに喚起されるべきものであって，それを最初から期待してはならない」ことが強調されている［Emke, 1999］。

　作業場の業務監督者であるペーター・スチュンカ氏によれば，最長でも2年間という州政府の新指針による就労期間は，プログラム参加者にとっては短すぎて十分な技能を獲得できないという。また，作業場での研修を通して正式の職業資格が与えられるわけではないので，その後の第1労働市場での就労はやはりむずかしい。実際，前節で紹介したハノーファー大学の調査報告書によれば，この作業場で就労している人が有している技能や資格は，州内の他の9施設で就労している人の有するそれよりもかなり劣っているという［Bötel/Sandau, 2002, Teil A, S.40］。ちなみに，作業場で1年間の研修を終えたのち，2年目に通常の職場での実習を予定している人は，われわれが作業場を訪れた2002年2月の時点では，プログラム参加者の約20%であった。

4　ヴィルヘルムスハーフェン市における就労支援プロジェクト[62]

　ヴィルヘルムスハーフェン市（人口は約9万5000人）のディアコニーは，オルデンブルク市のベーケプラッケン作業場とよく似た家具のリサイクリング事業

第6章 社会保険への加入をともなう就労プロジェクト 141

に取り組んでおり，ホームレス生活者，長期失業者，刑余者などに対して，社会保険加入義務をともなう計35名分の就労先を提供している。そのうちの8名分が，州政府の「ホームレス生活者のための就労支援」プログラムにもとづいてホームレス生活者に対して提供されている。35名分の雇用を確保するには年間で200万マルクの資金が必要だが，これを賄うには助成金だけでは足りず，家具の販売により年間25万マルクの収益をあげなければならないという。

この施設でもやはり，不要になった家具を回収し，必要であれば工作室で修繕し，社会扶助受給者に対して優先的に安い価格で販売している。工作室に置かれている機械も本格的なものであり（**写真II-20**参照），ホームレス生活者らはここで家具を修繕するだけでなく，家電製品の修理や新しい家具の製作も行う。

家具を買いに来る顧客の95％は社会扶助受給者であるという。このため，家具販売所は「**社会百貨店 Sozialkaufhaus**」という通称で呼ばれているが，「百貨店」という通称もあながち誇張ではない。広い家具展示場の内部は，一般の百貨店や家具展示場と比べても見劣りしないほど整頓されている（**写真II-21**参照）。これは，家具を購入しに来る社会扶助受給者らの誇りが傷つけられないようにするとともに，ここで就労している人々にも仕事への誇りをもってもらうためであるという。つまり，第1労働市場で要求されるのと同等の水準の労働意欲をもってもらうことが目標になっているのである。実際，「社会百貨店」の業務監督者によれば，ここで就労プログラムを終

写真II-20 ヴィルヘルムスハーフェン市の作業場の工作室。

写真II-21 「社会百貨店」の家具展示場。

えたホームレス生活者のうちの約10％がその後に第１労働市場で仕事を確保しているという。10％という就労率は相当に高い数値である。

この業務監督者によれば，ホームレス生活者が社会生活に再参加するためには，「住居」と「仲間」と「仕事」という３つの支柱が必要であり，これらのうちのどれか１つでも欠けると再参加がうまくいかないという。先に紹介したハノーファー大学の報告書は，相対的に少人数の作業所であるために，この施設が「家族的な雰囲気」をかもし出していると述べている。たしかに，分業関係のなかで仕事仲間との円滑なコミュニケーションがとれるかどうかという点は，安定した仕事を確保するうえで重要な要素になると思われる。

5　社会保障政策か，それとも労働市場政策か

ＥＵの次元で策定された社会保障政策と労働市場政策をめぐる新しい政策理念，ならびにそれに沿ったドイツ連邦政府の方針は，失業保険や公的扶助によって失業者を事後的に救済するよりも，失業者の雇用確保力（employability, Beschäftigungsfähigkeit）を高めるための再教育や職業訓練を，あるいは失業を予防するような政策を重視するようになっている。そうした政策転換は，ドイツにおいてはすでに州や市町村の次元にまで波及している。実際，ホームレス生活者への支援策においても第１労働市場への就労を目標にすえるという，第１節でみたようなニーダーザクセン州政府による2001年以降の新しい方針は，ＥＵや連邦政府の政策転換に合致している。[63]

事態のこうした展開がホームレス生活者と彼らを支援するＮＰＯにとって新たな圧力と試練になっていることは，著者らが行ったインタビューで当事者たちが語っていただけでなく，ハノーファー大学の報告書でも率直に指摘されている［Bötel/Sandau, 2002, Teil B, S.6］。というのも，州政府の新しい指針は，第１労働市場での就労に際して多くの困難を抱えるホームレス生活者が支援施設で予備的労働に就く期間を原則として１年間に制限したからである。この制限は，１年が経過しても第１労働市場で仕事を見つけられない人に対する一種の制裁措置として機能するであろうが，就労のための客観的条件が不足してい

るところでいくら制裁的措置を強めたとしても，雇用状況は好転しないであろう。連邦政府が提唱している労働行政と公的扶助行政との協力関係の改善は，就労のための客観的な条件の確保を公的扶助行政や社会保障政策が保証し，そのうえで労働行政が効果的な職業紹介や職業訓練を提供するというかたちをとるべきなのであって，社会保障政策の一部を労働市場政策に肩代わりさせるかのようなやり方は，労働市場での「雇用確保力」において劣る人を社会から排除する危険を随伴しているといわざるをえない。

1）BAG-WH のホームページ（http://www.bag-wohnungslosenhilfe.de）からは，ドイツのホームレス生活者とその支援策の現状に関する最新の情報を得ることができる。
2）本章の叙述は，著者たちが2000年9月22日と2002年1月30日に，ビーレフェルト市にある BAG-WH の事務所で行ったインタビュー，ならびにその際に頂戴した文書資料にもとづいている。インタビューに応じていただいた BAG-WH 事務局のハインリッヒ・ホルトマンシュペッター氏 Herr Heinrich Holtmannspötter，トーマス・シュペヒト゠キットラー氏 Herr Thomas Specht-Kittler，ヴェレーナ・ローゼンケ氏 Frau Werena Rosenke，そして通訳者のヨシコ・フクダ゠クニュットゲンさん Frau Yoshiko Fukuda-Knüttgen に，この場を借りて厚くお礼申し上げる。
3）「民間の福祉団体 freie Wohlfahrtspflege」とは，ドイツの社会保障システムにおいて重要な役割を演じている民間で非営利の支援団体のことをいう。ドイツに限らず欧米では，こうしたＮＰＯが政府から何らかの資金を得ながらホームレス生活者への支援活動を展開している場合が多くみられる。ドイツの代表的な民間福祉団体としては，労働者の自助組織である労働者福祉団，カトリック系のドイツ・カリタス，プロテスタント系のディアコニー事業，無宗派・無党派のパリテーティッシュ福祉事業団，ドイツ赤十字，そしてユダヤ人中央福祉所が挙げられる。
4）「ベーテル」は，1867年に障害者向けの施設をビーレフェルト市で開設したことに起源を有するプロテスタント系の民間福祉団体であり，現在もビーレフェルト市において失業者，ホームレス生活者，障害者，てんかん患者，高齢者等への大規模な支援施設をディアコニー事業の一環として運営している。その規模は，欧州のディアコニー関連施設のなかでも最大であるといわれている。実際，3.5平方キロの敷地のなかでは1万4000人の被支援者と1万1000人の職員が暮らしている。ベーテルの活動理念を定めるうえで影響力のあったプロテスタントの聖職者であるフリードリッヒ・フォン・ボーデルシュヴィング Friedrich von Bodelschwingh は，1882年にドイツで最初のホームレス生活者・失業者向け滞在施設である労働者コロニー Arbeiterkolonie を設立した［小玉ほか，2003，134頁以下参照］。ベーテルの歴史や現在の活動内容は，そのホームページ（http://www.bethel.de）から知ることができる。

5）「ホームレス生活者連邦当事者イニシアティブ Bundesbetroffeneninitiative wohnungsloser Menschen」とは，ホームレス生活者自身が支援内容の立案や自助の実践に関与することをめざして作られた全国規模の組織である。その出発点は，1991年9月にベルリンでソーシャルワーカーたちが，19名のホームレス生活者を招いて支援の実践に関する全国規模のセミナーを開いたことにある。このセミナーに参加したホームレス生活者たちは，当事者としての要求をまとめた文書を採択し，これがのちに「連邦当事者イニシアティブ」の綱領の源泉になった。その後，BAG-WH の支援も受けながら，1993年1月にカッセル市において，全国にある12の組織や施設から30名の当事者が集まり，「連邦当事者イニシアティブ」の第1回大会が開かれ，綱領の基本線を決定した［Bundesbetroffeneninitiative wohnungsloser Menschen e.V., 1995］。
6）本章執筆中の2003年夏の時点で，社会扶助法を社会法典の中に編入するとともに，社会扶助法を大幅に改正するための法案がすでに連邦議会を可決し，目下のところ連邦参議院で審議されている。連邦政府は法案の趣旨説明の中で，「社会扶助受給の有資格者に対して，能動的な生活を促進し，扶助を必要とする状態を克服するための手段を提供する」ことが法改正の目的のひとつであり，「『支援し，かつ要請する』という原則に沿って，受給資格を有する人はより大きな責任を引き受けなければならないし，そうしない場合には不利益が生じることを覚悟しなければならないであろう」と述べている［Bundesregierung, 2003, SS.2-3］。この包括的な改正案を本書で吟味する余裕は，残念ながらない。また，改正案が最終的にどのようなかたちに落ち着くかも，現時点では予想できない。本章以下の第Ⅱ編の叙述において連邦社会扶助法にはしばしば言及がなされるが，それはいうまでもなく，改正を経ていない現行法のことをさしている。
7）秩序法（または警察法）は，「公共の安全（ならびに秩序）への危険を予防する」ことを目的として，ドイツでは各州ごとに制定されている法律である。多くの州ではこの秩序法にもとづいて，災害などで住居を失った人に対して緊急の宿泊場所を提供することが自治体に義務づけられている。路上生活者にも秩序法によるこうした措置が適用される場合があるが，これはあくまで臨時の措置であり，路上生活者は長期的には社会扶助法などの社会法にもとづいて支援を受けるべきものと理解されている。詳しくは，［小玉ほか，2003，157頁以下］を参照されたい。
8）「ホームレス生活者」とそれに類するドイツでのいくつかの概念については，［小玉ほか，2003，128頁以下］を参照されたい。
9）FEANTSA については，［小玉ほか，2003，24頁以下］を参照されたい。
10）BAG-WH が把握している限りでは，1999年にはドイツ全土で11名の路上での凍死者が出ている。
11）駅でのキャンペーンをめぐる以上のような訴訟の経緯は，BAG-WH のホームページ（http://www.die-entdeckung-bahnhof.de/presse.html）で見ることができる。
12）NRW 州におけるホームレス生活者対策については，2002年に行った NRW 州・州および都市開発研究プログラム事務所のシュテファニー・ベーム氏 Frau Stefanie Böhm に対するインタビューとその際の入手資料によっている。
13）秩序法および警察法にもとづくホームレス生活者対策については，［小玉ほか，2003，

157頁以下〕を参照のこと。
14) ビーレフェルト市に関する以下の叙述は，2000年9月に行ったビーレフェルト市組織および決定協会のアンドレアス・ケンパー氏 Herr Andreas Kämper への聞き取り調査の結果によっている。
15) ケンパー氏によると，ビーレフェルト市における路上生活者数は約20人である。
16)「試験的居住 Wohnen auf Probe」は，NRW 州秩序官庁法 Ordnungsbehördengesetz の19条にもとづく措置であり，他の諸都市でもこうした取り組みがなされている。
17) 民間支援団体「ゲーバル Gebal」の運営母体は「ベーテル Bethel」である。ベーテルについては，前出の注4）を参照されたい。
18) 失業保険，公的扶助など生活保障の金銭給付に対して，雇用創出措置 Arbeitsbeschaffungsmaßnahme（ABM）は就労扶助とともにドイツの積極的労働市場政策に属する。ドイツで特徴的な ABM は，公的資金をもとに営利企業とは競合しない（収益性がなく，一般企業が参入しない），いわゆる「公共的・追加的」事業分野で，非営利団体が雇用の直接の担い手となり，失業者を期限付きで雇用するという形態である。
19) ドイツの労働行政では，雇用創出措置（ABM）や就労扶助 Hilfe zur Arbeit (HzA) といった就労支援のための公的助成金によって成り立っている就労セクターのことを「第2労働市場 zweiter Arbeitsmarkt」と呼び，そうした助成金を受けずに成立している通常の就労セクターのことを「第1労働市場 erster Arbeitsmarkt」と呼んでいる。この区分は，助成金を受けている就労セクターをいわば「二流の労働市場」として見下すようなニュアンスを含んでいる。このため，ホームレス生活者支援に携わる人々の間では，こうした二分法の問題点を指摘する声がしばしば聞かれる。詳しくは，〔小玉ほか，2003, 183頁, 192頁〕を参照されたい。
20) 失業扶助 Arbeitslosenhilfe（Alhi）は，第1に失業保険料を拠出していた期間が短い雇用者（オリジナル失業扶助のみ），第2に失業が長期化して失業保険の給付日数が満了した失業者（連結失業扶助）に対して，失業者の生活を保障する第2のセイフティネットとして連邦雇用庁負担の給付を用意していた。前提条件として資力調査を経て受給する。失業扶助給付額は離職前の実質賃金の58％であったが，1980年代から給付額は引き下げられ，53％になった。2000年にはオリジナル失業保険も廃止され，目下，失業扶助と生活扶助とを統合する動きが進行中である。
21) 以下の叙述は，市の社会事務所を訪問して，ホームレス生活者援助対策を中心に市の機構改革や専門部局制について著者らが行ったヒヤリングにもとづいている。調査先はStadt Flensburg, Fachbereich Jugend und Soziales である。1998年に社会事務所と青少年事務所を統合した青少年・社会局の局長であるグレズィアク氏 Frau Grzesiak に，事例研究を含む調査のコーディネートをしていただいた。
22) オランダの Tillburger Modell とは，オランダの Tillburg 市で主唱された改革であり，ドイツには，この改革をめざす自治体の連合組織「行政簡素化自治体共同機構 Kommunale Gemeinschaftsstelle für Verwaltungsvereinfachung（KGSt）」（本部はケルン市）がある。組織改革の目的は，ヒエラルヒーを解消して，総合的な窓口において顧客の対応を行うなど効率的にサービスを提供し，それにより経費を削減することに

ある。このような改革はNeues Steuerungsmodellといわれ，連邦全体の傾向でもある［武田, 2003, 91頁以下］。この考えにもとづく専門部局制を，フレンスブルク市は1996年から導入している。
23) 以下の叙述は，［Stadt Flensburg, 1995］に依拠している。
24) 追加的な措置としては，本文中で述べたヴィルヘルミネンタールの宿泊施設のほかに，ハイムスアレーにある女性のための宿泊施設に6室を追加，ケルム通り13/13aにある看護師宿舎を過渡的住宅として市の利用権で3室ずつ12戸を確保，アンナートムゼンーシュティフト通りに高齢のホームレス生活者のための8戸の質素な集合住宅を確保，ディアコニー・ハウスにホームレス生活者のための昼間の施設（60席）を設置，そしてケルム通りに冬季半年間の宿泊のみの施設を設置したことなどが挙げられる。
25) 市の専門部局，フレンスブルク教会区のディアコニー事業団，ディアコニー，マルティン宗教財団の北ドイツ同盟の担当者共同体との間で，社会法典ならびに社会扶助法の条文にもとづいて結ばれた，放浪者やホームレス生活者の受け入れと援助に対する保障協定（契約書）：Sicherstellungsvereinbarung für die Aufnahme und Betreuung von durchreisenden/obdachlos gewordenen Personen §§8, 53, 56, 99 i. V. m. den §§88ffSGB X．
26) 連邦社会扶助法19条2項は，就労扶助Hilfe zur Arbeitの一形態として，短時間の単純作業への補償金を加えた生活扶助を支給する形態を定めている（第1文第2選択肢）。補償金は俗に「報奨金Prämie」とも呼ばれ，その額は1時間あたり2〜3マルク（およそ120〜180円）というふうに低額である。この就労形態は社会保険への加入義務をともなわず，もともとは，社会保険への加入義務をともなう19条2項1文第1選択肢による就労形態への過渡的措置として位置づけられていたようであるが，ホームレス生活者が就労扶助によって得ている就労機会の大多数は，この補償金付き労働であるといわれている。詳しくは，［小玉ほか, 2003, 178頁以下］を参照されたい。
27) 「ベーテル」については，前出の注4）を参照されたい。
28) 「ブレーマー・アルバイト有限会社」とは，福祉事務所に社会扶助を申請してきた人が抱えている問題のうち，失業問題に対処しようとする機関であり，州の労働市場政策の変化に対応して，2001年7月からは有限会社方式で運営されている。具体的な業務内容としては，ソーシャルワーカーが当事者と相談して支援計画を立案したうえで，当事者に見合う資格取得のコースや職業訓練のコース，あるいは雇用創出措置（ABM）や就労扶助にもとづく「第2労働市場」での就労先を斡旋することになっている。
29) 「報奨金」については，前出の注26）を参照されたい。
30) ブレーメンにおいては州政府とNPOとの間で，失業者やホームレス生活者への支援策の全般的な方向性をめぐって，3カ月に1回，定期的な協議が行われている。そうした定期的な協議としては，州政府の管理職と施設担当者との協議会，ならびに円卓会議の2つがある。円卓会議には，州政府，施設，NPO，民間福祉団体などが参加する。円卓会議においてはそれぞれの協力の仕方などさまざまな提案が出され，それがのちに州政府の管理職と施設担当者との会議で話し合われることになる。
31) 「第1労働市場」という概念については，前出の注19）を参照されたい。

32) ヤコブの家は17の事業所と提携しているが, なかでも「ブレーマー・アルバイト有限会社」には25%を要請している。
33) 本章は, [中村, 2001] に加筆したものである。
34) ベルリンでのホームレス生活者支援策に関する以下の叙述は, 2000年9月と2001年6月にベルリンで行った調査においてホームレス生活者支援のNPOとベルリン州政府からいただいた各種資料やインタビューにもとづいている。とくに, ベルリンにおける支援策の全体像をつかむにあたっては, ベルリン州保健・社会局 Landesamt für Gesundheit und Soziales でホームレス生活者支援部門を担当されているベアテ・フリューゲル女史 Frau Beate Flügel とのインタビューがおおいに参考になった。また, ベルリンでのインタビューに際しての通訳はすべて, 三浦まどかさんに担当していただいた。記して感謝したい。
35) Der Senat von Berlin, Leitlinien und Maßnahmen bzw. Handlungsplan der Wohnungslosenhilfe und -politik in Berlin, Drucksache 13/4095 Abgeordnetenhaus von Berlin 1999
36) ケア付き施設の重視という州政府の新しい方針のこうした問題点については, ホームレス生活者の自助組織である Landesbetroffeneninitiative wohnungsloser Menschen Berlin のユルゲン・ディンヒャー氏 Herr Jürgen Dincher らとのインタビューにおいて指摘を受けた。州政府によるNPOへの補助金がカリタスやディアコニー等の大きな組織に潤沢に供給され, 小さな組織には回ってこないという同様の批判は, 路上新聞『*die strassenzeitung*』を発行しているホームレス生活者の自助組織である mobobdachlosen machen mobil のシュテファン・シュナイダー氏 Herr Stefan Schneider からも聞かれた。
37) LIGAに加盟しているのは, 先述した6つの大規模な民間福祉団体, すなわちカリタス, ディアコニー, 労働者福祉団, ドイツ赤十字, ユダヤ人中央福祉所, パリテーティッシュ福祉事業団である。ベルリンでは, カリタスとディアコニーがとくに大きな民間福祉団体である。LIGAに対しては。年間約800万マルクの補助金が州政府から支給されている。
38) 保護された部分市場のもつこうした問題点については, 前出の注36) でふれたユルゲン・ディンヒャー氏 Herr Jürgen Dincher らとのインタビューにおいて指摘された。
39) ホームレス生活者の滞在施設だけでなく, 貧困地区の小学校などにも食事を提供している「ベルリンの食卓」は, ドイツでは1993年にベルリンで初めて設立されて以降急速にドイツ全土に広がり, 2003年の段階では全国に320の支部をもつにいたったNPOである。これは, ニューヨーク市にあった「シティ・ハーベスト」というNPOにならって作られたものである。「ベルリンの食卓」は, ベルリン市内にある290の施設と10校の小学校に食事を提供している。政府からの補助金はいっさい受けておらず, もっぱら会費と寄付で資金を賄い, 会員のボランティア活動によって運営されている。
40) 「駅ミッション」については, 本編第1章の第3節を参照されたい。
41) ベルリン都市ミッションの活動は以下でもしばしば登場するが, 同ミッションの活動内容に関する以下の叙述は, 2001年6月にベルリンで行ったヴァルター=ユルゲン・ツ

ィーマー氏 Herr Walter-Jürgen Ziemer をはじめとする同ミッションの人々へのインタビューから得られた情報によるところが大きい。
42) ドイツで100年以上の伝統をもつ「駅ミッション」のホームレス生活者支援活動が，目下危機に直面している。というのも，ドイツ鉄道の社長であるハルトムート・メードルンが2001年10月に，ホームレス生活者や麻薬常習者への「駅ミッション」の支援活動を駅構内においてではなく駅から離れた場所で行ってもらうことを示唆したからである。この問題の推移については，本編第1章の第3節を参照されたい。
43) ちなみに，ここで紹介したベルリンにおけるホームレス生活者への医療支援活動は，ドイツ連邦政府が2001年6月にEUの欧州委員会に提出した「貧困ならびに社会的排除と闘うためのナショナル・アクション・プラン Nationaler Aktionsplan zur Bekämpfung von Armut und Sozialer Ausgrenzung」において，必要な医療を万人に提供するための「最良の実践」のひとつに数えあげられている［Bundesregierung, 2001, Anhang: best practices, S.10］。
44) 正確にいえば，5カ所の「住居プロジェクト」，1カ所の「住居共同体 Wohngemeinschaft」，そして1カ所の「グループ・ホーム Wohngruppe」を運営している。「住居プロジェクト」は入居者に対し基本的には個室1室からなる住居を提供するのに対して，後者の「住居共同体」や「グループ・ホーム」は，複数の部屋からなる1戸の住宅を複数の個人が分け合って住むという形態をとる。居住の形態が違うだけであって，社会住宅や通常の賃貸住宅へと移り住んでいく1歩手前のステップとして位置づけられていることに変わりはない。なお，これらのうち，ダンケルマン通り Danckelmannstraße におかれている住居プロジェクトは女性専用の施設である。
45) 「ノイケルン住居プロジェクト」についての以上の紹介は，ベルリン都市ミッションのホームページ（www.Berliner-Stadtmission.de）を参考にした。
46) 「段階を踏んだシステム」が潜在的に有しているこうした危険性に関しては，スウェーデンの事例を参考にしながらブッシュ＝ゲーアトゥゼマ氏が注意を促している［Busch-Geertsema, 2001, S.375ff.］。
47) 「第1労働市場」というドイツに特有の概念については，前出の注19)を参照されたい。
48) 補償金を受給する就労形態については，前出の注26)を参照されたい。
49) このプログラムのドイツ語名称（Hilfe zur Arbeit）は，連邦社会扶助法の18条から20条において規定されている「就労扶助 Hilfe zur Arbeit」と同一であるが，前者はあくまでニーダーザクセン州の独自のプログラムであり，連邦社会扶助法の「就労扶助」とは異なる制度である。したがって，前者のプログラム名にはあえて「就労支援」という訳語をあてた。
50) 欧州社会基金については，［小玉ほか，2003］の26頁以下を参照されたい。
51) この28.10マルクには，賃金としての16.80マルクのほか，職業訓練の指導員への報酬である6マルク，消耗品費としての4.30マルク，その他の間接的費用としての1マルクが含まれる。
52) 「第1労働市場」については，前出の注19)を参照されたい。

53）「第2労働市場」については，前出の注19）を参照されたい。
54）調査に際しては，州内の14の施設のうち12の施設のみが回答と協力を行い，これら12の施設で就労している292名のホームレス生活者や長期失業者に関するデータが集められた。
55）「第1労働市場」については，前出の注19）を参照されたい。
56）プログラムを修了しないうちに施設を去った事例のなかには，別の場所で仕事を見つけたケースが含まれている可能性があるので，必ずしもすべて否定的に評価されるべきではない。しかし，そうしたケースはかなり稀であろう。
57）ハノーファー大学の報告書では，以下のような中断理由が挙げられている：プログラムに対する過大な期待，作業グループ内での暴力，仕事から来るフラストレーションに耐えられない，仕事場での出来事に対する極端に感情的な反応，アルコールや薬物の服用，第1労働市場での就労に見込みがないと感じること［Bötel/Sandau, 2002, S.46］。
58）オルデンブルク市とヴィルヘルムスハーフェン市の就労支援プロジェクトに関する以下の叙述は，とくに断りがない限りすべて，著者らが2002年2月1日に両市にて行った現地調査，ならびに［Emke 1999］と［Diakonisches Werk Oldenburg, 2001］にもとづいている。現地調査に際してわれわれの訪問先を調整していただいたオルデンブルク市ディアコニーのペーター・スチュンカ氏 Herr Peter Szynka と同僚の皆さん，そして通訳者の丹後京子さんに，この場を借りて厚くお礼申し上げる。
59）作業場は，元ホームレス生活者向けの8名分とは別に，8名分の刑余者向け就労機会を提供している。
60）作業場で経験することのできる一連の仕事とは，電話での応対，家具の運送，家具の修理，家具の組み立て，倉庫での家具整理作業，顧客との相談と販売の業務，そして仕事の割り振りである。
61）ＭＥＬＢＡとは，「障害者の労働生活への参入のための指標特性 Merkmalprofile zur Eingliederung Leistungsgewandelter und Behinderter in Arbeit」の略号である。これは，連邦労働・社会秩序省がジーゲン大学のスタッフに委託して作成された，主として障害者の職業上の能力を比較・計測するためのシステムであり，障害者のみならず，就労するうえで何らかのハンディキャップを負っている人が第1労働市場または第2労働市場において自分に適した仕事を見つけやすくする目的で開発されたものだといわれている。指標には，「計画能力」「理解力」「学習能力」「問題解決能力」「実行力」「指導力」「批判力」「協調性」「持続力」「責任感」などといった項目が含まれており，いずれも5段階評価がされることになっている。詳しくは，MELBAのホームページ（http://www.melba.de）を参照されたい。
62）ヴィルヘルムスハーフェン市の就労支援プロジェクトに関する以下の叙述は，その大部分を，著者が2002年2月1日に現地で行った聞き取り調査の結果に負っている。
63）ＥＵが打ち出している社会保障政策と雇用政策の新しい方向性とその含意については［中村, 2002］と［小玉ほか, 2003, 第Ⅰ編］を，ドイツ連邦政府による雇用政策の最近の動向については［中村, 2003］を参照されたい。

【参考文献】

加藤雅彦ほか　1998：『事典　現代のドイツ』大修館書店。

小玉徹・中村健吾・都留民子・平川茂編著　2003：『欧米のホームレス問題（上）―実態と政策』法律文化社。

嵯峨嘉子　2000：「ドイツにおける家なしWohnungslose対策」第48回日本社会福祉学会（2000年11月4日）の自主企画シンポジウムでの報告。

庄谷怜子　1979：「西ドイツにおける貧困の1形態―Obdachloseの現状と意義(1)」『社会問題研究』29巻1・2合併号（通巻82号）。

庄谷怜子　1980：「西ドイツにおける貧困の1形態―Obdachloseの現状と意義(2)」『社会問題研究』29巻4号（通巻84号）。

武田公子　2003：『ドイツ自治体の行財政改革―分権化と経営主義化』法律文化社。

中村健吾　2001：「ドイツにおける『家なし人』の現状と支援策―ベルリン州を中心に」大阪市立大学経済学会編『経済学雑誌』102巻1号。

中村健吾　2002：「グローバリゼーションと地域統合の時代における社会政策の可能性」社会政策学会編『グローバリゼーションと社会政策』法律文化社。

中村健吾　2003：「ドイツにおける就労支援策」玉井金五・松本淳編著『都市失業問題への挑戦―自治体・行政の先進的取り組み』法律文化社。

布川日佐史編著　2002：『雇用政策と公的扶助の交錯―日独比較：公的扶助における稼働能力の活用を中心に』御茶の水書房。

BAG-WH (Bundesarbeitsgemeinschaft Wohnungslosenhilfe) 1991：Satzung, Bielefeld

BAG-WH 2001：Für eine bürger- und gemeindenahe Wohnungslosenhilfe: Grundsatzprogramm, Bielefeld

BAG-WH 2002：Pressemitteilung: Europäische Konferenz "Migration und Wohnungslosigkeit" findet am 8.November 2002 in Berlin statt, in: http://www.bag-wohnungslosenhilfe.de

BAG-WH 2003：Zahl der Wohnungslosen in Deutschland: Jahresschätzung der BAG W, in: http://www.bag-wohungslosenhilfe.de/fakten/1.phtml

Bötel,Christina/Sandau,Elke 2002：*Erfolgskontrolle für Maßnahmen zur Qualifizierung von Nichtsesshaften mit Mitteln des Landes und des Europäischen Sozialfonds,* Hannover

Bundesbtroffeneninitiative wohnungsloser Menschen e.V. 1995: Die Bundesbetroffeneninitiative, in: Ronald Rutz (Hg.), *Wohnunglose und ihre Helfer,*

Bielefeld

Bundesregierung 2001：*Naionaler Aktionsplan zur Bekämpfung von Armut und sozialer Ausgrenzung,* in: http://www.europa.eu.int/comm/employment_social/news/2001/jun/napsincl2001en.html

Bundesregierung 2003：Vorblatt zum Entwurf eines Gesetzes zur Einordnung des Sozialhilferechts in das Sozialgesetzbuch, in: http://www.bmgs.bund.de

Busch-Geertsema,Volker 2001：Beispielhafte Maßnahmen zur Bekämpfung der Wohnungslosigkeit in anderen Ländern der Europäischen Union, in: *NDV,* Heft 11/2001

Diakonisches Werk Hannover 1999：*Dokumentation zum Niedersächsischen Landesprogramm "Hilfe zur Arbeit",* Hannover

Diakonisches Werk Oldenburg 2001：Wohnungslosenhilfe Werkstatt Bäkeplacken（オルデンブルク市のディアコニーより入手）

Dincher, Jürgen 2003：Temporäres Wohnen, in: http://people.freenet.de/wohnenlernen

Emke, Rosemarie 1999：Theoretische Qualifizierung von Langzeitarbeitslosen als Aufgabe von Beschäftigungsprojekten（オルデンブルク市のディアコニーより入手）

Fachstelle für Wohnhilfen und Schuldnerberatung 2001，2002：*Jahresbericht "Zahlen, Daten, Fakten",* Flensburg

MASQT（Ministerium für Arbeit und Soziales, Qualifikation und Technologie des Landes Nordrhein-Westfalen）1996：*Förderkonzept: Wohnungslosigkeit vermeiden - dauerhaftes Wohnen sichern*

MASQT 2002：*Sozialagenturen - Hilfe aus einer Hand*

MASSKS（Ministerium für Arbeit, Soziales und Stadtentwicklung, Kultur und Sport des Landes Nordrhein-Westfalen）1999：*Zentrale Fachstellen zur Hilfe Wohnungsnotfällen：Ein Handbuch zur Umsetzung in den Kommunen*

MASSKS 2000：*Wohnungslosigkeit vermeiden - dauerhaftes Wohnen sichern: Dokumentation der Fachtagung vom 18.März 1999 zur Zwischenbilanz des Landesprogramms*

MGSFF（Ministerium für Gesundheit, Soziales, Frauen und Familie des Landes Nordrhein-Westfalen）2003：*Pressemitteilungen vom 28.01. 2003：Landesprogramm wirkt - weniger Menschen sind obdachlos*

Niedersächsisches Ministerium für Frauen, Arbeit und Soziales 2001：Richtlinie über die Gewährung von Zuwendungen zur Förderung der Qualifizierung von Nichtsesshaften mit Mitteln des Landes und des Europäischen Sozialfonds, in: *Nds.MBl.*, Nr.25/2001

Schenk,Liane 1998：*Wohnungslose und von Wohnungslosigkeit Bedrohte in Berlin: Eine Planungsstudie zur Vorbereitung und Einschätzung von beruflichen (Re-) Integrationsmaßnahmen (Endbericht)*, Berlin: INTERSOFIA

Stadt Bielefeld Dezernat V 2000：*Statistik Wohnungswesen*

Stadt Flensburg 1995：Konzeption zur Versorgung und Betreuung obdachloser und vorübergehend wohnungsloser Personen in Flensburg

Statistisches Bundesamt Deutschland 2003a：Arbeitsmarkt, in：http:www.destatis.de/jahrbuch/jahrtab13.htm

Statistisches Bundesamt Deutschland 2003b：Sozialhilfe, in：http:www.destatis.de/basis/d/solei/soleiq26.htm

Steinmeier, Frank-Walter 1992：*Bürger ohne Obdach*, Bielefeld

van der List, Jürgen 2002：Das Projekt "Konsequent aufsuchende Beratung" der Gebal GmbH in Kooperation mit der Fachstelle der Stadt Bielefeld, in：*wohnungslos*, Heft 4/2002, Bielefeld

Vaskovics,Laszlo/Weins,Werner 1979：Stand der Forschung über Obdachlose und Hilfen für Obdachlose: Bericht über "Stand der Forschung über soziale Randgruppen/Obdachlose" und "Hilfen für soziale Randgruppen/Obdachlose"

第III編
フ ラ ン ス

はじめに
――社会的緊急サービスから住宅保障への途とその課題――

　フランス編では，まず第1章において，自律的な生活が可能となる住宅を喪失した人・徘徊を余儀なくされた人や家族（「排除された極限的な人々 grands exclus」，「最も狭い意味のホームレス生活者：SDF au sens restreint」）への援助であるアウトリーチ活動と緊急宿泊施設の援助を叙述する。第2章では，宿泊だけでなくソーシャルワーカーたちによる継続的な同伴活動および見守り活動を義務とする長期宿泊の参入施設（CHRS など）の支援の実際と，参入支援施設・団体の連合組織の活動をみていく。そして第3章では，ホームレス問題の基本的な，かつ恒久的な解決策である住宅保障政策の実際について叙述する。すなわち，ホームレス生活者を含む住宅困窮者・世帯，住宅政策において不利をこうむっているという意味での「恵まれない人々」に対する，1990年のベソン法以降の具体的な政策展開を，県と市町村，非営利民間団体（アソシエーション）の活動においてみる。ベソン法は現在の「住宅の権利」を定式化した法であり，自治体による住宅保障プログラムの作成と実行，そして「公」と「民」の協同した住宅保障の方向を規定している。また，〈補論〉として，住宅困窮者・世帯への主要な供給住宅とされている社会賃貸住宅の政策の展開と課題を叙述する。

1）支援の複線化と参入プロセスの固定化

　フランスでは，本来は（1970年代までは），ホームレス生活者 sans-abri の「社会復帰 réadaptation」援助については，社会扶助宿泊施設での宿泊および付設作業所における職業訓練を経て，職業配置と社会住宅への入居という単線型の道筋が描かれていた。しかし，1980年代（または1970年代末）からの大量失業時代になると，失業や雇用の不安定化のせいで雇用（再）確保は直接的な目標からは遠ざかり，同時に失業から不安定化・「新しい貧困」さらには「排除」と重層化した問題構造が明らかになっていった。すなわち，従来のような所得

基準（貧困線）による貧困把握だけでなく，労働市場からの排除，住宅からの排除，そして家族や社会関係からの排除（社会的紐帯の切断）という貧困化のメカニズムが指摘されるようになった。そして，このメカニズムを主軸にして，学校教育からの脱落・低い職能，非行，アルコール・薬物依存，さらには1990年代後半の経済のグローバル化とボーダーレス化による政治難民および経済難民の流入が加わり，貧困状況の伝播と深化がみられることとなった。

　フランスのホームレス生活者は以上の問題性を合併した人々であり，その支援も単線的施策から，交差はしながらも複線化し，さらには拠点施策前後や中間にさまざまな「参入 insertion」施策が付け加わってきた。それは，社会扶助宿泊施設の前の緊急宿泊施設やアウトリーチ活動であり，社会扶助施設と社会住宅・一般住宅との中間に位置づけられる社会レジデンスなどの「一時的住宅」，さらには職業養成と一般的雇用との間に挿入される国庫補助雇用や「参入就労」などである。そして，「参入」は次に進むための「段階」であったものが固定的な「状況」になっているという［Castel,1995, pp.418-435］。つまり，究極的な解決への進行が滞り，行きどまるだけでなく，「すごろくゲーム」のように循環したり，前段階に戻されたりする状況も生じ，それがトラウマや人格の傷を深くしているとの指摘がある［Damon,2002］。参入プロセスの固定化の大きな背景（要因）のひとつとして挙げられるのは，斬新な諸施策が検討され実行に移されているにもかかわらず，社会住宅などの一般的住宅供給や住宅改善施策が問題を抱えているという点である。

2）支援の「質」の問題

　以上のフランスの状況から，数多くの施策・サービス，強固な支援体制があっても今日のホームレス問題の解決は困難である，あるいは不可能である，と結論してはならない。現在のホームレス支援施策の問題点を指摘する論者は，施策の「質」に関して問題点を指摘しているのである。とくに貧困に抗する拠点施策（雇用，住宅，社会保障）の改善・充実よりも，こまごまとした施策・サービスに傾斜して，問題の核心にいたらない施策について批判しているのである。端的にいえば，「どんな施策でもないよりもまし」とする安易な姿勢を批

判している。これが，フランスの事例からわれわれが引き出さなければならない教訓である。

　こうした問題点も指摘できるフランスの経験ではあるが，それ以前に，わが国のホームレス生活者支援方針（「自立支援特別措置法」や「ホームレスの自立の支援等に関する基本方針」）と決定的に異なる点は多々ある。まず，国家の責任が明確であり，それを土台に地方自治体，そして民間団体への「法的強制」または連携関係を築いていることである。3カ月居住の「救済地」のない者に対する宿泊扶助や参入支援を中心とした社会扶助は，1980年代初めの地方分権化以降も国家社会扶助であり，ホームレス生活者にとどまらない参入最低限所得（以下，RMIとする）手当などの社会的ミニマム（無拠出最低限所得）も全額国家負担であり，国庫補助雇用，さらに2000年以降の低所得層への疾病保険の無拠出加入・自己負担免除も国庫補助によるものである（普遍的疾病保障：CMU）。住宅領域では，とくに地方自治体との連携が重視されるようになっているが，それでも法による財政移転措置と規制がしかれており，地方への「ほうり投げ」とはなっていない。2002年に社会党政権から保守のラファラン政権となり，地方分権化の新段階として，RMI運営などを県へ移管する案も浮上しているが，それでも財政（財源）委譲により地方財政の圧迫の回避を約束せざるをえなくなっている。ともあれ，それぞれのサービスにおいて国家責任が貫かれている状況を本編の事例からみていただきたい。また，アソシエーションなどの民間団体は法規定の事業を運営する際には，国庫補助を受給する事業体組織を独立させているので，母体組織のほうは運動団体としての性格を堅持している。

　支援の実例において，次に注視していただきたいのは，わが国のように支援を野宿者に限定したり，その野宿者においても「自立の意思」による区分で施策を組みたて，「自立の意思がない」とみなされた人々，すなわち問題の重層・合併した人々を公然と放置したりするような方向はまったくみられないことである。

3）生活の安定が前提にある雇用確保の支援

　あらかじめお断りしておきたいが，フランス編では雇用確保の支援について

は独立した章または節を立てて叙述していない。著者たちは，困難な問題状況を抱える失業者を援助する雇用関連アソシエーション（労働者派遣の「仲介的アソシエーション（AI）」やレストランを経営する「参入支援企業（EI）」，そしてパリを含むイル＝ド＝フランス地方参入支援企業連合会など）においてもヒアリングを行い，その一部を上巻で紹介している。そこで述べたように，いずれの団体・組織も住宅問題の（一定の）解決あるいは解決の見通しがなければ雇用確保は困難である，と強調した。実際，「受給者」（国庫補助などを受給し就労している人々）は，ベッドを提供するだけの緊急宿泊施設ではなく，少なくとも長期にわたるソーシャルワーカーによる社会的同伴活動・参入援助のある社会扶助・参入宿泊施設（CHRS），一般住宅入居を待機するための居住施設「社会レジデンス」（建物形態はアパートなどであり，独立かつ自律した生活が営め，居住者は住宅手当も受給できるが，法的には「住宅」でなく居住施設）での居住者であった。居住保障が前提であり，次に失業扶助やRMIまたは障害者手当（AAH），ひとり親手当（API）などの社会的ミニマム（無拠出最低限所得）・社会給付による所得保障が優先され（そして疾病保険の加入も），わが国のように「まずは就労支援（または就労保障）」にはなっていない。この状況については，本編第1，2章の施設滞在者への援助事例をお読みいただきたい。居住・宿泊施設の滞在者が，どのような同伴活動を受けながら補助雇用または一般雇用を（再）確保しているのか，または何が障害となって雇用を確保できないのかがわかると思う。緊急施設でも雇用オリエンテーションが行われているが，それは雇用の権利などの説明・講習会などであり，求職活動を求めてはいない。

　なお，宿泊施設では薬物依存者やHIV感染者などが，職業紹介所に障害労働者として求職者（失業者）登録を行う旨が出てくるが，フランスでは障害者（この概念も広い）も「稼働能力のない者」とはみておらず，彼らへの国庫補助雇用や社会扶助・就労センターなども用意されている。そして，障害労働者と認定されるならば，稼働収入に加え障害者最低限手当によって法定最低賃金を上回る収入を確保できるために，障害者の認定と求職登録が重要になっているのである［都留,2000,117頁］。

　ともあれ，職業紹介所や地域の雇用関連機関における，住宅問題などとくに

困難な状況にある失業者への援助施策・個別援助の内容については，本書の上巻の第Ⅳ編第4章で叙述しているので，合わせてお読みいただきたい。

　繰り返すが，わが国において鳴り物入りで設置された路上生活者への自立支援センターのような，「自立」イコール就労とみなして就労の意思や求職活動を前提とした宿泊（施設）・生活保護の認定は，フランスではまったくみられない。

第1章 社会的緊急性に応えた活動

　本章で叙述する援助活動は，わが国でいえば路上生活者支援活動に相当する。住居喪失の予防施策の広がりにもかかわらず，その援助の機能不全や「穴」から取り落とされたホームレス生活者（SDF）への策であり，「排除された極限的な人々 grands exclus」または「極貧者 plus démunis」を対象とする「社会的緊急性に応えた活動」である。

1　社会福祉緊急サービス SAMU-social

　社会福祉緊急援助サービス（以下，SAMU-social サミュ ソシアル とする）は1993年11月にパリで発足したが，2002年末現在，全国39都市において66組織が活動に従事している（全国社会福祉緊急援助サービス連合会 Fédération Nationale des SAMU-sociauxの2002年報告書）。SAMU-social の名称と援助は，各県の中央病院が行っている救急車と無線網による緊急医療援助サービス Service d'aide médicale urgence（SAMU）にならったもので，SAMU に「社会福祉の social」をつけて，住居はもとより宿泊場所もないホームレス生活者を対象とした緊急援助とされた。ただし SAMU-social は，公設公営の SAMU とは異なり，その責任者と運営組織は各地のイニシアティブ組織を反映して多彩である。最多の組織はフランス赤十字社の地域支部のホームレス生活者援助チーム（41チームがある）で，援助者数は3万人近い。その他では医療共済組合県連合，アソシエーション，病院，そして市行政や福祉事務所が運営主体のチームもある。財源も，国の出先機関である県保健・福祉局（DDASS）による国庫補助[2]，組織の自己基金（「赤十字」や共済組合の場合），自治体（県，市町村）による。

　共通の援助は，夜間のアウトリーチ・宿泊施設誘導サービス（大都市では日中も活動），無料電話（115番）による宿泊施設案内や保健・社会福祉サービスの申

第1章　社会的緊急性に応えた活動　161

請手続きの援助等である。

　SAMU-socialの「極限的に排除された人々」「最も困難を抱えるホームレス生活者」を対象とするという援助理念，そして今まで述べたような援助方法は，「パリSAMU-social」の創設者であるドクター・エマニュエリX.Emmanuelliの指導力と政治力をもって広がっていった。彼は現在も「パリSAMU-social」のトップにあり，「全国SAMU-sociaux連合」，そして世界各地にSAMU-social活動の拡大の意図をもつ「インターナショナルSAMU-sociaux」も創設し，いずれの組織でも一貫して長を務めている。ドクター・エマニュエリは，かつてはホームレス生活者収容施設「ナンテールの家」（本書の上巻211頁参照）の所長を務め，「国境なき医師団」の創設者のひとりであり，1994年から97年にはジュペ保守内閣の人道援助閣外大臣であった。シラク現大統領が1995年の大統領選において，貧困・排除問題を「社会の亀裂」として最重要の政治課題として訴えたのも，ドクター・エマニュエリの影響と聞く。[3]　また，「パリSAMU-social」において，エマニュエリに続くナンバー2の地位にあったヴェルシニ女史D.Versiniは，2002年5月に社会党政権から代わったラファラン保守政権において社会・労働・連帯省付き不安定就労・排除対策閣外大臣に就任しており，「極限的な排除」対策が施策の中心的位置を占めるものと思われる。

　人道的アソシエーションでは，そして貧困研究者の中にも，エマニュエリ，そしてSAMU-socialの援助に疑問，懸念を呈する人が多いことも付け加えておく。彼らの批判点は，一般的社会保障・社会政策の拡大ではなく，極貧者や「最も困難な者」のみに特化し焦点をしぼる政策への批判である。現実の「極限的な排除された者」への援助は不可欠だが，予防を重視せず結果のみに対処する活動の限界を指摘している。[4]

2　「パリSAMU-social」の活動

　1993年に創設された「パリSAMU-social」組織[5]は，民間アソシエーションではなく，公私協同運営の公共利益団体（GIP）であり，直接雇用の職員とと

写真Ⅲ-1 パリ SAMU-social 本部の建物。内部には宿泊施設電話サービス、レストラン、簡単な医療サービスなどの部局がある。広大な敷地内には、「日中の相談所」、絵画教室、カフェなどの棟もある。

もに国鉄などの公企業や公立病院からの出向者, さらに失業対策の補助雇用職員や医師26人を含む総勢326人からなる大組織である。ボランティアの参加も少なくないが, 中心的な援助者ではない。組織は以下の7部局(人数は担当職員数)から構成されている。以下の組織および活動内容は, 著者たちのヒアリング(2000年12月)と活動報告書2001年版［S.S.P, 2002］による。

1．地域活動サービス部
　　　－アウトリーチ・チーム
　　　　（EMA）：56人（看護師を含む）
　　－連帯参入のためのサービス「庭園の館」：10人
　　－緊急宿泊施設2カ所：74人（36人, 38人——医療職員を含む）
　　－社会福祉と医療の横断連携サービス
2．緊急フリー115番電話サービス：38人
3．医療サービス部
　　－アウトリーチ・チーム（EMA）の看護師チーム
　　－連帯参入の場「庭園の館」での医療相談チーム
　　－緊急宿泊施設での医療サービス
　　－緊急医療看護宿泊施設（CHUSI）3カ所：92人（24人, 13人, 55人）
　　－結核および極限的排除対策委員会
4．社会心理援助アウトリーチ・チーム（ソーシャルワーカーを中心に, 精神科医, 精神科看護師, 一般的行政担当者, 医療行政ワーカー, 運転手）
5．観測・受給者研究部 Observatoire
6．外部機関・サービスとの連絡調整部
7．事務局

1）アウトリーチ活動と緊急フリー115番サービス

　アウトリーチ活動は，ソーシャルワーカー・看護師・運転手によるチームによって，365日連日行われる。夜間は通常7チームが活動している。21時から22時半までは115番電話のSOS（本人または第三者・カフェ・レストランなどからの要請）を待機し，自分で宿泊施設に出向ける人には住所を示すにとどめるが，健康問題を抱えていたり交通費をもたないような人々にはワゴン車（ミニ・バス―上巻において写真掲載）が出動して誘導する。22時半から翌朝5時までは，市内を4分割した担当地域をそれぞれ1チームが巡回して宿泊施設に赴くように説得する。他の1チームは全域を網羅して巡回するが，地域を担当する4チームから子どもを抱えた家族，健康問題など早急な対応が必要な人々が通報された場合に，その地点に駆けつける。残り2チームは115番に対処するための控えのチームである。日中は，2チームが115番電話に対処するために待機している。

　冬季にはアウトリーチ活動が強化され，最大14チームが動員される（パリ県の冬季緊急宿泊プログラム：ATLAS（アトラス）の一環）。

　115番フリー電話サービス（通称「緑の電話番号」）は，365日24時間体制の宿泊施設案内である。常時30人近い担当者が，コンピューターのネットワークでその夜に空きのある宿泊施設を確認して，要請者に施設を知らせる。前述のように，地理に明るくない，または電車賃のない人や疾病・困難を抱えている人々にはワゴン車を派遣する。電話サービスは，公共看板，メディア，口コミによって新参の外国人にも「よく知られている」。

　パリSAMU-socialの観測・研究部Observatoireによる，115番電話を通じた要請者とアウトリーチ活動で援助した人々についての分析をみてみよう［ibid.,

写真Ⅲ-2　パリSAMU-socialの宿泊施設情報サービス室。フリー115番をかけたホームレス生活者に対し，30人ほどの担当員がその夜空き室のある宿泊施設を知らせる。

pp.162-166]。115番に自ら電話した人は，2000年で2万9341人（匿名性を尊重しファーストネームまたは記号化して確認しているので延べ人数ではないが，重複もある）。72％が男性，17.5％が女性，子どもが10.5％であり，子どもを除く平均年齢は33.3歳である。前年から女性の数が18％増し，子どもをもつ家族の数も倍化している。女性の増加の背景にはとくに，家族問題（夫の暴力，または近親相姦），地方出身（開放的な生活へのあこがれ，売春行為，夫の死などにともなう収入の顕著な減少が誘引）などの要因があるとみられている。女性の場合は身なりや衛生状況にきわめて敏感であり，宿泊後は自らの権利（参入最低限所得：RMI，普遍的疾病保障：CMU，子どもがいる場合には児童養護：AME）の申請も行う。最近の顕著な変化は，女性の増加と東欧やサハラ以南アフリカからの難民，フランスと難民協定のない国々（スリランカなど）からの政治難民や経済難民とその家族の増加である。青年層においても外国人（両親に伴われてきた青年，または家族との絆が切断した単身者）の増加が目立つ。現在，パリを中心にしてフランスに外国人難民が流入している状況については［本間，2001］を参照していただきたい。なお，冬季だけでなく夏季も電話件数は減少しないが，それは難民の絶え間ない流入と，もうひとつは，南仏の観光地を中心に物乞い禁止条例が施行されたために，ホームレス生活者が移動しなくなったからという。

　ともあれ，外国人を含むホームレス生活者が宿泊場所を求める電話総数は1997年2万1533人，99年2万745人，そして2001年も3万1718人と増加し続けている。2000年までの3年間における58万1426件のうち53万1450件が緊急宿泊施設（CHUS）または緊急医療看護宿泊施設（CHUSI）に宿泊し，残りは借り上げたホテルなどでの宿泊となった［ibid., p.70］。

　アウトリーチ活動で遭遇する人々は援助を求めない人々であり，彼らの状況は電話での要請者よりも深刻である。人間関係の拒否などの脱社会的傾向，精神疾患，薬物やアルコールなどの依存傾向も示している。チームが路上や公共施設で深夜コンタクトをとった人々は，1998〜2001年の3年間で7300人（男性82％，女性18％。平均年齢37歳）にものぼっている。たしかに，彼らのなかで社会福祉の申請書類を作成した人は737人，精神保健福祉書類については191人，医療申請書類（病理，皮膚病，外傷など）についても2038人が作成したが，他方，説

第1章 社会的緊急性に応えた活動　165

得しても宿泊さえ拒否した人は575人を数える。観測部では，現在「恒常的」に路上において安否の確認と定期的な見守りが必要な人々は，パリ市全域で650人とみている。彼らは，昼間は物乞いや新聞売りなどをして，食事は無料食料配給所や「受け入れ相談所」でとり，夜は115番電話をせず，気が向けば自分で既知の宿泊施設または安ホテルに出向いている。こうした路上生活者に対して，アウトリーチ・チームはタバコやコーヒーや食事，冬季には寝袋と断熱シートを提供する [ibid., pp.11-22]。

2）緊急宿泊施設「緑の扉」

　電話サービス，アウトリーチ活動による宿泊誘導は，パリ市全域と郊外の緊急施設を活用しているが，「パリ SAMU-social」自身も，パリ市東部と郊外市に2カ所の緊急宿泊施設と3カ所の緊急医療看護宿泊施設を運営している。そのひとつである，パリ市に隣接するモンルージュ市にある緊急宿泊施設「緑の扉」は，男性棟（85床）と女性棟（25床）の2棟からなる。1部屋は最小で2ベッドであるが，男性棟には16ベッドの大部屋もある。毎夜18時に宿泊の受付を始め，20時から0時半までが入所時間である。夕食はこの時間帯で随時とる。朝食は10時半までで，8時から12時までは社会福祉カウンセラーと面接するか，9時から12時までの医療検診を受ける。その他のサービスは，サロンでの休息・会話，必要な場合は精神保健福祉上の検診（看護師），婦人科検診（週1回），精神分析検診（週1回），法律相談（週1回），衛生（入浴，寄生虫対処，新しい下着の支給など），寄付された洋服の支給などである。緊急施設からは2週間程度で社会的参入を図る施設につなぐとされているが，次のケースのように，近い将来に参入の見通しのない人々，施設から施設をわたり歩く人々（「宿泊者 hébergé」と呼称されている）が滞留している [ibid.,

写真Ⅲ-3　パリ SAMU-social の医療スタッフ（白衣の3人，パリ市の公立病院からの出向者）。簡単な治療を施している。

pp.31-42]。

　A：男性で39歳。参入最低限所得（RMI）を受給。緊急施設で4年間宿泊。アルコール依存と重い病理を抱え，定期的治療が必要だが，今後の計画（身分証明書・疾病保険:CMU・障害者手当などの申請）はほとんど立たない。日中もほとんど施設で過ごしている。

　B：男性で36歳。RMIを受給。麻薬中毒。6年間施設宿泊。かつてはカップルで，キャラバン（生活設備のある大型ワゴン車）で生活していたが，移動はなし。緊急援助施策のすべてを，その限界を含めて知っているが，施設暮らしを続けている。

　C：女性で39歳。RMIを受給。5年間施設暮らし。麻薬中毒。子どもたちは母親の家にいるが，母親との関係はまったくない。どのような将来計画も立たず，カウンセラーにも何も話さない。しかし施設ではまったく問題なく「快適」に生活。

　D：男性で54歳。障害者最低限手当（AAH）を受給。6年間施設暮らし。アルコール依存で脱社会的傾向が顕著である。路上生活に慣れ，施設でもおとなしい。施設生活に依存し，どのような計画も失敗に帰している。

　E：女性で39歳。外国国籍で無収入。犬を同伴。フランスでの11年間のうち2年は施設暮らし。男性との別離で精神的に不安定。カウンセラーの援助で，労働許可のある滞在許可書を得て職業紹介所にも求職者登録したが，施設生活をやめる意思はない。

　F：女性で30歳（推定）。RMIを受給。4年間施設宿泊だが，職員とは一切口をきかない。時どき他の施設で宿泊しているようだが，最近は毎晩115番に電話をし，当施設で宿泊している。

3）連帯-参入のためのセンター「庭園の館」

　緊急施設宿泊の固定に抗して，緊急施設の不十分なサービスを補い社会参入の第1歩を踏み出させるために1997年に開設されたのが，「日中の受け入れaccueil du jour」施設としての「庭園の館」である。その役割として，第1には傾聴・カウンセリングなどの同伴活動を実行する。カフェでの談笑やゲーム，作業（木工・絵画制作），料理や菓子作りに参加を促し，懇親的雰囲気を培い，信頼できる人間関係を形成させる。第2は衛生活動で，定期的なシャワーと散

髪，清潔な衣服などによって，清潔さが快適であるという感情と衛生維持の習慣とを取り戻させるための援助である。第3は健康のための活動で，主として不法滞在外国人など疾病保険の権利のない人に対する医師と看護師による医療の提供である（費用負担は国家医療扶助）。以上の3つの活動には，ソーシャルワーカー，カウンセラー，作業療法士，医師，看護師などの11人の職員，そして15人の学生ボランティアが携わっている。

3つの活動と平行して，RMIや疾病保険など諸権利の申請援助，住宅や雇用確保という欲求を培い，希望実現の手順を説明する住宅講習会アトリエ，雇用講習会アトリエも週3回行っている。しかし，こうした支援は雇用など目にみえる成果をあげることをめざしているのではない（実際それは不可能である）。緊急施設の目標はむしろ，「宿泊者」に自らの権利を知らせながら生きる意欲を取り戻させることにあるという［ibid., pp.23-36］。

3　国鉄の連帯委員会 Mission Solidarité

ホームレス生活者の社会的緊急性に応えた活動を実行しているのは，専門組織や団体だけではない。国鉄，各地の公共交通公社，そしてフランス・ガス・電力公社などの公共サービス企業も業務の一環としてホームレス生活者援助に携わるようになっている。そのひとつとして，1993年に組織された国鉄の連帯委員会 SNCF－Mission Solidarité[6]の活動をみる。

国鉄が連帯委員会を組織したのは，「パリ SAMU-social」創設と同じく1993年であった。この年，失業者は300万人を超し，貧困・排除問題が最大の社会問題としてフランス人の不安を駆きたてていた。そして，国鉄の駅とその周辺，列車においても失業・貧困の与える影響，そして従来の社会施策がそれに対処できていないという現実に，職員が日々直面していた。なかでも仕事がなく徘徊する人々や物乞いの出現とその顕著な増加は，駅の環境整備（顧客への安全，静かさ，清潔さの保障）にとって猶予できない事態となり，企業全体として直接対策に取り組む必要性を痛感させたのである［Damon,1993］。そして，結成に向けた論議のなかで，公共サービスとして社会問題の防波堤となること，ホーム

レス生活者 sans-abri への連帯行為では「彼らが駅で暮らしていたような生活スタイルから脱出」[SNCF, 1999, p.7] できるようにする援助がめざされることになった。[7]

連帯委員会の財源は，国鉄の自己財源と民間福祉のためのフランス財団 Fondation de France の助成による国鉄連帯基金である。

連帯委員会のホームレス生活者支援活動は地域ごとの特色をもつが，行政当局（とくに県保健福祉局：DDASS）とアソシエーションをパートナーとして実行されている。共通する活動内容は以下のとおりである。

1．各都市の SAMU-social への職員派遣（出向）。
2．駅およびその周辺地域で活動する「路上援助チーム」による，日中および夜間の巡回活動。独自チームだけでなく，地域の複数の人道的アソシエーションや慈善団体と連携して行動。駅構内と周辺での麻薬・薬物売買の取り締まり，依存者へのアプローチと援助，売春や非行の予防などの特別チームもある。
3．駅周辺または国鉄宿舎における難民施設を含む緊急宿泊施設，および「日中の受け入れ相談所」の設置。宿泊施設の財源は連帯基金と公的補助であるが，管理・運営はアソシエーションに委託。
4．参入支援では，とくに雇用確保支援に取り組み，職業的参入として職業計画の作成のためのオリエンテーションと同伴活動（能力評価，履歴書の作成，職能を形成するための職業教育アトリエ，見守り活動）。

以下の活動内容は，連帯委員会の活動報告書：Action Solidarité SNCF-Analyses et Initiatives の1999年版と2001年版，および著者たちのインタビュー（2000年4月）にもとづく。

1）パリ–リヨン駅の事例

1995年に2つのアソシエーションとともに，駅構内にホームレス生活者の「受け入れ相談所」を，そして近隣に2つのセンター local を設置した。ひとつのセンターは，9人からなる路上援助チームの拠点とし，恒常的にソーシャルワーカーが傾聴，対話，相談に携わり，続いて宿泊施設へ誘導することにし

た。これを契機に，連帯基金によって地域に3カ所（総定員数60人）の緊急宿泊施設を設置し，プロテスタント社会福祉アソシエーション（ACP）に運営を委託している。第2のセンターもアソシエーションHに運営委託され，シャワーによる衛生の保持，衣類や食事の提供，そして週2日は医師によって診察が行われている。アソシエーションの援助はとくに，身分証明書とRMIの申請，郵便物の受け取りのための住所登録，生活設計を助けるための活動（絵画制作などのアトリエ，スポーツ活動，識字教育アトリエなど），雇用（再）確保計画を作成するための職業オリエンテーション・能力評価と同伴活動，さらに職業参入支援アソシエーションとの連携による職業教育の提供，そして補助雇用を確保した人々には後戻りしないための見守り活動 suivi も行っている。

　リヨン駅は，南仏とイタリアにつながる鉄道網の中心駅であり，外国人の乗降も非常に多い。同じく多くの外国人が交差するパリ・北駅と東駅とともに，1912年以来駅での援助活動を展開しているアソシエーション ARFOG（元来は駅で売春婦への援助を行っていたが，第1次および第2次世界大戦，そしてアルジェリア戦争後の引揚者援助で活躍した団体）と協定を結び，3つの駅で「旅行者SOS―連帯受け入れ所」を開設することにした。ARFOG 所属の6人のボランティア・チームが窓口になって月曜から金曜日の9時から19時まで，問題を抱えている人々の受け入れ，相談，援助に携わっている。リヨン駅の職員たち，また情報提供サービス員として就労している補助雇用（「青年－雇用」プログラム）の青年たちは，一時的に困難に遭遇した旅行者（証明書や荷物の紛失または盗難，道に迷った，あるいは疲れた旅行者），その他の駅利用者（ホームレス生活者，徘徊者，貧困者，「道を踏み外し転落した人々」－売春婦・夫など）を，「旅行者SOS」の相談所に誘導している。そこでは，情報提供（警察，都市交通サービスなどの情報），単純な援助（住所・電話探し，駅の同伴活動，休息，相談など）から特別援助（今後についての相談，状況を検討した後のニーズに対応できるサービスや諸組織との連絡調整）までが行われている。こうした援助のために，「旅行者SOS」では駅当局，多様な社会福祉サービス，行政サービス，大使館と領事館，そして関連アソシエーション，社会福祉および宿泊施設との連絡網を築いている［SNCF, 1999, pp.113-121；2001, pp.105-108］。

2） マルセイユーサン=シャルル駅の連帯委員会の事例

1995年3月，サン=シャルル駅管轄の連帯委員会は「路上チーム」を結成し，同時に駅に「受け入れ相談所」を開設してソーシャルワーカーを配置した。チームは，まず駅とその周辺で徘徊している人々と面接し，受け入れ施設，宿泊施設，参入支援施設を紹介して，駅での定住を回避させるようにした。チームは駅では週2日（水曜日，金曜日）の定期的活動，他の日には必要があれば駆けつける態勢をとっている。また水曜日と金曜日以外では，中心街で援助活動に従事している。チームの役割は次の3点である。

① 近隣活動。国鉄の収用地での問題を抱えた人々との出会い。
② 監督，確認，見守り。サン=シャルル駅で徘徊している人々を確認し，調査を行い，彼らの生活方法や要求の性格を把握すること。
③ 行政サービスや手続きの情報提供と紹介の活動。マルセイユの保健および社会福祉セクターの援助者（公私の施設，あるいは慈善アソシエーション）とのパートナー関係の形成。

毎月，連帯委員会と路上チームは協議を通じて活動の結果を検討するとともに，活動を調整し，施設の必要性に対応する活動を展開する。路上チームの援助は，駅地域の状況，そして駅での徘徊生活の状況を把握した。同時に，スクワットをなくす多くの活動も実行された。1996年にはサン=シャルル駅での日中の一時的受け入れ施設を設ける計画が作成されたが，近隣住民の強い反対で実行は断念された［SNCF, 1999, pp.64-68；2001, p.64］。

元連帯委員会の牽引者のひとりであったJ.ダモン氏（現家族手当金庫：CNAF研究者）は著者たちに，国鉄駅は外国人がフランスに降り立つ第1歩の場であり，昔から国鉄は，戦争または植民地からの帰国者，田舎から都市に職探しで流入した人々，困難な外国人を受け入れてきたので，ホームレス生活者等困難な問題を抱えた人々への援助は公企業として当然の活動であり，何ら違和感はないと，返答された。

第2章　宿泊施設 hébergement

1　アソシエーション―シテ・カトリック救済会

　シテ・カトリック救済会 Cités du Secours Catholique は，1990年にフランス最大の貧困者援助・人道的アソシエーションであるカトリック救済会から独立した社会福祉施設アソシエーションであり，ホームレス生活者に対する宿泊施設だけでなく，障害児や母子施設など現在12施設を運営している。カトリック救済会からは独立したが（シテ・アソシエーションの全収入中カトリック救済会の補助は4％），カトリック救済会とは同一の理念をもち，日常的に職員の研修・教育，活動のノウハウの交流・調整をとっている。

　シテとは，団地や集合住宅地域をさすが，カトリック救済会では「施設」の意味で使用している。

1）シテ・サン=マルタン施設組織

　シテ・サン=マルタンは，シテ・カトリック救済会では1986年に設立された新しい施設であるが，5つの社会参入宿泊施設（CHRS）（2ヵ所がパリ市内，1ヵ所はパリ郊外，残り2ヵ所は地方）のなかでも最大の施設組織であり，多彩な宿泊形態，そして「よく組織された」サービスをもって知られている。

　組織内容と援助の具体的事例を，2000年9月の著者のヒアリングと2001年版活動報告［C.S.M., 2002］から紹介する。本部と主要な施設は

写真Ⅲ-4　シテ・サン=マルタン施設組織の本部の建物。賛同者からの遺贈物の寄付であり，パリ市の歴史的建造物に指定されている（中央にその旨を刻んだ石版）。内部，そして周囲の棟も宿泊施設などになっている。

パリ市のバスチーユ広場近くに位置するが、周辺または他区での借り上げホテルやアパート、さらに居住施設であるレジデンスも運営する施設共同体である。[11] 財政規模は2001年で460万ユーロ（5億7500万円）であり、財源の内訳は国庫86.0％、家族手当金庫3.6％、カトリック救済会3.2％、パリ県保健福祉局2.7％、疾病保険金庫2.0％、その他（地域圏保健福祉局、民間のフランス財団、そして滞在者の費用負担など）2.5％となっている［ibid., p.3］。

まず、ホームレス生活者（国家社会扶助が対象とする3ヵ月間の居住証明のない「救済地のない人」）の、県認可施設への入所・滞在の認定について簡単に説明する。2001年7月3日デクレによって、従来は県における国の出先機関の責任者（県知事）にあった認定権限が、以降は施設長 directeur へと移った。ただし、緊急宿泊施設では以前から空きがあれば自動的に認定していた。それでも施設は宿泊者1人ひとりについて国（県における厚生省の出先機関である県保健福祉局）によって財政援助の認定を受けなければならず、認定および監査は非常に厳しい。規定外の不適切な宿泊者がいる場合や不適切な処遇を行っている施設、逆に空きがあるにもかかわらず滞在拒否が発覚した場合には、補助金停止・返還などの措置がとられてきた。なお、法外・未認可のサービス（シテ・サン=マルタンの場合は託児所など家族支援サービス）では、関連の社会機関（家族手当金庫など）と契約を結び補助金を受給している。公的そして社会的援助を受給するための事務作業は長大なものになっており、事務部門の役割は非常に大きい。

シテ・サン=マルタンの宿泊組織としては大きく4部門に分かれ、加えて4部門全体にかかわる横断的サービス部門から構成されている（図表Ⅲ-2-1）。

〈「緊急宿泊部門」のサービス〉

第1の宿泊部門は「緊急宿泊部門」であり、その役割はホームレス生活者の宿泊と状況把握とされ、8人のソーシャルワーカーと5人のボランティアが配置されている。2つの施設があり、ひとつは「緊急社会福祉ホテル」（社会福祉ホテル Hôtel social とは法的名称ではないが、宿泊目的の社会福祉施設に頻繁に使われている）であり、集合的施設において単身者28人、借り上げた一般ホテルの部屋で6家族を宿泊させている。その夜の宿泊場所もない人々を対象として、ベッド

図表III-2-1　シテ・サン=マルタンの宿泊組織の概要（滞在期間別分類）

		定員[1]	ロケーション	宿泊形態	滞在期間	入所認定
			緊急対応宿泊			
A	緊急社会福祉ホテル					
	単身者	28	本部・施設	集合生活	1週間	空きがあれば即
	家族	6（家族）	借り上げホテル	個室	2週間	空きがあれば即
B	社会同伴宿泊部門（単身）	70	借り上げホテル	個室	3週間〜1カ月	空きがあれば即
	予備	6	借り上げホテル	個室		
			短期滞在			
A	単身者宿泊施設	20	本部・施設	集合生活	3週間	空きがあれば即
C	家族・健康宿泊部門					
	家族短期施設	42	本部・施設	集合生活	6〜10週間	空きがあれば即
			中期滞在			
B	社会同伴宿泊部門					
	住宅手当付き宿泊（単身）	30	借り上げホテル	個室	6〜8カ月（更新可）	緊急サービス後
C	家族・健康サービス					
	家族用レジデンス	16家族(60)	4区の専用建物	個別住居	1〜2年	委員会認定[2]
	HIV感染者・家族宿泊	8	本部・施設	集合生活	10カ月	委員会認定
D	ヴィラージュ					
	麻薬依存者宿泊（住宅手当付）	30	借り上げホテル	個室	6カ月から1年	委員会認定
			長期滞在			
D	ヴィラージュ					
	治療付きアパート（単身・家族）	16	分散したアパート	個別住居	1〜2年（更新可）	委員会認定
	HIV感染家族宿泊（受託事業）[3]	18	分散したアパート	個別住宅	同伴活動4カ月	県保健福祉局認定

注：1）単位は人　2）シテ・サン=マルタンの認定委員会　3）ソーシャルワーカーの同伴活動のみ受託
出所：［Cité Saint Martin, 2002, p.1］一部修正

（部屋）の空きがあれば，フリー電話による本人の申請，または他の公私団体からの要請をもって即入所とする。もうひとつは「単身者宿泊施設」であり，男女の単身者20人，原則滞在3週間のなかで簡単な参入（雇用と健康）のオリエンテーションも行う。緊急宿泊の利用者にも外国人が急増し，「社会福祉ホテル」では2001年には成人920人，子ども213人が宿泊したが，EU外の外国人が55％に達した［ibid., p.15］。

〈「社会同伴宿泊部門」のサービス〉

　第2部門は，パリ市内のホテル（複数）の借り上げた部屋でのソーシャルワーク（同伴活動）付きの宿泊援助である。担当のソーシャルワーカーは7人である。ひとつの施設では，単身者70人を借り上げたホテルで宿泊させ，滞在3週間のうちに緊急事態から脱出させるための援助を行う。もうひとつは，同じく単身者を借り上げたホテルにおいて6カ月から8カ月滞在させるが，滞在者は家族手当金庫からの住宅手当（ALT）を受給し，「準居住者」の地位を得ている。緊急状況を抜け出せた人が宿泊し，一般住宅入居または雇用の確保に向けた具体的な参入・自立計画が作成され，援助が開始される。

●社会同伴宿泊サービスの単身者の事例［ibid., pp.26-27］

　マダムAは，2001年10月に入所した。母親の家で11歳の息子と暮らしていたが，母親はクレジット・カードによる負債を抱え，娘に売春を強いるようになった。また，売春だけでなく5年間麻薬に依存していた。2001年7～8月に家族でアルジェリアにバカンスに出かけたが，マダムAが売春も麻薬もやめることを決意したために母娘関係は悪化し，マダムAは帰仏後に母親宅から追い出された。彼女は友人宅に寄宿し，売春婦を救済するアソシエーションに相談に訪れた。アソシエーションの紹介で，シテ・サン＝マルタンへの入所となった。

　マダムAは大変内向的で，控えめで，自信がなく，孤立して誰も自分を愛してくれないし助けてくれないと思っている。彼女は他人に気をつかい，そして規則も尊重する人物である。「自分も他の人と同じように生活したい」と述べ，ワーカーと社会的参入計画を立てた。同伴活動のなかで，すべての行政手続き――住所選定 domiciliation，参入最低限所得（RMI）と疾病保険（CMU）の申請，失業手当の登録，職業紹介所の職業カウンセラーとのコンタクトなど――を行った。ワーカーは彼女に情報を提供し，モラル上の支援をし，心理的な見守りを行うことにした。シテの臨床心理士は面接-セラピーも継続して，強いトラウマの解消を図った。とくに母親が売春を強制したこと，息子との別離の影響は顕著である。われわれは母親に接触し，息子を児童福祉サービスに委ねるように説いたが，拒否された。娘が子どもとコンタクトをとることも拒否した。

　その後，彼女の精神状況が落ち着いたので他の施設（アソシエーションXの社会参入施設：CHRS）に移させたが，それは彼女を混乱させ，非常に意気消沈させた。そこでサン＝マルタンの社会的同伴サービスを継続することにし，アソシエーショ

ンXと協同態勢をとった。他の滞在者との人間関係を創ること，職業的参入計画を作成することを確認した。そして，2002年1月半ばには，2カ月の職業養成講習も受け始めた。CHRSでは友人もでき，将来は暗いばかりではないと思い始めている。残された課題は，息子との関係である。

写真Ⅲ-5　シテ・サン=マルタン施設組織の本部にある「家族短期施設」の1室。空き部屋となっていたが，ベッドが成人用1つと子供用2つ，補助ベッド1つのひとり女親世帯用。ワンルームだが15畳はあり，テレビ，テーブルと椅子，手前にロッカーがある。

〈「家族・健康宿泊部門」のサービス〉

　第3部門の対象は，子どものいる家族（ひとり親家族を含む），HIV感染単身者・家族である。3つの宿泊・居住形態があるが，いずれも家族生活が保障されている。すなわち，滞在10週間までの「家族短期施設」（42ベッド，ソーシャルワーカー5人配属），恒久的住居（一般住宅）の入居準備・待機をする家族レジデンス（専用建物。ソーシャルワーカー3人）で16家族（60人），そして3つ目はHIV感染単身者・家族用の集合施設（8世帯）である。また，施設・レジデンスに滞在する子どものために，託児所 garderie，午睡室，学習室，カウンセリング・ルームのある家族援助施設がある。託児室は保育士と障害児保育士3人，看護師1人が配置され，出産直後の母親の受け入れと0歳児保育を可能としている。カウンセリング・ルームには子育てカウンセラーと臨床心理士が配置され，学習室ではボランティアによる学齢期の子どもの補習学習を行っている。

●「健康・健康部門」のHIV感染者・家族の事例　[ibid., pp.50-51]
　マダムBは，1997年にガボン（アフリカ）からフランスの親戚を頼って訪れ，HIV感染が発見された。故国に4人の子どもを残して，パリ郊外に住む姉の家にとどまることにした。故国の夫に感染のことを知らせると大騒動となり，夫の感染も判明した。その後，夫婦の連絡が途絶えた。
　婦人は入院を繰り返し健康状況は安定しなかった。父親がフランス人だったの

で3年間の滞在許可を得てRMI受給となった。障害者最低限手当（AAH）も申請したが却下された。しかし、職業紹介所に求職者登録をして「障害労働者」の認定を受けることができた。健康状態が悪化したので、1年間の特別治療を受けながらAAHの再申請を行った。そのうちH病院の治療が不十分だったのでB病院に移った。同時にHIV感染者援助アソシエーションZの週1回の心理的見守り援助も受けた。

1999年11月に夫も渡仏し、健康悪化で入院となったので帰国は不可能となった。子どもたちは親族の世話を受けることとなった。夫は治療のための一時滞在を認められたが、雇用（求職者登録）も手当への何の権利もなかった。医療費は無料であったが（国家医療扶助：AME）、住宅や現金給付は受けられず、無収入で緊急宿泊施設を転々とした。妻とはコンタクトをとろうとしなかった。一方、婦人は姉の家を離れ、チャド人の友人宅に身を寄せていた。

2001年4月、夫はシテ・サン=マルタンのHIV感染者援助宿泊サービスに受け入れられ、妻は関係を修復するために施設を訪れるようになった。そして数カ月後には、施設で再び共同生活をするようになった。施設では2人の関係改善のためのプロジェクトを立ち上げ、夫もそれを受け入れるようになった。夫婦は施設生活には非常に同化しており、ボランティアとともに多くの文化活動にも参加して、安定した日常生活を送っている。夫婦関係も改善されていった。他方で、子どもと離れた生活は日に日に耐えがたいものとなっていき、しかし、子どもたちの来仏は見通しが立たない。

シテ・サン=マルタンの援助チームは、何よりも健康（夫の状況は安定したが、婦人の健康状況は安定しない）に配慮し、そのためにも住宅の確保が必要と考え、「治療サービス付きアパート」を探すことにした。しかし、アパートの空きはなく待機中である。同時に子どもたちも呼び寄せる計画も立てたが、HIV援助施策では多人数家族向けのアパートはさらに少ない。

夫の行政上の状況が若干改善された。労働許可が取れ、有期限労働契約であるが夜警の職が見つかった。経済状況は良好となり、HIV感染者援助アソシエーションの支援も継続し、カップル用の「治療付きアパート」に入居した。現在は、子どもたちの呼び寄せに向けた計画を作成中である。

HIV感染単身者・家族施設では、2001年に26人（単身1人、カップル1組、ひとり親家族8―子ども15人）を宿泊させた。2001年の宿泊は外国人（中米ハイチ、サハラ以南のブラック・アフリカ）に限らざるをえなかったという［ibid., p.52］。現在フランス、とくにパリには多くのアフリカ人が治療を受けるために（とくに子

どもの治療）訪れており，サン=マルタンの認定委員会では，滞在許可のないアフリカ人家族も受け入れている（警察など司法上の調査は宿泊施設では禁じられている）。彼らは渡仏後にスクワットか，同国人の家に寄宿する者がほとんどであるが，HIV 感染が知られるところとなると追い出されている [ibid., p.54]。サン=マルタンへの入所には，HIV 感染者支援アソシエーションの仲介によるものが多い。シテによる援助の目標は，まず第 1 に法的に不安定な滞在状況の解消であり，多くの場合「治療目的の一時的滞在認可（APS）」または 1 年間の滞在許可証を取得させている。第 2 は経済問題の解決で，参入最低限所得（RMI），ひとり親最低限手当（API），難民などの失業扶助である参入手当（AI），障害者最低限手当（AHH）などの受給援助である。以上の現金給付や疾病保険等は正規滞在で，3 カ月の居住証明があれば受給権ができる。また，継続的心理カウンセリング・セラピーも不可欠になっている。なお，2001 年の本施設の退出家族・者は 8 であるが，その退出先は HIV 対策の「治療付きアパート」3，母子施設 1，他の社会扶助・社会参入宿泊施設（CHRS）1，帰国 1，友人宅 2 であり，必ずしも根本的な解決にはなっていない [ibid., p.53]。

〈「ヴィラージュ」部門のサービス〉

シテ・サン=マルタンの第 4 部門は「ヴィラージュ（村）」と名づけられ，薬物依存者と HIV 患者を対象としたホテルおよびアパートでの中期と長期の居住保障である。麻薬依存のある人々にメタドン治療計画（大麻などの麻薬の代替として軽いメタドンを投与して依存度を低くする）を実行する借り上げホテル（30 ベッドで，最大 1 年），そして HIV 患者の「治療サービス付きアパート」である。ソーシャルワーカー 5 人，2 人の受け入れワーカー，余暇活動指導員 1 人，行政・医療・心理援助チーム，そしてボランティアが援助に携わっている。

●「ヴィラージュ」の麻薬依存者の事例 [ibid., pp. 85-87]．

C 氏はブルターニュ地方出身で，16 歳でパリに来た。母と義父，妹とも定期的に連絡を取り，故郷にも度々戻っていた。ただし，彼は 13 歳から薬物を使用し，カナビ，アンフェタミン，ヘロインへと深みにはまっていた。22 歳のとき過剰消

費で病院に運び込まれた。彼がメタドン治療に着手したのは1998年であるが，治療が遅すぎ，次から次と新しい薬物に手を出した。元の恋人の援助で「治療付きアパート」に入居し，アソシエーション「世界の医師団」で2年間の投薬援助を受けた。

2000年8月，サン・マルタンの「ヴィラージュ」のホテル宿泊となり，同伴サービスを受給することになった。サービスは，違法薬物の消費を減少させ止めさせること，宿泊の安定，歯科治療（薬のため歯はボロボロの状況），職業参入の障害者就労と障害者最低限手当（AHH）の受給を目標とした。

C氏は当初からワーカーと臨床心理士とのラポールは形成されたが，約束をすっぽかしたり，遅れたりすることも度々であった。しかし，ワーカーの粘り強い援助で，生活面でのだらしなさと健康状況は徐々に改善された。「絵画アトリエ」でデッサンと油絵を描き，精神的な安定も果たされたからである。行政申請書も作成できるようになり，「治療付きアパート」入居，障害者手当の申請も行った。ただし，軽くはなったが麻薬に依存し続けていた。

2001年1月には補助雇用・連帯雇用契約（CES）で就労するために，雇用支援アソシエーションMとコンタクトをとったが，障害者手当の受給待ちのため，雇用のための手続きは長期にわたった。彼を励ましながら同伴活動は一歩一歩進むようにした。2001年5月に障害者手当が認定され，シテ・サン=マルタンの「治療付きアパート」への移動も認められた。2001年7月には歯科治療とその他の行政手続き（税・借金・罰金の処理，疾病保険の加入）も終了した。2001年9月には障害労働者の認定を受け，アソシエーションMの援助によりパリ市の図書館または高齢者サービスでCESを探し始めた。この時期には彼は麻薬を必要としなくなっていた。しかし，時おり強い恐怖感と将来への不安に捕われている。2001年12月現在，アパートで同伴サービス・心理的支援を受け，状況は安定している。将来，「治療アパート」を退出して通常のアパートに入居しなければならないが，気を許してはならない。しかし，ワーカー，心理療法士たちはまもなく「新しい（人生の）ページが開かれるだろう」と思っている。

〈横断的サービス〉

最後の，4部門を横断して援助するサービス部門は，健康管理（医師，心理士，看護師，医療ソーシャルワーカー）と住宅担当からなる。住宅チームの活動は，社会住宅バイヤーおよび管理者や，パリ市および周辺県の住宅局と協定を結び，滞在者・家族の住宅入居を進めることにある。当事者が直接賃貸契約を結ぶだ

けでなく，シテ・サン=マルタンが契約を結び「また貸し」を行い，同伴サービスで経済状況と心身の状態が安定し自治的な生活が可能であるとみなされた場合には，アソシエーションに代わって本人による直接契約にいたらせる。また，住宅担当チームにおける住宅援助専門員 technicien logement の業務は興味深い。彼らは個々のクライエントへの空き家を探すだけでなく，公私の不動産ストックを調査し，売りに出されているホテルなどを地域圏(レジオン)・県に買収させ一時的住宅・レジデンスや宿泊用アパートに転換させる任務ももつ。著者のインタビューに応えた，サン=マルタンの住宅援助専門員（30代男性―右の写真）は，元大手不動産会社の有能なバイヤーの経歴を生かして，すでに建物5棟をレジデンスまたは福祉アパートに転換させたという。さらに住宅援助チームでは，宿泊・滞在者に対し住居の権利・住居取得の手続きについての講習会の開催，清潔な適切な住居・居住環境の保持の指導，ひいては住居に住み続けるための家計維持の方法についての指導も，重要な業務である [ibid., pp.111-133]。

写真Ⅲ-6 左端の背の高い青年は，住宅担当チームにおける住宅援助専門員 technicien logement（シテ・サン=マルタン施設組織）。

2）シテ・ミリアム施設組織

シテ・ミリアムは，シテ・カトリック救済会アソシエーションでは最も古い施設のひとつであり，宿泊社会扶助が規定された1954年に創設された社会参入施設（以下，CHRS という。創設当時は「社会復帰施設」）である。[12] パリに隣接するモントルイユ市にあり，現在は，定員126人の男性単身者 CHRS（1999年末の現員数は106人で，86人が施設での集合生活，20人が外部のアパート居住）と「周辺サービス Services périphériques」部門からなる。2000年9月に訪問した際には，宿泊集合施設では3人部屋を2人部屋または個室に変える工事中であった（当施設の個室の写真は，上巻に掲載）。

写真Ⅲ-7　シテ・ミリアム施設組織の社会参入宿泊施設（CHRS）の受付窓口。

写真Ⅲ-8　シテ・ミリアム施設組織のソーシャルワーカー2人。社会的同伴活動とは「宿泊者が自らへの誇りと、生きていく自治的な力を取り戻すように手助けすること」という。

　「周辺サービス」は4つで、一般住宅の入居を待つ人々への「仲介住宅 logements passerelles」（「社会レジデンス」）で72世帯、HIV感染者の単身者を対象とする「治療付きアパート」10人（借り上げた分散したアパート）、冬季のみだが15人定員の緊急宿泊施設、そして県の住宅連帯基金（本書の上巻263頁参照）からの補助金による、一般住宅入居の家族60世帯へのソーシャルワーカーによるアフターケア・見守り suivi である。

　職員は、フルタイマー換算した人数として（半日契約のパートタイマー1人では0.5人とされており、実人数はもっと多い）、1999年末現在で、施設長と事務局2人、CHRSでは受け入れワーカー3人、宿泊責任者1人、スーパーバイザー1人、ソーシャルワーカー7人、看護師0.5人、コックやレストラン担当5人、建物や庭の営繕係3.5人である。「周辺サービス」では、事務局0.5人、ソーシャルワーカー4.5人、社会保健調整サービス・ワーカー1人、スーパーバイザー1人、そしてHIV「治療アパート」では医師0.5人、冬季のみの緊急宿泊施設では受け入れワーカー2人が配置されている。

　財政規模は1999年でCHRS 1270万フラン（2億5000万円：全額国庫）、「周辺サービス」501万フラン（1億1000万円：内訳は不明だが、「仲介住宅」で入居世帯による若干の家賃負担以外は、国庫・県・市・疾病金庫初級金庫：CPAM・家族手当金庫：CAF）である。

●社会参入宿泊施設（CHRS）の単身男性の事例　[C.M., 2000, pp.15-16]

　1997年11月に入所。44歳。10年前に離婚したが，成人した息子とのコンタクトはある。入所の前の3週間は自分の車の中で寝ていた。以前は窃盗で6カ月間収監され，母親は彼と同居することを拒否したため，友人宅に居候をしていた。

　前職は配達運転手と商店の雑用だったが，3年近く失業中。2001年まで司法保護の対象（執行猶予）である。麻薬中毒の過去とウィルス性肝炎のため，医療扶助（無拠出の疾病保険は2000年以降）と心理療法も受けねばならなかった。行政的手続きとしては，身分証明書と社会保障カードを再作成しなければならなかった。また，元の妻への借金（養育費）の返済で司法手続きも必要であった。6カ月間失業保険を受給できたが，求職のための履歴書作成の際に，10年間の「ヤミ労働」（収入申告なく，社会保険も未加入の就労）の経験という問題点もあった。

　職業養成のプログラムは立たず，1998年1月から施設附設の「建設作業所」で就労することを提案し，彼はそこで真面目に就労。施設外生活も可能で，よい大工になると判断したが，性格は内気で，目立たず，非常に閉鎖的で生活にイニシアティブをもつことができなかった。しばらくして，彼はまた6カ月間収監されなければならなかったが，参入ワーカーと司法保護担当員の援助によって，収監は3カ月のみになった。しかし，収監のために親しくしていた友人も失った。

　再度，非常に落胆・意気消沈して，自らの殻に閉じ込もるようになり，アルコール，麻薬におぼれた。治療援助も継続したが，職業養成は暗礁に乗りあげた。そこで専門的な実習を受給できるように，職業紹介所の専門官に相談した。多くの書類を作成したが，それは無理となったため，「建設作業所」で訓練を続けた。こうしているあいだに失業保険も費消し，RMI受給となり参入契約を締結した。

　その後，兄の死をきっかけにして，母親とも再会，関係も修復できた。週末には必ず母親か兄弟の家を訪れ，そこで大工仕事をした。ワーカーは母親との電話連絡をとっていたが，彼女は「再び息子をもつことできた」と喜んだ。しかし，ワーカーは「警戒」を解かなかった。なぜなら，求職活動の失敗で再び意気消沈するおそれがあったからである。彼は忍耐，意欲に欠けていた。彼を励ますことを続けた。

　1999年1月，彼の努力は報われ，国庫補助雇用・連帯雇用契約（CES）として商店の配送の仕事を得た。彼はやる気を出したが，生活は集中力に欠けた。これはRMIと賃金によって収入が増えたためである（RMI受給者が就労を再開した場合には1年間は稼働収入の控除がある）。そこで，われわれは家計管理の援助・指導を実行した。同時に施設を退出する準備をすることも助言した。それは，彼が非常に周囲の影響を受けやすく，施設内での交友関係で再び麻薬に依存するおそれがあ

ったからである。彼は，この事実を認めた。母親との合意のもとで，1999年4月には母親の家に戻った。

以後，われわれは，彼の補助雇用の様子を見守る参入アソシエーションと連絡をとり続けた。アソシエーションは彼の状況が安定すれば，正規雇用につなげたいと考えた。そして，トラック運転手の免許を取得し，その職を得て，住居に入居することもできた。施設に入所してからここまで17カ月間かかったが，本施設での宿泊は成功だったと結論した。

2 全国宿泊施設アソシエーション連合会（FNARS）の活動

フランスの貧困・排除問題に取り組む民間アソシエーションは多彩なネット・ワーク réseau を形成しているが，ホームレス生活者・難民の宿泊施設や職業および社会参入援助にかかわるアソシエーションも全国宿泊・社会参入施設アソシエーション連合会 Fédération nationale des associations d'accueil et de réinsertion sociale（以下，FNARS とする）を創設し，共同して施設のサービス内容の交流，新たなサービスの検討・創設を促している。[13]

FNARS 年鑑［FNARS, 2000］によれば，FNARS 加盟の「家なし・仕事なし・収入なしの困難な人々と家族，保健施設や刑務所からの出所者，夫婦間の暴力あるいは社会関係の切断の犠牲者，疎外された人々または社会的に排除された人々」への援助アソシエーションは2000年現在750，施設およびサービスは2200（社会扶助宿泊施設：CHRS は500）であり，援助した人々はトータルで年間60万人，そのうちの4万5000人が宿泊および「一時的住宅」居住者である。そして，参入支援企業（EI）などにおいて1万2000人に参入就労を提供した。[14]

FNARS の活動は第1に，組織内外での研究大会および討論会の開催である。1991年のダンケルク会議ではマニフェスト，排除との闘いを行う人々の権利と義務を宣言した，いわゆる FNARS 憲章を採択している。また，最近では2000年5月15〜17日にポワチエで，全国社会福祉サービス・ソーシャルワーカー協会（ANAS）と共催でフォーラムを行い，1000人の公私の活動家によって，社会福祉活動を刷新するための同伴活動や参入支援の課題が示された［ANAS-FNARS, 2001］。FNARS には住宅，緊急援助（宿泊提供），経済的参入

第2章　宿泊施設 hébergement　183

（雇用確保），女性・家族，健康，HIV，法律などの専門委員会があり，それぞれの委員会が中心となってそれぞれの課題について討論および声明も公表している。FNARS の第2の役割は，ソーシャルワーカー，職員そしてボランティアの専門能力向上のための継続的な養成（講習および実習）の実行であり，養成プログラムの研究も活発である。第3は，貧困・排除との闘いに世論を喚起すること，公権力とのダイナミックなコミュニケーション（交渉・意見交換）を交わすことである。FNARS は公権力に対する強力な圧力団体でもあり，1990年の宿泊施設への国家予算への縮小の際には加盟アソシエーション職員が長期のストライキを行った。また，社会扶助施設・サービスに関する2001年7月3日デクレについては，SAMU-social・路上援助や日中の受け入れ相談所の「おざなり」の規定，施設入所認定権限を県知事から施設長へ委譲したこと，作業所での低額報酬の規定，宿泊施設の財政保障の弱さなどを理由として，違憲訴訟も起こした [ASH N°2241 du 14 décembre 2001, pp.25-26]。

　FNARS では調査・研究活動も活発であり，なかでも生活条件調査研究センター（CREDOC）と共同で行った地域の「受け入れ」・宿泊施設の職員・活動家への1993年 [FNARS,1993] と1994年の調査 [FNARS,1994]，そして最近では貧困・社会的排除施策国民監視機関（ONPES）のメンバーである社会学者 S. ポーガムたちとの全国の宿泊施設入所者調査 [FNARS,2002] が注目された。こうした研究，そして加盟施設の活動記録などは，メンバー対象の月刊雑誌である L.I.R.（Liaison Informations et Réflexions）や一般向けの季刊雑誌 La Gazette に掲載され，年報，課題別の小冊子（cahier de la FRARS）も定期的に出版されている。

　FNARS 自体が広範なネットワークであるとともに，他の排除との闘いおよび社会福祉関連の連合体の有力メンバーでもある。日本でいえば全国社会福祉協議会に相当する「民間保健福祉団体および市民行動国民連合（UNIOPSS）」，困難な失業者の雇用確保を支援する「経済活動による参入サービス全国評議会（CNIAE）」，「ソーシャルワーク高等評議会（CSTS）」，「全国協同生活（アソシエーション）評議会（CNVA）」に加盟している。以上の全国団体はそれぞれ地域組織からなっているが，FNARS の地域圏，県組織連合も加

わり，地域での統一した，また協同した活動を展開している。さらに，EU 諸国間組織である「ホームレス生活者とともに活動する各国諸組織欧州連合（FEANTSA フェンサ）」ならびに「ヨーロッパ反貧困ネットワーク（EAPN エアパン）」の構成メンバーとして，困難な問題を抱える失業者とホームレス生活者への EU 全域での支援諸施策の改善にも取り組んでいる。

こうした保健・福祉アソシエーション，そして連合体の役割は第 1 に，新しい要求の発見と，それに応えるためにイニシアティブの発揮，同時に社会運動を展開して公が財政保障する制度を創設させることであり，第 2 に，協同組合，共済組合，労働組合組織とともに，国家の支配 étatisme や商業主義を拒否して市民社会を活発化すること，つまり市民のよき戦闘性 militance を発展させることにあるという［Barreyre et al., 1995, pp.56-58］。

第3章　住宅保障のための制度的枠組みと支援の実態

1　行政の取り組み

1）国と地方とのパートナーシップにもとづく計画制度

　ホームレス問題に代表される深刻な住宅困窮問題に対する行政の取り組みは，「住宅への権利」の実現をめざして制定された1990年のベソン法をその出発点としている。同法は，地方分権化[17]の理念に沿って，国と地方[18]とのパートナーシップを重視し，法の趣旨にもとづく具体的な施策の遂行を，地方のイニシアティブに委ねた。そして，両者のパートナーシップを担保するツールとして，「恵まれない者」のための県住宅行動計画 plan départmental d'action pour le logement des personnes défavorisées（PDALPD）制度を導入した。

　同制度における国の役割は，計画書の策定を支援するとともに，具体的な事業や施策を遂行するうえで必要となる財源を提供することである。国はこうした業務を全県に設置された出先機関[19]を通して実施する。また，公益活動を行う非営利団体と連携しながら，計画にもとづく具体的な事業を推進する。一方，県や基礎自治体[20]（以下，市町村とする）およびその連合体は，県住宅行動計画にもとづき，地域の実情に即した住宅困窮者支援のための具体的な施策を講じる。さらに，そのために必要な資金の一部を拠出する。

　この枠組みは，地方分権の推進に適合するものではあったが，他方で，県住宅行動計画が速やかに策定されない，あるいは，策定されても，計画にもとづく支援プログラムがなかなか実施されない等の問題を提起することにもなった。国は，1997年，県住宅行動計画の策定ならびに運用状況に関する実態調査を実施し，県によって困窮者向け住宅供給計画が大幅に縮小されたり，住宅連帯基金 Fonds solidarité pour le logement（FSL）による困窮者支援策の運用実態に大きなバラツキが生じたりしていることを明らかにしている[21]。そして，この

調査結果をふまえて，各県が実効性のある適切な行動計画を策定することや，行動計画に即したプログラムを速やかに実行するよう促す措置を，1998年に制定された反排除法[22]に盛り込んだ。こうして2002年末までに，ほぼ全県で「住宅への権利」を実現するための県住宅行動計画が策定されるにいたった。[23]

県住宅行動計画には，困窮者が利用可能な社会住宅を確保できるようにするための具体的な方法が示されなければならない。そのためには，地元市町村の協力が不可欠である。土地利用の計画権限をもち，また，社会住宅供給事業組織に対する融資への債務保証を行うのは，市町村やその連合体だからである。このため，県住宅行動計画の策定においては，地元の自治体が参画し，計画書に盛り込む具体的な目標や，目標を達成するための方法について合意することがめざされる。規制的措置[24]は，合意形成を促すとしても困窮者向け住宅の供給を強制はできない。

同様のことが，市町村が単独もしくは共同で策定する地方住居プログラム Programme local d'habitation（以下，PLHとする）にもあてはまる。PLHの目的は，社会賃貸住宅の立地均衡を促進すること，また，住居の多様性確保を原則に，地域の実情に即した住宅困窮者対策を講じることである。同制度は1983年の地方分権化法を受けて導入されたが，当初は，国の住宅予算を配分するうえでの参考資料程度の位置づけしか与えられなかった。このため，策定に取り組む自治体はわずかであった。状況が変わるのは，1990年代に入ってからである。ベソン法制定の翌年（1991年）に議会を通過した「都市の方向づけに関する法律」が，困窮者向け住宅が過少と判断される市町村に地方住居プログラムの策定が必須となる方向づけを行った。[25]さらに1996年には，重点整備地区を抱える市町村に，地方住居プログラムの策定が要請された。しかし，こうした方向づけにもかかわらず，1999年に実施された策定状況調査によれば，策定が義務づけられていた487市町村のうち，すでに策定を終えたのは273であった。[26]

フランスは，本書で検討する他の3国とは異なり，住宅政策に関しては，概括的な目標のみならず，具体的な数値目標や政策手段にいたるまで，そのすべてを国が定めている。だが，実際に事業を推進するためには，地元市町村の協力が欠かせない。「恵まれない者」のための県住宅行動計画や地方住居プログ

ラム制度等，困窮者向け住宅施策は，こうした仕組みに内在する問題点が最も鋭くあらわれる領域のひとつとなっている。

2）「恵まれない者」のための県住宅行動計画（PDALPD）

県住宅行動計画制度は，地域の実情に即した具体的な目標を，行政機関ならびに関連する専門機関や各種公益団体が共有し，地元で計画にもとづくプログラムを遂行するための体制づくりを促す。知事[27]と県議会議長が署名し発効する計画図書の策定には，地元市町村の担当者をはじめ，さまざまな関係機関や団体の代表者らが参画する。

県住宅行動計画にもとづくプログラムを遂行するための主要な財源は，国の困窮者向け住宅予算と住宅連帯基金である。住宅連帯基金には，県や市町村も拠出する。とくに県は，国の予算額と同等もしくはそれ以上を拠出している。県住宅行動計画は行政評価の対象となっており，1999年以降，ほとんどの県が事業評価に取り組むようになっている。[28]

〈オー=ド=セーヌ県の取り組み〉

オー=ド=セーヌ県は，首都であるパリ市の西側に立地する。36の基礎自治体からなり，パリ市を囲む南北に伸びた形状をしている。地下鉄，高速鉄道（RER），国鉄（SNCF）などでパリ市中心部と直結する地域が少なくなく，交通利便性は比較的高い。大企業のオフィスや官庁，高等教育機関，ホテル等が集中する一大ビジネスセンターのデファンス地区を抱えているほか，ハイテク産業の核となる都市や伝統的な産業地域を擁している。

県の人口は約143万人で，住宅数は66万戸を数える。住宅事情で特筆されるのは，社会賃貸住宅のストックが約19万戸と多いことである。イル=ド=フランス地域全体の社会賃貸住宅のほぼ4分の1が，オー=ド=セーヌ県内に立地している。県下で社会賃貸住宅が最多となっているナンテール市には，同市の住宅総数の7割以上にものぼる2万3000戸あまりが立地している。また，ついで多いジェンヌヴィリエ市では，全住宅の8割近くが社会賃貸住宅となっており，県内においても，社会賃貸住宅が特定市町村に集中して立地している状況がみ

てとれる。他方,持ち家は少なく,全国の持ち家率54%に対して,同県のそれは35%である。世帯構成では,世帯分離による若年単身世帯の増加傾向が著しく,全世帯の35%が単身世帯である。

2000年1月時点で県内には,困窮者らを受け入れる宿泊施設が17カ所あり,その合計収容可能人数は522人である。施設立地や施設あたりの受け入れ可能人数は,非常に偏っている。17施設中4施設がナンテール市に立地しており,全体の収用可能人数の半数以上をこの4施設が受けもっている。同県にはまた,母子世帯や若年勤労者など,入所者を特定した居住施設が各種設置されているほか,困窮者向け特定住宅も立地している。

県下の住宅困窮問題を担当する行政部門は,国の住宅政策管轄省の出先機関である県施設局と,社会政策に責任をもつ県議会の社会生活局である。この2つの部局を中心に,これと連携する国,県,市町村の関係部局,また,住宅,福祉領域の業務に特化した専門機関や公益団体が,施策の遂行に協力している。とくに注目されるのは,民間団体であるアソシエーションの代表者が正式メンバーとしてさまざまな委員会に参画していることである。たとえば,市町村間住宅会議や住宅連帯基金の使途に関する委員会には,アソシエーションの代表者が複数名参加している。

オー=ド=セーヌ県は,ベソン法制定の翌1991年に最初の県住宅行動計画を策定している。最初の計画書には,主としてアソシエーションへの支援業務の委託と住宅連帯基金の活用が盛り込まれた。他方,個々の市町村や社会住宅供給組織ごとの困窮者向け住宅供給目標は設定されなかった。その反省にたち,1994年に策定された県住宅行動計画では,市町村レベルにおける取り組みを強化するため,市町村の首長らを委員に加えた推進委員会が設置された。さらに,全県で750戸の年間供給目標とともに,市町村,供給組織単位の困窮者向け住宅の供給目標値が示された。

2000年7月に発効したオー=ド=セーヌ県の住宅行動計画は[29],この第2次計画と似た構成となっている。市町村や社会住宅供給組織の合意のもとに,困窮者向け住宅の供給を促進することをその柱としており,県ならびに市町村の代表,国,県の担当部局の長,地域の社会住宅供給組織,家族手当金庫,居住施設を

運営する団体,住宅による参入事業を実施する団体の各代表,また女性の権利擁護団体の代表などから構成される推進委員会を設けている。同計画は,支援対象の特定,支援体制の構築,緊急避難的受け入れから安定居住にいたる利用可能な施策メニューにより構成され,①支援対象者,②需要,③組織,④住宅連帯基金,⑤受け入れ－緊急居住施設,⑥住宅による参入－参入居住施設,⑦住宅供給の促進,⑧再居住－社会住宅の割当方針,という8つの章に分かれている。その概略は図表Ⅲ-3-1に示すとおりである。

図表Ⅲ-3-1　オー＝ド＝セーヌ県の第3次住宅行動計画（2000年7月策定）

① 行動計画による支援の対象
　支援対象者は,経済的,社会的問題を理由に通常の住宅を確保できない,または住宅を維持できない世帯もしくは個人である。ベソン法ならびに反排除法に示された対象（同居世帯,住宅からの強制退去者,危険または不衛生な住宅に住む者,都市再生事業により再居住を余儀なくされ,かつ経済的,社会的問題を抱えている者,宿泊施設から退去しようとする者,市町村が,住宅と結びついた社会的同伴活動や転貸契約,不払い家賃保証を要すると認定した者,世帯構成や生活様式が共同住宅での居住に不適当とみなされた社会住宅居住世帯,社会住宅を申請したにもかかわらず不当に長く入居できない困窮世帯）と一致する。ただし,計画にもとづく支援が不可欠と判断される者に限定される。

② 困窮者向け住宅の需要
　年間850戸を確保する。その内訳は,施設退所者向け住宅350戸,不衛生な住宅や鉛害被害が懸念される住宅に居住する者向け50戸,同居者ならびに住宅から退去を迫られた者向け150戸,手厚い社会援護を要する個人向け300戸である。これらの需要を満たすため,新規に統合助成賃貸住宅を100戸,民間住宅を50戸供給する。また,700戸を既存社会住宅の活用により確保する（添付資料に,県下36市町村の社会賃貸住宅数,対人助成受給世帯数の実績をもとに算出された,それぞれの市町村が確保すべき最低限の住宅戸数が示されている）。

③ 行動計画推進組織
　県行動計画を推進するのは,推進委員会,市町村間住宅会議[30]と,同会議の下部組織である地域委員会[31]である。推進委員会は,国を代表する知事ならびに県議会の議長が共同で設置し,計画の遂行に責任をもつ。また,計画目標や計画の遂行に必要な財源,人材確保のための条件を定める。

④ 住宅連帯基金による支援の対象
　住宅連帯基金[32]による支援の受益者は,借家人,転借人,居住施設入所者である。持ち家居住者については,住居改善プログラム事業実施区域や特定問題地区に立地する住宅

に居住し，一定の条件を満たす者のみが対象となる。住宅と結びついた同伴活動も支援の対象となる。
⑤　受け入れ－緊急宿泊施設
1994年7月21日法にもとづき，県下の全市町村が困窮者を受け入れる宿泊施設[33]を設置する。
⑥　住宅への参入－参入居住施設
県参入居住施設委員会は，社会的，経済的理由で通常の住宅に入居することが困難な個人や家族が各種参入居住施設[34]へ入所できるよう，斡旋や調整を行う。申請窓口を一本化し，公平性を担保する。緊急居住施設と再居住委員会を仲介し，困窮者が継続的に支援を受けられるように調整する。
⑦　困窮者向け住宅供給の促進
必要十分な量の住宅を確保する。多様性を確保するため，事業主と連携しながら，要援護世帯のニーズを詳細に分析し，公民の両部門にまたがりニーズに適合する住宅を探す。社会実験事業として，家主からの委託を受けて困窮者に民間賃貸住宅の斡旋や住宅管理業務を代行する「社会不動産事務所」の設置を認める。民間賃貸住宅に適用される特定社会事業PST[35]を継続し，恵まれない家族の受け入れを目的とした賃貸住宅の改善事業を推進する。
⑧　再居住－社会住宅割当方針
再居住が適当とみなされる世帯には，同伴活動などの措置を優先的に提供する。転貸を想定した賃貸契約の活用，住宅手当との併用が可能な柔軟な不払い家賃保証の適用，入居と同時に実施される社会的同伴活動などのプログラムを活用する。県委員会は再居住申請[36]を集中管理する。地域委員会は，県委員会から年4回，再居住対象世帯に関する情報を入手し，これを社会住宅の家主組織に配布する。家主組織は社会住宅申請書類を受理し，地域の人口構成に配慮しながら申請者に住宅を割り当てる。

出所：Département des Hauts-de-Seine (2000)：Plan départemental d'action pour le logement des personnes défavoriseesから著者が抜粋，翻訳した。

　オー＝ド＝セーヌ県が住宅行動計画書を策定する目的は，法の主旨にもとづく支援の対象や方法を関係する諸団体が共有し，具体的な事業を推進するための体制を組織することにあると理解される。計画書には，計画目標に関する具体的な記述や数値目標は少なく，紙幅の大部分は支援の枠組みに関する叙述に割かれている。
　唯一の例外は，住宅需要予測にもとづく供給計画である。首都圏の場合，定住する住まいを確保できない困窮者の問題が最も先鋭的にあらわれているのは，首都であるパリ市であり，郊外県では一般に，大規模な社会住宅団地の荒廃化への対応や，一時的居住施設入所者の退去先確保が課題となっている。ただし，

第3章　住宅保障のための制度的枠組みと支援の実態　191

　こうした問題が切実なのは，社会住宅や困窮者を受け入れる居住施設が集中する特定の市町村である。社会住宅ストックが少なく，貧困世帯も相対的に少ない市町村は，困窮者を受け入れるための社会住宅の新規供給には消極的である。オー゠ド゠セーヌ県の場合にも，社会住宅ストックの分布には大きな偏りがある。このような状況を勘案すれば，計画書が市町村ごとの具体的な数値目標にまで踏み込んでいる点は注目されよう。[37]

　県住宅行動計画に期待されるのは，示された方向性や具体的な施策が，地方自治体の施策に反映されていくことである。オー゠ド゠セーヌ県では，同年に策定された参入最低限所得（RMI）受給者を対象とする参入プログラムに，[38]「居住支援」が位置づけられている。このプログラムに責任をもつ県社会生活局は，県住宅行動計画の策定にも参画している。社会生活局の「居住支援」には，合計15のアソシエーションが事業主体として登録されており，これらに県が推進する事業が委託される。その内容は，困窮者向け居住施設の運営，一時的住宅や居住関連サービスの提供，住宅へのアクセス支援と住宅からの追い出し防止活動など幅広い。[39]

　参入プログラムでは「居住支援」のほかにも，識字教育や雇用への参入を促す職業訓練，疾病保険への加入など，さまざまなプログラムが用意されている。それらの適用を受けるためには，県内に住所をもつことが求められる。そこで同プログラムの中には，住所不定者が県内で住所を得られるよう援助する事業も設けられており，県から業務委託されたアソシエーションがこれを担っている。同県で困窮者を支援する登録アソシエーションの数は150団体以上にのぼっており，アソシエーションは県の施策遂行において重要な位置を占めている。[40]

　同県の参入プログラムによる支援対象者は，1999年8月時点において約2万4000人で，その約4割が住宅手当受給者であった。また，不払い家賃の肩代わり，居住施設の提供，住宅確保への支援等の住宅プログラムの適用を受けた者は，2800人を数えた。両者を合計すると，参入最低限所得（RMI）制度による援助者全体の約半数が，住宅分野で何らかの支援を受けたことになる。オー゠ド゠セーヌ県では，県社会生活局による参入プログラムを介した住宅困窮者支援が，国や市町村の取り組みを補完するうえで大きな役割を果たしているといえる。

3）地方住居プログラム（PLH）

　地方住居プログラムは，個々の地域の実情に即した具体的な公共介入の方針と，社会賃貸住宅の供給ならびにそのストックの活用計画を定める計画書である。共通目標は，市町村が実施する都市計画事業と連動させながら，住宅困窮世帯を特定地区や特定住宅団地に集中させることなく，その受け皿となる住宅をバランスよく確保することである。他方，すでに特定層が集中することによって荒廃問題に直面している地区については，住棟除去などの抜本的な対策を講じることによって，人口ならびに住宅テニュアのバランスを回復することがめざされる。

　地方住居プログラムはあくまでも国の施策を推進するためのツールであり，国の方針に沿った住宅・住環境整備が中心課題として位置づけられる。一般に，住宅困窮世帯を受け入れる社会賃貸住宅は，大都市圏の特定市町村やその中の特定地区に偏在して立地している。地方住居プログラムには，こうした立地偏向を是正すること，とりわけ，社会賃貸住宅ストックが過少となっている市町村に供給を促す役割が期待されている。

〈マルセイユの地方住居プログラム〉

　マルセイユはフランス南部，地中海沿岸に立地する地方大都市である。1999年の国勢調査によれば，市の人口は約80万人，都市圏全体では135万人を数える。貧困世帯が居住する社会住宅は市の北部に，民間の老朽化した住宅は中心部の旧市街地に集中している。[41]

　マルセイユの地方住居プログラムは市が単独で策定したもので，白書，行動計画書，添付資料からなる。白書には人口，世帯の動向や住宅事情等の現状分析結果をもとに，地域的不均衡の克服，需要特性をふまえた新規住宅の供給ならびにストックの改善，公共空間や交通網等の生活環境の整備，という3つの課題が示されている。ついで，人口の回復，市場の活用，ストックの改善，空き家問題の解決，社会的排除の克服，住宅政策の地域化，都市政策と居住政策との連携，という7つの目標と，地域別住宅供給計画の目標値，施策実現のための体制が提示されている。

行動計画書には具体的な施策や事業計画が盛り込まれている。列挙すると，均衡のとれた住宅供給の推進[42]，既存ストックの改善と社会住宅割当目標の設定，土地政策の推進と宅地確保，住宅による連帯，都市整備，地域住宅政策の推進，地方住居プログラム推進のための条件整備，の7つである。

　白書および行動計画書は，全体として，住宅問題の社会的側面，とりわけ住宅困窮者対策と困窮問題予防の視点，都市計画事業との連携を重視する構成となっている。

　住宅困窮問題への取り組みを具体的にみてみることにしよう。

　白書の「社会的排除の克服」の項では，①社会住宅に新規に入居してくる者の貧困化，②現行の社会賃貸住宅と困窮世帯のニーズとのミスマッチ，③住宅連帯基金による支援申請者の急増，④一時的な宿泊施設からの退去先住宅を確保することの困難性，という4つの問題が指摘されている。これらは社会賃貸住宅部門の構造的変化を示している。社会住宅は労働者住宅として発展し，主として勤労者世帯を受け入れてきた。社会生活への参入が困難な無職者の受け入れは，既存の社会賃貸住宅制度がこれまでには想定していなかった新しい事態なのである。そこで白書では，問題解決に向けて，緊急宿泊施設等の短期滞在施設と恒久住宅との中間に位置づけられる居住施設を拡充すること，アソシエーション等によって運営されている参入住宅 logement d'insertion への支援を強化すること，社会賃貸住宅からの移転世帯を受け入れる住宅を確保すること，の3点が提起されている。これらは，入居者の家賃支払い能力の低さのみならず，困窮者が特定地区に集中することによって惹起される問題や，共同住宅での慣習的居住困難層の存在を念頭におくものである。

　他方，行動計画の「住宅による連帯」では，①不衛生住居を解消する，②住宅のない者や困窮世帯のニーズに応える，③移動者の受け入れ施設を管理し，定着化過程にある者を受け入れる住宅を確保する，④安定した再居住政策を開発する，という4つの課題が示され，それぞれの課題ごとに，現状，施策，実施事項が整理されている（**図表Ⅲ-3-2**）。

　提示された内容は限定的で，たとえば，住宅からの追い出し予防策や社会賃貸住宅の供給，その住戸割当方針については言及されていない。社会住宅につ

図表Ⅲ-3-2 「住宅による連帯」プログラム（マルセイユ市）

課　題	現状および実績	施　策	実施事項
①不衛生住居の解消	・1972年から不衛生住居除去プログラム（RHI）を実施し、事業対象戸数の60％をすでに除去した。	・3地区で新規にRHIを推進。	・予算措置。 ・国に事業補助を申請（国費で公費負担分の80～100％をカバー）。
②住宅のない者や緊急ニーズへの対応	・ホームレス受け入れ床を約700床確保した。 ・緊急計画にもとづき、社会レジデンス等を119戸と86室、確保した。 ・1997年から3785世帯に、住宅へのアクセスおよび住宅での居住継続のための支援を実施した。	・緊急宿泊施設ほか関連する受け入れ施設の管理業務遂行状況や、困窮世帯のニーズを把握。 ・国、県と連携し、県住宅行動計画（PDALPD）を推進。 ・住宅連帯基金（FSL）事業を評価。	・PDALPDの一環として、緊急宿泊施設、社会レジデンス等への融資に協力。 ・FSLに拠出。 ・困窮世帯向け特定住宅の融資保証を実施。
③移動者の居住問題	・特定地区に対象者が集中している。 ・年間約3000台のキャラバンが通過している。 ・500世帯が劣悪な居住環境のもとで長期滞在。 ・2ヵ所に90の滞在用施設を整備した。	・定住しつつある移動者の居住条件を改善。 ・移動者が集中する特定地区の不衛生住居を除去。 ・現行の移動者受け入れ施設の管理状態を改善。 ・県内の他市町村に、受け入れ施設設置を要求。	・法が求める移動者の受け入れならびにその居住条件の改善への取り組みを継続。 ・県住宅行動計画の実現に向けて、国および県の取り組みに協力。
④再居住施策	・都市計画事業に伴う再居住事業は高負担となっている。過去の再居住施策が人口構成の不均衡を助長。	・事業関係者や国、県と連携し、居住継続の可能性、再居住問題について協議。 ・社会住宅の斡旋。	・事業主体と連携しながら再居住事業を推進。

出所：l'agence d'urbanisme de l'agglomeration marseillaise, ville de Marseille (1999) Programme Loacal de l' Habitat, Livre Blanc, Programme d'Action, pp.249-264の内容を著者が抜粋、翻訳。

いては別の項で、マルセイユがすでにストックの20％を社会的に活用できる住宅として確保していること、県下でも社会賃貸住宅入居者の所得水準が特段に低く、しかもその傾向が近年とくに高まっていること、その立地が偏向していることを指摘している。一方、民間住宅については、現在空き家となっている民間の住宅を活用するという方針を提示している。

　地方住居プログラムの策定にあたっては、国の方針ならびに県住宅行動計画にもとづくさまざまな取り組みとの整合性を図ることが求められているが、それぞれの地域の実情に即した優先課題や具体的な施策内容を定める余地も残されている。マルセイユの地方住居プログラムは、問題地区となっている既存社会住宅団地の再編事業を推進し、地域均衡を回復するという方針を打ち出す一

方，社会賃貸住宅供給による住宅困窮者対策には消極的で，居住施設の拡充や同伴活動，民間住宅の活用を指向している。また，移動者問題にみられるように，困窮者のさらなる受け入れを周辺市町村に求めているが，これらは，隣接自治体との調整が必要な課題である。

地方住居プログラム制度は元来，都市圏単位の計画策定を奨励しているのだが，マルセイユに限らず，往々にして，市町村が単独で，あるいは一部で共同して策定するという対応がとられており，制度の主旨をいかに担保するかが課題となっている。

2　民間非営利組織による居住支援活動

1）現状と課題

居住分野で活動する民間非営利組織（以下，アソシエーションとする）の数やその活動領域は，ここ10数年間に国や県からの委託事業の増加や住宅連帯基金等による活動助成によって，大きく伸長・拡大してきた。居住関連の主要なアソシエーションは連合を組織し[43]，全国で活動を展開している。その多くは，緊急宿泊施設や後述する社会レジデンスの運営，住宅と結びついた同伴活動を実施している。また，ダル（DAL; Droit au logement）[44]のように，利用されていない建物を占拠するなどして世論を喚起し，困窮者問題への取り組みを政府に迫る団体もある。

アソシエーションの活動が顕著になった背景には，その社会的役割に対する公式の認知と，これを活用した「恵まれない者」のための施策が大きく進展したことが指摘される。この過程で，社会レジデンスのように形態上，住居により近い居住施設が生みだされたり，居住の場で提供されるカウンセリングなどのサービスが「住宅と結びついた社会サービス」として公的助成の対象とされたりなど，その活動は，困窮者を支援するための具体的で斬新な方法を制度化することに寄与してきた。

しかし，居住施設から住宅への移行を促進するには，現在の対応だけでは限界があることも示唆されている。社会問題に取り組むアソシエーションは，ネ

ットワーク力を生かした活動を展開できることが強みであるが，現状では住宅供給に直接関与しうるのは，少数の認可アソシエーションに限られている。しかも，こうした事業は多額の出資を必要とし経営リスクも高いため，促進は困難である。

また，アソシエーション活用の制度化にともない，新たな課題も提起されている。アソシエーションには，現場のニーズを汲み取り，ニーズに則したきめ細かな支援を提供することが期待されていたが，一部の社会レジデンスの運営実態にみるように，困窮度の高い人々を支援すべき施設においても，支援の効率性を追求する傾向が強まり，公的補助に依拠して活動するアソシエーションが困窮者を選別するという社会的ジレンマが露呈されるなどしている。

施策ツールとしてのアソシエーションの役割，とりわけ事業委託をめぐり生起している諸問題の調整においては，公民パートナーシップのあり方，そして，それぞれが果たすべき役割が問われている。それはまた，HLM組織のように，公民にまたがる専門機関の存立意義を問う議論とも交錯している。

2) 困窮者向け住宅の供給

困窮者に安定した居住を保障する恒久的な住宅を提供することは容易ではない。フランスでは現在，社会賃貸住宅供給事業の主要な制度的担い手であるHLM（適正家賃住宅：Habitation à Loyer Modéré）組織や混合経済会社が所有，管理する住宅のみならず，民間住宅であっても入居者に住宅手当が支給される協定住宅を，広義の「社会住宅」として位置づけ，困窮者を受け入れる住宅を，この広義の社会住宅のなかで確保しようとしている。国はその供給を促進するため，統合賃貸住宅助成貸付 Prêt locatif aidé d'intégration (PLAI) 制度[45]と全国住宅改善事業団による補助制度を用意している。後者は民間住宅ストックの改善事業と連動する場合に限定されるが，前者は新設，改善のいずれにも利用することができる。

助成融資を利用して供給事業に参画できるのは，HLM組織に代表される国から認可を受けた団体である。HLM組織連盟に加盟していないアソシエーションが制度融資を活用して困窮者を対象とした社会住宅の供給事業に参入でき

るようになったのは比較的最近のことで，認可を受け，供給事業に参入している団体は限られている。

〈PACT-ARIM〉

PACT-ARIM（パクト・アリム）はそのような条件を備えた数少ないアソシエーション集団である。居住問題に関与する専門的な団体の連合組織で，PACT（Propangande et action contre le taudis, 1949年〜）と ARIM（Association de restauration immobilière, 1967年〜）から構成される。その歴史は，スラム問題に取り組むために1924年に結成された全国組織に遡る。全国連合センターをパリにおき，困窮者のための住宅支援を大規模に実施している。2002年現在，傘下に約150のアソシエーションが所属，有給職員約3000人を擁している。

PACT-ARIM運動は，劣悪な住宅や老朽化した民間賃貸住宅に居住する困窮者を支援する社会運動に端を発しているが，1970年代後半からは，政府のストック対策を強化する政策転換により，住宅改善事業の分野で専門性の高い非営利組織として発展してきた。[46] 活動の中心は，全国住宅改善事業団 Agence Nationale de l'Amélioration de l'Habitat（ANAH）の補助を受けて推進される民間賃貸住宅の改善事業への技術協力である。トータルで年間12万戸の住宅改善[47]を実施している。個々のアソシエーションは，それぞれの活動拠点で地元市町村や関連する事業実施機関と協働しながら活動を展開している。全国連合センターは，民間住宅ストック改善政策の策定に大きな影響力を行使している。また，この分野での業務委託が主たる財源となっている。[48]

老朽化した民間建物を改善して，困窮者向け住宅として供給する事業は，PACT-ARIMが実施する多様な事業のひとつである。これは，"社会的任務 Missions socials" と位置づけられている。2000年8月にまとめられた活動報告書によれば，傘下のアソシエーションのうち，1998年度中にこのミッションを遂行したものは全体の61％である。同年度に供給された「参入」住宅は2300戸で，その6割が全国住宅改善事業団の困窮者支援特別プログラムによるものである。PACT-ARIMによる供給戸数は，全国住宅改善事業団がこのプログラムにより供給した住宅総数の55％に達している。[49]

別の社会的任務は，既存住宅への入居を支援することである。傘下アソシエーションの41%がこうした支援事業を実施している。1998年度には，ベソン法が定める困窮者や困窮世帯を対象に，総数で4000世帯を援助した。このために確保された住宅の72%は民間住宅で，そのなかにはアソシエーションが所有・管理する住宅や「改善契約付き住宅賃貸契約」によるものが含まれている。傘下アソシエーションが困窮世帯に提供するために自ら建物を取得し，管理している住宅は全国に8500戸ある。その半数がフランス北西部に位置するノール=パ=ド=カレ地域に集中している。ちなみに，ノール=パ=ド=カレ地域は，住民の所得が相対的に低い地域のひとつであり，アソシエーション活動が盛んであることでも知られている。同地域にはPACT-ARIM傘下アソシエーションが13あり，地域別で最多である。

PACT-ARIM全国連合センターの所長レミ・ジェラール氏[50]によれば，PACT-ARIMが運営する社会ホテル Hotel social[51]では，入所期限を定めず，入所者が希望する限り滞在を認めている。このため，慢性的に需要が供給を上回っているという。PACT-ARIMは，この分野における政府の施策の現状，とりわけアソシエーション間の競争を煽ることにより支援コストの低減化をめざす政府の対応への批判を強めており，居住分野で活動する他のアソシエーションとも連携しながら，支援の拡充を求めるロビー活動を行っている。[52]

〈社会住宅財団 La Fondation pour le Logement Social〉

困窮者向け住宅の供給に特化したアソシエーションも存在する。入居者に通常より厳しい所得要件が課される賃貸住宅助成融資を活用し，社会賃貸住宅の供給，管理事業を実施する社会住宅財団は，1988年に設立され，90年から認可団体として首都圏で活動を展開している。

2002年現在，同財団が管理する住宅は約500戸である。建て方別には共同建て50%，戸建て30%，タウンハウス20%となっている。すべて単体の建物で，一団的に開発されたものはない。共同住宅は社会レジデンスとして利用されている。その大半は新規建設ではなく，既存住宅の取得・改善プログラムを活用して取得されたものである。

財団の住宅プロジェクトでは，総供給戸数の30％が国を代表する県に，また同程度の戸数が市町村に割り当てられている。県や市町村はこの枠を活用して，それぞれが推薦する者を優先入居させている。その結果，「恵まれない者」を支援するための県住宅行動計画の支援対象者が入居者の60〜65％程度を占める。低所得の母子世帯，参入最低限所得受給者，長期失業者等が主要なカテゴリーである。

財団は賃貸業務のみを行い，入居者へのソーシャルサポートは行政から委託された別のアソシエーションが実施している。社会同伴活動を実施するアソシエーションと賃貸契約を結ぶ場合もある。

写真Ⅲ-9 社会住宅財団が供給した戸建ての困窮者向け社会住宅（コロンブ市）。取得＝改善事業による。後方には大規模な社会住宅団地が立地する。

困窮者向け住宅供給事業では，通常の社会住宅への融資よりも低利で融資される困窮者向け賃貸住宅助成貸付が利用される。市町村がこの債務保証を行う。さらに，国の補助金が最大で事業費の30％を，また，イル＝ド＝フランス地域圏の補助金と県の補助金がそれぞれ事業費の20％，10％をカバーするので，合わせると補助金が事業費の60％以上に達する場合もある。これらに加えて，１％住宅基金による融資が行われており，事業に必要な資金を調達することは比較的容易である。

社会住宅財団の事務局長ルグラン氏[53]によれば，困窮者向け賃貸住宅への需要は高く，また入居者の定着率も高い。同財団が事業を開始してからの６年間で，退去者はわずか１名であった。家賃は国との協定により定められるが，通常の社会賃貸住宅の家賃に比べれば低く，入居者にとってはそれが大きな魅力とな

っている。

　建て方別には，共同住宅よりも戸建て住宅のほうが管理コストを抑制できるという。戸建て住宅は管理に要するコストがそもそも低い。戸建て住宅には，共同住宅のように複数の入居者が共同で利用する共用部分やエレベーター設備等，維持管理に費用がかさむ設備がない。また，専属管理人などの人件費もかからない。さらに，入居者は使用量を調整することにより，暖房に要する費用や水道費を節約することができる。一方，共同住宅では共益費が高額になるため，実際に要する経費の3分の2近くが回収できないという。

　困窮者向け住宅供給において最も懸念される問題は，近隣とのトラブルが発生することである。この点でも，近隣住民の負担感を軽減する戸建て住宅のほうが好まれる。このため，分散型の戸建て住宅は，共同住宅での居住が困難な者，また同伴活動などの社会参入支援が必要な困窮世帯を受け入れる住宅として活用されている。さらに，支援提供者と受益者がともに維持しうるスキームをつくるうえでも，戸建て住宅の適合性が評価されている。たとえば，民間住宅の"取得・改善プログラム"では，入居者が建設技術を習得するための技術研修プログラムを受講し，建設労働の対価として一定の収入を確保することができるが，こうしたスキームは共同住宅よりも戸建て住宅のほうが適用しやすいと考えられている。

　住宅困窮者向け住宅供給事業では，既存建物の活用が重視されている。また，スケールメリットによるコストの抑制よりも，管理の容易性が追求されている。こうした取り組みが，結果として，従来の社会住宅像とは異なる建て方や戸数密度をもつ住宅供給を実現することにつながっているようである。

3）社会レジデンス Résidence Social の運営

　社会レジデンスは，一時的滞在を原則とする困窮者向け宿泊施設から恒久的な住宅へ移行するまでの間に対応する居住施設である。さまざまなタイプのものがある。たとえば，家族離散や失業等，社会的に困難な状況に直面した若者を受け入れる施設や，母子世帯のみを受け入れる施設などがある。滞在期間は限られており，その長さは，施設の種類や適用されるプログラムによって異な

る。入所者は，家賃ではなく利用料をその所得に応じて支払うよう求められる。不足分は，通常の家賃補助同様，家族手当金庫によって充当される。

社会レジデンスは，アソシエーションやHLM組織などの公的住宅供給組織によって供給されている。供給主体が直接運営する場合もあるが，一般的にはこうした活動を得意とする別のアソシエーションに管理を委託するケースが多いようである。

〈Claude Tillierの社会レジデンス〉

パリ12区のClaude Tillier通りに，1997年12月に開設された社会レジデンスがある。この施設には，周囲の建物と区別される特徴はない。建物の入り口にかけられた小さなプレートが唯一の目印である。

建物はEFIDIS[54]という名称の大手のHLM株式会社によって取得されたものである。もともとホテルとして建設された建物で，当初の状態から大きな変更は加えられていない。5階建てで，部屋数30室の小規模な施設である。入所者にはすべて個室が割り当てられている。

1室あたりの平均延べ床面積は13平方メートルと小さいものの，各室にベッドや椅子，テレビが置かれ，専用のトイレ，洗面台が備えられている。10室は浴槽付きである。建物の1階には共用空間が集中している。電子レンジ等の調理器具が備えられた共用台所，食卓と椅子が置かれた食堂，ソファーやテーブルが備えられた居間コーナ

写真Ⅲ-10　Claude Tillierの社会レジデンス（パリ市）の建物外観。

写真Ⅲ-11　社会レジデンスの建物周辺。周辺の町並みに溶け込んでいることがわかる。

があり，建物入り口のすぐ近くに入所者の相談に応じる専門職員のデスクが置かれている。地階には共用の洗濯・乾燥室が設けられている。

EFIDIS は住宅分野で困窮者の社会参入を支援するアソシエーション[55]を介して，施設運営を委託できる組織を見出し，このプロジェクトの実現にこぎつけた。

施設を運営するのは ANRS という名称のアソシエーション[56]である。その専門職員によれば，社会レジデンスの入所者の大半はソーシャルワーカーを介して入所を申請している。30室のうち，少なくとも20室は単身の若者，とくに18歳から25歳までの者のために確保されており，残りは35歳以上の単身者の受け入れにも利用されている。1999年3月時点の累計で18〜25歳の者が入所者全体の70%を占める。

入所者は収入に応じて使用料を支払い，差額は家族手当金庫から住宅手当として施設を運営する ANRS に支払われている。社会レジデンスに適用される一時的住宅手当の支給期間は通常の住宅手当より短く，6カ月または12カ月を限度としている。それぞれの手当が適用される室数は管轄する行政機関によって定められ，入所者は手当て支給期限が切れると転居先が確保されているか否かにかかわらず，退去を求められる。

退所後の住まいとして想定されているのは，ホワイエと呼ばれる若年労働者のための居住施設や学生寮，家賃の低廉な社会住宅，民間住宅である。ANRS は若者の社会への再適応を援助するアソシエーションで，入所者には，施設滞在期間中に ANRS のネットワークを活用しながら自立に向けた準備を進めることが期待されている。ANRS は入所者のニーズに応じて，雇用契約や住宅の賃貸契約を締結するために必要な書類作成支援を行う。また，精神的な問題を抱えている者のメンタルケアを介助する。

写真Ⅲ-12 社会レジデンスの入所者が共同で利用する食堂（奥に共用台所がある）

施設の運営経費はすべて公的助成

によって賄われている。ANRS は運営状況に関する詳細な報告書を管轄行政機関に提出しなければならない。このため，独自の判断で支援を継続することは困難で，施設運営が効率的であり，実績があがっていることを証明するため，猶予期間内で住まいを見出し退所できる可能性の高い者を入所申請書の審査段階で振り分けている。この施設では，35歳以上の者には，入所申請時点で，すでに首都圏に立地する社会賃貸住宅への入居申請を済ませたことを証明する書類の提出を義務づけている。これにより，行政上の手続きに必要となる書類をもたない者が入所することを防いでいるのである。[57]

ANRS にとって，大手の HLM 株式会社である EFIDIS との提携は，入所者に退所後の住宅として社会住宅を斡旋することが容易になるとの期待によるものであったが，実際に，社会住宅部門で住み替え先の住宅を確保できる者は限られている。施設で入手した資料によれば[58]，この施設を介して独立住宅に住み替えることができた者は，施設開所後1年半の時点で53%である。また，退去した58人のうち，EDIFIS の社会住宅に入居した者は7名であった。

3 小　　括

住宅分野におけるホームレス施策の最大の課題は，地元自治体をはじめとする関係諸団体間の連携を担保する仕組みが依然として十分に機能していないことである。ベソン法制定以降，最も恵まれない者を重点的に支援するため，社会レジデンスの開発，民間賃貸住宅の活用を含む困窮者向け社会住宅の供給，社会住宅割り当て方針の見直し，住宅と結びついたソーシャルサポートの拡充等，さまざまな方策が用意されてきたが，それらを実際に活用して効果的な支援が実施されるかどうかは，個々の地域の実情に適合した効果的な体制が構築されるかどうかにかかっている。

さまざまな取り組みにもかかわらず，適切な住宅を確保できない者，また現在の住宅から退去を余儀なくされるおそれのある世帯は減少しておらず，むしろ住宅市場が逼迫している大都市を中心に，増加が懸念されている。[59] その一方で，困窮者対策予算の未消化が指摘される。これらは，地元自治体との連携を

謳いながら，実態としてはアソシエーションへの業務委託を通じて，支援事業を展開してきた現行システムにさらなる改善が必要であることを示唆しているように思われる。

この点と関連して，2001年に発表された『恵まれない人々の住宅に関する高等委員会の第7次報告』は，社会住宅の割り当てを監視する委員会の権限が十分ではないこと，家主組織ならびに複数市町村の合意のもとに定められる市町村間社会住宅割り当て原則の策定が遅れていること，を指摘している。また，2002年に公表された『賃貸住宅からの追い出し予防に関する施策評価報告書』では，警察，裁判所，社会福祉部局と住宅行政との連携が課題として提起されている。また，そのために，県の担当部局の権限強化を提案している。施策の対象となる「恵まれない者」の定義がしぼられておらず，解釈の幅が大きいことも課題となっている。これは，住宅連帯基金の運用実態が地域によって異なるという問題に通じている。

住宅分野でのさらなる課題は，「最も恵まれない者」の範疇には含まれない，大勢の潜在的困窮世帯，住宅弱者の居住の安定を支えることである。10年以上におよぶ住宅困窮問題への取り組みは，その重要性をあらためて示唆している。フランスでは，現行の住宅手当制度がそのひとつの柱となっているが，家賃補助は「適切な住宅」での「安定した居住」を支えるための必要条件ではあっても十分条件とはなっていない。他方，住宅困窮問題に取り組むために開発された「特定層対策」は，民間住宅の質を向上させながら必要に応じてこれを社会的に利用できるような仕組みをつくるなど，現実的で斬新な方法を生み出してきたが，それらはなお社会実験の域を出ていない。また，現実的な「特定層対策」は往々にして，「住宅への権利」という政策理念を後退させる危険性をはらんでもいる。

フランスでは，支援の現場で引き出された問題点を吟味し，改善を図るための取り組みが継続的に行われている。さまざまな課題を抱えるとはいえ，こうした枠組みによって，住宅困窮者向けの施策の必要性が認知され，各地で「住宅への権利」を実現するための具体的な取り組みが展開されていることも確かである。その積み重ねが，ベソン法でめざされた住宅政策の理念を再確認する

とともに，その方法を見直すことにもつながっていると考えられる。

〈補 論〉社会賃貸住宅制度の動向

1 住宅困窮者への支援と社会住宅

　フランスでは困窮者を支援するための施策が豊富に存在するにもかかわらず，住宅を喪失し，宿泊施設や社会レジデンス等の一時的居住施設で居住することを余儀なくされている世帯や，現住宅からの退去を求められているが民間住宅市場では再居住先を確保できない世帯，望まない同居や過密居住を強いられている世帯，健康被害が懸念される不適切な住宅に住んでいる世帯等の居住問題が解決されていない。住宅政策の課題は，そうした世帯を受け入れ，それらの世帯が必要とする支援を提供できる住宅を十分に確保することである。

　社会住宅供給制度は，この目標を実現するための政策手段のひとつとして位置づけられている。その代表はHLM（適正家賃住宅 Habitation à Loyer Modéré）住宅である。[60] 2000年現在約370万戸を数え，全住宅ストックの約16％に達している。社会賃貸住宅にはこのほかにも地方自治体などが出資して設立する混合経済会社によって供給，管理されるものが約45万戸あり，両者を合計すると400万戸以上となる。

　フランスでは，これら特定の公益組織が供給，管理する住宅のみならず，民間住宅の一部も広義の社会住宅とみなしている。民間賃貸住宅のなかには，1948年に制定された借家法の適用を受け，家賃を統制されているものがある。その数は過去20年間に大幅に減少してきたが，現在もなお都心部における低家賃住宅の供給源となっており，「事実上の社会住宅」と呼ばれている。さらに，国が民間賃貸住宅の家主と協定を結び，年限を限って社会住宅として利用する制度がある。また，民間賃貸住宅居住者にも，応能援助となる家賃補助が広く支給されている。家賃補助の受給世帯は，社会賃貸部門，民間賃貸部門にまたがる賃貸住宅居住世帯の半数近くにのぼっており，賃貸居住に対する公的支援

は日本の現状とは比較にならないほど手厚い。

その一方で，HLMに代表される社会賃貸住宅部門はきわめて深刻な問題を抱えている。ひとつは，その立地が著しく偏在していることである。2つには，社会住宅集中地区の荒廃や衰退化である。郊外の大規模団地を中心に，失業やバンダリズム，治安の悪化が進行している。これと関連して，入居者構成にも大きな歪みが生じている。これらの団地では，中間以上の所得層が少なく，失業者や低所得世帯，若者の割合が突出して高い。[61]

HLM住宅は元来，労働者住宅として開発されたもので，困窮者向け住宅ではない。しかし，住宅困窮問題の解決が重視されるようになった1980年代後半から，社会住宅供給組織は困窮者の受け入れを従来よりも強く要請されるようになった。通常の社会住宅よりも厳しい所得制限が課される困窮者向け住宅の供給を促進する融資制度や，住宅割り当て原則の適用を徹底する等の一連の制度改革は，個々のHLM組織に困窮世帯の受け入れを迫ってきた。HLM住宅への入居資格は，この間も一貫して国民の6割程度を包含する基準に維持されてきたが，他方で，住宅を確保できない「最も恵まれない者」を優先的に受け入れるという政策目標を達成するため，県や市町村がもつ住宅予約権がこの目的に即して行使されるよう方向づけられてきたのである。

その結果，近年入居した世帯ほど所得が低く，通常の社会住宅であっても，困窮者向け特定社会住宅に入居可能な低所得層が入居するようになっている。こうした状況は，市町村ならびに市町村の意向が強く反映されるHLM住宅供給組織が，社会住宅の新規供給を忌避する理由ともなっている。他方，特定層が集中する大規模団地は，住宅形態の多様化やテニュアバランスの回復を指向しており，困窮世帯のさらなる受け入れには消極的である。[62]

ベソン法制定以降，困窮者向け社会住宅の供給促進は重要施策のひとつとして位置づけられ，予算措置も講じられたが，供給が進まなかった背景には以上のような事情があった。

2 新しい融資制度

　社会住宅の供給を促進するため，1999年に新しい融資制度である社会的利用賃貸住宅貸付 Prêt Locatif à Usage Social（以下，PLUS という）が導入された。同融資では，従来の賃貸住宅助成貸付制度よりも有利な金利，返済条件が設定されるとともに，税制上の特典が拡充された。これにより，家賃を低く抑制することが可能となり，事業の採算性を危惧する HLM 組織や混合経済会社などの事業主体が新規供給に取り組みやすくなった。

　新制度が従前のそれと大きく異なる点は，一般の入居者に適用される上限所得の60％以下の所得層を対象とした困窮者向け住宅枠として，少なくとも供給戸数の30％を確保するよう求めると同時に，供給戸数の10％については，20％増しを上限に，規準所得を超える入居者の受け入れを可能にしたことである。そのねらいは，さまざまな所得階層の世帯を合法的に一緒に住まわせ，社会混合を促進することにある。所得基準超過者の受け入れというオプションはまた，事業資金調達の幅を広げ，社会住宅は困窮者のための住宅とのイメージを改善するうえでも効果があると考えられた。2001年には社会賃貸住宅供給のいっそうの促進を図るため，基礎原価の引き上げ，一定の条件を満たす PLUS 融資住宅への助成率の上乗せ，市場が逼迫している区域で供給される社会賃貸住宅の不動産取得費にかかる国の補助の引き上げ等が実施された。

　制度改革のもうひとつの方向性は，隔離された郊外団地ではなく，既成市街地のなかで受け皿となる住宅を確保することであった。既存の民間住宅を社会住宅として活用するという方針は，1980年代から一貫して指向されてきたが，改善工事を実施する等の要件に阻まれ，伸びなかった。そこで，2001年に，①住宅改善工事をともなわない住宅取得事業の開発，②借地事業の実現，③社会賃貸住宅購入事業の促進，という３つの方針が示された。これらはいずれも，社会住宅の多様化を促すための改正である。また，社会住宅供給のための土地を新たに確保することが困難な自治体が，既存民間住宅を活用した困窮者向け住宅確保事業に取り組むよう促す措置でもある。

社会住宅の多様化に向けての別の取り組みは中間所得層向け融資制度の拡充である。PLUS 住宅入居者層より高い所得階層向けに供給される中間賃貸住宅貸付 Prêts Locatifs Intermédiaires（PLI）や，2001年に導入された社会賃貸住宅貸付 Prets Locatifs Sociaux（以下，PLS という）には，社会住宅を多様化させ，入居者の所得階層分布を均衡化させる効果が期されている。PLS による供給事業には補助等の助成措置はないが，低減付加価値税率の適用，既築不動産税の控除など，税制による優遇措置が適用される。とくに期待されているのは，取得＝改善事業と，高齢者や障害者のための居住施設供給事業を促進することである。預金供託金庫による PLUS 融資が HLM 組織や混合経済会社等の特定事業者に限られているのに対して，PLS の申請においては個人，法人の別は問われない。また，PLS 住宅入居者の所得規準は，PLUS 住宅に適用される上限所得の30％増し，家賃は PLUS 住宅の50％増しまで認められている。[65]

　多様化の促進は，住宅の所有関係（テニュア）にもおよんでいる。2001年には「非常に社会的な持ち家取得補助金 Prime ā l'accession très social（PATS）」による持ち家取得プログラムが発表され，2002年度予算では１住宅あたり１万700ユーロの補助金が1000世帯分計上された。このプログラムでは社会住宅集中地区再編事業との連携が想定されており，プログラム利用希望者は HLM 組織を介して住宅を取得する。

3　社会賃貸住宅制度の課題

　フランスでは現在,「社会住宅の除去・再建事業」により，年間１万戸以上の社会住宅が除去されている。除去を促進するための助成融資も設けられている。除去対象住宅は戦後建設された高層住棟や住戸数が極端に多い大規模住棟である。除去理由は，建物の老朽化や，住戸の規模，設備等の物的特性に関する問題に帰着するものではない。今日の居住者のニーズとは適合しない，あるいは，バンダリズムが横行し，治安や安全確保面で問題があるという理由からである。要は，こうした住棟は「適切な住まい」ではないと認識され，除去さ

れているのである。

　この認識は「社会的排除の克服」という政策概念と結びついている。「適切な住宅」とは，排除の要因を取り除き，社会への参入を容易にするための援助，たとえば，雇用やソーシャルサポートに容易に接近できる住宅であり，セキュリティが確保されたアフォーダブルな住まいでなければならない。「安定した居住」とは，そうした住宅に継続的に居住することが保障されている，という状態をさしている。現在，除去の対象となっている社会住宅の多くは，高層住棟という住宅形態や，既成市街地から離れ，孤立しているという立地特性をもつ。さらにそこに特定の入居者が集中し，バンダリズムや治安の悪化などが生じたといういくつもの条件の連鎖が，社会的排除を惹起する，との判断を導いている。そして，これら荒廃した地区を再生するためには，住宅形態を多様化させ，居住者構成を変えることが必要だと考えられているのである。「住宅への権利」を実現するとは，社会参入を可能にする住居の保障という命題に接近することであり，そのためには，社会住宅のあり方を抜本的に再編しなければならない。近年の社会住宅制度見直しには，社会住宅をスティグマをともなう低所得者のための住宅として特化させ，特定層が集中する，全体社会から隔離された居住地形成を促してはならない，との認識が強く反映されている。

　こうした認識は，フランスの社会住宅ストックの現状と深く連関している。すなわち，そもそも好立地の社会住宅は居住者の定着率が高く，入居者の入れ替えはむずかしい。他方，大量の空き家を抱える社会住宅の多くは，特定地区に立地している大規模団地で，すでに社会経済的問題を抱える多数の困窮世帯が居住している。したがって，困窮者の受け皿となる住宅を供給するためには，ソーシャルミックスを担保する新規供給を促進するか，供給源を別途確保しなければならないのである。

　新しい方向性は以上のような現状認識を出発点としている。しかし，課題はなお山積している。そのいくつかを指摘し，まとめとしたい。

　第1は，供給源を民間部門に求めるとしても，そこで十分な量を確保することはむずかしいということである。既成市街地で新規に土地を取得し，社会住宅を供給する事業は，事業の採算性を確保したり，地元の理解を得たりするの

がむずかしいことから，既存民間住宅の活用には合理性がある。しかし，実態をみれば，その限界性は明らかで，過去10年間，推計で年間1万戸弱程度の民間賃貸住宅が協定社会住宅として利用されたにすぎない[66]。これは目標水準を大幅に下回る低い水準である[67]。

第2は，社会住宅の立地均衡を実現するための有効な手法がいまだ開発されていないことである。過去5年間の社会住宅新規供給の地理的分布を探ると，都市の連帯と再生法55条が適用される市町村では，総数の27％に相当する年間約1万2000戸が供給されたにとどまっている[68]。しかも，該当する市町村の20％でその半数以上（約6300戸）が供給されているのに対して，55％の市町村の供給戸数合計は全体のわずか11％を占めるにすぎない[69]。

第3は，上記と関連し，ソーシャルミックスをどのようなスケールで実現するのか，という問題である。PLUSは街区や住棟レベルで，賃貸住宅入居層の多様化を促進することを可能にしたが，除去政策により生み出された，再居住先を必要とする世帯向けの住宅確保とソーシャルミックスを両立させるためには，相応の住宅投資を前提とせざるをえない。現状では，社会住宅の大量供給という政策選択は想定されておらず，実現は困難である。

冒頭で指摘したように，フランスでは現在，公民両部門にまたがる賃貸住宅居住者の半数近くが家賃補助となる住宅手当を受給している。また，家賃をはじめ，共益費や水道，電気，ガスなどの使用料金の支払いが滞っている世帯，居住と結びついた同伴活動などのソーシャルサポートを必要とする世帯，家主から立ち退きを求められた世帯等を支援するために，住宅連帯基金が設置されている。こうした手厚い安全網が用意されているにもかかわらず，社会住宅の供給が求められるのは，金銭給付による応能援助では，「安定した居住」や「適切な住宅」を保障できないと認識されているからにほかならない。住宅困窮問題に対する政策過程は，現行社会住宅制度のさまざまな問題点や課題を明らかにするとともに，その意義を再確認させるものともなっている。

---

1) 全国社会福祉緊急援助サービス連合会の住所は 35, avenue Courteline, 75012 Paris.

電話：01 53 66 12 62.
2）1998年の反排除法によって，SAMU-socialも国庫社会扶助の「社会参入宿泊施設（CHRS）」サービスとして認定された。これは国庫補助を確実にするためである。
3）ドクター・エマニュエリの貧困観，支援実践の思想については［Emmanuelli,2002］参照。
4）ヴェルシニ大臣の貧困対策に対する，貧困者支援の人道的アソシエーションの懸念については［Alternatives Economiques n° 211,2003,pp.12-14］に詳しい。また，国鉄・連帯委員会においてホームレス（SDF）援助の中心人物であったJ.ダモンも，「ホームレス問題と支援策」をテーマとした社会学博士論文［Damon,2002］を公刊し，最も貧困なものを優先するという「優先主義」・ターゲット主義，そして責任の所在が曖昧な支援の公私協同態勢（パートナー主義）に対して厳しい批判的評価を行っている。ダモンは特別措置や手段の展開・発展は，社会保護（社会保障）制度全体に影響を与え，そこでは普遍主義の目標が弱化させられているとみている。
5）「パリSAMU-social」組織の本部住所は（注1）と同じ。電話：01 53 66 16 63. パリ市では，「パリSAMU-social」組織の他に「全国SAMU-sociaux連合」に加盟し日常的に活動している組織が4つある。4つの組織のうちひとつは国際組織の本部であるが，他の3組織（「赤十字」，「ロルドル・ド・マルト l'Ordre de Malte 医療活動チーム」（アソシエーション），「パリ交通公社（RATP）」（本書上巻の第2章を参照））が市内の日常的な路上活動を実行している。国際組織は「インターナショナルSAMU-social」であり，「パリSAMU-social」の創立者ドクター・エマニュエリX. Emmanuelliにより1999年に創設されたアソシエーションである。2002年現在，ブリュッセル，アルジェ（アルジェリア）などのフランス語圏アフリカの3都市，ソフィア（ブルガリア），モスクワにおいても援助が準備されている。
6）国鉄・連帯委員会の連絡先は18, rue de Budpest 75436 Paris Cedex 09. 電話：01 53 25 79 33.
7）貧困・排除に取り組む連帯委員会の活動はホームレス生活者支援だけではない。委員会には，①ホームレス生活者への支援，②失業者の職業的参入・「雇用確保に向けた新しいサービス」——職業資格を確保させる職業教育の講習会，新しい職種の開拓と国庫補助雇用受け入れの拡大など，③都市問題への対処，とくに都市郊外の貧困地域 quartiers sensibles において，利用者・地域住民との交流を通じて信頼関係を築き，駅や鉄道の荒廃・治安悪化を防止する，という3つ活動領域がある ［SNCF, 2002, pp.7-9］。
8）カトリック救済会 Secours Catholique は1946年創設の，1901年法にもとづく非営利アソシエーションであり，世界154カ国にあるカトリック・カリタス団体のひとつである。2001年現在，フランス本土と海外県・領土の全県で106の地方委員会，被用者800人，ボランティア7万2200人をもって全土で2140の「受け入れ相談所」，4050の援助チームが活動している。毎年，地域で援助したクライエント（ホームレス生活者だけではない）の属性・状況を分析した詳細な白書を公表しているが，2001年の1年間のクライエントは160万人にのぼる。財政は年1億1700万ユーロ＝146億円であり，その7割が個人募金からなり（100万人の寄付者），「公共的有用団体」として受けた公的な補助金は7

%を占めるだけである。また，国家から偉大な目的をもって活動している団体としての認可であるグランドコーズ grande cause nationale も受け，マスコミでの広報活動は無料となっている。主要な活動は地域での貧困者援助であるが，活発な対行政活動をもって制度改革に取り組む人道アソシエーションのなかにあって，リーダー的団体でもある。全国委員会の住所は106,rue du Bac, 75341 Paris Cedex 07. 代表電話：01 45 49 75 76.

　1901年法にもとづくアソシエーションとは「2人以上の人が，共通して自らの知識，活動を一定の方法で，そして利益の配分以外の目的で実行する」団体であり，目的によって3つのタイプに分けられる——①表現，コミュニケーションのためのアソシエーション（友人・同窓・職業・文化・出会いの形成など自らの幸福・楽しみのため地域で結成），②（事業）運営アソシエーションであり，非商品的サービス・セクターを形成（運営は一部補助金を受け，有給職員，ボランティアの参加により市場よりも安価なサービスを供給し利益配分は受けない。余暇・職業教育・保健および社会福祉サービス・教育・旅行などで，その公共性が拡大するにしたがい，近年，増加傾向，③要求のためのアソシエーションで，政治的・経済的・行政的決定に対する圧力団体であり，とくに選挙期間中に活動が活発になる（環境や景観保護・移民の権利など）[Dictionnaire critique d'action sociale, pp.56-58]。カトリック救済会は，第2と第3の目的・形態をもつアソシエーションである。なおアソシエーションの法的規定——権利と義務，そしてフランス社会における重要な日常的役割について詳しくは［大村，2002］を参照。この本ではアソシエーションの数で第2位を占めるのは「社会活動」領域としているが，これは「action sociale 社会福祉活動」と思われる。

9）12の施設の内訳は，ホームレス生活者の社会扶助施設＝社会参入宿泊施設（CHRS）5カ所，同緊急宿泊施設（CHU）1カ所，一般住宅に入居を待機する仲介的な居住施設である社会レジデンス1組織（棟は分散し，事実上3施設），障害者施設3カ所，母子宿泊施設1カ所，地方および外国出身者を対象とした看護施設1カ所である。

10）国家社会扶助・社会参入宿泊施設（CHRS）の歴史は，本書の上巻228頁を参照。また現在の法規定は，2000年12月21日に従来の家族・社会扶助法典などを再編成した社会福祉・家族法典3巻4編5章などで規定されている。ただし，その基本的規定は旧法と変わらない。雇用連帯省（厚生労働省）統計では1998年現在，CHRSはフランス全土（海外県含）で772カ所（本書の上巻229頁）を数える。ただし，シテ・サン＝マルタン施設のように複数の施設をもつ施設共同体もひとつのCHRSとして数えているし，また社会扶助規定で認可されていない緊急施設などは含まれていない。『世界の社会福祉年鑑2002年』（旬報社）のフランス編では，パリのホームレス施設数を5カ所としているが（239頁），FNARS年鑑［FNARS, 2000］によると，パリ市内での宿泊施設・居住保障の団体は74であり，そのうちCHRSは34カ所，宿泊施設付き看護・治療センターは6，社会的レジデンスなど居住施設（分散したアパート運営含む）は13，緊急施設など無認可集団施設は15，母子施設は6を数える。なお，以上の宿泊（居住）施設は個室化が進み，多くとも3人部屋が一般的であり，雑居施設は3カ所にすぎない。

11）シテ・サン＝マルタンの本部住所は 4,rue de l'Arsenal 75004 Paris. 代表電話：01 44 61 89 83.

12) シテ・ミリアムの住所は 2, rue de l'Aqueduc 93100 Montreuil. CHRS の電話：01 48 70 49 50,「周辺サービス」の電話：01 48 70 49 55.
13) FNARS(フナルス)の住所は 76,rue du faubourg Saint-Denis,75010 Paris. 電話：01 48 01 82 00.
14) フランス全土で参入支援アソシエーションまたは社会組織（公的組織または公私協同組織など）は980団体（全国組織または地方組織）あり，宿泊施設と支援サービスは2800（うち社会扶助宿泊施設：CHRS700），また有給職員1万6000人と数千人のボランティアを有して，施設や一時的住宅（居住施設）での席（定員）は5万9000（そのうち4分の1が緊急施設，3分の1が集団施設ではなく借り上げホテル・アパート・専用住居），提供する参入就労ポストは9300である［FNARS,2002］。以上のうち8割近い組織がFNARSに加盟している。
15) 施設の自治が認められるようになったといわれるが，FNARSでは財政枠がはめられたこと，そして国のコントロールの弱化によって，問題を抱えたホームレス生活者の宿泊・滞在を拒否する施設が増加するのではないかと厳しく批判している。
16) UNIOPSS(ユニオプス)には，1998年現在全国組織団体140，法人施設（予防的，ケア的サービスの民間保健・福祉施設だけでなく，診療所や病院も含む）7000，そして職員63万人（フルタイム換算で42万人），41万2000人のボランティアが加盟している。UNIOPSSの現在の最大課題は「貧困・排除との闘い」とされ，強力な圧力団体として，この10数年来の貧困・排除に抗する諸制度の創設に貢献している。UNIOPSSは，EU諸国の福祉アソシエーションが1990年にヨーロッパ反貧困ネットワーク（EAPN）を結成した際には議長を務めた。UNIOPSSの住所は 133, rue Saint-Maur, 75542 Paris cedex11. 電話：01 53 36 35 30。
17) フランスでは，住宅政策は国の管轄のもとにある。ただし，1982年，83年に地方分権化を促進する一連の法律が制定されたことを受けて，住宅供給事業や住環境整備等，具体の事業や施策においては，地方自治体との連携が不可欠となっている。
18) フランスの行政機構は，国，22の地域圏（レジオン），92の県（デパルトマン），3万6700のコミューン（基礎自治体）の4層構造となっている。なお，海外領を合わせると26地域圏，96県となる。
19) 各県で国の住宅政策を遂行するのは，県施設局 Direction départemental de l'équipement (DDE) である。
20) 日本の市町村に該当する最少行政単位。
21) 仏住宅管轄省［METL-SEL, 1998, p.70］による。
22) 1998年7月29日法「排除に抗する闘いの基本法 loi d'orientation relative à lutte contre les exclusion」をさす。
23) 2003年度住宅予算の上院での審議資料，No.62の政府回答書による。
24) 主要には反排除法にもとづく措置をさすが，2000年12月に制定された「都市の連帯と再生に関する法律 Loi relatif à la solidarité et au renouvellement urbains (SRU)」においても，その第55条で一定規模以上の人口を抱える基礎自治体に地方住居計画の策定や20％以上の社会住宅確保を求めるとともに，達成できていない場合には，協力金を徴

収することを定めている。
25) [寺尾, 1996, 34頁] による。
26) 2003年住宅予算審議下院提出意見書258号（Avis présenté par Jean-Pierre ABELIN), p.34による。
27) ここでいう「知事 Préfet」とは慣例的呼称で, 国が任命する県長官をさし, 当該県で国を代表する。一方, 地方公共団体である県を代表する団体自治の長は, 県議会の議長である。
28) 2003年住宅予算審議資料, 質問62に対する政府回答書による。国による県住宅行動計画制度全般に対する定性的評価は, 1997年に続き, 2003年に2回目が実施される予定である。
29) 以下の県住宅行動計画に関する記述は, 同県で入手した Département des Hauts-de-Seine (2000) : Plan départemental d'action pour le logement des personnes défavorisées にもとづく。
30) オー=ド=セーヌ県には建設住居法典第441条に定められた市町村間住宅会議が3つ設けられている。各会議には,①関係する市町村の首長,②国を代表する者,③県議会の代表者,④対象地域に社会住宅を所有・管理する家主組織,⑤全国協議委員会に加盟する借家人組織の代表者,⑥恵まれない者の住宅参入支援を活動目的のひとつとする認可されたアソシエーションで,知事から指名された団体の代表者,⑦住宅建設協力拠出金の集金団体で,対象地域に住宅予約権をもつ者,が参加する。会議は構成員の過半によって成立し,少なくとも年1回以上開催される。議長は市町村の首長のなかから選ばれる。この会議のもとにおかれる地域委員会の任務は,個々の地区で顕在化しているニーズを把握し,市町村の施策との調整を図りながら,計画にもとづく支援を実施することである。
31) 地域委員会は, 関係する基礎自治体の首長, 知事から任命された国の代表者, 対象地域に住宅を所有する社会住宅供給組織の代表者, 借家人組合の代表者2名, 対象地域で居住施設や参入住宅を運営するアソシエーションの代表者2名, 住宅建設協力金拠出組織の代表者で構成される。
32) 住宅連帯基金には, 国, 県, 家族手当金庫等により支出される予備基金が含まれている。これを基礎に, 複数の市町村を単位とする地方基金が設けられる。地方基金への出資割合は, 原則として, 1住宅あたり当該の基礎自治体1に対して予備基金4, 家主組織5である。家主組織の出資割合は当該地域で管理する住宅戸数に比例する。こうした基金をもたない市町村に居住もしくは転入しようとする世帯は, 県の基金により支援される。国, 県, 家族手当金庫の協定にもとづき, 県家族手当金庫が基金を管理している。
33) オー=ド=セーヌ県の現在の収容能力は500人程度である。大半の施設が18時半または20時から受け入れを開始し, 夕食, シャワー浴を認めている。施設によっては衣類の洗濯や荷物預かりを行っている。利用者は翌朝, 食事をとった後退去する。ソーシャルワーカーとの面談を実施している施設もある。宿泊日数は施設によって異なる。原則として一晩とし, 更新を認めている所もあれば, 数日もしくは数週間にわたる宿泊予約が可能な施設もある。一般に後者では, 利用者の支払い能力に応じた利用料を徴収している。

34) 参入居住施設には，住宅による参入事業を実施しているアソシエーションが提供する宿泊施設のほか，社会レジデンス，家具付きの簡易宿泊所，社会ホテル，ホワイエ（職業斡旋を行う共同宿泊施設）などがあり，多様な組織によって運営されている。各種参入施設への入所申請は，要援護者の合意にもとづいて，ソーシャルワーカーが代行する。申請を受けた委員会は，各人の状況や必要なサービスを考慮して，入所施設を決定している。
35) 特定社会プログラム Programme social thématique（PST）とは，全国住宅改善事業団の補助制度を用い，民間住宅を困窮者向け参入住宅として活用する事業制度である。
36) 申請書は，緊急宿泊施設や県の社会福祉部局，市町村から提出される。県は，計画にもとづく支援対象者について市町村と恒常的に意見交換をする。再居住の割り当てにあたっては，申請者が以前に居住していた地域，申請者の希望，申請の優先度などが考慮される。こうした書類は，ソーシャルワーカーにより作成される。委員会は，問題が生じた再居住世帯の状況や家主への支援を検討する。また，状況に応じて，住宅連帯基金による追加的支援や適合住宅の斡旋なども検討する。
37) ただし，目標を実現するための具体的な方法については明記されておらず，「居住圏」を単位に調整するという方向性を示すにとどまっている。
38) 同県の参入プログラムは，雇用・職業訓練，社会生活・識字教育，住宅，保健の4分野における施策と，「個々人の問題状況に応じた支援」という5つの柱を立てている。
39) 現地調査により入手した，Préfecture des Hauts-de-Seine (2000) Programme départemental d'insertion 2000 による。
40) 前掲書による。
41) DGUHC (2002) Evaluation du dispositif de prevention des explusions locatives, Rapport des sites de Lyon et Marseille, p.4 による。
42) ここで具体的に言及されているのは，①既成市街地ならびに協議整備地区（ZAC）における住宅供給，②中心部における若者・学生向け住宅の供給，③空き家の活用，④社会賃貸住宅供給の促進，⑤社会的持ち家取得の促進，である。
43) 全国連合には，UNIOPSS（22の地域連盟のもとに7000団体が加盟），FAPIL（約80団体が加盟），移動者の問題に取り組むUNAGEVやUNISAT（全県の3分の2に加盟団体が存在する），FNARS（宿泊施設を運営する650団体が加盟），UNAFO（ホワイエを運営団体の80％が加盟），UFJT（21の地域連盟のもとに400団体が加盟），PACT-ARIM（後述）などがある。
44) 文字どおり翻訳すれば「住宅への権利」である。
45) 現行の PLA-I は，1998年にそれ以前の「非常に社会的な助成賃貸住宅貸付 Prêt locatif aidé ā financement très social（PTA-TS）」を再編し，設置されたものである。
46) ［Brault, 1999］による。
47) 2003年住宅予算審議資料。質問63に対する政府回答書による。
48) Fédération nationale des centers PACT ARIM (2000) ,p 3 による。
49) 前掲書, p.33による。
50) 調査を実施した2000年12月現在の役職。

注・参考文献　217

51) PACT-ARIM が独自の方針で運営する困窮者世帯受け入れ施設の一種で，政府の住宅困窮者支援プログラムが居住施設として認めている「社会レジデンス」とは区別される。
52) 2000年12月22日に PACT-ARIM 全国連合センターで実施した面接調査による。
53) 2002年2月28日に実施したヒアリング調査による。
54) 会社形態をとる民間の HLM 組織である。首都圏を中心に4つの管理事務所をもち，2万9000戸の社会賃貸住宅を管理している。
55) 住宅による参入援助アソシエーション Association pour favoriser l'insertion par le logement（AFIL）を介している。
56) パリ市内に本部事務所をもつ。主として若者の社会参入を支援する活動を展開しており，ホワイエ（職業訓練施設を兼ねる居住施設）などの運営にも携わっている。
57) ANRS から当該社会レジデンスを運営するために派遣された専門職員へのインタビュー調査（2000年12月19日に現地で実施）による。
58) Compte-Rendu No.00/02, ANRS Résidence Tillier（2000年6月，Jean-Pierre Cousin 作成）による。
59) ピエール神父財団が2002年に発表した "L'etat du mal logement en France 2002" は，民間賃貸住宅の家賃の上昇，社会賃貸住宅申請者の増加，申請待機期間の長期化，スラムの形成などから，住宅困窮問題の深刻化がいっそう懸念される事態となっていると指摘している。住宅管轄省も2002年に公表した Programme national de lutte contre l'exclusion, Droit au logement: 9 objectifs pour agir concrètemet（『反排除のため全国プログラム，住宅への権利，具体的な9つの目標』）1頁で，住宅事情の悪化を指摘している。1999年の国勢調査結果によれば，基本的設備を欠く住宅に居住している人口は約204万人，過密居住61万人，住宅以外の建物に居住している者は約71万人を数える。1990年の調査結果と比較すると，前二者は減少しているが，住宅以外の建物に居住している世帯は37％の増加となっている。
60) 第2次世界大戦後整備された HLM 制度は当初，一般国民を対象とする住宅制度として発足したが，その役割は時代とともに変化してきた。1950年代の目標は，住宅不足の解消を実現し，労働者の居住の安定を図ることであった。1960年代には，既成市街地再開発にともなう移転者や海外からの移民労働者を受け入れた。この時期には，大都市圏の縁辺部に大規模団地が多数造成された。1970年代後半以降は，新規建設戸数は減少したが，一定の質を備えた社会住宅の建設と既存住戸の改善事業が進められた。
61) 郊外の大規模団地は問題地区として都市政策の対象とされている場合が多い。問題地区は，海外領土を除くフランス国内に717カ所あり，若者の失業率や外国人居住者の比率が際立って高い。その状況は1990～99年にさらに深刻化している［Le Toqueux et Moreau, 2002］。
62) さまざまな理由で雇用への参入が困難となった住宅困窮世帯の受け入れは，住宅管理負担が大きく，経営上のリスクも大きい。
63) 仏住宅管轄省パンフレット DGUHC-METL (1999) による。
64) 社会住宅の供給に熱心な事業組織の活動を奨励することを狙って導入された制度であ

る。協定を締結したHLM組織に適用される優遇補助率は，新築へのPLUS融資の場合で通常5％のところを8％に，改善事業の場合では通常10％を15％とされる。加えて，有利な条件で1％住宅基金による低利融資を優先的に受けることができる。
65) PLIとPLSの違いは，PLSでは居住施設融資が可能であるのに対して，PLIでは融資対象が一般住宅に限定されていること，また，事業対象地域が優先区域に限定されるなどの制約条件があることである。
66) 協定により民間住宅を社会住宅として活用できる期間は通常12年である。
67) 住宅管轄省が2002年に公表している Programme national de lutte contre l'exclusion, Droit au logement: 9 objectifs pour agir concrètemet（『反排除のため全国プログラム，住宅への権利，具体的な9つの目標』）5頁による。
68) 一定基準以上の人口を擁し，社会賃貸住宅比率が全住宅ストックの20％に達していない市町村。国立経済統計研究所（INSEE）によれば，フランスには現在，同法の対象となる人口5万人以上の都市圏が112存在する。これらの都市圏を構成する市町村のうち，法が適用される人口3500人以上（イル＝ド＝フランス地域については人口1500人以上）の市町村数は1386で，このうち，先の条件に該当する目標未達成市町村は790である。
69) 社会住宅の範疇には，協定により社会的利用が確定した民間住宅も含まれるが，ここでは所有権が社会住宅供給組織に移管されたものしか含まれていない。ただし，住宅管轄省によれば，その数は無視してよいほど少ないと推計されている（2003年住宅予算質疑第39号に対する回答書 p.122）。

【参考文献】

大村敦志　2002：『フランスの社交と法―＜つきあい＞と＜いきがい＞』有斐閣。
都留民子　2000：『フランスの貧困と社会保護―参入最低限所得（RMI）への途とその経験』法律文化社。
都留民子　2002：「フランスの好況下でのホームレス問題」大阪市立大学経済学会『経済学雑誌』102巻3-4号。
寺尾仁　1996：「地方分権15年の光と影―フランスにおける分権体制下の都市・住宅政策」都市住宅学会編『都市住宅学』第16号。
寺尾仁　2001：「誰が都市で困窮者に住宅を供給するのか―1990年代のフランス法の経験を例に」内田勝一・浦川道太郎・蒲田薫編『現代の都市と土地私法』有斐閣。
檜谷美恵子　1999：「フランスの住宅政策」小玉徹ほか『欧米の住宅政策』ミネルヴァ書房。
檜谷美恵子　2001：「民間非営利組織アソシエーションの制度的位置づけとその活動実態―フランスにおける住宅困窮問題への政策対応に関する研究」都市住宅学会編『都市住宅学』第35号。

本間圭一　2001：『パリの移民・外国人－欧州統合時代の共生社会』高文研。
ANAS-FNARS 2001 : *Les défis de l'innovation sociale*, ESF.
Barreyre Jean-Yves et al.(dir) 1995 : *Dictionnaire critique d'Action sociale*, Bayar editions.
Brault, Yolande 1992 : *Des toits et des hommes, 50 ans de la vie du mouvement PACT-ARIM,* l'Inédit.
Castel, Robert 1995 : *Les métamorphoses de la question sociale. Une Chronique du salariat,* Fayard.
C.S.M.(Cité Saint Martin) 2002 : *Rapport d'activités 2001,* Association des Cités du Secours Catholique, ronéo.
C.M.(Cité Myriam) 2000 : *Rapport d'activités 99,* Association des Cités du Secours Catholique,ronéo.
Damon Julien 1993: *Les «indésirables» dans les espaces de transport. Les exemples de la RATP et de la SNCF,* SNCF.GLMksg, ronéo.
Damon Julien 2002 : *La question SDF. Critique d'une action publique,* PUF, Coll. Le Lien social.
DGUHC-METL (Direction Générale de l'Urbanisme, de l'Habitat et de la construction,.Ministère de l'Equipement, des Transports et du Logement) 1999 : *Le PLUS, pour un habitat solidaire.*
Emmanuelli Xavier et Frémontier Clémentine 2002 : *La fracture sociale,* PUF, que sais-je ?
Fédération nationale des centers PACT ARIM 2000 : *Observatoire du Mouvement PACT ARIM,* Le tableau de bord des activités 1998.
FNARS (Fédération nationale des associations d'accueil et de réinsertion sociale) 1993 : *Accueillir et héberger des personnes en situation d'urgence. Enquête realisée par le CREDOC,* ronéo.
FNARS 1994 : *L'Accueil d'urgence se mobilise. Enquête réalisée par le CREDOC,* ronéo.
FNARS 2000 : *Annuaire 2000-2001.Accueil, hébergement, insertion 2000-2001.*
FNARS 2002 : *Détresse et ruptures sociales. résultat de l'enquête OSC-FNARS,* ronéo.
Le Toqueux, Jean-Luc et Moreau, Jacques 2002 : Les zones urbaines sensibles, Forte progression du chômage entre 1990 et 1999, *INSEE PREMIERE* No, 835.

METL/DGUHC (Ministère de l'Équipement, des Transports et du Logement, Direction Générale de l'Urbanisme, de l'Habitat et de la Construction) 1999: *Du droit au logement à la lutte contre les Exclusions.*

METL-SEL (Ministère de l'Equipement, des Transports et du Logement, Secrétariat d'Etat au Logement) 1998 : *Promouvoir le droit au logement, contribution a l'évaluation de la loi du 31 mai 1990,* La documentation Française

METLTM (Ministère de l'Equipement, des Transports et du Logement, du Tourisme et de la Mer) 2002 : *Projet de loi de Finances Initiale pour 2003, Budget Logement - Le logement des plus démunis,* pp.259-294（2003年住宅予算審議資料政府回答書）。

S.S.P (SAMU-social de Paris) 2002 : *Rapport d'activités. Exercice 2001,* ronéo.

SNCF- Commission Solidarité 2000 : *Actions Solidarité SNCF. Analyses et Initiatives 1999.*

SNCF- Commission Solidarité 2002 : *Actions Solidarité SNCF. Analyses et Initiatives 2001.*

第Ⅳ編
アメリカ

は じ め に
―― アメリカのホームレス生活者対策の到達点 ――

　アメリカの社会福祉にあって，NPO（民間非営利組織）の存在はきわめて大きい。そこでは州政府，地方政府などの行政機関は，基本的に資金の分配とプログラムの監督を務めるだけであって，実際のサービス提供は主にNPOが行っている。とりわけ，ホームレス生活者支援の領域にあって，NPOの占める比重の大きさは圧倒的である。1996年の「全米ホームレス支援サービス提供組織およびその対象者調査」（NSHAPC）によれば，NPOが実施しているプログラムは，調査対象プログラムの実に85％を占めていた。

　ところで，NPOといってもさまざまである。それらは規模の面でも，活動領域や方針の面でも多様である。しかしホームレス生活者支援活動を行っているNPOに限ってみたとき，それは大きく2つの類型に分けることができるであろう。ひとつは規模が大きく，主に住宅（緊急シェルター，通過施設，支援サービス付き恒久住宅など）関連や就労支援関連のプログラムを実施しているNPOである。もうひとつは小規模であって，主に世論を喚起して，地方政府のホームレス生活者対策のあり方を変えるために種々の活動を行っているものである。いま前者を〈事業型NPO〉，後者を〈運動型NPO〉と呼ぶとすれば，マキニー法成立以後の連邦政府によるホームレス生活者対策にあって，その中心となってきたのは〈事業型NPO〉であった。

　連邦政府，そのなかでもとくに住宅都市開発省（HUD）は，1990年代半ば以後，それまでの緊急シェルター重視の方針をあらためて，通過施設でさまざまな支援サービスを提供することに重きをおくようになった。住宅都市開発省は，これによって，緊急シェルターにあってはきわめて困難であったホームレス生活者の就労を通した「自立」を実現しようとしたのである。この「ケアの継続 Continuum of Care」方針のもとで，通過施設の運営にあたったのも，そのほとんどが事業型NPOであった。

　マキニー法以後の連邦政府のホームレス生活者対策の結果として，都市部を

中心に膨大な数の緊急シェルターと通過施設が生まれた。1996年時点での前者のベッド数が約24万であり，後者のそれは約16万であった。いまや，その数はさらに増えているものと思われる。こうした膨大な数の緊急シェルターと通過施設を運営しているものの大部分が事業型NPOなのである。

もともと住宅都市開発省が，それまでの「緊急シェルターへの一括収容 sheltering」重視から，その施策の重心を通過施設での就労支援をはじめとした種々のサービスの提供へ移したのは，それによって通過施設入所者をホームレス生活から脱出させるためであった。このために採用された「ケアの継続」方針は，次のようなひとつながりの活動からなっている。すなわち，①アウトリーチ活動を通しての，路上に居続けるホームレス生活者に対する支援，および場合によっては彼らを緊急シェルターや通過施設に導き入れる活動，②緊急シェルター，③通過施設，さらには④恒久住宅の供給およびそれらにおける種々のサービスの提供である。これに対して，本編では2つの問題を指摘している。

まず，その意図に反して，「ケアの継続」方針採用後も，すでに膨大な数にのぼっていた既存の緊急シェルターの維持および多数の通過施設の確保に予算の多くが割かれ続けたので，通過施設入所者がそこを出た後の受け皿となる「支援サービス付き恒久住宅 supportive permanent housing」の確保のための予算は不十分なままであった。その結果として，何らかの事情でいったん住居を失ってしまうと，多くは，路上と緊急シェルターないし通過施設，あるいは刑務所や病院の間を行ったり来たりし続けるしかなかったのである（第1章）。

通過施設での入所者に対する処遇の質に関しても，大きな問題がある。入所者はそこで，特定のケースマネージャーのもとで就労支援プログラムに従ってさまざまな訓練に従事しなければならないのはもとより，施設での生活においても，その隅々におよぶ規則（門限時刻や施設内での活動の制限などをはじめとした）に従わなくてはいけない。これらに違反すると，最悪の場合，施設からの退去を命じられることになる。施設の規制のこうしたあり方を規定しているのは，当の施設と住宅都市開発省の次のような関係のあり方である。すなわち，通過

施設での就労支援を通した入所者の「自立」をめざす住宅都市開発省は，当然のことながら，施設への補助金支給の基準を施設の「効率性」，つまり入所者のなかでの「自立」した者の割合の高さにおくから，いきおい施設は補助金獲得のために入所者への種々の規制を強化せざるをえなくなる。規制は，入所者選考の際にも行われる。すなわち，入所後，施設の規制を受け入れて，就労支援プログラムに従って訓練に励む見込みのある者が優先的に入所を許されることになるのである。通過施設の入所者に対する，こうした処遇の仕方は，ホームレス生活者がそこに入って，さまざまの訓練を経て，「自立」する責任をすべて当のホームレス生活者自身に課そうとするものである（第2章）。

本編は全体として，マキニー法下の，とりわけ1990年代半ばの「ケアの継続」方針採用後の，アメリカのホームレス生活者対策のあり方に対してかなり厳しい評価を下すものになった。

最後に，こうした否定的評価を前提にしたうえで，アメリカのホームレス生活者対策から導き出せる教訓——日本での今後のホームレス生活者対策が陥らないように考慮すべき——を述べることにしたい。

第1に，質と量の双方において，いまだアメリカのNPOのあり方に遠くおよばない日本にあっては，行政機関がその施策を実施するにあたって，パートナーとなるべきNPOを「育成」することが緊急の課題となるにしても，その際アメリカのNPOのなかでも，事業型のそれのあり方——連邦政府資金に依存しつつ，主に緊急シェルターや通過施設を運営する——に対して批判的な立場をとる運動型NPOの活動の重要性に十分留意する必要がある。なぜなら，アメリカにあって，事業型NPOがホームレス生活者対策の実施にあたって，行政機関の完全な下請け——しかも「効率」優先の——になることがないように牽制し，可能な限りホームレス生活者の利益を代弁しようとしているのが運動型NPOだからである。行政機関は施策の実施にあたって，事業型NPOだけでなく，運動型NPOをもまたパートナーとして位置づけていくことが必要である。

第2に，日本においても現在，大都市部に設置された数ヵ所の「自立支援センター」において入所者に対し就労支援を行うことを通して，彼らの「自立」

を図ろうとする施策が行われ始めているが，その際留意しなくてはいけないのは，そこにおいて，アメリカの通過施設でみられたような入所者への処遇を避けるように努めることである。規制を強化することによって，入所者自身が懸命に努力しなければ「自立」にいたることができないようにしむける——そうできない者は排除されることになってもやむをえないとみなす——仕組みは，基本的に，あの悪名高い「労役場 work house」と同じであろう。

　第3に，緊急シェルターにせよ通過施設にせよ，それらが居住空間として一定の質——人間が生活するにふさわしい質——をもてるようにするためには，ホームレス生活者が公園を含む路上で野宿することが権利として認められたうえで，彼もしくは彼女が既存のシェルターへの入所を拒むこともまた擁護されるべきである。こうした，いわば「路上の権利」を認めて初めて，既存のシェルターの居住空間の質の向上も見込めるようになると思われる。「路上の権利」が認められないところでは，ホームレス生活者には他に行き場がなくなる以上，彼もしくは彼女は既存のシェルターの劣悪な条件に耐えるしかなくなる。

　第4に，一定の期限内にホームレス生活者をなくすための法律とそれにもとづく施策のみによって，所期の目的を実現することは不可能であることを銘記すべきである。ホームレス問題の根本的解決のためには，期限を定めた特別措置法にもとづく施策と並んで，あるいはそれ以上に強力に，構造的なレベルでの条件整備が欠かせない。すなわち，アメリカで近年要求されるようになったものにならうことになるが，良質の低家賃住宅の確保，普通の生活ができる賃金の保障，公的扶助の充実が不可欠である。

　かつてに比べれば増加したとはいえ，しかし，いまだアメリカのそれからみれば格段に少ない段階にとどまっているホームレス生活者数を考え合わせるとき，日本でのホームレス生活者対策のあり方が，アメリカのそれと異なるものになるだろうことはそれほど理解しにくいことではないと思われる。

第1章　地方政府のホームレス生活者対策
——ロサンゼルス郡の「ケアの継続」とホームレス問題経営の限界

1　全米におけるロサンゼルス郡の位置

　アメリカは1993年から2001年にかけて好景気を享受した。それは第2次世界大戦後にあって最長の好景気であった。それにもかかわらず，大量ホームレス問題はなくなりはしなかった。多くの支援活動家や研究者，行政関係者によれば，1980年代に出現した大量ホームレス問題は，この間，沈静化することさえなかった。それどころか，それは悪化したとみなす人さえいる。

　1980年代初めにおいて郡や市などの地方政府は，ホームレス生活者対策関連の資金をもっぱら州政府から得ていた。しかし1980年代半ば以後，連邦政府がホームレス生活者対策に乗り出し始めると，かなりの資金が連邦政府から交付されるようになった。とりわけ1987年に連邦政府がステュワート・B・マキニー・ホームレス支援法を制定するにおよんで，郡や市などの地方政府に交付される資金は一段と多くなった。さらに1990年代に入ると，新しいプログラムの創設とともに資金額はいっそう増加することになった。しかし，これらの資金の大半は緊急シェルターや通過施設とそれらに関連したサービス向けであった。「支援サービス付き恒久住宅 supportive permanent housing」プログラムにも資金は投じられたが，その額は緊急シェルターや通過施設向けに比べれば少なかった。しかも，この恒久住宅プログラムは精神障害者や薬物依存者，HIV感染者といった，何らかの障害をもつホームレス生活者向けのものであった。

　他方，こうした障害をもたないホームレス生活者向けの恒久住宅プログラムにはあまりお金は使われなかった。また，貧困層のなかからホームレス生活に陥る人が出ないようにするための各種の予防的プログラムにも資金は少ししか

投入されなかった。その結果，全米のシェルター（緊急シェルターおよび通過施設が中心）の収容能力は，この間，飛躍的に増大した。すなわち1984年に10万ベッドであったのが，88年には27万5000ベッドになり，さらに96年には39万9800ベッドになった［Burt et al., 2001, p.243］。しかしながら，これだけシェルターの収容能力が増大したにもかかわらず，それはいまだ十分とはいえない。全米市長会議によれば，全米の大都市にあって緊急シェルターの不足率は，この間，15％から25％になったし，緊急食料援助の不足率もまた14％から21％になった［US Conference of Mayors, 2001］。こうした需給のギャップが，さまざまな構造的要因と相まって，多数の人々にホームレス生活を余儀なくさせている。こうして郡や市などの地方政府は，一方で「家を持っている人たちの『快適な生活quality of life』を保障せよ」という声[1]——種々の商業者団体や保守的な政治団体によって発せられる——に配慮しつつ，他方では「家を持たない人たちの『人権human rights』を保障せよ」という声——ホームレス生活者自身やその支援者によって発せられる——にも耳を傾けなくてはいけないという，きわめて困難な立場に立つことになった。

　ホームレス問題は，時間の経過とともに大都市だけでなく，郊外や地方においてもみられるようになった。しかし，そうはいっても，現在でもホームレス生活者とその対策プログラムが集中しているのが大都市であることに変わりはない。[2]大都市のなかでも，緊急シェルターと通過施設を利用する人が最も多いのは，ロサンゼルス大都市圏とニューヨーク大都市圏である。2000年時点で前者には1万3108人の利用者がおり，後者には3万5691人の利用者がいた[3]［US Census Bureau, 2001］。これら2つの大都市圏ほどではないが，他の大都市圏にもかなり多くの利用者がいる。たとえば，シアトル大都市圏には7774人，サンフランシスコ大都市圏には6761人，シカゴ大都市圏には5401人，フィラデルフィア大都市圏には4861人，マイアミ大都市圏には2630人，ダラス大都市圏には2278人という具合いである。しかしながら，ニューヨーク大都市圏とロサンゼルス大都市圏の利用者数の多さは別格である。皮肉なことに，これら2つの大都市圏は世界の富の最大の集積地でもある。

　ロサンゼルス大都市圏とニューヨーク大都市圏はまた，連邦政府が交付する

ホームレス対策関係資金を最も多く受け取っている所である。2001年度に住宅都市開発省（HUD）は，3つのプログラム[4]——マキニー法にもとづくもので，住宅とそれに付随するサービスを提供する——に対して合計8億5000万ドルを計上した。これらの資金のうち，ロサンゼルス大都市圏には5100万ドルが，ニューヨーク大都市圏には6700万ドルが交付された。これらの資金はいずれも，ホームレス生活者のための住宅とそれに関連するサービスのシステムを構築するために交付された[5]。こうしたプログラムに対する資金の交付は，1990年代前半のクリントン政権のときに始まった。それ以来，地方政府はホームレス対策を「ケアの継続」方針（"Continuum of Care" model）にもとづいて行ってきている。「ケアの継続」方針というのは，次のような相互に関連した6つの施策からなるものである。すなわち，ホームレス生活の防止，アウト・リーチ活動，緊急シェルター，通過施設，支援サービス，恒久住宅である。

　アメリカの大都市圏のなかでホームレス人口が最も多い地域のひとつであるだけでなく，ホームレス対策関連の資金を連邦政府から最も多く交付されている地域のひとつでもあるロサンゼルス大都市圏は，アメリカの大都市圏が深刻なホームレス問題にどのように対処してきたかを明らかにしようとする事例研究のための恰好の地域となる。

　本章で著者がめざすのは，ロサンゼルス郡の公的セクターおよび民間非営利セクターが，連邦政府による政策決定と限られた資金量という制約のなかで，深刻な大量ホームレス問題にいかに取り組んできたかを明らかにすることである。ここで結論を先取りして述べれば，ロサンゼルス郡が現在実施している政策は基本的に〈経営的なもの managerial〉である。すなわち，ロサンゼルス郡のホームレス生活者対策は，資金をもっぱら緊急シェルターおよび通過施設の供給とそれらに関連したサービスの提供に向けるばかりで，現在ホームレス生活を余儀なくされている人に対して恒久住宅を提供することに重点をおいてはいない。こうした経営的な対策では，低所得層の人々が何らかの事情で新たにホームレス状態に陥るのを防ぐことはできない。また，この経営的な対策は，ホームレス生活者の健康や人権が脅かされるがままにしている点でも問題がある。

他方で著者は，このような経営的な対策の限界を克服するような大きな広がりをもつ運動が現れてきていることにも言及する。近年，広範な組織や人々——種々のコミュニティ団体や活動家，議員，低所得者，ホームレス生活者など——からなる多様な連合組織がつくられ，それらが地道な活動を行うことによって一定の成果が得られてきている。すなわち，ロサンゼルス郡では「一般救済 General Relief」（GR）の給付期間制限措置を撤廃させることに成功したし，ロサンゼルス市では市に対して1億ドルの低家賃住宅基金 affordable housing trust を創設させた。これらの成果はホームレス問題の構造的原因を除去する1歩となるものである。

1980年代以後のアメリカのホームレス研究が明らかにしたのは，ホームレス問題に関係している要因には構造的なものと個人的なものがあって，それらはお互いに作用し合っているということである。しかも，この相互作用の結果，アメリカでは過去20年の長きにわたってホームレス問題が解決されないまま現在にいたっている［Burt et al., 2001; Burt, 1992; Jenks, 1994; Timmer et al., 1994; Wolch and Dear, 1993; Rossi, 1989］。また，アメリカの大量ホームレス問題を解決しようとすれば，公的セクターにせよ民間非営利セクターにせよ，その活動の照準を構造的要因と個人的要因が相互作用している局面に合わせなければならないことも明らかになった。

本章で著者は，この間，ロサンゼルス郡でどのようなホームレス生活者対策が行われてきたのか，またその成果と限界を明らかにする。しかし，その前に次節において，いくつかの調査を参照しながらロサンゼルス郡のホームレス生活者の人口学的な特徴を示し，ホームレス問題に関係している構造的要因の動向にふれる必要がある。なぜなら，こうした作業はロサンゼルス郡のホームレス生活者対策を評価するうえで欠かせないからである。

2　ロサンゼルス郡内のホームレス生活者の人口学的特徴

1）シェルター・パートナーシップによる調査

「シェルター・パートナーシップ Shelter Partnership」はコミュニティに

根ざす，民間非営利組織である。それは，ホームレス生活者向けに種々のサービスを提供する多くの組織や行政機関に対して，さまざまな技術的な援助を行っている。このシェルター・パートナーシップが1995年にロサンゼルス郡内のホームレス生活者人口を調査した。ここで取られた方法は，家のない人々向けのプログラム——それは「一般救済」ならびに「要扶養児童家族扶助」（AFDC）という一般福祉施策と連動しているプログラムである——に応募した人の数から，ホームレス生活者人口を推定するというものである。このプログラムの有資格者は，住宅都市開発省（HUD）と保健福祉省（DHHS）が採用しているホームレス生活者の定義を満たす人でなければならない。この定義は1987年のマキニー法にもとづいている。すなわち，ここでいうホームレス生活者とは，安定した住居を持たない者であって，緊急シェルターや福祉ホテル，通過施設などに居住する者であるか，または人間が住むのに適さない所——たとえば，路上や車の中，映画館，廃屋など——で夜を過ごす者のことである。[6]

　シェルター・パートナーシップの推計によれば，ロサンゼルス郡のホームレス生活者人口は1日単位の場合，8万4300人であり，1年単位の場合，23万6400人であった。1日単位でみたとき，1万2400人が家族ホームレス（子どもを除く）であり，子どもが8800人である。前者がホームレス生活者全体に占める割合はおよそ15％であり，後者のそれはおよそ10％である。また，1年単位でみると家族ホームレス（子どもを除く）と子どもの占める割合はさらに大きくなって，前者がおよそ20％，後者がおよそ15％になる。

2）ロサンゼルス郡保健サービス局による調査

　「ロサンゼルス郡保健サービス局 Los Angeles County Department of Health Services」（以下，LACDHSという）は，1997年に同郡から8004人の電話所有者（未婚者と既婚者）を選んで，健康状態と医療機関へのアクセス状況の調査を行った［Cousineau, 2001; Cousineau and Shimabukura, 1999］。このLACDHSの調査のなかでの質問「あなたは過去5年のうち，1度でもホームレス状態に陥ったことがありますか。つまり，この5年間で1度でも夜眠る所がないということがありましたか」に「はい」と応えた人は以下のような2つのグループ

図表Ⅳ-1-1 ロサンゼルス郡のホームレス
人口の人種別割合　　（単位：％）

	全人口 (2000年)	貧困層 (2000年)	ホームレス経験者 (1997年)
ラテン系	45	68	43
白　人	35	12	35
アジア系	11	10	5
黒　人	8	9	17
ネイティヴアメリカン	1	1	1
計	100	100	100

に分けられた。ひとつは「正真正銘のホームレス生活者」（路上や車の中，シェルターで「眠る」人）であり，もうひとつは「ダブルアップ状態にある人」（友人や家族の好意で，その家もしくは部屋に居させてもらっている人）である。調査の結果，ロサンゼルス郡の住民のなかで，1992年から96年までの5年間で，1度でもホームレス状態に陥ったことがある人が37万人（郡全体の人口の5.7％）いることがわかった。このうちの44％（郡の全人口のおよそ2.5％，16万人）が「正真正銘のホームレス生活」に陥ったことがあると応えた。この調査では現在ホームレス生活をしている人は対象になっていない。また精神障害者で現在入院している人——一般にホームレス生活を経験したことがある可能性が高い——も除外されている。それゆえ，ここでみた数字は，この時期のホームレス生活者（子どもを除く）人口の下限であると考えられる。

こうした眼界はあるものの，このLACDHSの調査は1992年から96年までのロサンゼルス郡内のホームレス生活者（正真正銘のホームレス生活者とダブルアップ状態にあった人）がどのような人口学的特徴をもっていたかを知るのに役立つ。図表Ⅳ-1-1はロサンゼルス郡の人種構成を，郡の全人口および貧困層——いずれも2000年の国勢調査にもとづく——，そしてLACDHS調査別に示したものである。これによれば，とりわけラテン系が貧困層に占める割合が高いことがわかる。すなわち，ラテン系がロサンゼルス郡の総人口に占める割合が45％であるのに対して，貧困層に占める割合は68％になっている。しかし，ホームレス経験者のなかに占める割合は貧困層におけるほど大きくない。これは，しばしばラテン系の人々にみられる家族成員どうしの強い絆の存在を示すものといわれる。これと反対に黒人の場合，貧困層のなかではそれほどでないにもかかわらず，ホームレス経験者のなかに占める割合はかなり高い。これは，黒人にあって家族成員どうしの絆が弱いことを示すものと説明されている。アジア系

の場合，貧困層に占める割合はそれほど大きくないが，ホームレス経験者に占める割合となるといちだんと小さくなる。このこともまた，ラテン系と同様に，アジア系の場合，家族成員の絆が強いのでホームレスになることが少なくなると説明されている。

図表Ⅳ-1-1にみられるように，ホームレス経験者に占める白人と黒人の割合（35%と17%）は，それぞれが貧困層人口に占める割合（12%と9%）に比べてかなり大きい。ところで，ロサンゼルス市のスキッド・ロウ地区でテント生活を余儀なくされている人を対象に行われた調査では，92%が黒人で，6%がラテン系であった［Erlenbusch et al., 2001］。このことを考慮すれば，LACDHSの調査では，現在ホームレス状態にある人（ホームレス状態が長期におよんでいる人を含む）が対象とされていないぶん，黒人の割合が実際よりかなり小さくなっていると考えられる。スキッド・ロウ地区での調査にうかがわれるような，ホームレス生活者のなかで黒人の占める割合が異常に大きくなっているという事態は，ロサンゼルス郡内で近年みられるようになった黒人の階層分化――すなわち，黒人上・中層人口の増加と同時に生じた黒人最下層人口の増加――と関連しているように思われる［Grant et al., 1996］。1980年代以後，黒人のホームレス生活者人口が増加してきた原因として，脱工業化が都市貧困層の社会的紐帯におよぼした影響，半熟練・未熟練職種が都心部で減少し，郊外で増加したこと，また居住地域の分離（セグリゲーション）が強化されたこと，教育および労働市場領域での人種差別がなくならなかったこと，さらにその起源は奴隷制の時代にまでたどれるような不利益が世代間で継承されてきたこと，などが指摘されている［たとえばHopper, 1996; Massey and Denton, 1993; Wilson, 1980, 1987, 1996］。他方，白人がホームレス生活者に占める割合も，それが貧困層に占める割合に比べてたいへん大きくなっているが，その理由は最近の研究でも解明されていない。

3　ロサンゼルス郡における大量ホームレス問題の構造的原因

1980年代のアメリカでホームレス生活者が増加したことをめぐってなされた

議論のなかで，最初のころさかんに論じられたのは，この増加に与(あずか)っているのが個人の何らかの欠陥であるのか，それとも社会的な要因であるのかということであった。しかし，近年，研究者や支援者，政策担当者たちは総じて，ホームレス生活者の増加が個人的脆弱性と社会的要因の相互作用によって引き起こされたものであるとみなすようになっている。この場合，相互作用とはいっても，どちらかといえば社会的要因のほうが重視される傾向にある。相互作用による説明のなかで最もよくみられるのは，社会資源の配分のされ方にかかわる構造的要因が家を持たない人がどれだけの規模になるかを決定する一方で，個人的要因は具体的に誰がホームレス状態に陥るかを決定するというものである[Koegel et al., 1996]。

著者は前節で，ロサンゼルス郡にあって，とりわけ構造的要因の影響を受けやすい人がどういう特徴をもっているかをみた。本節では，構造的要因にかかわる3つの変化について簡単に論じることにする。これら3つの変化は，この20年，ロサンゼルス郡にあって，多くの貧困研究者たちが不平等や貧困の深刻化，さらには大量のホームレス生活者の存在と関係している構造的原因を究明するにあたって，とくに重視してきたものである。

1）労働市場の変化

1970年代および80年代のロサンゼルス郡でみられた産業構造の変化に関して，Wolchらが述べるところによれば，この間，産業の中心は自動車やゴム，ガラス，鉄鋼，航空機などの重厚長大産業からサービスとハイテクに特化した産業へ移った。そして，まさにこの移行が，この20年にわたってロサンゼルス郡でホームレス生活者が増加したことに最も深くかかわっているのである[Wolch, 1996; Wolch and Dear, 1993]。また，OngとBlumenbergによれば，近年のロサンゼルス郡で最も有力な産業といえば，高賃金を得る者と低賃金の者をともに含むサービス産業および製造業――たとえば，FIREという表現で総称される金融finance，保険insurance，不動産業real estateや娯楽，国際貿易などのサービス産業と情報機器，電子機器，衣料，家具などの製造業――である。その結果，ロサンゼルス郡では1970年代初頭以後，所得格差は拡大し，

ジニ係数は一貫して上がってきた。また，所得階層の上位5分の1の所得の全体に占める割合が上がると同時に，下位5分の1所得階層の所得の全体に占める割合は下がり続けたのである［Ong and Blumenberg, 1996］。

重厚長大産業の衰退によって，それほど高い熟練は要求されないが収入は安定していたような職種の多くが失われ，代わって高賃金職種と低賃金職種を混在させた産業が登場してきた。ロサンゼルス郡の男性労働者の年間平均所得は1975年には3万2700ドルであったのが，1989年には2万5000ドルまで下がった［ibid.］。さらに，フルタイム労働者のうち，年収1万5000ドル未満の者が占める割合は1969年から90年にかけて7％から19％へ増えた。また同時期，年収3万ドル以上4万4999ドル以下の中間所得層の占める割合は38％から26％に低下した。これに対して同時期，年収6万ドル以上の男性フルタイム労働者が占める割合は10％から13％に上昇した。ロサンゼルス郡の男性フルタイム労働者1人あたりの所得は1990年代には38％上昇して，99年に2万8276ドルになったが，カリフォルニア州全体の所得調査によれば，90年代にあっても所得格差は緩和されなかった。すなわち，所得階層の上位10％の労働者の実質賃金が13％増加したのに対して，下位25％の労働者の実質賃金は40％低下したのである。[7]

なお，ロサンゼルス郡が白人中心の地域から，核となる人種不在の地域になり，また所得格差が目立つ地域になったことに与った要因は，いまみたような産業構造の変化だけではなかった。この間，一貫してみられたラテン系やアジア系移民の流入もまた，大きな役割を果たした［ibid.］。とくにメキシコなどの中米の国々からやって来た移民は，教育水準が低く，英語力も貧弱であったので，結果的にロサンゼルス郡内の若年黒人男性労働者——彼らもまた教育レベルは高くなかったが，メキシコなどからの移民に比べればましだったし，英語力は当然高かった——の職を奪い，彼らの所得水準を低下させることになった［Ong and Valenzuela, 1996］。

さて，こうした労働市場の二極分化とそれによる所得格差の拡大の結果として，ロサンゼルス郡ではこの30年間，一貫して貧困率が上昇した。1968年に10.9％だった貧困率は，79年には13.4％になり，89年には15.1％，そして99年には16.3％になった。こうした貧困率の上昇は，この間，ロサンゼルス郡全体

の人口は増加しているので，当然のことながら貧困層人口の絶対数もまた増加したことを示している。たとえば，1990年に130万人であった貧困層人口は，2000年には170万人になった（30％の増加）。好景気であるにもかかわらず貧困層人口がこのように大幅に増加したことによって，低所得層に属する人々の間では，低家賃住宅——それらの戸数は減少する一方で，家賃は上昇傾向にあった——への入居をめぐる競争が一段と激しくなった。

2）住宅市場

前項でみたように，この間，ロサンゼルス郡では，所得格差が拡大し，貧困層人口が増加した。また人種構成も大きく変化した。このなかにあって，ロサンゼルス郡内の住宅供給は人口の増大と住宅需要の変化についていけなかった。ロサンゼルス郡では過去30年間，公共住宅はまったく建設されなかったし，民間業者が供給する低家賃住宅の数もきわめて限られていたので，需要を満たせなかったのである。家主たちにとってこうした事態は好都合だったから，この間，彼らは種々の住宅——たとえば賃貸集合住宅や分譲集合住宅，低家賃住宅，さらに夫婦家族向け住宅など——の建設に反対してきた。都市の低所得地域にあった何千という賃貸集合住宅——その多くは複合家族向けで，ほとんどが低家賃であった——は，1980年代になると次々に壊されて，その跡地にさまざまな商業施設がつくられた。それに加えて，ロサンゼルス市の中心部にあったSRO住宅——極貧層にとって貴重な住宅資源であった——の半分以上が1985年までに壊されてしまった。「南カリフォルニア自治体連合 Southern California Association of Governments」によれば，ロサンゼルス市がその住宅需要に応えようとすれば，1998年から2004年までの7年間に，およそ7万戸の住宅を確保することが必要である。つまり，毎年1万戸ほどの住宅が必要とされるということである。しかし利用できる最新のデータである1998年の資料を見ると，その年につくられた住宅はわずか4369戸であった［U. S. Census Bureau, 1999］。

こうした住宅をめぐる需要と供給のミスマッチの結果，ロサンゼルス郡の住宅市場は極度に逼迫したものになっている。ロサンゼルス郡の2000年における

賃貸住宅の空室率は4.7%であるが，これは全米の大都市圏地域の平均空室率の7.7%に比べて非常に低い［U.S.Census Bureau, 2000］。逼迫した住宅市場のもとでは，家主は家賃を高くして，より多くの利益を得ようと考えるから，低家賃住宅の数そのものが少なくなってしまう。ロサンゼルス郡において1985年には，貧困家族に賃貸可能な低家賃住宅は，貧困家族100に対して54あった［U.S. Census Bureau, 1987］が，88年には33になった［U.S.Department of Housing and Urban Development, 2000a］。このような低家賃住宅の不足が「家賃補助を最も必要とする」世帯の多さとなって現れている。住宅都市開発省によって「家賃補助が必要である」とみなされた世帯は，郡全体で40万1000世帯にのぼっている。これらの世帯の平均所得は郡全体の所得の中央値の半分にも満たず，所得の半分以上を家賃に充てている［U.S.Department of Housing and Urban Development, 2000b］。

ここに，カリフォルニア大学バークレー校の研究者が作成した，カリフォルニア州のホームレス問題に関する報告書がある。それによれば，カリフォルニア州で多数のホームレス生活者が生みだされ，それがいっこうに減少しないことに大きくかかわっている要因が，住宅市場と労働市場のあり方であることがわかる［Quigley et al., 2001］。この報告書によれば，ホームレス生活者の割合の高さと強い相関をもっているのは，所得の低さと低家賃住宅の不足であった。所得（1人あたり），失業率，ならびに1月（調査月）の平均気温を統制した場合，空室率の低さと高家賃，および家計に占める家賃の割合の高さが，ホームレス生活者の割合の高さと関係していた。また，所得分配の変化がホームレス生活者の割合におよぼす影響を試算すると，所得階層の下位5分の1における平均所得の減少が，ホームレス生活者人口のかなりの増加に結びついていることも示された。

3）福祉政策

Wolchが指摘しているように，この間の福祉国家のあり方の変化，つまり連邦政府が歳出の重点を社会サービスから産業基盤整備に移したことが，全体として不平等問題と貧困問題のいっそうの深刻化に結びついた。そして，この

ことは1980年代になってロサンゼルス郡でホームレス生活者が増加したことにも関係している［Wolch, 1996］。1980年代における景気の動向は，ロサンゼルス郡にあっても福祉サービスへのニーズをかなり高めたにもかかわらず，それに対する支出は大幅に削減された。というのは，ロサンゼルス郡の税収が減少したからであり，さらに連邦政府とカリフォルニア州政府もまた福祉への支出を削減したからである。

　1980年代から90年代初めにかけての時期，地方レベルでの所得補償のための現金給付額は，インフレ率に応じて，ごくわずか増やされただけであった。それゆえ，受給者が家賃の上昇に対処するのは容易ではなかった。ロサンゼルス郡の場合，「一般救済」の給付額はカリフォルニア州で最も低い水準であったにもかかわらず，1991年には，その受給者6万人のうちの約10％にあたる人が毎月，受給者名簿から削除された。この処置は，受給者が規則違反――たとえば，指定された時刻にケースワーカーの所に面会に現れない――をした場合などに課されることになっていた60日間の資格停止措置によるものであった。これに先立って1981年，ロサンゼルス郡の公的扶助局では，職員のおよそ20％が削減されていた。それは，扶助申請の受理から給付にいたるまでの期間を長引かせることにもなった。さらに，1980年代初めには，多くの福祉事務所も閉鎖された。これらの事務所の多くは，低所得地域にあった。こうして，医療および福祉サービスを最も必要としている人々がそれらを利用することがいっそう困難になったのである。

　ロサンゼルス郡精神保健局もまた，1988年に予算が1600万ドル削減されるという大きな打撃を受けていた。その結果，外来専門の多くの精神科クリニックは閉鎖されたり，統合されたりした。こうしたクリニックは，大規模な州立精神病院の閉鎖や法律の改正――この改正によって，精神障害者が自分もしくは他者に対して危害をおよぼすおそれがないことが証明された場合，彼ないし彼女を本人の意思に反して入院させておくことはできなくなった――にともなって病院から出てきた多くの精神障害者を受け入れることになっていたが，閉鎖や統合によってこれらのクリニックの数が減ったために，それはほとんど不可能になった。閉鎖された精神科クリニックの多くは，ロサンゼルス郡内の低所

得地域，とりわけ黒人やラテン系が多く住む地域にあった。こうした精神科クリニックの多くが閉鎖されたことによって，行き場を失った重い精神疾患に苦しむ人のなかには，ホームレスになる者も多く現れた。またロサンゼルス郡立の刑務所に入る者も多くなった。その結果，郡立刑務所はカリフォルニア州最大の精神病院という評判を得ることになった。さらに一般病院や子どもの養護および矯正を行う施設なども，ロサンゼルス郡が財政危機の時期に行った歳出削減の影響を受けた。[11]

4　ロサンゼルス郡のホームレス生活者対策

　ロサンゼルス郡の場合，安定した住居を持たない人々に対する援助は，1970年代まで，もっぱら少数のキリスト教関係の支援団体——それらは市中心部にあるスキッド・ロウ地区に集中していた——によるものに限られていた。また，ロサンゼルス郡内にあるロサンゼルス市以外の都市にあっては，それぞれの都市に残っていたわずかばかりのSROホテル（Single Room Occupancy hotel. 上巻第IV編311-312頁参照）が，居住不安定な人々の役に立っていたにすぎなかった。[12]これらの支援団体やSROホテルが援助対象もしくは顧客としていたのは大部分，単身男性であった。これらの単身男性は失業していたり，アルコール依存の問題を抱えていた。こうした人々に対して，支援団体やSROホテルが提供したのは1晩だけの宿泊であった。他方，これらの人々に対して行政が行っていたことといえば，警察官を使って，これらの人々がスキッド・ロウ地区などの外に出て行けないようにすることであった。しかし1980年代に入ると，ロサンゼルス市とロサンゼルス郡，カリフォルニア州はこぞって，これまでのやり方を改めて，当時増加しつつあったホームレス生活者の窮状に対して対策を講じるようになった。1980年代初めの段階において，ロサンゼルス市中心部およびその周辺の路上で寝泊まりしていた人々のなかには若者もいたし，女性や人種マイノリティの人々，精神障害者，薬物依存に苦しむ人々もいた。そうした人々の数は1970年代までは数百人規模であったが，80年代初めには数千人に達していた。

1980年代には，連邦政府のホームレス生活者対策関連予算も，1987年のマキニー法の施行とともに増加した。そこで，ホームレス生活者対策が効果的なものになるように，種々の対策を調整する必要が出てきた。住宅都市開発省が1994年にクリントン大統領の大統領令——これはホームレス問題連絡協議会の提言［Interagency Council on Homelessness, 1994］に依拠していた——にもとづいて，ホームレス生活者対策プログラムを「ケアの継続」という考えのもとに統合する方針を示すと，カリフォルニア州政府およびロサンゼルス郡，ロサンゼルス市にとって，ホームレス生活者対策を調整する必要は待ったなしの段階に入った。

ロサンゼルス郡とロサンゼルス市が共同で郡内のホームレス問題にかかわるプログラムの調整と実施にあたる機関として，「ロサンゼルス・ホームレス対策局 Los Angeles Homeless Services Authority」（以下，LAHSAという）を設置したのは1993年である。LAHSA創設の背景には，郡と市がともに相手をホームレス問題に十分取り組んでいないとして裁判に訴えたという出来事があった。[13] LAHSA創設の目的は，ロサンゼルス郡のホームレス生活者に対する支援プログラムの計画立案および計画の実施段階における調整，実施状況のチェックであった。

ホームレス生活者支援プログラムの資金として以下のものがある。まず連邦政府の資金としては，「連邦緊急事態管理支援 Federal Emergency Management Assistance」（FEMA）プログラムによるもの，「コミュニティ開発包括補助金 Community Development Block Grant」（CDBG），「ケアの継続」の考えにもとづいて住宅都市開発省が実施している「Super NOFAプラン」[14]（以下，「ケアの継続プラン」という）と関連したプログラム——通過施設と恒久住宅にかかわる3つの大きなプログラム[15]——によるものがある。LAHSAはこれらの連邦政府資金に加えて，カリフォルニア州，ロサンゼルス郡およびロサンゼルス市のホームレス関連プログラム資金の運用計画を立てる。LAHSAの主な仕事は，連邦政府およびカリフォルニア州，ロサンゼルス郡，ロサンゼルス市の資金を民間非営利組織に分配することであり，実際にホームレス生活者にサービスを提供するのはLAHSAから資金を受けた民間非営利組織である。と

はいえ，LAHSA が必ずしもロサンゼルス郡のホームレス関連プログラムのすべての資金を分配するわけではない。連邦政府や州政府の資金のなかには，LAHSA 以外の機関——たとえばロサンゼルス郡保健サービス局，同精神保健局，同矯正局など——が分配・管理するものもある。

　LAHSA を運営しているのは，10人のメンバーからなる運営委員会である。そのうちの5人はロサンゼルス郡監査委員会 County Board of Supervisor に指名され，残りの5人はロサンゼルス市長が市議会の承認を得て指名する。

　LAHSA が力を注いでいるのは，「ケアの継続」方針をロサンゼルス郡内のホームレス生活者の多様なニーズに応えるものにすることであり，またサービスの利用者と提供者双方の利益にかなうものにすることである。ホームレス生活者支援サービス提供組織が，「ケアの継続」方針にもとづいて住宅都市開発省のプログラムに応募する時期である2000年春，LAHSA ではヒアリング作業が始められた。すなわち，LAHSA 職員のなかでも，とくにサービス提供組織と交渉する職員や運営委員会のメンバー，提言機関のメンバー，さらにはホームレス支援活動家やサービス提供組織の職員などから意見を聞く作業が始められたのである。

　LAHSA はロサンゼルス郡を「サービス計画地域 Service Planning Areas」(SPA) と呼ばれる8つの地域に分けて，ホームレス支援プログラムを策定・実施している。それぞれのサービス計画地域にあって，住宅都市開発省のプログラムに応募する支援サービス提供組織は1999年，ホームレス問題に関係している行政機関とともに連合組織をつくった。翌年，この連合組織は，「2001年ケアの継続」プランの策定を LAHSA と話し合いながら一緒に行った。これらの話し合いのなかで LAHSA は，サービス計画地域ごとに，ホームレス生活者の特徴や該当プログラムの内容およびプログラムにともなう資金の額に関して情報を提供し，連合組織はこれらの情報をもとにそれぞれのサービス計画地域ごとに目標を設定し，さまざまなサービスや住宅の必要量と現実の量との格差を算定した。また，それぞれのサービス計画地域にあって，通過施設と恒久住宅のうちプログラムとして優先すべきなのはどちらか，さらにホームレス生活者のなかでも優先してサービスを提供すべきなのはどういう人たちかとい

ったことに関しても明確な答えが出された。そして，この優先順位は，LAHSAがサービス計画地域ごとのプランを集約して，最終的にロサンゼルス郡全体の「ケアの継続」プランを作成したうえで住宅都市開発省に提出するにあたって，プログラムに優先順位をつけるのに使われた。『2001年ロサンゼルス郡ケアの継続プラン』はこのようにしてつくられたのである。

1）ロサンゼルス郡の「ケアの継続」

住宅都市開発省のホームレス対策プログラム関連予算の分配が必ずしもすべて，「ケアの継続」プランによって決定されてしまうわけではないが，プランの策定にあたって，サービス提供組織はそのサービス提供のシステムを詳細に説明することが求められる。以下では，住宅都市開発省に提出された『2001年ロサンゼルス郡ケアの継続プラン』[16]にもとづいて，ロサンゼルス郡の「ケアの継続」とはどのようなものであるかを明らかにしたい。結論を先取りしていえば，ロサンゼルス郡では過去20年にわたって，ホームレス生活者支援プログラムはかなり充実したものになってきたにもかかわらず，現在でもなお，貧しい人々がホームレス生活を余儀なくされることがないようにする予防面や就労支援および住宅支援の面では決定的に不十分である。

（1）予 防

ホームレス予防プログラムを実施しているのは，ほとんどがLAHSAとは無関係の地方政府機関である。そうした機関が実施しているプログラムは「一般救済」や「カリフォルニア州貧困家族一時扶助」(以下，CalWORKsという)，「補足的補償所得 Supplemental Security Income」(以下，SSIという)，「セクション8家賃補助 Section 8 Housing Subsidy」などである。

「一般救済」の有資格者は，子どもがいなくて，しかも銀行預金が50ドル未満であるか，財産が500ドル未満（ただし4500ドル未満の車と3万4000ドル未満の住宅を除く）である個人もしくは世帯である。[17]「一般救済」の給付額は月221ドルである。「一般救済」の受給者は，通常，フードスタンプ（認定を受けた一般の食料品店で利用できる食料購入用クーポン）や交通費補助，医療費補助なども受給する。

これらの補助額は合計100ドルから135ドルになる。ロサンゼルス郡の福祉事務所が「就労可能」(すなわち65歳未満で障害のない人)とみなした受給者の場合，「一般救済」の給付金の受給期間は9カ月に短縮されたうえ，雇用サービスプログラム——ワークフェアの特徴をもつ——への参加を要請される。LAHSAの「ケアの継続」プランによれば，「一般救済」プログラムは，極度の貧困に苦しんでいて，子どもがいない人が頼りにする最後の公的なセイフティネットであるということになっており，この給付金を受けている個人もしくは世帯はロサンゼルス郡全体でおよそ6万である[18]。しかしながら，このプログラムによって貧しい人々がホームレス生活に陥るのがどの程度防がれているかとなると，はなはだ心もとない。たしかに「一般救済」プログラムの給付金は，誰かと家賃を折半したり，格安のSROホテル（月額200ドル位）に宿泊する場合にはかろうじて足りるにしても，ロサンゼルス郡にあるワンルームタイプのアパートの「公正市場家賃Fair Market Rent」（EMR，月額543ドル）[19]には遠くおよばない。「一般救済」の受給者の70％は，それを受給していたにもかかわらず，1年間のうちのいずれかの時点でホームレス生活を余儀なくされていた［Shelter Partnership and Public Counsel Law Center, 2002］。

　CalWORKs（要扶養児童がいる貧困家族に対してカリフォルニア州が行っている補助）およびSSI（高齢者や障害者に対して連邦政府が行っている補助）の場合，それぞれの扶助額は「一般救済」に比べるとかなり多い。たとえば，2人の子どもがいる無職の父親または母親はCalWORKsから毎月626ドルの給付を受け，障害をもつ人や高齢者はSSIから毎月692ドルの給付を受ける。SSIの給付額が相対的に高いのは，それが創設された時点で，65歳以上の高齢者世帯の貧困を緩和することをめざしていたからである。実際，SSIのおかげでホームレス生活を免れている高齢者はかなり多いと考えられる[20]。ロサンゼルス郡公的扶助局によれば，CalWORKs受給者数は約50万である[21]。この数は，カリフォルニア州とニューヨーク州を除けば，それ以外のどの州よりも多い。CalWORKsの給付額のレベルは，ほとんどの受給者が——その収支は極度に逼迫したものになるにしても——住居を確保できるものである。とりわけCalWORKsの受給者が，それに加えてフードスタンプ[22]と家賃補助（後述）も受給する場合にはそう

しかしながら，家賃補助が小額であったり，家賃が高騰したり，また賃金が安かったりした場合，多くのCalWORKs受給世帯は住居を確保することさえむずかしくなる。さらに連邦政府の福祉改革の影響で，ロサンゼルス郡公的扶助局がCalWORKsの受給に際して不正を行った者に対して厳しい態度で臨むようになったり，受給世帯のメンバーが家庭内暴力の被害者になったり，薬物依存になったりした場合，たとえCalWORKs受給世帯といえどもホームレス生活を強いられることになるだろう。1990年代の初めから中頃にかけてロサンゼルス郡でホームレス生活を余儀なくされた人の34％は，子どもと一緒の人であって，単身者ではなかった［Cousineau and Shimabukura, 1999］。また，ロサンゼルス郡内のある民間非営利組織によれば，家族ホームレスの数は近年驚くほど増えつつある［Rivera, 1998］。これらの知見は，CalWORKsプログラムがホームレス生活を防ぐのに十分ではない場合があることを示している。とりわけCalWORKsの給付が，家賃補助と合わせて行われない場合，ホームレス生活を防止するにはなおさら不十分といえる。

　フードスタンプと家賃補助は，低所得の家族もしくは個人がホームレス生活に陥らないようにするための補助である。フードスタンプは，個人に対しては月100ドル以上相当，家族に対しては月300ドル以上相当が支給される。ロサンゼルス郡内にあってフードスタンプを受給する家族もしくは個人の数は，1990年代後半には約10万にのぼった。ところで，ホームレス生活の防止という点では，家賃補助のほうがより直接的である。家賃補助は住宅都市開発省がバウチャー voucher もしくは有資格証書 certificate のかたちで支給している。この「セクション8家賃補助」プログラムでは，対象者は収入の30％を家賃に充てればすむように，住宅都市開発省が地域ごとに「対象者が本来支払うべき家賃（公正市場家賃を超えない）」と「実際に支払う家賃（対象者の所得の30％にあたる）」との差額を支給している。

　「セクション8家賃補助」プログラムを希望するのは，CalWORKs受給者に限らない。家族ホームレス生活者やHIV感染者，家庭内暴力の被害者などもそれを希望する。しかし，バウチャーもしくは有資格証書の支給数はこれら

の希望をすべてかなえられるほど多くないので，ロサンゼルス郡内の極貧家族にとってさえバウチャーや有資格証書を得るのはむずかしい。現在，ロサンゼルス市住宅局が扱っている「セクション8家賃補助」プログラムの対象者は，バウチャー方式が2万9338ケース，有資格証書方式が1万5962ケースである。ロサンゼルス市だけでさらに15万世帯が「セクション8家賃補助」を希望しているが，それらの世帯が希望をかなえるには平均8年待たなくてはいけない [Institute for the Study of Homelessness and Poverty, 2001]。ロサンゼルス郡住宅局もまた希望者が多くて困っている。そこで扱っている「セクション8家賃補助」プログラムの対象者は，バウチャー方式が1万7694ケース，有資格証書方式が3635ケースである。そして待機者リストには11万3874世帯が載っている。しかも1年以内に「セクション8家賃補助」プログラムから抜け出すことができたケースは，全体のわずか5％にすぎない [ibid.]。

　何年か待ったうえで，やっと「セクション8家賃補助」をもらえるようになっても，それが必ずしも家賃補助住宅への入居に結びつくわけではない。家主の力が強くて，彼らが法外に高い家賃を設定する場合，また「セクション8家賃補助」を利用する人々に関して，「彼らはきわめて貧しい」という評価が定着している場合は，バウチャーもしくは有資格証書を得ても，それに見合う住宅を見つけることがむずかしくなる。実際，ロサンゼルス郡の場合，「セクション8家賃扶助」バウチャーもしくは有資格証書が使用されている割合は2001年で47％にすぎない。これは現在の全米レベルの61％に遠くおよばないばかりか，1980年代後半に平均72％ほどであったロサンゼルス郡の状態に比べても，驚くほど大幅に低下している [U.S. Department of Housing and Urban Development, 2002a]。

　ロサンゼルス郡には，現在の住居からの追い出しを防止するプログラムもいくつかある。2001年度，LAHSAは連邦政府資金50万ドルを使って，およそ500家族が現在の住居から追い出されるのを防いだ。この場合，連邦政府資金を用いて，「入居補助および追い出し防止」プログラムを実際に運用したのは地域の民間非営利組織であった。このプログラムは，家賃を払えなくなって追い出された家族に対して，新しい住居に移り住む費用を援助したり，あるいは

まだ追い出されるにいたっていない家族に対して，家賃を立て替えたりするものである。ただし，このプログラムの対象になれるのは，後日仕事に就いたり，公的扶助を受給したりして，家賃を支払うことができるとみなされた家族に限られる。こうした厳しい条件にもかかわらず，このプログラムを希望する家族は多い。したがって，受給をめぐっての競争は激しいものになる。家賃の立て替えを希望する家族は1万5000から2万いると考えられるが，そのうちでプログラムの対象者に選ばれて，実際に家賃を立て替えてもらえるのは500家族にすぎない[Shelter Partnership, 1995]。この「入居補助および追い出し防止」プログラムのほかにも，成人の障害者がいる世帯とHIV感染者がいる世帯に対する家賃補助プログラムがある。

　最後に，ロサンゼルス郡における法律面での支援活動に言及しておきたい。これを行うのは大部分，民間非営利組織である。民間非営利組織は家主と借家人の争いを調停して，違法な追い出しが行われないようにする。これに加えて，ロサンゼルス郡とカリフォルニア州では近年，福祉制度や更生制度の不備をなくして，これらの制度を利用している人がホームレス生活を余儀なくされることがないようにしようとする取り組みも行われるようになった。たとえば，最近つくられたカリフォルニア州のアウトリーチ・プログラムでは，刑務所で服役している人や精神病院に入院している人に対して，彼らが出所・退院する前の段階で仕事を紹介したり，住宅を確保したりする取り組みが行われている。こうすることで，彼らが刑務所や病院を出た後，ホームレス生活に陥ることがないようにしようというのである。里親制度に関しても，子どもが里親の家を出る手続きや子どもに対する職業紹介の方法を改善する試みがなされている。さらに，最近成立したカリフォルニア州の条例は，薬物依存が関係した犯罪を犯した人に対して，服役を課すのではなく，薬物依存治療を受けさせようとしている。これは，薬物依存者を刑務所・路上・シェルターの連鎖から解き放つものになると期待されている。

（2）アウトリーチ活動

　ロサンゼルス郡の「ケアの継続」方針を構成するものとして，次にふれなく

てはいけないのは，アウトリーチおよびアセスメント活動である。ホームレス支援サービス提供組織が行う路上でのアウトリーチ活動やアクセス・センターでの活動，無料の電話相談サービスなどは，ロサンゼルス郡のホームレス生活者が支援サービスに接する最初の段階に位置している。支援サービス提供組織のなかには，車を使って最寄りの地域を巡回しながら，ホームレス生活者に毛布や食べ物などを配ったり，また彼らを励まして，彼ら自身が路上から抜け出る手立てを尽くせるように支援するものがある。こうしたアウトリーチ・プログラムはおよそ25あるが，なかには精神障害者や家出した若者，薬物依存者，家庭内暴力の被害者，HIV感染者および感染の可能性が大きい人，さらに退役軍人などを対象とするものもある。このほかに移動医療相談プログラムも多い。これらの医療相談プログラムの大部分は民間非営利組織が運用している。これらは，単に路上のホームレス生活者に対して医療サービスを提供するだけでなく，彼らに働きかけて，彼らが自分から進んで「ケアの継続」方針に含まれるサービスを利用するように支援するものでもある。アウトリーチ活動を行っているのは民間非営利組織だけではない。LAHSAのなかにも「緊急援助チーム Emergency Response Team」（ERT）というのがあって，これは，民間非営利組織が行うアウトリーチ活動と同じく，定期的にロサンゼルス郡全体を巡回して，ホームレス生活者を支援している。

　ホームレス生活者支援サービス提供組織のほとんどが種々のコミュニティ団体と何らかの関係をもっている。したがって，ホームレス生活者のなかには，最初に接触した民間非営利組織から紹介された別の組織でサービスを受ける人も多い。そうしたネットワークに加えて，アウトリーチおよびアセスメント活動ではシステムがつくられている。このシステムを構成するものとして，ホームレス支援サービスを結びつける多くの無料電話回線があるが，そのひとつが"INFOLINE"と呼ばれる社会サービス用の無料電話回線である。これは，電話してきた人の話を聞いて，相談者が適切なサービスを受けられる団体を紹介するものである。

　ロサンゼルス郡内にはアクセス・センターが11カ所あって，ホームレス生活者を郡の「ケアの継続」方針に導き入れるのに役立っている。これらのセンタ

ーは、ロサンゼルス郡のなかでも、とくにホームレス生活者が多い地域につくられている。アクセス・センターではまず、来所した単身ホームレス生活者や家族ホームレス生活者に対してアセスメントが行われる。次に、これらの来所者に対して最も適切なサービスを提供できる団体が紹介される。アクセス・センターではまた、住居を追い出される瀬戸際にある人（もしくは家族）を、先にみたような緊急家賃補助支給団体につなぐこともしている。ホームレス生活者を郡の「ケアの継続」方針に導く入口となるものとしては、アクセス・センターのほかにドロップ・イン・センターがある。これは「どんな人でも利用できる」もので、郡内に4カ所ある。ひとつはロサンゼルス市内のスキッド・ロウ地区にあり、利用者でとくに多いのは、長期にわたってホームレス生活を余儀なくされている人である。ロサンゼルス市のサウス・セントラル地区およびPacoima郊外にあるドロップ・イン・センターはともに精神障害に苦しむホームレス生活者が多く利用している。もうひとつはサンタ・モニカ市にあり、利用者で多いのは、女性のホームレス生活者である。ドロップ・イン・センター利用者は、いずれも「サービスを受けたがらない」人々とみなされたり、「独特のニーズをもっている」と思われたりしている。それゆえ、ドロップ・イン・センターでは、利用者に対してなんであれ利用上の条件を課すようなことはまったくといっていいほどしていない。それは、どんな人であれ、その人に憩える場所を提供するためである。

　LAHSAが策定した『2001年ロサンゼルス郡ケアの継続プラン』では、アクセス・センターとドロップ・イン・センターを利用する人を郡全体で約3000人と見込んでいる。

(3) 緊急シェルター

　ロサンゼルス郡内の民間非営利組織が運営している緊急シェルターの場合、入所は1夜単位のこともあれば、期間が30日、60日、90日と定まっていることもある。緊急シェルターのベッドはほとんど寄宿舎式である。1夜単位のシェルターを除けば、食事は3食出る場合が多い。こうしたシェルター以外に、毎年11月から3月までの5カ月間だけ設けられるシェルターもある。これは「コー

ルド・アンド・ウエット・ウェザー・シェルター・プログラム Cold and Wet Weather Shelter Program」と呼ばれるプログラムのもとで設置されるシェルターである。このプログラムの実施主体はLAHSAで，対象人員は約1200人である。また，バウチャー方式で，格安のホテルに短期間泊まれるようにするプログラムもある。これは，家族ホームレスやHIV感染者などのように，大規模な寄宿舎式のシェルターに不向きの人たちに利用されることが多い。

　緊急シェルターのあり方は，運営主体の方針によってさまざまである。カウンセリングに熱心な所もあれば，ケース・マネジメントやモニタリングに力を入れている所もある。また，「来る者拒まずだが，入所者にあまり期待もしない」というやり方をしている所もある。しかし，総じて，ケース・マネジメントのような，シェルターを出た人に安定した住居を確保することを目的にした援助は手薄である。ケース・マネジメントは通過施設──「ケアの継続」方針のなかで，緊急シェルターの次に位置する──で多く実施されている。

　LAHSAの『2001年ロサンゼルス郡ケアの継続プラン』によれば，ロサンゼルス郡内にある緊急シェルターの総ベッド数は4118で，内訳は単身者用が2981ベッド，家族用が1137ベッドとなっている。これに対して，LAHSAは郡全体で必要な緊急シェルターのベッド数を1万4980とみなしており，現在のベッド数では73％不足していることになる。現在の緊急シェルターのベッド数に「コールド・アンド・ウエット・ウェザー・シェルター」のベッド数1200を加えても5318ベッドにしかならない。この場合，不足率は64％である。

(4) 通過施設

　通過施設プログラムの場合，滞在期間は緊急シェルターよりも長くなる（住宅都市開発省の通過施設資金を使って運営されている施設なら最長2年間）。また，緊急シェルターに比べて居住条件もよくなり，入所者のプライバシーも保障されるようになる。さらに，提供されるサービスもいっそうきめ細かなものになる。しかし，通過施設にあっても，緊急シェルターの場合と同じく，そのあり方は運営主体の方針に応じてさまざまである。通過施設の目的は，ホームレス生活者（個人であれ家族であれ）から，彼もしくは彼女に安定した住居がないことに

関係している要因——薬物依存やアルコール依存などの問題，また金銭管理や対人関係にかかわる「生活スキル」の未熟さ，さらに就職およびその後の就業の継続に不可欠の「ソフト・ウエア」の不十分さなど——を取り除くことである。通過施設は，緊急シェルターに比べて対象を限定したうえでサービスを提供する。たとえば，家族ホームレス向けや青少年ホームレス向け，退役軍人向けの通過施設があるし，また薬物依存者専門，精神障害者専門，家庭内暴力被害者専門の通過施設などもあって，それぞれ独自の援助を行っている。

　通過施設を運営しているのは大部分が民間非営利組織であるが，ロサンゼルス郡精神保健局や同郡子ども家族サービス局が運営している施設もある。ロサンゼルス郡内には，通過施設への照会を専門とする機関はないので，照会の多くは緊急シェルターからのものとなる。場合によっては，ある民間非営利組織が運営している緊急シェルターから，同じくその組織が運営している通過施設に対して照会がなされることもある。しかし，ふつうは異なる民間非営利組織間で照会が行われる。さらに，薬物依存者に対する治療を行っている精神病院から照会があるときもある。また，ホームレス生活者のなかには，薬物や精神障害などの問題をまったく抱えていなくて，すぐにでもホームレス生活から抜け出せそうな人もいる。そういう人に対しては，緊急シェルターを経由しないで，アクセス・センターもしくはドロップ・イン・センターから直接，通過施設への照会がなされることがある。

　ロサンゼルス郡の「ケアの継続」方針において提供されている住居（ベッド数）の64％は通過施設である。現在，通過施設のベッド数は，単身者用が6443で，家族用が3359である。しかし，通過施設はロサンゼルス郡内にまんべんなく分布しているわけではなく，郡内にはほとんど，あるいはまったくない所もある。また，通過施設に対する需要は多い——LAHSAは2万9960ベッドと推計している——ので，現在のベッド数といえども十分とはいえない。LAHSAの推計を基準にすると，67％不足していることになる。

（5）恒久住宅

　通過施設を出て民間の賃貸住宅を借りる人もいるにはいるが，ロサンゼルス

郡の場合，低家賃住宅が極端に不足しているので，通過施設を出た後，民間の賃貸住宅を借りて生活することは容易ではない。「ケアの継続」方針のなかで，恒久住宅は住宅都市開発省の2つのプログラム——「シェルター・プラス・ケア・プログラム」と「SROプログラム」——によって供給される。恒久住宅供給の目的は，ホームレス生活者が通過施設を出た後に入居できる住宅のストックを全体として増やすと同時に，とりわけ精神障害や薬物依存などの特別な問題を抱えたホームレス生活者を住宅面で支えて，彼らが再びホームレス生活に陥らないようにすることである。恒久住宅の入居者は，その収入の30％を家賃として支払うだけですむ。そのうえ，入居者は恒久住宅に付帯する種々の支援サービス——入居者の自立につながるようなサービス——を受けることもできる。こうした家賃補助と同時に一連の支援サービスを提供する恒久住宅は，「支援サービス付き恒久住宅」と呼ばれている。こうした住宅の創設を可能にしているのは，サービス提供組織どうしの緊密な協力関係である。

　こういった「支援サービス付き恒久住宅」を運営する民間非営利組織のなかには，資金として次の2種類のものを使う所が多い。ひとつは，住宅都市開発省の「シェルター・プラス・ケア・プログラム」および「SROプログラム」——いずれも「ケアの継続」方針に含まれていた——からの資金であり，もうひとつは州政府や地方政府，民間からの資金である。一般に，民間からの資金は，銀行からの低利率の借入金を含めて，建物を買い取って，それに手を加えるのに使われる。これに対して，住宅都市開発省ならびに州政府，地方政府からの資金は運営資金として使われたり，借入金の返済や種々のサービスの提供に使われる。とはいえ，こうした恒久住宅の創設と運営には多くの資金が必要とされるだけでなく，金融や住宅開発に関する専門知識と経験も必要であるから，このような恒久住宅の創設・運営を行える民間非営利組織の数は限られるし，それが行われる地域も限定される傾向がある。ロサンゼルス郡の場合，ホームレス生活者向けの「支援サービス付き恒久住宅」の大部分（部屋数のおよそ70％）はロサンゼルス市のスキッド・ロウ地区にある。他の地域に比べて，そこには多くのSROホテルがあるので，民間非営利組織にとって，それらを買い取ったうえで，支援住宅に改造することが容易だからである。ところで恒久

住宅用資金のうち，住宅都市開発省から支給される資金の大部分は何らかの障害をもつ人向けとなっているので，恒久住宅といっても，いきおい障害をもつ人向けの恒久住宅が多くなる。その結果，障害をもたないホームレス生活者が入居できる恒久住宅は大幅に不足することになる。

この10年，ロサンゼルス郡では，ホームレス生活者のための「支援サービス付き恒久住宅」が数多くつくられた。しかし，まだ需要を満たすにはほど遠いので，今後もさらにつくる必要がある。同郡の『2001年ロサンゼルス郡ケアの継続プラン』によれば，ホームレス生活者（個人であれ家族であれ）向けの既存の恒久住宅部屋数は3236となっている。これは必要量の約10％でしかない（LAHSAは2万9960室が必要であるとしている）。このようにロサンゼルス郡では恒久住宅の供給がいまだきわめて不十分であるが，その背景には，同郡の「ケアの継続」方針のもとで，これまで通過施設の供給が強調されすぎたという事情がある。しかし近年になって，コミュニティ団体のなかに，「支援サービス付きの恒久住宅」をつくろうとする機運が出てきた。現在，13のコミュニティ団体が合わせて25の恒久住宅計画に着手している。これらの計画が実現すれば，新たに636室分がロサンゼルス郡の恒久住宅のストックに加わることになる。この部屋数の内訳は，HIV感染者向け309室，精神障害者（薬物依存などとの重複を含む）向け238室，家庭内暴力の被害者向け63室，里親の家から逃げ出してきた若者向け26室である。

（6）支援サービス

住宅都市開発省の資金は，以下に述べるような一群の支援サービスにも使われている。支援サービスは，ホームレス生活者が緊急シェルターから通過施設を経て，首尾よく恒久住宅に移れるようにするために，これら一連の過程で提供される。それは，ホームレス生活者が，薬物依存や精神障害，さらには金銭管理能力の欠如といった，いわば個人にかかわる問題を解決して，彼もしくは彼女，あるいはその家族が自立し，安定した生活を送れるようにするためのものである。LAHSAの『2001年ロサンゼルス郡ケアの継続プラン』には，支援サービスとして，職業訓練，ケース・マネジメント，薬物依存治療，精神障

害治療,生活スキル訓練,住宅斡旋,病気治療(歯科治療を含む),交通費支給などが挙げられている。これらのうち,歯科治療を含む病気の治療は主に一般の病院で行われる。それ以外は大部分,民間非営利組織が担当している。

LAHSAが行った支援サービスの需給ギャップ調査によれば,現在提供されている支援サービスは必要量の12%でしかなく,不足率は88%にのぼる。不足率がとりわけ高いのは,住宅斡旋(98%)と病気治療(含歯科治療)(98%)である。

2) ロサンゼルス郡のホームレス問題経営

以上の概観により,ロサンゼルス郡のホームレス生活者対策には,現金給付水準の低さや所得補償受給期間の短さ,家賃補助支給件数の少なさなど大きな限界があることがわかった。ロサンゼルス郡にあって,ホームレス生活を長期にわたって余儀なくされている人が膨大な数にのぼっている背景には,こうした事情がある。ロサンゼルス郡保健サービス局によれば,ホームレス生活を5年以上続けている人の数は,郡全体の人口の5.5%にのぼる[25][Cousineau, 2001]。図表Ⅳ-1-2は,種々の住宅サービスおよび支援サービスの需要と供給実績,ならびに両者の差を示している。たしかにロサンゼルス郡では,この20年,ホームレス生活者向けの支援プログラムは公私ともにめざましい充実をみた。にもかかわらず,支援サービスはいうまでもなく,住宅サービスをみてもその実績は需要を満たすにはほど遠い。とりわけ恒久住宅の供給が極端に不足しており,需要の11%を満たすにすぎない。

同図表からはまた,ホームレス生活者に対する住宅サービスの大部分が緊急シェルターと通過施設であるということがわかる(両者合わせると住宅サービスの81%を占める)。緊急シェルターにせよ通過施設にせよその最終的な目的が,ホームレス生活者の安定した住居の確保であると考えると,恒久住宅の供給の大幅な不足はきわめて深刻な事態である。さらに,支援サービスのなかで相対的に多く提供されているのはケース・マネジメントと薬物依存治療,精神障害治療で,反対にほとんど提供されていないのは病気治療(歯科治療を含む)と住宅斡旋である。

図表Ⅳ-1-2 ロサンゼルス郡の「ケアの継続」プランにみられる需給ギャップ

	需要	供給	不足量	*供給率(%)	**不充足率(%)
住　居					
緊急シェルター(床)	14,980	4,118	10,862	24	73
通過施設(床)	29,960	9,802	20,168	57	67
恒久住宅(室)	29,960	3,236	26,724	19	89
計(床・室)	74,900	17,156	57,744	100	77
支援サービス					
ケースマネジメント(人)	74,900	19,689	55,211	32	74
薬物依存治療(人)	38,948	11,462	27,486	19	71
精神障害治療(人)	59,920	9,648	50,272	16	84
生活スキル訓練(人)	64,414	7,342	57,072	12	89
職業訓練(人)	43,393	4,584	38,809	7	89
交通費支給(人)	74,900	5,852	69,048	10	92
病気治療(含歯科治療)(人)	74,900	1,456	73,444	2	98
住宅斡旋(人)	69,900	1,233	68,667	2	98
計(人)	501,275	61,266	440,009	100	88

注：＊住居全体に占める各住居の供給率および支援サービス全体に占める各支援サービスの供給率
　　＊＊各住宅および各サービスの需要量に対する不足量の割合
出所：LAHSA『2001年ロサンゼルス郡ケアの継続プラン』

　以上の結果から，貧しい人々がホームレス生活に陥るのを未然に防ぐ手立てが不十分なこと，必要量に比べて住宅サービスおよび支援サービスの提供が極度に不足していること，とりわけホームレス生活者が安定した住居を確保するうえで欠くことのできない種々のサービスの提供が不十分であるばかりか，当の恒久住宅そのものの供給もまた大幅に不足していることが明らかになった。そうしたとき，著者には，ロサンゼルス郡がこの間に行ってきたホームレス対策なるものは，〈経営的なもの〉でしかなかったといえるように思われる。たしかに，この間，ホームレス生活者の過酷な状況を改善し，彼らがホームレス生活から抜け出すことを可能にすべく，さまざまな援助が行われてきた。しかし，これらの援助によって実現したのは，たかだか，ある一時点でのホームレス生活者人口を若干減らすということでしかない。ホームレス生活者人口を継続的に減少させるにはホームレス問題に関係している構造的要因に働きかける必要があることは明らかであるにもかかわらず，これまでそれは行われてこな

かった。

　所得補償や家賃補助といった，ホームレス予防策を充実させていくには，連邦政府，州・地方政府レベルでの新たな立法措置が必要であろう。しかし，それが実現する前であっても，住宅都市開発省の「ケアの継続」方針をもっと活用することはできる。もともと「ケアの継続」方針は，地方政府がホームレス生活者向けに恒久住宅を提供することを奨励し，ホームレス生活者が現状から抜け出すことを促進しようとするものであった。最近，多くの人々——たとえば都市計画家や政策担当者，ホームレス生活者支援活動家など——がホームレス生活者向けの恒久住宅が不足していることに注目するようになっているし，ホームレス問題の解決には「支援サービス付き恒久住宅」がきわめて有効であることを示す調査報告にも目を向けるようになっている。住宅都市開発省も，こうした気運を受けて，最近そのプログラム応募者に対して，「ケアの継続」プロジェクトと認めてもらいたければ，プロジェクトのうちの30％を恒久住宅向けにするように要求し始めている。しかし，そうはいっても恒久住宅プロジェクトを実施するにはかなりの専門知識と経験が必要とされるので，恒久住宅プロジェクトが広がるにはおのずと限界がある。ましてや民間非営利の支援サービス提供組織は，現在運営している緊急シェルターや通過施設を継続して維持していくことにかなりのエネルギーを割かなければならないため，恒久住宅までなかなか手が回らないのが現状である。LAHSAの『2001年ロサンゼルス郡ケアの継続プラン』には，住宅関連で90のプロジェクトが載っていて，その予算総額は5000万ドルを超すが，その内訳をみると相変わらず通過施設関連の比重が大きい。すなわち，住宅関連予算の55％が通過施設とそれに関連する支援サービス関係の更新であり，17％が同施設および同サービスの新設であって，恒久住宅に関しては，種々の障害を抱えた人向けの恒久住宅の新設が24％，同種の恒久住宅の更新が4％にすぎない。SROホテルの修復関係の予算にいたってはゼロである。

5 大量ホームレス問題経営の限界

アメリカ全土で実施されている「ケアの継続」方針にもとづいたプログラムを対象にした調査によれば，大量ホームレス問題に対する経営的アプローチには以下にみるような限界がある。まず，「ケアの継続」方針にもとづくサービスを受けている人で，首尾よく恒久住宅に移れる人もいるにはいるが，多くはそこまでいかずに「ケアの継続」過程の途中で止まったままであったり，路上とシェルター，刑務所，病院，さらには不安定な住居の間を行ったり来たりしている。Burt らが行った調査によれば，ホームレス支援サービスを利用している人のなかで，現在のホームレス生活が一時的である人が20%だったのに対して，ホームレス生活を繰り返す人および長期にわたってホームレス生活をしている人が合わせて80%にものぼった（それぞれ24%と56%）[Burt et al., 2001]。一般に Burt らの調査のように，調査時点を短く設定した調査では，ホームレス生活を長く続けている人の割合が高くなる傾向がある。しかし，そのことを考慮してもなお，いまみた数字は，ホームレス生活からなかなか抜け出せない人が大部分を占めていることを示している。著者は，本節で「ケアの継続」方針にもとづくプログラムの有効性に関してこれまで行われたいくつかの調査を検討しようと思うが，その目的はホームレス問題に対する経営的アプローチ――そこではサービスの中心が緊急シェルターと通過施設におかれるので，どうしてもホームレス生活を予防する措置はおろそかになる――が，どのような社会的コストを強いているかを明らかにすることにある。そして最後に経営的アプローチに代わるアプローチを提示したい。このオルタナティブは，近年ロサンゼルス郡でみられるようになったものである。

1）緊急シェルター，通過施設および恒久住宅の有効性

「ケアの継続」方針に沿った住宅プログラムに関して住宅都市開発省が行った調査によれば，緊急シェルター，通過施設，恒久住宅のなかで，ホームレス問題の解決に最も有効だったのは恒久住宅であった。すなわち，安定した住居

を保障する恒久住宅プログラムがホームレス生活者の自立を促進する度合いが最も大きかったのである。1995年，住宅都市開発省はマキニー法のもとで実施されているプログラムがどの程度の有効性をもっているかを明らかにするための調査を行った［U. S. Department of Housing and Urban Development, 1995］。この調査によれば，「緊急シェルター補助金」（ESG）プログラムにもとづいて運営されている緊急シェルターを経て，恒久住宅に移った人の割合は7％にすぎなかった。また，通過施設から恒久住宅に移った人の割合は58％であった。なお，通過施設にいた人のうち，雇用を確保した人の割合は26％にとどまっている。このように通過施設から恒久住宅に移った人のほうが，それができなかった人に比べて高い割合を占めた。しかし，恒久住宅に移った人がそれに要した期間をみると，9カ月以上を要した人が70％を占めていた。また，通過施設にいる間に仕事を見つけることができた人の割合はあまり高くなかったので，恒久住宅の半分は家賃補助を受けていた。恒久住宅に移ったホームレス生活者の構成では，家族ホームレス（90％）や精神障害者（74％），薬物依存者（67％）の割合が高かった。これらの人々はいずれも「セクション8家賃補助」の有資格者であった。

　最近行われたある研究によれば，「支援サービス付き恒久住宅」はさまざまの障害をもつホームレス生活者の自立にとってきわめて有効であることがわかった。しかも，それに要する費用は，種々の公的サービスをすべて合わせたものより安くなるという。Culhane らは，重い精神障害をもつ4679名のホームレス生活者——彼らは1989年から97年にかけて，ニューヨーク市内の「支援サービス付き恒久住宅」にいた——に関する行政資料を分析して，次のことを明らかにした［Culhane, et al., 2001］。すなわち，これらの人々は，「支援サービス付き恒久住宅」に入るまで広範な公的サービス——緊急シェルターや病院，メディケイド，退役軍人向け入院サービス，州立精神病院への入院，また州立刑務所およびニューヨーク市立刑務所への入所など——を受けていたが，支援住宅に入ったことで，これらの公的サービスを受けなくてすむようになった。これによって膨大な金額が節約される一方で，「支援サービス付き恒久住宅」に要する費用は，1室・1年あたりわずか995ドルかさんだだけであった。

また，ロサンゼルス市にある民間非営利組織「ビヨンド・シェルターBeyond Shelter」のディレクターである Tanya Tull が行っている運動に，「住宅最優先」("Housing First")運動というのがある。これは，ホームレス生活者が緊急シェルターや通過施設を経由するのを待たずに，彼らに直接，「支援サービス付き恒久住宅」を提供しようというものである。こうした考えは，ホームレス生活者の自立につながる度合いが最も大きいとみなされている［U. S. Department of Labor, 1998; Barrow and Zimmer 1999; Shinn and Baumohl, 1999］。

　緊急シェルターおよび通過施設は，その目的とするところとは反対にホームレス生活者を現状に甘んじさせており，その結果，ホームレス問題を改善するどころか，むしろ悪化させることになっているのではないかという点に関しても議論がなされてきた。いわゆる「緊急シェルターへの一括収容 sheltering」についての研究が取り組んだのは，ホームレス生活者が緊急シェルターで生活することが，どれほど彼もしくは彼女が安定した住居に移ることを阻むものとなっているかということであった。長期にわたって緊急シェルターで生活する人は，その危険で荒廃した環境に適応しようとして，まわりの人に無関心になったり，また身の回りのことに無頓着になったり，あるいは何事にも消極的になって，緊急シェルターの規則に身を任せるようになる［Grunburg and Eagle, 1990］。緊急シェルターは一種の「全制的施設 total institution」であって，さまざまの規則と規制を通して入所者の自主性を大幅に制限する。緊急シェルターはまた，入所者を「年齢相応に」遇しないことによって，入所者の尊厳や有能感をないがしろにしている。実は，この尊厳と有能感こそ，入所者が恒久住宅に移ろうと考えるようになるのに欠かせないものなのである［Stark, 1994］。「住宅最優先主義」を唱える Tanya Tull の考えは，いまみたような知見につながるものである。彼女はまた，それに加えて，「シェルター入所者」というレッテルが入所者に作用して，彼もしくは彼女の自尊感情を壊したり，被差別感を強めたりすることになる点も指摘している。

　この間，ホームレス生活者支援のサービス——所得保障や恒久住宅の確保は手薄であった——がなされるようになる一方で，ホームレス生活者以外の低所得者向けのサービスは全体として後退してきた。論者のなかには，こうした事

態は結局のところ，アメリカのセイフティネットの質を悪化させたにすぎないという人もいる。この間，公的扶助や健康保険，また精神障害治療や薬物依存治療，さらには退役軍人サービスなどが切り詰められてきたが，このことは，広範な弱者を援助する責任を放棄したうえで，それに代わるものとしてホームレス生活者支援の仕組みを設けたにすぎないというのである。実際，ホームレス支援サービスを利用していた人のうち，調査時点でホームレス生活をしていた者の割合は53.5％にすぎなかった［Burt et al., 2001］。またCulhaneらは，ホームレス支援の仕組みが連邦政府の福祉改革によって困窮に追いやられる貧困者の受け皿になる可能性があると指摘している［Culhane et al., 1999］。すなわち，「(福祉改革が)シェルター制度に対してもつ意味は，明らかにシェルター制度が一般に『セイフティネット』と考えられている所得保障にとって代わるものとなる可能性があるということである」［ibid., p.26］。

2）社会的コスト—公衆衛生，人権，社会的公正

　暫定的な支援に力を入れるばかりで，予防措置の整備にはあまり熱心でないような経営的アプローチには，いまみたようにその有効性に関して多大の疑問があった。しかし，経営的アプローチの問題はそれにとどまらない。有効性についての疑問に加えて，このアプローチの社会的コストの大きさも問題である。まず，大量ホームレス問題が公衆衛生に対しておよぼすコストは容易に理解できる。Burtらの調査によれば，調査時点でホームレス生活をしていた人のほぼ半分が慢性的病気にかかっていた［Burt et al., 2001］。慢性的病気のなかでも，とくにHIVや結核のような伝染病についていえば，ホームレス生活者でそれに感染している人の割合は一般に信じられているほど高くはない。Burtらによれば，HIVに感染している人が1％で，結核感染者は3％にすぎなかった。Burtらは医療保険の有無に関しても調査しているが，それによれば，どんな保険にも加入していないという人は55％であった。そして，保険に加入している人のなかで大きな割合を占めたのはメディケイドであった。メディケイドとは，連邦政府が低所得者に対して設けている保険であるが，その保障はかなり不十分なものである。メディケイドも含めて医療保険に加入している人の割合

が小さかったので、過去1年の間、医者にかかる必要があったにもかかわらず、それができなかったという人が24％にのぼった。また、ロサンゼルス市のスキッド・ロウ地区で生活する女性に対して最近なされた調査によれば、健康を害したり、レイプされたり、さらに1晩の宿と引き換えに性交渉を強いられたりする度合いは、彼女がスキッド・ロウ地区で生活し始めてからの期間と正の相関関係にあった [Dennison et al., 2001]。

ひとたびホームレス生活に陥ると、正規の仕事に就くことはきわめて困難になる。そこで、彼ないし彼女はそれ以外の仕方——それは往々にして誰かから金品を恵んでもらったり、何らかの半端仕事をやっていくばくかのお金を稼いだりといったかたちをとる——で、なんとかしのいでいくことになる。それにもかかわらず、多くの都市ではホームレス生活者がインフォーマルな仕方でしのいでいくことに対して厳しい対応がとられている。民間非営利組織「ホームレス状態および貧困問題に関する全米法律センター National Law Center on Homelessness and Poverty」（以下、NLCHPという）が「ホームレス生活者の犯罪者化」について行った調査によれば、全米49都市のうち86％の都市が条例で「物乞い」を禁止するか、制限していた。また、公共の場所で「寝る」のを禁じたり、制限する条例をもっている都市が73％あった [NLCHP, 1999]。こうした条例をつくる際に持ち出されるのは、公衆衛生もしくは公共の場所での安全への配慮であり、また犯罪の予防であったり、ビジネスへの悪影響の懸念や都市の美観および人々の「生活の質」への配慮であったりする。しかしNLCHPによれば、「ホームレス生活者の犯罪者化」につながる条例は無意味かつ非人間的である。これらの条例は司法制度に無用の負担を課し、また希少な公的資源の浪費につながるものである。それらはまた、公共の場所で寝ることをホームレス生活者の権利とみなす人々の存在をないがしろにしている。

「物乞い」と「浮浪」を制限するカリフォルニア州法は、1980年代初めには憲法に違反するとみなされたので、とりわけ南カリフォルニア地方では、より巧妙な条例をつくって、ホームレス生活者を取り締まろうとする所が多かった。たとえば、公共の場所での迷惑行為を禁じる条例や「物乞いをする人」とかかわりをもった人を罰する条例などがつくられた。ウエスト・ハリウッド市は、

小銭を恵んでもらおうとした人は逮捕されることを市民に周知させるようなことまでした。また、ロサンゼルス郡内の自治体がつくった条例の多くは、公共の場所、とくに公園にテントなどを張って野宿することを禁じた。こうした条例によって、カリフォルニア郡内の各都市中心部にあった相当数のテントが取り除かれることになった。とりわけロサンゼルス市内のスキッド・ロウ地区では、衛生と安全の名のもとで、路上からのテントの撤去が日常化した。スキッド・ロウ地区ではまた、最近、警察がテント生活者を大きな教会とかシェルター所在地の入口付近に集めて、そこを「野宿地 sleeping zones」とするようになっている。この「野宿地」は赤ペンキで線引きされていて、昼間はそこにいることができないようにされている。

　ホームレス生活者はまた、警官や市民によるいやがらせと暴力に日々遭遇するようになった。民間非営利組織「ロサンゼルス・飢餓とホームレス状態を終わらせるための連合 Los Angeles Coalition to End Hunger and Homelessness」は、スキッド・ロウ地区でテント生活をする人の半分以上（55％）が路上で警官やガードマン（とりわけ市内のビジネス地区にいる）からいやがらせをされたことがあると報告している [Erlenbusch et al., 2001]。また、約半数（51％）がテントを撤去されたことがあった。撤去したのは警官（27％）や市職員（4％）、双方（20％）である。今世紀のロサンゼルス郡の歴史は、富裕層と貧困層の間での経済格差拡大の歴史であり、また貧困層の人権と市民権が露骨に侵害されてきた歴史でもあった。過去半世紀に限ってみても、ロサンゼルス市で2度起こった暴動は露骨な人種差別が広く知られたことがきっかけになったものであるが、その背後にあったのは、はなはだしい経済的不平等に不満をもつ人々の怒りであった [Bobo et al., 2000; Ong and Blumenburg, 1996]。

3）ホームレス問題経営に対する異議

　ロザンゼルス郡内の連合体で、郡内の深刻な貧困問題、住宅問題、飢餓問題の背後に存在する構造的な要因を明らかにしたうえで、ホームレス問題の根本的な解決を図ろうとしている組織がある。ロサンゼルス郡では1990年代初めに「一般救済」の給付額が下げられたが、97年には受給期間が5カ月に制限され

ることになった。この処置は，連邦政府のいわゆる「福祉改革」によって，「貧困家族一時扶助」の受給期間が制限されたことを受けたものであった。

　これに対して，ホームレス生活者へのサービス提供事業者組織およびホームレス生活者支援組織は，低賃金労働者組織や借家人組織とともに「新たな改革のためのコミュニティ団体連合 Association of Community Organizations for Reform Now」(以下，ACRON という)をつくって，「一般救済」の受給期間制限に反対する運動を始めた。ホームレス生活者支援組織やホームレス生活者へのサービス提供事業者組織のメンバーは，議場への議員の入場を阻んで郡議会を開けなくしたり，正午きっかりにロサンゼルス市内の目抜き通りで座り込みをしたりして，今回の受給期間制限の設定がおよぼす広範な影響に対して人々の注意を喚起しようとした。他方，この戦術的に長けた組織は，調査を行って，受給期間制限の設定が低所得層に対していかに深刻な結果をもたらすかを示した。また何人かの州議会議員の支援を受けて，郡議会議員や同郡公的扶助局のスタッフに対するロビー活動も熱心に行った。これらの活動の甲斐あって，受給期間制限措置は1999年に撤廃されるとともに，「一般救済」には新たに雇用促進サービスが付加された。しかしながら，そうした成果はきわめて限定されたものであって，「一般救済」の給付額は相変わらず，受給者が安定した住居を得るには不十分な水準のままである。

　1990年代後半にはACRONと同様，多くのコミュニティ団体からなる広範な連合組織──「ハウジング・ＬＡ」(Housing LA)と呼ばれる──がつくられた。この組織は，ACRONと同様コミュニティに根ざしているとはいえ，ホームレス生活者へのサービス提供事業者やホームレス生活者支援組織などがこの組織に占める比重はきわめて低い。「ハウジング・ＬＡ」は，低家賃住宅がロサンゼルス郡内で極端に不足している状態をなんとかするためにつくられた。「ハウジング・ＬＡ」の主な構成メンバーは，ACRON,「ワッツ地区労働コミュニティアクション委員会 Watts Labor Community Action Committee」(WLCAC),「ロサンゼルス・移民の人権連合 Coalition for Humane Immigrant Rights in Los Angeles」(CHIRLA),「ロサンゼルス郡管区カトリック教会 Los Angeles Archdiocese of the Catholic Church」，そして複数の

ロサンゼルス市議会議員というように多彩である。

「ハウジング・LA」の3年におよぶ組織的な運動が功を奏して，2002年2月，ロサンゼルス市議会は1億ドルの低家賃住宅基金を創設した。1億ドルという規模はロサンゼルス郡内では最大のものである。この基金は連邦政府の包括基金や市有財産の売却金，再開発地域からの固定資産税，さらにはタバコ産業がカリフォルニア州を含む45州に支払った和解金のうちロサンゼルス市が受け取った金額からなっている。「ハウジング・LA」の運動は，先にみたような「一般救済」の受給期間制限に反対する運動と同様，ホームレス問題を生みだす構造的要因をなくそうとするものである。その意味で，この運動は，ロサンゼルス郡でホームレス問題がこれ以上深刻にならよようにするための1歩を記すものであるといえる。

6 結 論

ホームレス問題は根本的には，労働市場や住宅市場の動向，また連邦政府や州・地方政府の福祉政策のあり方のいかんによって引き起こされる。近年，アメリカのこれまでのホームレス生活者対策は低家賃住宅の不足という構造的問題を考慮しない点できわめて不十分であると考えるようになった研究者や支援者，政策担当者が，急速に増えてきている。彼らによれば，この間，多額の資金が緊急シェルターや通過施設に投じられたが，それは結局のところ大規模なホームレス産業をつくりだしたにすぎず，ホームレス生活者のなかのほんの一部を恒久住宅に住まわせたにすぎない。そればかりか，ホームレス産業は人々の注意をより効果的な解決策から逸らすことにさえなった。Martha Burtをはじめとする，アーバン・インスティテュートの研究者たちは以下のように述べている。

低家賃住宅の不足こそがホームレス問題の核心であるから，低家賃住宅をつくること，もしくはそこに住めるように経済的支援をすることが，ホームレス問題の解決には不可欠である。逆説的なことだが，ホームレス生活者に緊急シェルター

や通過施設ならびにそれらに付随するサービスを提供するばかりで,恒久住宅の不足という事態を放置し続けるならば,それはますます多くの人々を公式に「ホームレス」にしてしまうだけであって,ホームレス「問題」を解決することには結びつかない。いまやホームレス・サービス産業なるものができあがってしまっている。それは,それ自体の利害をもつようになっていて,資金が今後も引き続いて投下されることを望んでいる。このホームレス・サービス産業に依存し続けることは,資金が引き続いて投じられる限り,ホームレス問題の深刻度をいくらか緩和することにはなるだろうが,それによってホームレス問題自体をなくすことにはつながらないだろう。　　　　　　［Burt et al., 2001, p.323, 傍点は原文］

最近になって,ホームレス生活者支援組織のなかに,これまでのホームレス生活者対策の限界に気づいて,それに代わる新しいアプローチをとるものが出てきた。たとえば「ホームレス状態を終わらせるための全国同盟 National Alliance to End Homelessness」（以下,「全国同盟」という）は,ホームレス問題を終わらせるには「人々がホームレス状態に陥る入口のドアを閉めたうえで,ホームレス状態から抜け出す出口のドアを開ける」必要があると主張している [National Alliance to End Homelessness, 2000]。ここで「入口のドアを閉める」というのは,ホームレス問題の構造的原因をなくすこと,すなわち低家賃住宅の供給を増やし,貧困層の賃金を上げ,一般福祉施策の適用範囲を広げることである。また「出口のドアを開ける」とは,「ケアの継続」方針を強化することである。緊急シェルターや通過施設の設置を抑制したうえで,恒久住宅の供給を増やすこと,またホームレス生活者全体ではなく,ホームレス生活者のなかの特定の層に向けたプログラムを開発することも含まれる。「全国同盟」は,ホームレス状態が長期におよぶ人向けの施策として,すでに「ケアの継続」方針中にある「SROプログラム」および「シェルター・プラス・ケア・プログラム」によって提供されている「支援サービス付き恒久住宅」を大幅に増やすことを提案している。また,繰り返しホームレス状態に陥る人たち——多くは精神障害や薬物依存で苦しんでおり,「なかなか援助を受けたがらない」人たちとみなされている——向けの施策として「全国同盟」が提案しているのは,彼らが施設での治療を受けやすくするようにしたり,彼らに低家賃住宅を提供

したりすることである。さらに「全国同盟」は，ホームレスの期間が短い人たち向けの施策として，まず住宅を提供したうえで，一般福祉施策を通じて彼らの自立を図るという「住宅最優先政策 housing first policy」を提案している。

　上にみたような一連の政策転換を実現するにはたいへんな努力と膨大な財政の裏づけが必要になる。こうした困難を克服する決め手は，近年ロサンゼルス郡でみられるようになった広範な連合組織と同じようなものが，全国レベルでも地域レベルでも数多くつくられるかどうかである。ロサンゼルス郡でこの間行われてきた運動を検討した結果わかったことは，これらの運動には「ホームレス産業の利害」にとらわれないで，ホームレス生活者が首尾よくホームレス状態から抜け出せるようにする力があるということである。これらの運動はまた，アメリカの社会構造に内在している種々の要因——それらが根深い不平等や深刻な貧困，さらに大量のホームレス生活者を生みだしている——に働きかけて，それらをなくしていく力を潜在的にもっている。

第2章　産業化したホームレス対策
―― 通過施設 Transitional Housing の展開とその到達点から

1　課題の設定

　アメリカ社会におけるホームレス生活者への対応は、今日、一方での「統合」と他方での「排除」との狭間で揺れ動いている。「統合」の側面としては、1980年代末から90年代にかけてのホームレス法の整備にみられるように、「自立」の促進が図られることによって、ホームレス生活者が政策の対象として位置づけられた点を挙げることができる。他方、そのような「自立」促進施策に適応しえない者（あるいはそうみなされる者）に対しては、最終的に「排除」の側面をもつ対応としての、ホームレス生活者の犯罪者化 criminalization が適用されていることが挙げられる。[26]

　連邦法のマキニー・ホームレス支援法下において、1990年代には連邦政府（とくに住宅都市開発省）によるホームレス生活者対策の方針として、「ケアの継続 Continuum of Care」が採用された。この方針によれば、ホームレス生活者は所在する場所への訪問支援（アウトリーチ）を受けることに始まり、緊急シェルター段階→種々の支援サービス付きの通過施設 transitional housing 段階を経て、最終的には恒久住宅 permanent housing として位置づけられる一般的な永続的住居への移動をめざすことになっており、施策はそれを促すようデザインされている。この軌道を通じて、最終的に路上生活・野宿生活から脱却し「自立」することがめざされたのである。そして、この「ケアの継続」という軌道上に財政的裏づけをともなった種々のプログラムが設置されてきた。

　本章では、路上生活からの脱却をめざすとされるこの軌道上に設定されたプログラムのもと、とくに支援住宅 supportive housing と呼ばれる通過施設 transitional housing と、その施設および周辺で展開される支援サービスを考

察の対象に事例研究を行う。

　本章が通過施設を分析の主要な対象にすえるのは,通過施設が,「緊急シェルター→通過施設→恒久住宅」というホームレス生活からの脱却をめざした「ケアの継続」路線上の,とくに大きな意味をもつ中間段階に位置するだけでなく,アメリカの「ホームレス生活者対策」のなかでも最も大きな財政資金が割り当てられているものであり,支援を受ける者の「自立」を促すうえで中心的な役割を果たすことが想定された制度であるということにもとづいている。

　しかしここではとくに,通過施設を中心としたホームレス支援施策のあり方が,今日では「シェルター・システム」や「シェルター産業」と表現されていることに留意しておきたい。今日,通過施設を中心としたホームレス生活者の支援施設が多数存在し,それがアメリカ社会のなかで「制度化」されている現状は「シェルター・システム」と表現され,また,シェルターにおいて行われる営利の「支援活動」と重なることによってそうした現状はさらに「シェルター産業」と言い表されてもいるのである。

　ところで,「シェルター・システム」や「シェルター産業」が問題とされる際に,「システム」と「産業」が明示的に区別されているとは必ずしもいえない。後述の事例研究で扱うことになるが（たとえば,4節の通過施設内における「児童ケア」の事例）,そもそもアメリカにおいて,市場に委ねられる度合いの高い福祉サービスが実施される場合,ホームレス生活者の支援活動のなかには,しばしば営利活動をともないつつ展開されるものが存在する。一方で「産業」という場合,たしかにそのような実態が含意される場合もあろう。しかし他方で,こうした「産業」や「システム」といった言い方がなされるのは,多くの場合,「産業」を構成するNPO（民間非営利組織）や慈善組織などの諸団体の活動が事態の解決に資するのではなくて,むしろホームレス問題の「永続化」を導いており,問題を「制度化」している,という批判的な意味がこめられる場合なのである。[27]

　本章は,こうした用語にみられる批判的な含意の所以を,通過施設が今日にいたるまで大規模に発展（すなわち制度化）してきたいきさつと,また現地調査から明らかになった現在の通過施設における処遇の実態とのそれぞれから探る

ことを課題とする。

以下，次節では，こうした「中間・通過施設」を中心に整備されてきた「ホームレス生活者対策」の連邦法に裏づけられた制度の概要をまず紹介する。そして，続く各節では，通過施設が拡大した経緯（すなわち，「制度化」され「産業化」したいきさつ）を述べることにし，さらに今日の通過施設における処遇とそこでの支援の実態から，アメリカにおけるホームレス生活者対策の到達点（現状における問題点）を指摘し，上記の課題に応えたい。[28]

2 マキニー・ホームレス支援法と通過施設

1987年のマキニー・ホームレス支援法は，制定時において種々の支援サービスを付帯させた支援住宅制度を，プログラムの主要な柱のひとつとして位置づけた（supportive housing demonstration program）。[29] マキニー法は以後改正を重ねてきたが，現在合衆国法典においてみることのできる関連条項には，支援住宅と支援サービスの概要が**図表Ⅳ-2-1**のように定められている。

そこでは，ホームレス生活者のための支援住宅の内容として，通過施設と身体障害をもつホームレス生活者用に特化された恒久住宅とがそれぞれ位置づけられた。通過施設の場合，その利用者としては，ホームレス生活をする家族と精神障害や麻薬中毒などの障害をもつ個人にターゲットが定められている［U.S.GAO, 1991b, p.10］。また，通過施設の利用要件として，制定法には最長24カ月の期限が設定されており，利用者は施設管理者が定める退所期限までに恒久住宅を見つけなければならない。

マキニー法で定められているこうしたプログラム内容をもとに，民間の諸団体は支援住宅の経営と周辺における支援サービスへの具体的な取り組みを展開してきた。

さらに，**図表Ⅳ-2-2**は，アメリカで実施されてきた，主としてホームレス生活者に対象が特化された施策プログラムを所管する省庁の，マキニー法制定以後12年間（1987～98年）における当該プログラムの各会計年度予算額と，住宅都市開発省が所管する4つのプログラム（SHP＝支援住宅プログラム，ESG＝緊急シ

図表Ⅳ－2－1　マキニー法が定める支援住宅プログラム

支援住宅 Supportive Housing	定義：支援住宅は，一般的に，ホームレス生活をする諸個人に対して支援サービスを提供する住居をさし，安全かつ衛生的であり，所在する州ならびに地域の住居規則と管轄区における許認可要件を満たしている，<u>通過施設transitional housing</u>，もしくは<u>身体障害をもったホームレス生活者のための恒久住宅permanent housing</u>である。 通過施設：ホームレス生活をする個人や家族が，24カ月以内に恒久住宅へ移動するのを促すことを目的とした住居。この期間を超えて著しく多くのホームレス生活者が施設に滞在していた場合に限って，住宅都市開発省長官は支援の拒絶をしてもよい。 身体障害をもったホームレス生活者のための恒久住宅：身体障害をもつホームレス生活者のための地域密着型住宅（community-based housing）。構造物の仕様により利用人員は8〜20人の幅で変化。 SRO住居：プロジェクトは，浴室や調理設備をもたない住居施設においても支援住宅もしくは支援サービスを提供することができる。
支援サービス Supportive Services	資格要件：支援サービスは，プロジェクトが役に立つことが意図されるホームレス生活者（身体障害者および子どものいる家族）の特別なニーズに対処する。 支援サービスには以下の活動がある。 ●ホームレス生活をする家族のための児童ケアの設置および運営 ●雇用支援プログラムの設置・運営 ●外来の保健サービス，給食，およびケースマネジメント ●恒久住宅（permanent housing）を確保する際の支援，就職相談，栄養相談 ●利用者にとって必要な安全の確保 ●施設利用者が入手できる，他の行政が実施する支援を受けるための援助活動

出所：42 USC 11384, 11385より作成。

ェルター助成，S＋C＝シェルター・プラス・ケア，Sec8＝セクション8・SROプログラム）の予算額を併記したものである。これにより各省庁が「ホームレス生活者対策」に使う予算の規模と1990年代におけるその推移がわかる。

　マキニー法制定後をみると，ホームレス生活者にターゲットを定めて実施されているプログラムとしては支援住宅プログラムが，他の所管省庁におけるどの対策費をも大きく上回って拡大してきた。さらに，監査院の調査では，1997年当時，ホームレス生活者対策のうち最も大きな財政的裏づけを得ていた支援住宅プログラムのなかでも，補助金を申請した団体の希望したプログラムとし

図表Ⅳ-2-2　省庁別「ホームレス生活者対策」予算構成　　　　（単位：100万ドル）

省庁	年度	1987	1988	1989	1990	1991	1992	1993	1994	1995	1996	1997	1998
住宅都市開発省	SHP	85	64	80	127	150	150	150	334	602	577	620	724
	ESG	60	8	47	73	73	73	50	115	155	115	115	165
	S+C	0	0	0	0	0	111	267	123	162	89	61	117
	Sec8	35	0	45	73	105	105	105	150	NA	NA	10	23
	計	180	72	172	273	328	439	572	722	NA	NA	806	1029
農務省		NA	NA	NA	NA	NA	NA	NA	NA	2	2	2	2
緊急事態管理庁		125	114	126	131	134	134	129	130	130	100	100	100
教育省		12	12	12	15	17	35	34	NA	27	23	25	29
保健福祉省		133	45	57	128	148	138	135	NA	149	150	156	168
労働省		0	10	10	12	13	9	13	NA	NA	NA	NA	3
退役軍人省		20	0	13	30	32	33	45	NA	78	80	75	81

注：SHP＝支援住宅プログラム　ESG＝緊急シェルター助成
　　S+C＝シェルター・プラス・ケア　Sec8＝セクション8・SROプログラム
出所：[U.S.GAO,1990,1991a,1992,1994,1999] および [OMB,2003] より作成。

ては，支援サービスを付帯した通過施設の比重が最も高く6割を占め，ついで身体障害者向けの恒久住宅が3割，支援サービスを提供するだけが1割と続いたことが明らかにされている [U.S. General Accounting Office, 1999b, p.13]。

　マキニー法下におけるホームレス生活者にターゲットを定めた対応策の中心は，「ケアの継続」路線上の中間段階である通過施設において，彼らに支援サービスとしての種々のプログラムを提供しつつ，恒久住宅への移動を促進することであり，これが1990年代を通じてのホームレス生活者対策における政策展開の大きな特徴であった。

　しかし，なぜ通過施設をその制度の中心としつつ，アメリカのホームレス生活者対策は展開してきたのであろうか。それは，通過施設そのものが，文字どおり一時的・過渡的 transitional な居所として，種々の「ケア」を通じてホームレス生活者の経済的自活を促していくことをめざした場所であり，その仕組み自体がアメリカの貧困対策における「自助原則」とまさに適合的であったことと無関係ではないと思われる。

　では，「通過施設」という制度が「自助原則」に対してどのようにして適合的なものになったのか，あるいは今日どのように適合的であるのか。このこと

は，アメリカのホームレス生活者対策が「通過施設」を主要な柱にすえつつどのように展開してきたのか，そして今日では具体的にどのような運営がなされているのか，その文脈と現状を理解するなかから検討されねばならないであろう。以下，引き続く各節では，上記の問題意識から，通過施設が制度として発展してきた経緯と，現在における通過施設での処遇や支援の実態について現地調査から得られた事例について，考察していきたい。

3 「シェルター産業」の生成

　通過施設を主軸とするホームレス生活者対策は，今日，事態の改善につながらないものとして評価されている。すなわち，通過施設を中心に機能している「ケアの継続」に対する厳しい批判が，各方面より提出されてきている。たとえば，「ケアの継続」路線にもとづく居所の移動はスムースに行えないゆえに，制度内部に滞留する者を多数生むという批判や，通過施設制度が「シェルター産業」になることによって，ホームレス問題を終わらせるよりもむしろ永続化させている，というものである[30]。

　かつて，アメリカでホームレス問題が新しい社会問題として認識され始めて以後，全米の大都市ではホームレス生活者の処遇改善をめざした訴訟支援，法支援活動がさまざまなレベルで行われた[31]。たとえば，ニューヨークでは訴訟の結果，ホームレス生活者を路上に追い返すのではなく，要求に応じてシェルターを確保し，またその処遇・環境も見苦しくない，まっとうな decent 水準が維持されねばならないことが，州最高裁によって州政府とニューヨーク市当局に命ぜられた。この法的に確認された「シェルターに対する権利 Right to Shelter」は，今日なおニューヨークでの支援活動の拠り所となっている[32]。

　しかし，こうした「シェルターに対する権利」を根拠に，より「まっとうな」処遇のシェルターを要求してきたことと，今日批判にさらされている「シェルター産業」の成立とは，いったいどのようにかかわるのだろうか。皮肉にも，公の責任によるまっとうなシェルターを要求したのに，20年を経てみると，それは民間組織により運営される「通過施設」を軸にした「シェルター産業」

として繁栄しているのである。したがって，そうした支援活動と現行の通過施設を中心とするホームレス生活者対策とのギャップをみるなかで，通過施設が拡大してきた理由についてなにがしかの示唆を見いだせないだろうか。

ホームレス問題の支援活動，とくに「シェルターに対する権利」を求めて展開された法支援活動の成果を検討したStonerが，シェルターに対する権利運動との関係において通過施設が拡大してきた経緯に言及している。以下では，この研究から重要な点を紹介する。

すでに述べたように，ニューヨークでは法支援活動の展開により「シェルターに対する権利」が勝ちとられていた。しかし1980年代当時，行政当局は州最高裁の裁決を字義どおりに守ろうとはしなかった。したがって，「権利」の保護を求めて，当局が判決に従うよう繰り返し訴訟が起こされたのであるが，他方では，公営の大規模な緊急シェルターにおける処遇がなかなか改善されない状況を尻目に，NPOや慈善組織がより小規模のシェルターやスープキッチンを運営し，これらが大きく広がっていったのである。事態悪化のもと，量と質それぞれの制約（それも，行政の怠慢に負うところが大きかったのだが）によって，大規模な緊急シェルターがホームレス対策としての十全な役割は果たしえないのではないかという疑いが出され，メディアにおいてもシェルターでの非人道的な処遇への関心とともに疑義が表明されていた [Kozol, 1988]。

それまでも永続的な解決を提起してきた支援活動家らは，こうした現状の困難に対する当座の解決として，上記のような慈善組織やNPOなどが運営する小規模シェルターの必要性を認めていた。そうしたなかで，「緊急シェルターと緊急支援，通過施設，恒久住宅，もしくは一般的に住宅の継続 continuum of housing として言及されるものを提唱し，ホームレス状態に対する3層の対応を構築した」者がいたとされ，「ケアの継続」の雛型的対応を提案する者が支援活動の側から現れていたことが指摘されている。[33)]

しかし，こうした事態は「シェルターに対する権利」の「留保」であり，より根本的な解決にはつながらずに，「シェルター・システム」や「シェルター産業」の発展というかたちをとることで，ホームレス問題の解決をそらしかねない限界をもっていることをStonerは指摘し，同時にその限界を超えるべく

今日まで展開されてきている「シェルターに対する権利」運動の発展的な形態として，"Housing, Housing, Housing！"のスローガンで知られる普遍的な居住保障を求める全国運動に言及している。

だが，1980年代における事態の悪化にともない，直営する緊急シェルターが拡大することによるさらなる財政負担をおそれたニューヨーク市当局は，90年代に入ってから，より「効率的」で安上がりな施策を追求してきた。たとえば，ニューヨーク市当局はシェルターの提供から手を引き，その運営をよりいっそうNPOに任せていくこと，そしてシェルターの提供は他に選択の余地が一切ない者に対してのみ与えられるべきことを提唱し，薬物依存の治療，精神障害に対するケア，および育児教室などに参加し自活しようとする者にのみ恒久住宅が提供されねばならないことを提起した。

さらに，こうした傾向は全米に共通してみられた。カリフォルニア州のサンタモニカ市が1991年に提唱した継続的サービスを反映した住宅プロジェクトの例では，独立して生活できなければホームレス生活者は路上に帰るべきであり，単にシェルターに収容されることが許容されるべきではないことがめざされていたという［Stoner, 1995, p.39］。

法支援活動の経験から「シェルターに対する権利」に着目したStonerが，主として1990年代における政策の展開を，シェルターに対する権利運動が「後ずさり back off」しているものとして捉えたのは不思議ではない［ibid., p.38］。というのも，より普遍的な保障を求める立場からすれば，「ケアの継続」に象徴される政策対応は，シェルターを確保する責任を，かつてニューヨーク州最高裁が認めたように公に課すのではなく，まさにホームレス生活者自身に課すやり方として位置づけられるからである。そして，連邦政府も公認する1990年代におけるホームレス対策の主流は，通過施設を拡大することによってそうした姿勢を前面に打ち出したものであった。

ところで，量・質ともに制約を抱えた緊急シェルターがメディアなどを通じてその役割を疑われたことを背景にして，NPO等が運営する小規模なシェルターが拡大してきたことについてはすでに述べた。だが，こうした小規模なシェルターこそが通過施設へと発展し，今日にまで拡大してきたのである。

1998年にホームレス問題について開催された全米シンポジウムのなかで，BarrowとZimmerは通過施設と付帯する支援サービスに関するその時点までの調査・研究をふまえた報告を行い，通過施設が大規模に発展してくる経緯には，とくに家族のための通過施設と障害をもつホームレス生活者のための通過施設という2つの道筋があったことを明らかにしている［Barrow and Zimmer, 1998］。まず第1に，家族ホームレスのための通過施設は，大規模な緊急シェルターにおける「貧困」で劣悪な処遇に対する入所者の嫌悪が契機となり展開したこと，すなわちよりましな処遇への要請がその拡大の背景にあったことを述べたあと，彼らは次のように述べている。

> ニューヨークや他の地域でも，家族ホームレスは（緊急シェルターのような－引用者）一時的施設に長く滞在したので，その事業提供をしていた組織は，多数の入所家族が特別な援助とサービスから利益を得ると認識した。地域密着型のNPOなどは，それまでにも家族ホームレスに対する施設提供の役割をいっそう果たすようになっていたが，そういった施設は小規模であったか，もしくは（緊急シェルターよりも施設での処遇が－引用者）良好であったので，政府などが提供していたもの以上の支援が行われた。家族ホームレスのための施設に，育児教室，カウンセリング，薬物依存の治療，基礎的な教育や職業訓練を取り込むことによって，そういった組織は緊急シェルター施設をフル・サービスの通過施設へと転換させた。［ibid., p.4］

だが，家族ホームレスに対して予定される「フル・サービス」は，彼らが自活に責任を負う限りにおいてのみ提供されるのであって，そのような付帯条件付きの施設提供の拡大が，結果として構造的な問題の解決からの逸脱に通じることもまた指摘されている。

> （家族向けの通過施設は－引用者）恒久住宅が不足しているという構造的な問題から，サービスを通じて対処されうる，より扱いやすい個々の家族問題へと焦点をシフトさせた。多くの通過施設プログラムは，個人の目標に向かって努力することを誓約するよう利用者に対して要求し始めた。ある施設は授業や研修への参加を命じたり，他の施設も利用者の入所時における評価assessmentや通過施設にいる間

第 2 章　産業化したホームレス対策　275

の進歩等を評価する調査を実施した。「ケアの継続」は，そういったサービスの拡大と各々の地域におけるそれらサービスの結合を奨励した。［ibid.］

　第 2 に，家族ホームレスだけでなく，ホームレス生活をする個人で，とくに障害をもつ人々のための通過施設は，路上でのアウトリーチやドロップ・イン・センター・プログラムに始まり，ケースマネジメントを受ける障害者を一時的に収容するべく，慈善組織や NPO が少数の部屋を借りたことを出発点としていたという。そうした経緯は次のように述べられている。

　精神障害や薬物依存の問題をもつホームレス生活者に支援を行っていた組織は，そういった障害をもつ人を対象にした恒久住宅が，ホームレス生活をしていた者を受け入れることについては消極的であったことに気づき，「住宅確保の準備」を十分行うために計画された（障害者のための－引用者）通過施設プログラムを拡大するべく，住宅都市開発省の資金を活用した。サービスには，金銭管理指導，買い物や食事の準備，栄養管理といった家政技術，そして薬物とアルコールの管理指導などが含まれた。あるプログラムは職業訓練や雇用支援等を含んでいた。こうした生活上の技術を築くのと同時に，通過施設プログラムは，指定された時間「しらふ」でいられるか，精神療法の計画に従い自らを管理できるか，スケジュールにもとづきサービスや活動に参加する意思はあるかといった，恒久支援住宅を提供する多くの団体によって設定された厳しい入所基準に適合するよう住人を支援している。そういった文脈において，通過施設は恒久住宅の入所に必要な保証を提供することができる。［ibid.］

　つまり，障害をもつ人々のための既存の宿泊型施設は，ホームレス生活をしていることを理由に障害のあるホームレス生活者の施設利用を拒絶する傾向をもっていたのであり，そのことを背景として，障害をもつホームレス生活者のための通過施設が NPO 等を担い手として現れてきたことが指摘されている。そしてまた，障害をもつホームレス生活者のための通過施設も，家族ホームレスのための施設と同様，種々の訓練などへの参加などを通じて「自立」に責任をもつことが条件づけられてきたのである。[35]
　以上，NPO や慈善組織が通過施設を発展させてきた経緯を述べたが，そう

いった施設では，支援サービスへの参加がむしろ施設利用の要件となる場合もある。そして「支援サービス」といっても，それは一種の「矯正プログラム」として機能しているものすらある。通過施設が主軸に展開されるホームレス対策においては，ホームレス生活者が施設に入所できるかどうかは，そこの利用要件を守れるかどうかという点にかかっており，まさに自らの責任において「シェルター」を確保するように制度が開発されてきたのである。[36]

こうした考えを補助金の支給を通じて裏書きしているのが，マキニー・ホームレス支援法下における「ケアの継続」方針であり，定められたプログラムを終え，通過施設を無事「卒業」し，「自立」できる者が多いほど，当該通過施設プログラムは良好に運営されているものとみなされ，競争方式で支給される補助金にも影響を与えている。したがって，施設入所者ができるだけ「自立」を達成することが可能になるように，通過施設はしばしば入所者の事前選抜を行い，より「自立」につながりやすい人物をふるい分けているのである。

たとえば，1991年に合衆国監査院が提出した通過施設に関する報告書［U.S. General Accounting Office, 1991b］[37]は，通過施設が「成功」するかどうかに影響をおよぼす問題として，通過施設が設定する「入居要件」に言及している。同報告書は，次のように述べている。

> 緊急シェルターのような伝統的なホームレス施設に比べて，通過施設プロジェクトはより厳しい入居要件をもっており，そして路上からダイレクトに利用者を連れてくることはほとんどない。約70％の通過施設プロジェクトは，その利用者の少なくとも4分の3が他の機関からの紹介であったとしている。われわれ（監査院―引用者）が訪問した通過施設プロジェクトの全32の組織において，利用者はプロジェクトもしくは関係組織のスタッフによって，入居のためにふるい分けの審査がされた。30日を要するその審査の間，プロジェクトのスタッフは利用者がプロジェクトに適しているか，自らの状況の改善にやる気をみせているか，そしてプログラムの規則に従う気があるか，といったことを査定した。精神疾患ないしはアルコールや薬物の問題を抱えている利用者については，職員はとくにそういったニーズに対処することが企図されているプロジェクトを除き，しばしばふるいにかけて落とそうとした。［ibid.］

通過施設を経て「自立」をめざす，ホームレス生活を脱却するための枠組みに「適合的な人」を事前に選抜する。こうした審査＝スクリーニングが実施されることにより，最も困難を抱え支援を要するであろう人々がかえって排除されやすかったことは，1991年当時すでに報告されていたのである。

　以上，アメリカにおけるホームレス生活者対策の今日における含意を意識しつつ，通過施設が制度的に展開してくる経緯について検討した。大づかみにまとめると，ポイントになるのは次の点であろう。

　第1に，大都市においては，量・質ともに制約を抱えた大規模な緊急シェルターは1980年代の悪化したホームレス問題に対応することができなかった現実があり，その間隙を縫うかたちで，より小規模なシェルターや他の支援活動を行った慈善組織およびNPOが生起してきた。そしてそれら組織の取り組みが，今日のホームレス対策における通過施設の起源として位置づけられる。

　第2に，通過施設の担い手であったそういった諸組織は，ニューヨークで「シェルターに対する権利」を勝ちえたような運動とは距離を保ちながら，通過施設を拡大させてきたことである。どちらも「ホームレス支援活動」と呼びうるものであるが，両者の支援のベクトルには，シェルターに対する責任を公が負うものとするのか，またはホームレス生活者自らが負うものとするのかによって決定的な相違がある。前者は，よりユニバーサルな居住保障を求める運動へと連なっている。しかし，なお後者が圧倒的に多数派であり，今日の「シェルター産業」を形成している。

　第3に，通過施設を基軸とするホームレス対策においては，「シェルターに対する責任」をホームレス生活者自らが負うこととなるが，それは通過施設における入居要件や利用要件を守ること，そして支援サービスへの参加を拒否せず従うことを通じて担保される。種々の「支援プログラム」に参加することがその「責任」を全うする行為となり，さらにそのプロセスを通じて，仕事を得て永続的な住宅への移動をなしえる者が多いほど，通過施設としての役割は全うされることになる。よって，そうした良好な結果を通過施設側が求めるために，入居する者に対する事前の選抜が行われることさえある。

　そこで次節では，現地調査において得られた諸事実から，通過施設とそれに

付帯する支援プログラムの具体的なあり様について事例の検討を行う。

4 通過施設と付帯するプログラムの諸事例

　ここでは，第1回現地調査（2001年2〜3月）と第2回現地調査（2001年12月）のうち，訪問した通過施設についてその処遇の実態を中心に事例を検討する。[38]対象は，単身者用の通過施設と家族ホームレス用の通過施設の2つのタイプの施設，さらに緊急シェルターでありながら実態としてはほぼ通過施設的に機能している施設の，合計3施設である。方法としては，主として施設スタッフへのインタビューと内部資料による質的分析を採用する。

1）「就労支援」を主眼にすえた通過施設プログラムの事例から

　最初に事例として取り上げる通過施設プログラム[39]は，People Assisting The Homeless（以下，PATHという）という組織が運営する単身者用の通過施設である。同組織は，ホームレス生活者の就労支援を主眼にすえたプログラムを実施しており，また通過施設も運営している。

　ロサンゼルスにあるPATHは，企業，教会（シナゴーグを含む），そして地域のリーダーの連合体として1984年に発足した。そもそもの目的は，「自立 self-sufficiencyする手段を使ってホームレス生活者に力を与えることにより，ホームレス状態のサイクルを絶つこと」とされている。

　提供される支援は以下の柱に大別される。第1の主眼とされる就労支援の趣旨は次のように述べられている。すなわち「ホームレス生活をする人やその手前にある人，およびワークフェアの参加者に対して，職業訓練，職業紹介，そしてアフターケアを提供する。目標はビジネスとのパートナーシップを築くこと，また意欲的で資質を備え，かつ訓練された働き手を彼らと引き合わせることである。通常提供される職業訓練は，コンピューター，食品，一般事務，倉庫，フォークリフト，そして監督・警備の分野である」[40]。そして，そのような職業訓練を実施する場所を5つ運営している。[41]

　上記の就労支援と並んで，ホームレス生活者のための通過施設が支援の柱と

第2章　産業化したホームレス対策　279

写真Ⅳ-1（上）　写真Ⅳ-2（右）　PATH 通過施設内部

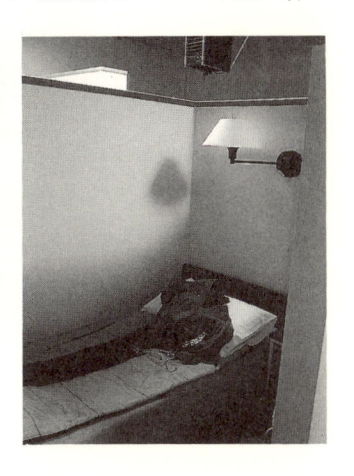

して位置づけられている。公表されている最新の状況は，単身者用の通過施設が3施設（男性専用，女性専用を1施設ずつ含む），家族用通過施設が1施設，障害をもつ人のための通過施設が1施設，それぞれ運営されている。

　さらに，ホームレス・アクセス・センターと呼ばれる施設が開設されており，ホームレス生活者が最初に訪れる施設として機能している。そこではホームレス生活者に対してアセスメントを実施し，どういった支援が必要かを判断する。

　調査時に案内を受けたのは，このアクセス・センターと種々の就労支援スポット，そして単身者用の通過施設がすべて併設された，ハリウッド市に程近い地域に所在する施設である。当該施設は，通過施設として単身者用に32のベッドを確保しており，うち12床は女性用のベッドであった。写真において確認されるように，比較的広い空間に間仕切りを設けるだけのタイプであり，1人用のスペースは非常に限られている通過施設である。単身用通過施設の現在におけるひとつの典型的なパターンとみなすことができる。

　また，利用対象者は18歳以上でなければならず，女性が子連れであった場合には，子どももまた18歳以上でなければ入所できないという。通過施設のリミットは180日間であるが，それは仕事を見つけられた場合であって，入所してから30日以内に仕事が見つからなければ即退所を求められる。その約1カ月の入所期限を控えて，施設利用者は求職活動を条件づけられている。

写真Ⅳ-3　アクセスセンター内にある端末室。

PATHの利用者マニュアルに記されている指針には，求職活動の支援についてより具体的な内容が記されている。それによると，「①履歴書作成，挨拶状および礼状執筆の援助」に始まり，「②職探しと仕事を維持することの重要な問題を議論し情報を共有する研修への参加の強制，③『マイクロソフト・ワード』を使ったコンピューターの訓練，④職探しと面接のための交通費〔バス・トークン（コイン），1週12トークンまで〕，⑤他のあらゆる機関への必要に応じた紹介・斡旋の実施，⑥必要な場合，カリフォルニアでのIDの取得，⑦職探しの際の職歴や技能といったキャリア相談」などである。

　図表Ⅳ-2-3は，プログラム参加者に課せられる要件を示している。これは，PATHで実施される通過施設プログラムを立体的に把握するうえで参考になる。

　図表Ⅳ-2-3にみられる雇用カウンセラーとは別に，仕事の問題以外を扱う生活技能訓練のためのマネージャーも施設には配置されているとのことだが，とくに求職活動に関してカウンセラーらによる支援を受けつつプログラムに入る者は，インターネットとワープロソフトの使い方を修得することになる（写真Ⅳ-3）。そして通過施設に暮らしながら働いている人は，金銭の管理を受け，収入のうち1日あたり50ドルしか使うことは許されず，あとは口座に入れ，通過施設から出るときに備えるよう指導される。

　また，履歴書に記載する住所は当該施設のものを使う。同図表の7番（求職活動における電話についての条項）に関して，実際に電話がかかってきた場合には，雇用カウンセラーが応答することになっており，その場合はただ単に「Hello」と言うのみで，該当者が不在でなければすぐに取り継がれるとのことであった。つまり施設につきまとう「スティグマ」への配慮がそこにはみられる。電話部屋は，以上の理由から仕事を探すときにしか使うことができない。

図表Ⅳ-2-3　PATH 通過施設プログラム（就労支援プログラム）の諸要件

1. 職を得るまでは PATH の職業センターに完全参加しなければならない。これは毎日参加することを意味する。潜在的に危険な雇用（at-risk employment）、たとえば、30日未満の一時的な雇用、委託、パート、もしくは現金払いのようなものとしてレッテルを貼られるような仕事に従事することを推奨しない。
2. バス・トークンの使用は、名刺や事業所案内のパンフレットなど、求職活動を証明するものがある場合にのみ許可される。証明可能なものを忘れたときは、2回目でバス・トークンの支給が24時間保留される。またトークンの要請はできるだけ前もって、どんなに遅くとも施設が開所している時間内で1時間前には行うこと。
3. 求職活動についてはそのすべてを報告すること。それぞれの面接のあとには、面接がどれだけうまくいったのかについて雇用カウンセラーに報告すること。
4. センターに出入りする際は必ずサインすること。通過施設の住人である場合は、求職活動や面接に出かける際に雇用カウンセラーには知らせること。
5. 以下の講習には参加のこと。導入／履歴書作成講習会、求職研修、面接講習、成功するための身なり、コンピューター基礎トレーニング、およびインターネット講習会もまた参加が要請される。プログラムを始めてから2週間以内にこれらの講習のどれでも参加しない場合は違反となる。違反3回でプログラムから退けられる。
6. 面接時の服装の援助に、特定のリサイクル店で25ドルの衣料バウチャーで一式得られるか、もしくは施設内から適当な衣装が得られる。
7. 施設内の電話は求職活動の助けとなるので、その使用は仕事の目的に限られる。電話の個人的な使用は施設からの即時退所となる。他の求職者のためにも声を下げること。
8. コンピューター室に外からディスクを持ち込んではならない。ディスクは求めがあれば支給される。
9. インターネットを利用する前に、インターネット講習会に参加すること。インターネットの使用は参加者1人につき週3時間に制限される。退出時にはログオフのこと。インターネットの利用は求職ないし教育関連のサイトだけに限られる。それ以外のサイトを見ていた場合には、インターネットの利用は即刻停止される。
10. PATH の敷地内では禁煙のこと。ジョブ・センター内での飲食は禁止。PATH センターの外や、立ち入りが認められていない場所で徘徊することは禁止。
11. プログラムの他の参加者やスタッフに対する性的嫌がらせは即刻退所となる。
12. センター内では適切な服装でいること。認められない服装は、下着、タンクトップ、パジャマ、スリッパ、およびスウェットである。服装についての相談は雇用カウンセラーまで。
13. プログラム開始後3カ月が求職活動のためにセンターを利用できる上限である。そのときまでに仕事を確保していない場合は、スタッフが希望を再確認する。プログラムから外れた後、30日までは郵便と電話を受け続けることができる（変更先の住所、電話番号をどうぞスタッフに知らせてください）。PATH ジョブセンターを通じて仕事を見つけたもののレイオフされるか解雇された場合は、再評価のためにセンターに戻ってきてもよい。

出所：PATHFinders 利用者マニュアル

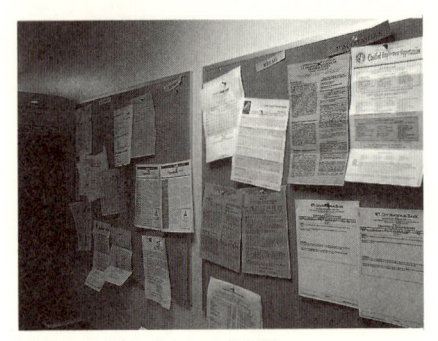

写真Ⅳ-4 貼り出される求人票。

この通過施設プログラムにおいては，不安定な仕事を避け，安定した仕事を探すように指導されている。少なくとも週あたり32時間以上の仕事を探すよう指導がされる。スタッフによれば，かつては不安定な仕事でもよいという考え方があったが，最近の5年間はそういった仕事ではホームレス状態から抜け出すことがむずかしいという認識がますます得られるようになってきたという。このため，組織としても情報提供に際しては不安定な仕事はできるだけ避けるようになった。映画の都ハリウッドに程近く所在する施設ゆえに，「エキストラ」の仕事には困らないが，そういった仕事もなるべく避けるように指導されている。調査時に案内された場所には，求人票も貼りだされていたが（写真Ⅳ-4），そこは，雇用カウンセラーが「LAタイムズ」の求人票をチェックするなどして，条件がよいか，もしくは施設の利用者に向いていそうな仕事を選んで貼り出している。

ところでスタッフによれば，求職活動支援を主眼にすえた同組織も，面接などを通じて支援活動を就職につなげることが成功しそうにないと判断した場合には，その人のプログラム参加を断り，選抜が行われているとのことであった。

また，この組織はマキニー法の資金のみならず，他の貧困対策のための政府補助金も運営資金として得ており，ホームレス生活者としてカテゴライズされるものだけでなく，広く他の低所得者も利用できる施設である。図表Ⅳ-2-3においてみてとることができるように，プログラムには種々の強制力（そしてそのことと表裏をなす罰則）が付随するのであって，プログラムに参加する貧困者一般にこれらは適用されている。たとえば，施設内での薬物利用などが発覚した場合をはじめ，規律違反は即退所につながることに表れているように，PATHの利用者に対する基本姿勢は「ゼロ・トラレンス＝情状酌量なし」として組織自らが位置づけている。[42] だが，この施設でみるならば，これら通過施

設プログラムは，ホームレス生活をする単身者に対し，自らの責任においてシェルターの確保を全うさせる条件づけとして機能していることがあらためて確認される。

2）家族ホームレスのための通過施設の事例から

次に，家族ホームレスのための通過施設についてみることにしよう。ここで対象となるのは，サンフランシスコの支援団体 Hamilton Family Center が同市内に開設する家族ホームレスのための通過施設である。

公表されている概要によれば，Hamilton Family Center は1985年に設立され，当初24時間オープンの家族シェルターを開設したことからその活動を始めたという。調査の対象とした当該通過施設は2000年2月に開所したものである。同組織が公表しているところによると，同組織はその活動趣旨を「ホームレス生活をする家族のための，安心でかつ安定した一時的住まいを提供すること」においている[43]。

同組織が提供している支援プログラムは，24時間の緊急シェルターのほか，就学児童の学童保育，日常の栄養管理，ケースマネジメント，履歴と生活技能のカウンセリング，診療所および産婦人科紹介，居住確保支援（転居先選びや引越し時の立ち上げ），恒久住居へ移行した後1年のアフターケア[44]である。

調査対象となった家族用通過施設は，最長18カ月間の利用が可能であり，入所している者は収入の30％を同団体に支払わなければならない[45]。同通過施設には現在20家族が住んでおり，そのうちの85％は女性が世帯主の家族である。平均的な家族構成は母親と2人の子どもであり，一番大きな家族は両親と5人の子どもであった。

入所者の人種構成は，39％がアフリカ系，35％が白人，15％がラテン系，4％がアジア系である。このため，すべてのプログラムには英語ができない家族への配慮がなされている。また，95％以上の家族が家庭内暴力の経験をもっており，さらに精神疾患を患う人は40％，麻薬依存者が65％であり，両方を併せもつ者が4割であった。

この通過施設は，近隣住民の反対を乗り越えて開所にこぎつけた。スタッフ

の話では，サンフランシスコのすべてのコミュニティには，ホームレス問題に対してすでに十分支援を行っているのだから，いまさら新しい施設をつくる必要はない，という認識があるので，同団体はそういったコミュニティに顔の利く人を立てることにより近隣住民との交渉を成功させたという。

建物は2棟建てになっているが（**写真Ⅳ-5**），片側1棟は，近く開所予定の幼稚園（同組織は児童ケアの資格をとっておらず，他の事業者に委託するかたちをとり近く開所予定），共用の台所や食堂を備え，さらに住まいとなっている部屋に分かれている。この共用の台所の利用に際しては，喧嘩がしばしば起きるため，スタッフの時間は喧嘩の仲裁に費やされているという。他方，中庭をはさんで対面するもう1棟は個々に台所が備えられた個室空間（**写真Ⅳ-6・7**）となっており，入居する家族のプライバシーへの配慮がなされたつくりとなっている。

さて，この通過施設においても，利用者は教育や何らかの職業訓練を受けねばならないことになっている。職業訓練についてみると，2000年開所の当該施

写真Ⅳ-5（左） Hamilton Family Center の通過施設。
写真Ⅳ-6（右上）**写真Ⅳ-7**（右下） Hamilton Family Center の通過施設の居室内部。

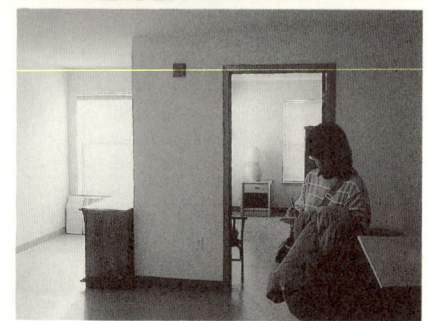

設においては、入居する親のほとんどが「貧困家族一時扶助」(TANF) を受けており、彼らが現在就いている仕事や職業訓練のいくつかについてはそのバリエーションが存在している。

建設業に従事する者、看護師のアシスタントを訓練するプログラムに参加する者、カウンセリング、ケースマネージャーの仕事をする者(薬物依存症の治療を受けた人が、薬物カウンセリングの仕事を行う場合がある)、さらに弁護士のアシスタントになるプログラムに参加する者もおり、最初3カ月間の訓練を経て、研修で3カ月間過ごした後に雇われていく家族もいる。看護師とは別に救急車の運転手などのように医療に従事する者もいる。警察官は常時募集されており、奨励されている。しかし、スタッフによれば多くの家族は低賃金職種にしか就けず、この施設を出てから家賃を払うのがむずかしいという。

また、施設利用者はケースマネジメント・プログラムを受けることになっている。育児関連のプログラムについてはプログラム次第で参加を選択できるが、基本的なプログラムについては参加が必須となっている。

利用者規約には、「プログラムの責任」の条文で次のように記されている。

住人はすべてのプログラムの要件を厳守することに責任を負うこととする。各々の成人は、少なくとも週32時間の職業/教育訓練に参加しなければならない。さらに、住人は生活技能訓練、コミュニティ集会、そしてケースマネージャーとのミーティングに参加することが求められる。[46]

主要なプログラムの規則は **図表Ⅳ-2-4** に示されているとおりであるが、とりわけ10番の就学前児童のためのケアプログラムは、Hamilton Family Center が家族ホームレスに対処する組織として今日までに開発してきたプログラムである。すでに述べたように、同組織が児童ケアの資格を有していないゆえに、プログラムの実践に際しては親も付き添っていなければならないが、利用に際して料金がかかることになっている。**図表Ⅳ-2-5** では、「就学前 Preschool」プログラムにかかるひと月の料金を示してある。

スタッフによれば、このプログラムは独自の矛盾を抱えている。すなわち、

図表Ⅳ-2-4　Hamilton Family Center 通過施設―主要プログラム規則

以下の規則違反には，段階的な警告（口頭警告，書面警告，最終警告）が発せられる。

1. 児童虐待は許されない。
2. シェルター内部で児童を放置したり，監督不行届きになること。
3. 児童は学籍ないしは児童ケアに登録されねばならない。
4. 児童ケアを放棄するあらゆる違反。
5. 入居者は教育ないしは職業訓練プログラムに登録されなければならない。
6. 入居者は割り当てられたすべてのミーティングに参加すること。
7. 入居者は予定されたすべての育児講習会に参加すること。
8. 入居者は家族の自立計画の目標をめざして前進しなければならない。
9. 入居者は月の支払いを遅れずにすませ，予定どおり貯蓄目標を達成すること。
10. Hamilton Family 就学前プログラムに子どもが参加している親は，プログラムのあらゆる規則を遵守のこと。
11. 入居者は火災検知器を天井から外さないこと。
12. 火災警報が鳴ったら即座に退出のこと。
13. 決められた雑用は時間どおりに実行されねばならない。
14. すべての来客手続きは従われねばならない。
15. 家庭，プログラム，もしくは隣人に悪影響をおよぼす行為は許されない。
16. 所定の場所以外では禁煙。
17. 部屋にスタッフがアクセスするのを拒むことを禁止。
18. 入退出時にはサインすること。

出所：Hamilton Family Center "Transitional Housing Program-Program Agreement" p.5.

図表Ⅳ-2-5　就学前 Preschool プログラム利用料金（1カ月）

フルタイム／全日制	週5日間	7:30AM-5:30PM	$700.00
パートタイム／全日制	週4日間		$650.00
	週3日間		$550.00
	週2日間		$400.00
半日制	週5日間	8:30AM-1:00PM	$425.00
	週3日間		$300.00

出所：Hamilton Family Center "Transitional Housing Program-Program Agreement" p.2.

プログラムに参加するためには収入からいくばくかの支払いが必要であり，そのためにも仕事を安定的に行うよう努めなければならない。だが，それが功を奏し，通過施設を出て引っ越しをする必要が生じたとしても，職場が引っ越し先から通勤可能な圏内にあるとは限らないため，逆に仕事を変える必要さえ出

てくるのである。しかし，容易に仕事を見つけることができるわけではない。これはまさに，安定した居住を確保しえない通過施設という，「システム」が抱えるジレンマを象徴する事例といえよう。

3）通過施設の原型としての緊急シェルター

最後に検討するのは，通過施設として自らを認めてはいないものの，実態的には通過施設といくつかの重要な点において似通っているため，いわば「擬似的」な通過施設もしくはその原型と呼びうる施設である。Watts Labor Community Action Committee（以下，WLCAC という）が運営する家族ホームレスのための緊急シェルターがそれである。

WLCAC が所在するワッツ地区は，かつて「ワッツ暴動」が起きたことでも知られる，人種マイノリティが数多く暮らす地域である。この地域に設立され，貧困者向けのサービス供給を中心に活動してきた WLCAC は，ホームレス問題が深刻化した1980年代の早いうちからシェルターを運営し対策にあたっていた。

調査対象である緊急シェルターは，家族ホームレスのための施設とはいっても，母親と10歳未満の子どものための施設として位置づけられている。そして緊急シェルターゆえに，入所するとすぐ通過施設の待機リストに入るとのことである。調査時においては，母12人と子ども19人が住んでいた。また，子どもは10歳未満という指定がなされているので，父親と10歳以上の児童については，母親と10歳未満の子どもをこの施設に残し，単身男性専用のホームレス・シェルターで暮らすこともある。

建物はもともとオフィスビルであったものを使い，1989年から緊急シェルターとして運営されている（**写真Ⅳ-8**）。1階には娯楽室，共用の台所と食堂などがあり，寝室は2部屋あった。2階にも複数の寝室が存在していたが，いずれの寝室も2～3の家族が共有して使用される（**写真Ⅳ-9・10・11**）。スタッフによれば，こうして複数の家族が部屋を共有することによるトラブルが起きないことはないが，それぞれの家族は経歴などにおいて共通点があるので，仲よくなる家族もたくさんいるという。1人しか子どものいない家族は，4人いる家

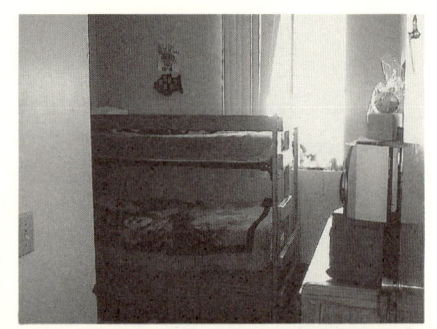

写真Ⅳ-8（左上）　　緊急シェルター全景。
写真Ⅳ-10（左下）　緊急シェルターの食堂内部。
写真Ⅳ-9・11（右下）　緊急シェルターの居室内部。

族からいろいろと助けをもらい，あるいは車を持っている家族は持っていない家族を助けたりする。仲のよい家族どうしが同じ通過施設プログラムに紹介されることもある。母親は仕事か学校に行っており，その間に子どもたちはデイケア（WLCACが運営するものもあれば，親戚が預かる場合もある）の世話になる。

　さらに，この施設の処遇面をみておこう。この施設では日常生活のためのライフスキルを身につけさせるという名目において家事をしなければならない。また，ボランティアが来所し，お絵かき教室を開くなどの育児教室も行われている。食事の準備は当番制によって行われており，食事をつくる人は夕方5時に仕事や学校から戻ってきて準備をすることになっている。入所者のほとんど全員がフードスタンプを受給しており，1食1ドル30セントのフードスタンプは朝食と夕食の支払いにあてられる（昼食は無料）。

　図表Ⅳ-2-6により利用者規約をみると，数多い規則によって入所者は管理

されているようにみえる。スタッフによれば，夜7時に設定された門限以外の条項は，入所者からさほど大きな問題として受けとめられていないとのことであった。しかし，これらに違反した場合は「ピンクスリップシステム」(桃色伝票)を切られ，退所の条件となる。

　さらに，利用規約のなかでケースマネジメントが「必須」となっていることは確認しておきたい。そのほか，セミナーやミーティングを通じて「自立」のための技能を訓練し，恒久住宅や通過施設に移動していくという。したがって，シェルターでの生活に参加することを通じてシェルターが確保される仕組みは，この緊急シェルターにおいても機能しているといえる。

　すでにみたとおり，通過施設とは，基本的にその担い手たる組織が小規模の緊急シェルターを転換させることから生成してきた。このWLCACが運営する緊急シェルターの事例には，ホームレス生活者の処遇に際する基本姿勢が，通過施設のそれと同一性を有しているのをみることができる。すなわち，「自立」に必要なプログラムへの参加が必須となることである。そのような同一性が貫かれているので，この事例における緊急シェルターに通過施設の原型をみることは必ずしも的外れなことではないであろう。

　調査時において，「この緊急シェルターと通過施設のどこが違うのか？」ということをスタッフに訊ねたところ，スタッフは，「通過施設ではより独立した生活を送ることができること。主にもっと自由に生活ができて，自分のスペースがもてること」と回答した。しかし，単身者用の通過施設においてはプライバシーもままならず，決して良好とはいえない処遇が実施されている。また，家族向けの通過施設もプログラム参加の強制度からみて決して自由な空間とはいえず，むしろ不自由な処遇が行われている場所なのである。これらのことが物語るのは，現象的な違いには解消しえない，通過施設と緊急シェルター両者の根底にひそむ同一性である。このように緊急シェルターの個別的な存在に，通過施設が系統的に発生してきた契機を確認することができる。

5 むすびにかえて

　通過施設の拡大へとホームレス対策が展開してきた経緯は，当初のホームレス支援運動がもっていた限界を衝くかたちで広がってきたものと捉えられる。かつてカリフォルニアで弁護士として法支援活動の先頭に立ち，「ホームレスのための全国連合」の会長を務めたこともある Gary Blasi は，アメリカのホームレス対策には根本的失敗があったといい，それは政策担当者や研究者だけでなく，ホームレス支援活動の側も初めから共有していた限界に根ざしていたと述べている。彼はわれわれのインタビューに対して次のように発言している。

　　この失敗の起源は，政策担当者，また私のような支援活動家や研究者のホームレス問題に対する意識にあった。つまり，ホームレスの問題は短期的で緊急性のある問題だと認識していたので，その解決も短期間の一時的な緊急シェルターを提供することであると考えていた。しかし，それは間違っていた。政策担当者や研究者，支援活動家が考えていたことの失敗の結果，たくさんの資金とエネルギーをシェルターの運営に費やすことになってしまった。[47]

　すなわち，緊急シェルターの創出に力を注ぐこと，まずはシェルターが確保されるべきであるという認識とそれにもとづく営みが，今日「シェルター産業」といいうるような，通過施設と緊急シェルターの繁栄につながったことが示唆されている。大規模な緊急シェルターでの処遇の悪さが問題にされ，それを乗り越えるという名目のもとに，通過施設としての小規模シェルターが拡大・繁栄してきたのである。

　これまでみてきたように，「シェルターに対する権利」を獲得し，まっとうな居所（そういう場所としてのシェルター）を行政の責任において確保させることを指向する支援運動と，通過施設の担い手が指向する支援のあり方とは，そのめざすところや実践において大きな違いを生みだし，今日にいたっている。後者，つまりホームレス生活者自らにシェルター確保の責任を負わせる支援施策

のあり方（「ケアの継続」路線）は，「シェルター産業」の行き詰まりが多方面から指摘されるにおよんで，今後どのように展開されていくのであろうか。

それとは反対に，普遍的な居住保障を求める運動が，今日ではさらにホームレス生活者対策として，行政をも巻き込みつつどのような進展をみせているのか。本章ではこうした最新の動向についての言及ができなかった。シェルターの確保をホームレス生活者の責任において遂行するのではない，これまでとは異なる新たな模索や営みについては，稿を改め紹介したい。

図表Ⅳ-2-6　家族のための緊急シェルター入所者規則

A．外出ないし入館するたびに正面入り口を使用のこと。火事や地震といった緊急時，あるいは監督のもと実施される緊急の訓練以外には，どこへ行くのかを知らせて外出時はサインをし，また入館時もサインしなければならない。シェルターに持ち込まれるすべてのカバンと荷物および持ち出される物についてもスタッフは点検することが許されている。そういった点検を拒むことはシェルターの即時退去，そして今後のプログラムの終了につながる。

B．子どもは常に目の届く場所においておくこと。それができないとき（入浴，雑用当番時，洗濯，トイレ）も，他の入居者にとくに依頼してでもそれをしなければならない。利用者各人が自らの子どもの行為に責任を負っている。

C．スタッフに協力することはきわめて重要である。あなたと子どもは，シェルター職員のありとあらゆる指示と監督に従うこと。職員，子ども，そしてシェルターの他の住人に対する物腰は丁寧であること。

D．決められた場所で寝ること。すべての共有空間は常にきれいに保つこと。あなたやあなたの子どもの行いによってシェルターの資産に損害が生じた場合はその補修費用を弁償すること。シェルターのどんな場所でも，意図的に破壊することは刑事告発の対象となる。

E．あなたとあなたの子どもは，常に身なりをきちんとしておくこと。階下にいるときは外出着が必要である。寝巻きは寝るときのみ着用。

F．シェルターでプログラムに参加している間は，酒・麻薬は禁止。疑わしいときは尿検査を実施し，明らかに該当する場合はここでのプログラムは終了となり，どこか適切なリハビリ型のシェルターないしはプログラムへと紹介される。

G．処方薬はケースマネージャーや管理人によって利用者帳において登録を受けた者のみ許可される。

H．施設内は禁煙。いつ何時もシェルターでのタバコとあらゆる薬物は禁止である。タバコの喫煙は正面玄関の外においてだけ許される。その際，吸殻を散らかしてはならない。

I．飲食物は台所と食堂の外に持ち出してはならない。台所と食堂の利用時間は，担当の管理者によって必要に応じ張り出されるかアナウンスされているように制限されている。

J．毎週のケースマネジメントに参加すること。また同様に，通常の「施設内ミーティング」お

よびシェルターで開催される特別ミーティングないしはセミナーに参加すること。「施設内ミーティング」は通常夕食後開かれる。

K．施設の雑用を入所者全員で分担して行うこと。こうした雑用は折よくしっかりとなされねばならない。そして担当の管理者によって確認を受けること。雑用を満足に行わないと書面で警告を受け、結果的にシェルターからの退去やプログラムの終了につながる。

L．病気にかかったときは当番の管理人に報告すること。治療が必要な場合は指示に従い診療施設に行くこと。

M．シェルターのロビーにある公衆電話は10分まで。かかってきたものについても許されるが、応答したり利用者に伝言することは管理者の仕事ではない。もし管理者がそれをする場合、それは利用者に対する親切としてである。コレクトコールは不許可。

N．シェルターへの訪問客は認められない。友人や親戚の訪問は施設から離れた場所で許可されるが、ケースマネージャーがあらかじめそうした訪問について知っておく必要がある。

O．一切の武器は禁止。銃、ナイフ、爪やすり、カミソリ、催涙ガス、唐辛子スプレー、あるいは誰かを傷つけるために使われるようなあらゆる道具はシェルター内で認められない。

P．門限は毎日夕方5時を守らなければならない。例外は、認可されている雇用主のもとでの仕事によって遅れる場合と、ケースマネジメントの職員による書面の許可にもとづき、すでに調整がついている場合である。

Q．利用者は割り当てられた部屋にいる他の利用者を訪問してはならない。利用者間の訪問は共有空間でなされねばならない。

R．施設内での一切の性的行為は禁止。

S．割当部屋で認められている電気器具はラジオとドライヤーのみ。

T．ペットは禁止。

U．布教などの宗教活動は禁止。これは宗派を問わない。

V．割当部屋の検査や持ち物検査は拒否してはならない。検査拒否は退所の条件となる。<u>不法な薬物や武器の所持が疑われる場合は、警察官をすぐに要請する。</u>

W．ロサンゼルス消防局はすべてのシェルターの火災警報に迅速に応じる。消防局は実際の警報と誤ったもの（子どもが火災報知器のレバーを引くときのように）との区別をつけないので、関連する全経費はシェルターに請求される。火災報知器を誤作動させた場合の費用負担は75ドルから150ドルの間である。各親はこの経費の支払いを請求される。あなたの子どもを付き添いなしにシェルターのホールに行かせないように。

出所：WCLAC 緊急シェルター利用者規約

〈補論1〉 アメリカのNPO（民間非営利組織）

1 ホームレス対策におけるNPOの位置

　1987年のマキニー法制定以後，そのもとで施策を実施してきた住宅都市開発省は施策の効果のいかんを知るために，1993年から94年にかけて，その主要な5つのプログラムについてそれぞれ異なる外部のシンクタンクにアセスメントを依頼した。その結果をまとめたレポートによれば，プログラムの実施にあたってNPOが関与している度合いは次のようになっていた［U. S. Department of Housing and Urban Development, 2002b］。まず，①緊急シェルター助成プログラム Emergency Shelter Grant Program の場合，補助金を受給してサービスを提供している組織の89％をNPOが占めた。また，②支援住宅供給プログラム Supportive Housing Demonstration Program ではNPOが84％を占めていた。さらに，③SRO修復プログラム Section 8 Moderate Rehabilitation for Single-Room Occupancy と，④ホームレス関連施設支援補助プログラム Supplement Assistance for Facilities to Assist the Homeless にあっては，NPOがそれぞれ73％，70％を占めた。そして，⑤ひとり親家族関連施設整備プログラム Single Family Property Disposition Initiative においてはNPOであることが受給資格となっていた。住宅都市開発省が実施しているホームレス関連の主なプログラムにあって，NPOがきわめて大きな役割を果たしていることは明白であった。
　しかしながら，ホームレス対策は住宅都市開発省が関係する住宅関連施策だけではない。たしかに，ホームレス対策のなかで住宅関連施策の占める割合はきわめて大きいとしても，それ以外にも食事提供や教育，就労，保健などに関係する施策が実施されている。そこで，これらの施策も含めて，ホームレス対策関連プログラム全体においてのNPOの関与の程度を明らかにする必要があ

る。すでに本書上巻の第Ⅴ編第1章で言及した「全米ホームレス支援サービス提供組織およびその対象者調査」(NSHAPC) をここでも参照することにしよう [Interagency Council on the Homeless, 1999]。

この調査によれば，調査対象プログラムの85％はNPOによって実施されていた。このうち宗教系NPOが34％で，非宗教系NPOが51％となっていた [ibid., p.14/9]。またこれらの調査対象プログラムが提供されている場所，つまり支援サービスを実施している組織の所在地についてみてみると，その84％がNPOの所在地となっていた。宗教系と非宗教系の内訳は35％と49％であった [ibid., p.14/20]。こうしてホームレス対策関連プログラム全体でみても，NPOがきわめて大きな役割を果たしていることは明らかである。

2 NPOとは何か？

ところで，ホームレス支援サービスの提供の面で，このように大きな役割を果たしているNPOとは何か。それは端的にいえば，内国歳入庁 (IRS) のタックス・コードで「501(c)」というカテゴリーに分類されている団体のことである。この501(c) 団体は税制上の優遇措置を受けることができる。すなわち，501(c) 団体が本来の事業および関連収益事業で得た所得には課税されないし，また，これらの団体に個人や企業が寄付した場合，寄付した者には控除が認められている。[48] このように501(c) 団体に対して税制上の優遇措置が認められているのは，**図表Ⅳ-A1** に見られるように，これらの団体がいずれも公益性の高い活動を行っているからである。ただし，501(c) 団体は税制上の優遇措置を受ける代償として，その活動によって得られた収益を役員や従業員などの給与や賞与として配分してはならないという規定に従わなくてはいけない。収益は，活動の維持または充実のためにのみ使わなくてはいけないのである。

「さて，NPO団体のなかでも，とりわけ市民の生活を支え，市民の声を代弁する役割を果たしている団体があり，それらは，501(c) (3) あるいは501(c) (4) に分類される。そこで，市民の生活への密着性，代弁性を強調し，501(c) (3) および501(c) (4) のみを総称して，『ボランティアセクター』『イ

図表Ⅳ-A1　内国歳入庁登録非課税団体の種類と数　（1996年現在）

タックスコード	種類	数
501(c)(1)	連邦議会の決議に基づいて設立された団体	20
501(c)(2)	固定資産（土地）を特定の目的のためだけに保持・運用している団体	7,100
501(c)(3)	宗教，教育，医療，福祉，芸術，文化，環境，動物保護，国際協力などの分野の団体	654,186
501(c)(4)	社会福祉団体	139,512
501(c)(5)	労働共済，農業共済	64,955
501(c)(6)	商工会議所	77,274
501(c)(7)	社交・レクリエーションクラブ	60,845
501(c)(8)	友愛年金組合	91,972
501(c)(9)	勤労者年金組合	14,486
501(c)(10)	家政婦友愛年金	20,925
501(c)(11)	教員退職基金	13
501(c)(12)	生命保険慈善団体	6,343
501(c)(13)	墓地組合	9,562
501(c)(14)	信託組合	5,157
501(c)(15)	共済保険	1,212
501(c)(16)	農業関連事業に融資する団体	23
501(c)(17)	補足的失業保険基金	565
501(c)(18)	勤労者年金信託基金	2
501(c)(19)	退役軍人団体	31,464
501(c)(20)	法律扶助団体	131
501(c)(21)	塵肺信託	25
501(c)(22)	総合設立年金基金	0
501(c)(23)	1880年以前設立の退役軍人団体	2
501(c)(24)	倒産企業従業員向け退職信託組合	1
501(c)(25)	年金信託会社の持ち株会社	794
501(d)	聖職者団体	113
501(e)	医療共同組合	54
501(f)	教育共同組合	1
521	農業共同組合	1,773
計		1,188,510

注：団体名の訳出にあたっては，[須田,2000] および [山内,1999] を参照した。
出所：[Boris and Steuerle,1999, pp.8-9, Table1-2]

ンデペンデントセクター』『NPO セクター』『第3セクター』『市民セクター』
という」[須田, 2000, 226頁]。実際, 多くの論者がこれら501(c)(3)および
501(c)(4)に分類される団体をNPOの典型とみなしている。[49] 本稿では, こ
れらに, 種々の宗教団体を加えたものをNPOとみなすことにする。なぜなら,
これらの宗教団体は, 内国歳入庁には登録されていないが, 税制上の優遇措置
を受けてさまざまの公益活動を行っているからである。こうした宗教団体の数
は, 1996年現在で26万6000にのぼっている [Boris, 1999, p.7]。

　NPOはアメリカ社会においてきわめて大きな役割を果たしている。まず
501(c)(3)および501(c)(4)団体の数であるが, 前掲図表によれば, 1996年
現在で79万3698となっている。アメリカの団体総数が2570万であるから,
501(c)(3)と501(c)(4)団体がアメリカの全団体数に占める割合は約3.1%
となる。先の宗教団体も含めれば, 約4.1%になる [山内, 1999, 44-45頁]。また
雇用者(有給)数は, 1996年現在で宗教団体の分も含めて1020万人である。こ
れにボランティアを常勤雇用者に換算した数570万人を加えれば, 宗教団体も
含めたNPO部門の雇用者数は, アメリカの総雇用者の10分の1以上になる
[Boris, 1999, pp.6-9]。さらに宗教団体を含むNPOの収入は1996年現在で6210
億4000万ドルであり, アメリカの国民所得の約7%を占める [ibid., p.6]。

　NPOがアメリカ社会において大きな役割を果たすようになったのは, 1960
年代以後である。もちろん, それ以前にあってもNPOの存在が顕著でなかっ
たわけではない。伝統的に自助と自治の精神が優勢であったアメリカでは「一
般に, 社会福祉に政府, とくに連邦政府が深く介入することに反対する風潮が
強く, 19世紀末から20世紀初めにかけての大規模な都市化と工業化が生みだし
た貧困と苦難への対処は, 主に地方政府や民間の慈善団体に任されていた」
[Salamon,1992:邦訳93頁]。その点で, 1930年代にF. D. ルーズヴェルトがニュー
ディール政策の一環として行った社会保障法の制定は画期的な挑戦であった。
というのは, この法律によって連邦政府が福祉分野に介入できるようになった
からである。とはいえ, このような連邦政府の介入を認めない共和党や産業界
の反対も根強く, この時点でも連邦政府が社会福祉分野において主導権をとる
にはいたらなかった。こうした状態は1950年代まで続いた。

しかし，1960年代に入ると状況は大きく変化した。この時期「民主党リベラル派は，ニューディール以来同党が築いてきた福祉国家体制を単に拡大するだけでなく質的にもさらに発展させようと試み」たのである［砂田，2000, p.38］。とりわけ，「偉大な社会」構想を掲げたジョンソン政権は，当時深刻化していた貧困問題や人種問題，都市問題などの解決のために，膨大な予算を計上して，さまざまな政策を実行に移した。その結果，1960年代後半になると連邦政府の社会福祉関連支出が州・地方政府のそれを上回るようになった［Salamon, 1992：邦訳96頁］。こうして，社会福祉分野において連邦政府の主導権が確立した。とはいえ，それによって「民間の慈善団体」の役割が小さくなったわけではない。むしろ事態の推移は逆であった。なぜなら，「1960年代に公的福祉が拡大した際に，それが民間非営利セクターの活動を肩代わりするというよりは，むしろ『助長する』形で行なわれた」からである［ibid.：邦訳102頁］。その結果として，この時期「『第3者による政府』（Third-Party Government）という複雑な制度が生まれ」ることになった［ibid.：邦訳102頁］。この「第3者による政府」とは，連邦政府がその「目的の執行のために，非政府機関または少なくとも非連邦機関を用い，その政策執行に伴う公的資金の使用や公的権限の行使に際して，これらの機関に相当程度の裁量を持たせて執行に当たらせる制度」である［初谷，2001, 111頁］。

先にみたように，アメリカにあってNPOはホームレス支援プログラムの実施面できわめて大きな役割を果たしている。しかし，NPOの位置を，アメリカの歴史のなかで，とりわけ連邦政府との関係のあり方という点からみるなら，NPOがホームレス支援プログラムの実施面できわめて大きな役割を果たしていることは，特別驚くに値しない。むしろ，それは当然のことであるといえる。

3　NPOの2類型

ところでNPOといっても，さまざまである。それらは規模の面でも，活動領域や方針の面でも多様である。いまホームレス生活者支援活動を行っているNPOに限ってみると，それは大きく2つの類型に分けることができる。ひと

つは規模が大きく，主に住宅関連や就労支援のプログラムを実施しているNPOである。もうひとつは小規模であって，主に世論を喚起するために種々の政治的な行動に訴えるものである。前者を〈事業型NPO〉，後者を〈運動型NPO〉と呼ぶことにしよう［平川，2002］。

事業型NPOの場合，組織は公式的（フォーマル）である。すなわち，まず最高の意思決定機関として理事会 board of directors がある。理事会は複数の理事で構成される。そして，これらの理事は金銭的報酬を受け取ってはいけないことになっている。したがって，理事のほとんどが企業（多くは地域の有名な製造業や金融など）の経営者という場合が多くなる。この理事会の下に現場スタッフがいる。現場スタッフの最高責任者がエグゼクティブ・ディレクターである。そして，その下にプログラムごとに実務を担当するスタッフがいる。これらの現場スタッフのさらに下に，ボランティアが位置する。〈理事―エグゼクティブ・ディレクター―現場スタッフ―ボランティア〉という関係のあり方は官僚制的である。すなわち，業務の遂行にあたっては規則に従わなくてはいけない面が多く，権限はハイアラーキーに沿って配分されており，さらに職務は専門化しているのである。とりわけエグゼクティブ・ディレクターには福祉や法律，経営関係の学位をもつ人が多い。

事業型NPOに共通しているのは，公的資金（連邦政府をはじめとした行政機関が提供する資金）への依存度が高いということと，公的資金への依存が積極的に肯定されているということである。これは運動型NPOが公的資金に依存することに批判的であるのと対照的である。

また事業型NPOは，世評――とくにマス・メディアの評価――に敏感になる傾向がある。一般にNPOは自己の活動がマス・メディアによってどう評価されるかということに無関心ではいられない。なぜなら，マス・メディアによる評価はNPOが得る公的資金や民間からの寄付金の額と密接に結びついているからである。なかでも事業型NPOは規模が大きいぶん，事業遂行に必要な金額も多くなるので，マス・メディアの評価に敏感にならざるをえない。

他方，運動型NPOの場合，規模は小さい。そして組織は非公式的（インフォーマル）である。何ほどかのカリスマ性をもつ少数のリーダー（たち）に共感

して集まった人たちが活動を継続する過程で，組織もある程度のまとまりをもつものになったというものが多い。規則の支配にせよ，権限のハイアラーキーや職務の専門化にせよ，その程度はそれほどではない。人間関係はむしろパーソナルである。リーダー（たち）は何らかの――多くは現在の活動につながるような――活動を続けてきた人がほとんどで，その意味で，いわば「たたき上げの活動家」といえる。

　運動型 NPO は，公的資金に依存することに批判的である。とりわけ連邦政府資金に依存することに対してはきわめて批判的である。

　運動型 NPO の活動領域は，ホームレスの権利の擁護や市民への啓発といったいわゆるアドボカシー活動に限定されている。ロサンゼルス市にある「ロサンゼルス・飢餓とホームレス状態を終わらせるための連合 Los Angeles Coalition to End Hunger and Homelessness」という NPO は，ホームレス生活者に対する警察のいやがらせや若者による襲撃を防ぐために，監視活動や啓発活動に力を入れたり，ロサンゼルス郡の福祉に関して，その内容をわかりやすく紹介したパンフレットを毎年作成し，それを郡内の役所に買い取ってもらうというやり方で，ホームレス生活者を含む貧しい人々の福祉利用の機会を拡大する活動を行っていた。パンフレットの作成は資金獲得の重要な手段ともなっていた。また，サンフランシスコ市にある「サンフランシスコ・ホームレス連合 Coalition on Homelessness, San Francisco」という NPO は，緊急シェルターに入っている人に対して調査を行い，その結果を利用して，サンフランシスコ市に対してそのホームレス対策を改善するように働きかけたり，ホームレス生活者の考えが反映された新聞をつくって，それを売ることに力をいれていた。この新聞発行は，市民啓発および売り手となったホームレス生活者への資金援助のためになされると同時に，資金獲得の手段ともなっていた。

4　NPOと行政機関の関係

　アメリカで NPO がきわめて大きな存在でありえるのは，つまるところ先にみた「第三者による政府」という〈制度〉があるからである。この〈制度〉の

もとでは，原則として行政機関が直接サービスを提供することはない。そこでは「行政機関は連邦政府資金の分配と各プログラムの監督をつとめる」にすぎないのであって，「実際のサービス供給は，行政機関の外部団体やNPO，営利団体が担当する」ことになる［須田，2000，230頁］。

いま住宅都市開発省の主要な4つのプログラムについて，NPOと行政機関の関係をみてみよう［U. S. Department of Housing and Urban Development, 2001b］。

4つのプログラムのうちの3つ，すなわち①支援住宅プログラム，②SROプログラム，および③シェルター・プラス・ケア・プログラムの場合，資金を得たい者は，あらかじめ決められた書式に従って申請書を書いて，応募することになっている。応募資格を有するのは，①の場合，州政府および地方政府，それ以外の行政機関（公共住宅局 Public Housing Agencies など），NPO（民間非営利組織），そしてコミュニティ・メンタル・ヘルス・アソシエーション（公的非営利組織）である。②の場合は公共住宅局とNPOに応募資格がある。③では州政府および地方政府，公共住宅局が応募資格をもっている。ただし，この場合でも資金を得た組織（たとえば州政府）がサービスの提供をNPOに委託することが普通である。

④緊急シェルター助成プログラムの場合，助成を受けたい者は計画書を住宅都市開発省に提出する。住宅都市開発省は，その計画書が一定の条件を満たしているかどうかに従って助成するか否かを決定する。この場合，計画書を提出する資格をもっているのは州政府と地方政府である。州政府が助成を受けた場合，州政府はその助成金を地方政府かNPOに再交付しなくてはいけない。地方政府が再交付を受けた場合には，すべての助成金を地方政府が使ってもよいし，NPOに交付してもよい。実際にはNPOに交付することが一般的である。

このように，住宅都市開発省の4つのプログラムのなかでNPOに応募資格が認められているのは2つである。しかし，残りの2つのプログラムにしても，応募資格は認められていないにせよ，いったん資金を得た組織がその資金をNPOに再交付し，プログラムの実施を委託すること自体は禁じられていない。そして実際，NPOへの委託が多いのである。こうして，住宅都市開発省の4つのプログラムの場合，基本的に，連邦政府資金の多くがNPOに入るという

ことができる。このことは，ホームレス支援プログラムの実施過程にあってNPOが果たしている役割の大きさに反映されている。

〈補論2〉 福祉改革とホームレス生活者

　1996年，アメリカは社会福祉のあり方を大きく変えた。これは「福祉改革」と呼ばれている。福祉改革の目的は，福祉受給者を労働市場に移行させることによって，受給者を「福祉依存」状態から脱却させて，彼らを経済的に「自立」させることである。これは，アメリカ社会にみられる「自助努力」を尊重する伝統や「小さな政府」の思想に適合的であるとみなされている。

　1980年代半ば以後いくつかの州で行われてきた福祉改革の試みと，この96年の連邦レベルでの福祉改革のなかで，福祉受給者数は95年を境に減少に転じた。受給者数の推移だけをみると，一連の福祉改革は成功しているようにみえる。しかし，福祉受給者数の減少には1990年代の「ニュー・エコノミー」と称された好景気も大きく影響していると考えられる以上，一連の福祉改革が成功しているのかどうかに関して断定的な言い方はできないであろう。

　福祉改革の内容に関しても，最近になってようやく種々の批判がなされるようになった。すなわち，児童ケアや交通サービスの不足，労働市場政策の不備などが指摘されている。本稿では，こうした批判をふまえたうえで，就労に際してさまざまの困難を抱えているホームレス生活者に留意しつつ，福祉改革の内容を検討する。その際，福祉受給者数が最も多いカリフォルニア州を取り上げる。そして，同州で，ホームレス生活者を含む福祉受給者に対して福祉改革後の制度がどのように対処しようとしているのかをみることにする。[50]

1　福祉改革以前

　福祉改革の内容の検討に入る前に，福祉改革以前のアメリカの公的扶助について簡単にみておきたい。アメリカの公的扶助は単一の制度ではなく多様であるが，いまその主なものを挙げれば以下のようになる［藤田・野呂, 1989］。

まず，公的扶助のなかでも代表的なものが「要扶養児童家族扶助 Aid to Families with Dependent Children」（AFDC）である。これは，親の不在や障害，死亡，失業などによって養育を欠くことになった18歳未満の児童のための扶助である。次に，「補足的保障所得 Supplemental Security Income」（SSI）がある。これは，所得や資産が一定の水準以下にある高齢者や視覚障害者，その他の障害者を対象とする現金扶助である。また，低所得者対象の医療扶助としてメディケイド Medicaid がある。フードスタンプは，食料切符が支給される連邦政府管轄の現物扶助である。州政府や地方政府が独自に運営する扶助として「一般扶助 General Assistance」（GA）がある。これらの扶助のなかでも，この間の福祉改革に関する議論において，そのあり方に大きな変更を加えるべきかどうかが盛んに論じられたのが「要扶養児童家族扶助」であった。

2 福祉改革以後

1996年8月「個人責任および就労機会調整法 Personal Responsibility and Work Opportunity Reconciliation Act」（PRWORA）が成立した。これによって，「要扶養児童家族扶助」は「貧困家族一時扶助 Temporary Assistance for Needy Families」（TANF）に改編された。まず，両者の違いをみておこう。

第1に，受給資格のある家族に対して，これまでは連邦政府が扶助義務を負っていたが，新制度のもとでは，連邦政府はその義務を負わなくてすむようになった。つまり，改革以前は「定められた一定の受給要件を満たす限り，すべての個人に対して最小限の福祉」が保障されていたのに対して，改革以後は，扶助を実施するかどうかは州政府の裁量に属することになったのである［後藤，2000，159頁］。しかも，これまで連邦政府から州政府に支給される補助金の総額に対して上限は設定されていなかったが，新制度ではあらかじめ上限が設けられた。こうして「今回の改革によって」，州政府にあっては「財政上の，あるいは運用上の制約を強められ，定まった予算の枠内でより効率的な配分を最優先課題とすること，費用の削減，給付水準の切り下げレースに参加することを余儀なくされ」ることになった［同上］。

第2に，プログラムの運営に関する権限が州政府に委譲された。これによって，各州政府は独自の「貧困家族一時扶助」プログラムをつくって運営するようになった。しかし，州政府の独自性なるものも，連邦政府からの補助金の総額に上限がある以上，きわめて限定されたものにならざるをえない。

第3に，受給にあたって，受給者が受給開始後2年以内に就労もしくは就労関連活動に従事することを義務づけた。この就労要件に合致しない者に対しては，追加的給付が禁止されることになった。

第4に，受給期間を生涯で5年に制限した（ただし受給者の20%は免除）。

以上が主な変更点である。とりわけ重要なのは，「貧困家族一時扶助」において，「要扶養児童家族扶助」にあっては認められていた福祉受給の権利が否定されたことである。

さらに3点目と4点目でふれたように，福祉の受給に厳しい規制が課されることになった。これは，受給者を労働市場に移行させることで，受給者を「福祉依存」状態から脱却させるためであった。著者はここに，「就労最優先アプローチ Work-First Approach」をみる。これは，1980年代半ば以後いくつかの州で行われきた福祉改革の実験のなかですでに採用されていたものである。[51]

3 カリフォルニア州の福祉改革

ここではカリフォルニア州を取り上げて，福祉改革後の制度を詳細に検討したうえで，それがホームレス生活者にどのような影響をおよぼすかをみていきたい。カリフォルニア州を取り上げるのは，同州がアメリカのなかで最も多くの福祉受給者を抱えているからであり，また1996年の福祉改革に先立って，すでに実験的プログラムを行っていた州のひとつでもあるからである。カリフォルニア州の福祉改革の内容を詳しく検討するならば，1996年福祉改革で採用された「就労最優先アプローチ」がもつ問題点も相当明らかになるであろう。

他の州と同様，カリフォルニア州においても，連邦議会で「個人責任および就労機会調整法」が成立し，「要扶養児童家族扶助」が「貧困家族一時扶助」に変更されたことを受けて福祉改革は始まった。すなわち，1997年，

CalWORKs (California Work Opportunity and Responsibility to Kids) 法案（AB 1542）が通過し，1998年1月に CalWORKs が施行された。CalWORKs はカリフォルニア州版の「貧困家族一時扶助」である。CalWORKs もまた「就労最優先アプローチ」を採用している。主なプログラムは，現金扶助と児童ケア，交通サービス，教育・訓練，アルコールおよび薬物依存治療，精神障害および家庭内暴力の治療などである。また，ホームレス生活者のための「ホームレス生活者支援プログラム CalWORKs Homeless Assistance Program」も設けられた。

　プログラムの詳細に立ち入って検討する前に，ホームレス生活者支援にとって CalWORKs がどのような位置を占めるかをみることにする。「カリフォルニア州のホームレス生活者対策プログラムに関する報告」によれば，CalWORKs は，「（ホームレス生活の）予防」と「（ホームレス生活者に対する）緊急シェルターおよび，そこでのサービスの提供」を行うものとされている。具体的にいえば，CalWORKs は，低所得世帯がとりわけ住宅費用などの基本的なニーズを満たせるように支援する制度であると同時に，ホームレス生活者が首尾よく経済的自立を達成できるように支援する，さまざまなサービスを提供する制度とみなされている [Office of the Governor, 2000]。

　次に，ホームレス生活者に限定しないで，福祉受給者一般にとって，CalWORKs がどのようなプログラムであるかを検討することにする。そのプログラムの概要をみてみよう。[52]

　受給期限についてみる。「個人責任及および就労機会調整法」にもとづいて，CalWORKs も受給期間を生涯で5年に制限している。1998年1月1日以降，CalWORKs を申請した者は18カ月間受給することができる（ただし郡の裁量によって6カ月追加される場合もある）が，[53]期限に達した時点で雇用されていない場合，対象者はコミュニティ・サービス（清掃，ガーデニング，施設警備など）に参加しなくてはいけない。最終的に，受給期間が通算5年の期限に達しても，対象者の児童については扶助が継続される。このような免除規定は，児童のほかにも，60歳以上の高齢者や病気もしくは障害をもつ家族の成員を介護する者などにも認められている。

次に，就労要件についてみることにする。CalWORKsを受給したい人は，就労もしくは就労関連活動に従事しなければならない。受給開始後の最初の4週間内に，受給者は求職活動に従事しなければならない。期限を過ぎても仕事が見つからない場合，対象者は評価を受けたうえで，就労もしくは就労関連活動に従事するよう要求される。就労時間に関しては，ひとり親世帯の場合，最低週20時間が求められた（1998年1月時点）。これはその後26時間（1998年7月），32時間（1999年7月）へと延長された。両親のいる家族は2人で合計週35時間（うち1人は少なくとも週20時間）就労しなければならないとされた[54]。なお，就労関連活動には職業訓練と並んで，精神障害および薬物依存治療や家庭内暴力に関するカウンセリングへの参加も含まれている。

受給者がこれらの就労要件に合致しない場合は罰則が科され，現金扶助の成人部分が減額される。しかし，児童部分は継続される。制裁期間が3カ月を超えた場合，制裁が解除されない限り，各郡が家賃や電気，ガス，水道代の支払いのために対象者にバウチャーを発行するか，対象者に代わって料金を支払う。

児童に関する要件としては，予防接種と就学に関するものがある。予防接種に関しては，申請者はCalWORKsを申請するにあたって，その児童が予防接種を受けたことを証明する用紙を提出しなければならない。また就学に関しては，すべての学齢期の児童は就学していなければならないと定められている。

カリフォルニア州は，郡にプログラムの計画・履行に関する権限を委譲している。したがって，各郡はそれぞれ独自のプログラムを作成することができる。

先に述べたように，CalWORKsは「就労最優先アプローチ」を採用した。それは受給者を経済的に自立させるための一時的支援の制度である［Montgomery et al., 2002］。こうした制度のなかで，受給者はどのようにサービスを受けるのであろうか。以下ではCalWORKsの運営実態をみることで，「就労最優先アプローチ」の内実を明らかにしたい。

CalWORKsの運営実態を検討するにあたって，まずCalWORKsの基本的流れを整理しておきたい[55]。CalWORKsの流れは**図表Ⅳ-A2**のようになる。

受給の申請が受理されると，「オリエンテーション／鑑定 appraisal」に移る。この段階では，「情報」，「動機づけ」，「診断」の機能が実行に移される。

〈補論2〉福祉改革とホームレス生活者　307

図表Ⅳ-A 2　CalWORKsプログラムの流れ

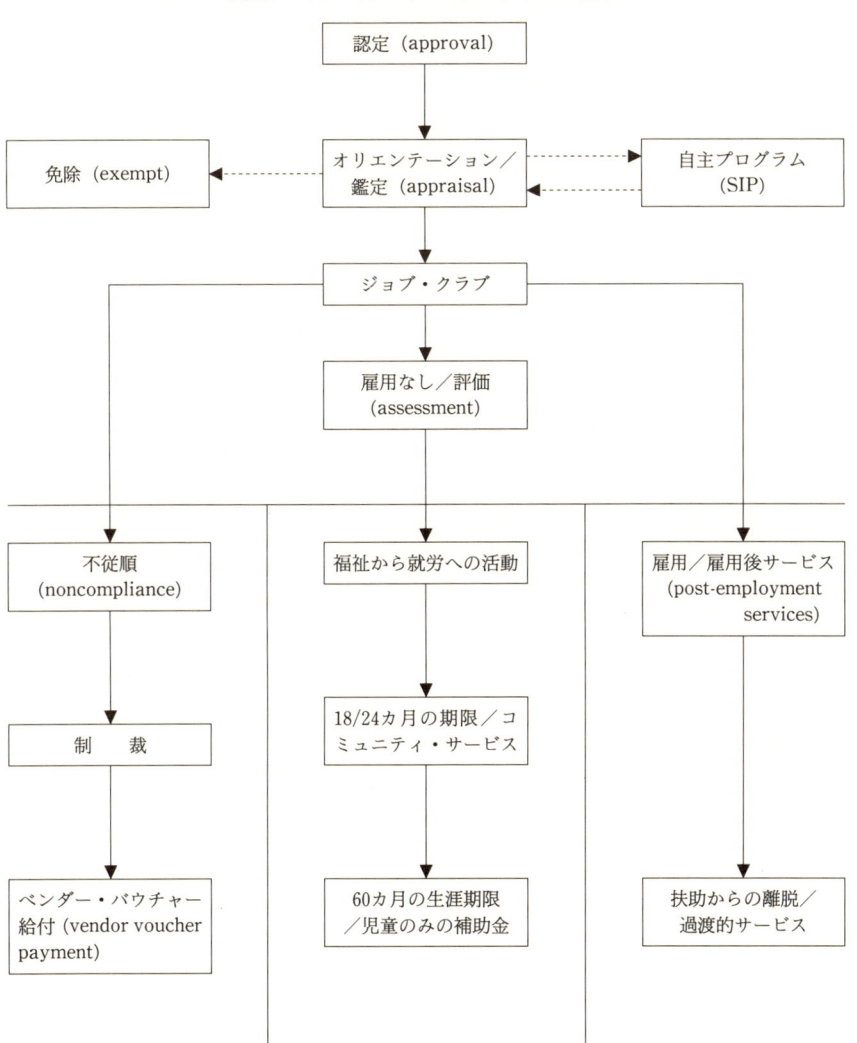

```
                          認定 (approval)
                                │
                                ▼
  免除 (exempt) ◀┈┈┈┈ オリエンテーション／ ┈┈┈┈▶ 自主プログラム
                       鑑定 (appraisal)              (SIP)
                                │
                                ▼
                          ジョブ・クラブ
                                │
                                ▼
                          雇用なし／評価
                          (assessment)
   ┌────────────────────────────┼────────────────────────────┐
   ▼                            ▼                            ▼
  不従順                  福祉から就労への活動           雇用／雇用後サービス
 (noncompliance)                                      (post-employment
                                                          services)
   │                            │                            │
   ▼                            ▼                            ▼
  制　裁                 18/24カ月の期限／コ
                         ミュニティ・サービス
   │                            │                            │
   ▼                            ▼                            ▼
 ベンダー・バウチャー      60カ月の生涯期限           扶助からの離脱／
 給付 (vendor voucher    ／児童のみの補助金           過渡的サービス
 payment)
```

出所：[Klerman et al., 2000]

「情報」機能とは，受給者にその権利と義務を知らせることである。「動機づけ」とは，種々のプログラムへの参加意欲を喚起することである。「診断」機能とは，就労への障害を認知することであり，またニーズを選別することや利用可能なサービスを照会することである。こうした3つの機能を有する「オリエンテーション／鑑定」の仕方は，郡ごとに若干の相違があるが，最大の目的が，受給者にプログラムの内容を知らせたうえで，彼らに「就労最優先」の志向を植えつけることにある点では共通している。なお，この段階で認められた教育プログラムに規定の時間通うと，次に述べる「ジョブ・クラブ」参加が免除される。[56]

「オリエンテーション／鑑定」を経て，「ジョブ・クラブ」に移る。「ジョブ・クラブ」では，対象者は求職技術の指導などを行うワークショップに参加しながら求職活動に従事する。「ジョブ・クラブ」の期限は4週間である。

「ジョブ・クラブ」で雇用を見つけられない場合は，「評価 assessment」に進む。この段階で，「福祉から就労への活動」の計画が立てられる。対象者はこの活動計画に署名したうえで，「福祉から就労への活動」を行う。しかし，この活動によっても仕事が見つからない場合，「再評価 reassessment」が行われる。対象者はこの「再評価」にもとづいて「福祉から就労への活動」計画を変更し，再び「福祉から就労への活動」を行うことになる。こうしたやり方が，「福祉から就労への活動」の期限である最大18カ月間，仕事が見つかるまで繰り返される。こうした「福祉から就労への活動」は，コミュニティ・カレッジや他のさまざまな機関に委託されている。期限内に雇用されない場合，扶助を受給し続けたい人はコミュニティ・サービスに従事しなくてはならない。

「不従順 noncompliance」は CalWORKs の要件に従わない行為のことで，主に「ジョブ・クラブ」で起こる。「不従順」に対しては制裁が加えられる。

雇用を見つけることができた人は，[57]「雇用後サービス post-employment service」を利用できる。ただし，郡によってはこれが十分整備されておらず，CalWORKs の課題のひとつとみなされている。「雇用後サービス」の目的は，受給者が福祉から離れることを確実なものにすることである。

ここまで CalWORKs の流れをみてきて明白になったのは，そこにおいて受

給者が雇用を得ることを最大限優先するやり方，つまり「就労最優先アプローチ」が採用されていることである。

ところで，CalWORKsにおいて，現にホームレス状態にあるか，ホームレス状態に陥りそうな受給者に対して，どのような支援がなされているのだろうか。

まず，先に述べた「ホームレス生活者支援プログラム」についてみてみよう。これは1988年に「要扶養児童家族扶助」の一部としてつくられたもので，福祉改革後も継続しているプログラムである。このプログラムの対象者は，ホームレス状態にある受給者で恒久住宅を探している人である。このプログラムによる扶助を受給できるのは，原則として生涯1度だけである。

また，カリフォルニア州のいくつかの郡では，CalWORKsの資金を利用してCalWORKs現受給者ばかりでなく前受給者に対しても，家賃補助を行っている［CBP, 2000］。こうしたサービスは，低所得者がホームレス状態に陥るのを防ぐ効果があると考えられている。たとえばサンマテオ郡は，CalWORKsの資金と郡の別の資金とを使って「住宅機会プログラム Housing Opportunities Program」(HOP) を実施している。このプログラムは，最初の6ヵ月間は対象者に家賃の60％を支給し，次の6ヵ月は30％を支給するというものである。このプログラムの参加資格は，CalWORKsの現受給者であるか前受給者，もしくは所得が郡の所得中央値の50％未満の者ということになっている。そのうえ参加者には，このプログラムに参加している間，フルタイムの雇用を維持しなければならないという規制が課される［ibid.］。

福祉改革後のカリフォルニア州の制度をみてきたが，そこでは，受給期間が制限されたり，受給にあたっては厳しい就労要件が設定されていた。しかし他方では，ホームレス生活者を対象にした支援プログラムもあった。また「福祉から就労への活動」を通じて，就労による経済的自立を図る仕組みもあった。カリフォルニア州のこうした制度は，ホームレス生活者の立場からみたときどのように評価されるのだろうか。

4 ホームレス生活者からみた福祉改革

ホームレス問題と関連させて福祉改革を論じるにあたって，まず，ホームレス生活者がCalWORKs受給者とどの程度重なるのかをみておきたい。「要扶養児童家族扶助」と同様に，CalWORKsにあっても一定の要件を満たさなくてはならない。要件を満たしたCalWORKs受給者の一般像は，「要扶養児童家族扶助」のそれと同じく，母子世帯である。他方，ホームレス生活者とはどういう人々なのであろうか。ホームレス生活者の場合，たしかに近年，女性の割合が高くなったとはいえ，しかし依然として単身男性の割合が最も高い。また，ホームレス生活者の所得水準はきわめて低いものであった［平川，2003，319・328頁］。所得の低さからいえば，ホームレス生活者はCalWORKsの受給資格を得られると思われるが，CalWORKsは世帯を対象とした扶助なので，単身者は含まれない。家族ホームレスに注目してみると，その大部分を女性が占めているし，家族ホームレスの約半数が「要扶養児童家族扶助」を受給している［同上，319・330頁］。さらに，NunezとFoxの調査[58]によれば，家族ホームレスの84％が何らかの公的扶助を受給しており，うち51％が公的扶助を唯一の収入源としていた。[59]「貧困家族一時扶助」を受給している家族ホームレスは59％で，「貧困家族一時扶助」もしくは「要扶養児童家族扶助」を受給したことがある家族ホームレスは81％であった［Nunez and Fox, 1999, pp.295-296］。こうしてみると家族ホームレスに関しては，CalWORKs/「貧困家族一時扶助」受給者と重なる部分があり，CalWORKs/「貧困家族一時扶助」の対象となっているように思える。なお，アラメダ郡の"CalWORKs 2000 Year End Report"によると，全受給者の5％（1172人）がホームレス生活者であった。

次に，福祉改革がホームレス生活者におよぼした影響についてみてみよう。

福祉改革に対する批判として，児童ケアや交通サービスの不足，職業訓練の不備などを指摘するものがある。カリフォルニア州では，郡が「現在不足している，もしくは不足が予想されるサービス」として児童ケア，交通サービスを挙げている［Ebener and Klerman, 2000］が，これらの不足は福祉受給者の就労

を阻害する要因となっている［Blumenberg, 2001, p.277］。また，就労が重視されるあまり，教育や職業訓練は最後の手段としての位置づけしか与えられておらず，その結果，大部分の受給者が十分な教育や職業訓練を受けないまま雇用を得ることになる。すると，そこで得られる雇用の多くは，当然，低賃金で不安定なものになりがちである［Ong and McConville, 2001］。とりわけ就労経験の乏しいホームレス生活者の場合，こうした教育や職業訓練の不備の影響は深刻なものになる［ICP, 1996］。

　ホームレス生活者に関してはその特徴のひとつとして，アルコールや薬物依存，精神障害，家庭内暴力といった問題を抱えていることが挙げられるが，カリフォルニア州ではこのような問題に対処するサービスを「福祉から就労への活動」に組み込んでいる。しかし，こうしたサービスはあまり利用されていない。その理由として，①アルコールや薬物依存，精神障害，家庭内暴力などの問題を抱えている受給者は，そのことをケースワーカーに知らせようとしないこと，②ケースワーカーが専門外であるために，こうしたニーズを把握できないこと，③CalWORKsが「就労最優先アプローチ」を採用していることが指摘されている［Klerman et al., 2000］。

　「ホームレス生活者支援プログラム」に関しては，プログラムへのアクセスが困難であることが指摘されている。2002年4月に，このプログラムへの参加を申請した4260世帯のうち，プログラムからの扶助を受けられたのは1216世帯にすぎなかった。他の多くの世帯は申請しようとしたにもかかわらず，それができなかった。すなわち，福祉事務所に電話で問い合わせても，誤った情報や不完全な情報しか得られなかったので，申請にまでいたらなかったというのである［LACEHH, 2000］。家賃補助についていえば，先に挙げたサンマテオ郡のプログラムはまずまずの成功を収めているといわれているが［CBP, 2000］，これはあくまでもひとつの郡でしか実施されていないものである。

　最後に，1996年福祉改革がホームレス生活者を増加させることになるのかどうかについて検討したい。福祉改革を批判する論者は，福祉改革によってホームレス生活者は増加するだろうという［Caraley, 2001-02］。しかし，BesharovとGermanisは，そもそもホームレス生活者数を正確にカウントすること自体

がきわめて困難である以上,福祉改革がホームレス生活者の増加につながるということはできないと述べている。

　NWMAP (the National Welfare Monitoring and Advocacy Partnership) の低所得世帯を対象とした調査によると,「貧困家族一時扶助」を受給できなくなった回答者の多くが,失業や低収入のためにまだかなりの支援を必要としている。一方,「貧困家族一時扶助」の扶助額を減らされた回答者の多くは,「安定した住居を確保できないこと」や「安くて質の良い児童ケアを利用できないこと」,「食費が払えないこと」を経験したという [NCH and LACEHH, 2000]。こうした調査結果は,福祉受給者の状態が福祉改革によって悪化したことを示している。推測の域を出ないにしても,調査対象者のなかに,ホームレス状態になる可能性をもつ者がかなりいることをうかがわせる。また,California Budget Project によると,アメリカのなかでもカリフォルニア州は家賃が高い州なので,CalWORKs 受給者や低賃金労働者は家賃補助がなければ経済的に立ち行かなくなる可能性が大きい。そうしたとき,しばしば友人や親類の家に泊めてもらったり,緊急シェルターで過ごすことを強いられる者が出てくることになる [CBP, 2000]。

　福祉改革の結果,ホームレス生活者が増えると断言はできないにしても,福祉改革後も相変わらずフード・バンクや緊急シェルターに対する需要が大きいままであること,また生涯期限が切れて「貧困家族一時扶助」を受給できなくなる人が出てくることを考え合わせると,ホームレス生活者が増える可能性は高いという指摘はできるであろう。

---

1) ジュリアーニ前ニューヨーク市長は,1990年代後半,物乞いや徘徊,路上での売買を禁じる多くの条例を制定して,一般市民の「生活の質」を向上させようとした。
2) Burt たちによれば,支援サービス提供組織のサービス利用者で農村地域にいる人が9％にすぎないのに対して,都市近郊にいる人が21％,中心諸都市にいる人が71％である。また支援プログラムのうち,農村地域で実施されているのが32％であるのに対して,都市近郊および中心諸都市で実施されているのが,それぞれ19％と49％である [Burt et al., 2001]。
3) これらの数字は,両大都市圏にある緊急シェルターおよび通過施設を利用したことが

ある人の数を表しているにすぎないのであって，いずれもそれぞれの都市圏にいるホームレス生活者の人口を示しているのではない。これらの数字はまた，それぞれの都市圏がホームレス問題に対して，これまで，どのように対応してきたかを反映している。その意味で，これらの数字から読み取ることができるのは，それぞれの都市圏においてホームレス問題が，これまで，どのようにみられてきたかということである。ニューヨーク大都市圏にあって数字が大きくなっているのは，そこでは行政機関に対してシェルターを設置・運営することを命じる条例が制定された結果，数百人規模のホームレス生活者を収容する倉庫式の緊急シェルターが多数つくられたという事情があるからである。これとは対照的に，ロサンゼルス大都市圏では，他の大都市圏と同様，ニューヨークのような条例は制定されなかった。こうしたことを考慮すれば，ニューヨーク大都市圏のホームレス生活者人口がロサンゼルス大都市圏のそれの3倍に達するなどということはありえないということがわかるだろう。実際，以下にみるように，ロサンゼルス郡のホームレス生活者人口は，公式には8万4300人となっている。これは，同郡の緊急シェルターおよび通過施設利用者数よりはるかに多い数字である。

4）3つのプログラムというのは，①支援住宅プログラム（Supportive Housing Program），②シェルター・プラス・ケア・プログラム（Shelter Plus Care Program），③SROプログラム（Section 8-Single Room Occupancy Program）である。それぞれのプログラムの内容については注15）を参照。

5）前ニューヨーク市ホームレス問題担当官で現在「ロサンゼルス・ホームレス対策局」（LAHSA）（後述）のエグゼクティブ・ディレクターであるMitchell Netburnによれば，ニューヨーク大都市圏がこれまで低所得者ならびにホームレス生活者に対して行ってきた豊富な社会サービス提供の歴史は，ロサンゼルス郡に比べてかなり多くの（およそ10倍にも達する）資源——ホームレス生活者のための住宅とそれに関連したサービスのシステム——をつくり出すことになった（2001年2月28日のLAHSAでのインタビューによる）。

6）ステュワートB. マキニー・ホームレス生活者支援法［42 USC 11302］のタイトル I 。なおこの法律の全条文は次のウェッブ・サイトで読むことができる。
http://www.4.law.cornell.edu/uscode/42/11302.html

7）カリフォルニア州財務省California Department of Financeのウェッブ・サイト（www.dof.ca.gov）による。

8）カリフォルニア大学ロサンゼルス校（UCLA）都市計画学部のスタッフは，南カリフォルニア自治体連合（SCAG）のために現在も住宅ニーズ調査を続けている。次のウェッブ・サイトを参照。http://www.api.ucla.edu/rhna

9）ロサンゼルス郡内のアパート（2寝室）の公正市場家賃（FMR）——注19）参照——は，1986年の570ドルから2001年の782ドルへ37％上昇した。

10）住宅都市開発省によれば，低家賃住宅とは，その家賃が貧困水準の上限に位置する貧困家族（4人）の所得（月額）の30％以下である住宅のことである。

11）低所得地域にある郡立病院ならびに刑務所の閉鎖に関する最近の議論として，それは貧困者が気軽に病院にかかることを困難にするだけでなく，彼らに対してスキッド・ロ

ウ地区への流入圧力を高めることにもなるというのがある［Riccardi, 2002; Winton, 2002］。それによれば，平均すると毎日およそ50人もの人が刑務所から出されているが，その際，住む家の世話はなされないから，多くは結局スキッド・ロウ地区にやって来るしかない［Rivera, 2002］。財政危機にともなってロサンゼルス郡が行った福祉関連支出削減の影響は，里親制度にもおよんでいる。すなわち，成長した子どもを社会に迎え入れるのに必要なサービスが十分提供されなくなった結果，彼らのなかにはおうおうにして住む所がなくなって，ホームレス状態に陥る者も出てきているのである［Banks, 2001；Marosi, 2001］。

12) ロサンゼルス郡のホームレス生活者対策の展開についての以下の概観は，Spivak による分析［Spivak, 1999］に，著者自身がこれまで行ってきた支援活動家や行政関係者などへのインタビューから得られた知見を加えたものである。

13)「ロサンゼルス・ホームレス対策局」（LAHSA）創設の事情とその後の展開過程やその仕組みと機能に関する情報は，LAHSA のスタッフやホームレス支援活動家に対するインタビューおよび LAHSA のウェッブ・サイト（www.lahsa.org）から得た。また，LAHSA が住宅都市開発省に提出した『2001年ロサンゼルス郡ケアの継続プラン』も参照した。

14) NOFA とは Notice of Funding Availability の略である。

15) 注4）に示した3つのプログラムである。①支援住宅プログラムは，通過施設関連の資金を提供する。②シェルター・プラス・ケア・プログラムは，恒久住宅関連の資金を提供する。ただし，ここでいう恒久住宅は何らかの障害をもつホームレス生活者向けのものである。③SROプログラムは，SROホテル入居者に対する家賃補助のための資金である。ただし，ここでいう SRO ホテルは，旧来の劣悪な SRO ホテルを改修して恒久住宅にしたものである。

16) 必ずしもロサンゼルス郡内のすべての都市が『2001年ロサンゼルス郡ケアの継続プラン』に参画しているわけではない。パサデナやロングビーチ，グレンデイルのように規模が大きい都市は独自にプランをつくって，住宅都市開発省に提出した。これら3つの都市にいるホームレス生活者はおよそ1万人とみなされている。すると，ロサンゼルス郡内にて，「ケアの継続」方針にもとづく対策の対象となるホームレス生活者は約7万4000人ということになる。

17) 所得補償プログラムに関する資格や給付水準についての情報は，民間非営利組織の「ロサンゼルス・飢餓とホームレス状態を終わらせるための連合」が作成したパンフレットから取られた。このパンフレットは経済的に困窮したときに受けることができる公的扶助の種類とそれぞれの受け方を一般市民に知らせるためにつくられたものである［Los Angeles Coalition to End Hunger and Homelessness, 2000］。

18) ロサンゼルス郡公的扶助局のウェッブ・サイト（www.dpss.co.la.ca.us）による。

19) 公正市場家賃とは，住宅都市開発省によって毎年改定されるもので，特定の地域にある，特定の広さ（寝室数で表示）の住宅の家賃を高額から低額へと並べたときの，下から40％目にあたる家賃のことである。

20) Burt たちによれば，1996年時点で全米の貧困層に占める65歳以上人口の割合はおよ

そ16％であったのに対して，同年齢層が同年の全米のホームレス生活者に占める割合は2％にすぎなかった［Burt et al., 2001］。
21) ロサンゼルス郡公的扶助局の前掲ウェップ・サイトによる。
22) 3人家族の場合，フードスタンプ給付の標準は月額335ドルである。したがって，CalWORKsと合わせると，この場合，月額961ドルもらえることになる。
23) 2001年におけるロサンゼルス郡内にある2寝室のアパートの公正市場家賃は782ドルであった。これは3人家族に対するCalWORKs給付金（月額626ドル）をしのいでいる。
24) ロサンゼルス郡公的扶助局の前掲ウェップ・サイトによる。
25) ロサンゼルス郡保健サービス局のこの知見は，ホームレス問題が都市レベルにおいてきわめて深刻な問題であることをあらためて示した。全米レベルにおいては，Linkたちが電話によるサンプル調査によって，すでに次のことを明らかにしている。すなわち，生涯のいずれかの時点でホームレス生活を余儀なくされた人はアメリカ人の6.5％におよび，また期間を過去5年間に限れば，その間のいずれかの時点でホームレス状態に陥ったことがある人はアメリカ人の3％になる［Link et. al., 1994］。CulhaneとKuhnはフィラデルフィア市とニューヨーク市について調査している。それによれば，フィラデルフィア市で過去2年のうちのいずれかの時点でシェルターに入ったことがある人は全市人口の2.8％であり，ニューヨーク市で過去5年の内のいずれかの時点でシェルターに入ったことがある人は全市人口の3.3％であった［Culhane and Kuhn, 1998］。
26)「排除」の側面としての路上生活者の犯罪者化については，本編第1章，ならびに本書上巻の第V編における拙稿「連邦政府のホームレス生活者対策」を参照。また，連邦ホームレス支援法の整備が行われる過程でホームレス生活者の「自立」が焦点となったことについても，同上拙稿参照。なお，筆者はそこで，こうした状況について「一種の『ダブルスタンダード』」が生じているとの指摘を行った。しかし，こうした「統合」と「排除」という政策の両面が統一的に把握される必要があるということについては，現下の新自由主義を指向する社会政策の捉え方との関係において論及している竹内章郎の研究［竹内，2001］を参照。
27)「産業化」という表現は，厳密にはそこに営利活動の存在が想定され，その点においてそれは「市場化」という表現とまさに隣接しているものと考えられる。だが必ずしも営利活動として区分しえないものも含みつつ，本章があえて「産業化」という表現を行うのは，アメリカのアカデミズムにおいて「シェルター産業」（そして同時に「シェルター・システム」）という用語が使われる際の含意を問題にしたいからである。アメリカには，「シェルター産業」にとどまらず，「ホームレス産業」，「貧困産業」という用語が存在している。これらは，ホームレス問題をはじめとして，貧困問題に対処する諸組織の活動が，事態の解決よりも，むしろ問題の永続化を助長しており，結果，その永続化によって組織の活動があたかも「事業」として成立していることを見立てる用語といえる。「システム」や「産業」を明示的に区別しない叙述を行っている研究は，後述するStonerの研究，また最新のものでは，女性ホームレス生活者のためのシェルターでWilliamsが行った参与観察研究［Williams, 2003］がある。

28) ここでは狭義の「ホームレス生活者対策」, すなわち, 連邦ホームレス支援法であるマキニー法によって根拠が与えられている施策を対象に論じており, 他の福祉施策など, 必ずしもホームレス生活者に政策対象のカテゴリーが特化されているわけではない種々の貧困対策との関連は, 本章の課題との関係から詳細に扱うことができない。しかし, こうした貧困対策は, そもそもホームレス状態に人々が陥ることを防ぐ「防貧」の効果が期待されるところのものと考えられ, いわば「広義のホームレス生活者対策」として位置づけることが可能であろう。だが, アメリカにおける現実は, 広く貧困対策として位置づけられうる福祉政策などにそうした効果が非常に乏しかったこともあり, それゆえ最底辺の貧困対策として, カテゴライズされた人々 (=「ホームレス生活者」) に対応する施策の整備が求められた, ということなのである。広義の貧困対策とホームレス生活者対策との連関は, さまざまな角度から引き続き検討する必要がある課題であると思われる。
29) マキニー法制定時における支援住宅プログラムの法的根拠は, P.L.100-77, Title Ⅳ, Sec. 421, July 22, 1987, 101 Stat. 49を参照。
30)「ケアの継続」路線を批判している Culhane や Hoch などの研究について, 筆者はすでに紹介・検討を行った [小池, 2003]。ところで, ホームレス問題の長期化に対する苛立ちは, 保守派からも表明されている。たとえば, そうした苛立ちの粗野な表明は, 保守派論客の MacDonald の近著 [MacDonald, 2000] に示されている。「ホームレス自身が路上生活を選択しているとしても, それが続く理由は他にある。いうなれば, ホームレス擁護派が路上生活を必要とするから, 路上生活者が存在し続けるのだ」[MacDonald, 2000:邦訳 165頁]。これは一見すると, 「シェルター産業」を問題にしている言説のように思われるが, MacDonald が批判するのは, あくまでも無償で提供される諸支援である。だが, ホームレス生活者の個人責任が徹底的に果たされねばならないと述べるわりには, むしろその原則にもとづいて機能しているシェルター産業を検討しないなど, 表明されている苛立ちの原因は (意図的かどうかはさておき) 見失われているものと著者には思われる。いずれにせよ, MacDonald においてめざされるのは, 「ホームレス」の心の治療, 精神病院の再建設と強制入院, そして警察による「ホームレス」の犯罪者化である。
31) そういった法支援活動は次第に支援運動を形成し, 全国的なホームレス支援運動体の合流に連なっていくなど, 社会運動の一翼として今日にいたっている。
32)「シェルターに対する権利 Right to Shelter」は, もともと1979年の「Callahan 訴訟」において勝ち取られ, 1981年の同意判決 (=和解) において確定した。その後の度重なる訴訟によって単身の男性だけでなく, 女性, そして家族ホームレスにいたるまで, この「権利」は認められるところとなり, これをもとにニューヨーク州政府と市当局はホームレス生活者のためのシェルターの確保に責任を負い, さらに, シェルターの質の「まともさ decency」を確保することが求められた。
33) [Stoner, 1995, p.37] を参照せよ。またニューヨークに限らず, アリゾナにおいても支援活動家がイニシアティブをとった運動の場合において, 通過施設を問題改善の方途として提起したという事例については Blau が言及している [Blau, 1992, p.97]。

34) ホームレス生活者対策としての通過施設 Transitional Housing そのものに焦点をあてた調査・研究は，管見の限りでは必ずしも多数存在しているわけではないが，この研究はホームレス生活者対策における通過施設と支援サービスの存在に特化して，直接分析を行っており，通過施設やサービスの諸類型を示すなど，1990年代における当地の通過施設の調査・研究状況のひとつの到達として検討に値するものと思われるので参照することにする。
35) 障害をもつホームレス生活者のための通過施設の展開が，1990年代における「障害をもつアメリカ人法 Americans with Disabilities Act」制定の文脈とどのように関連したのか（あるいはしなかったのか）については，本章で敷衍し詳らかにすることは，紙幅のみならず筆者の力量からも現時点ではかなわないが，これは今後さらに詰められるべき論点であるように思われる。
36) ニューヨークには，「シェルターに対する権利」がなお存在しているが，1990年代を通じて，そして近年ではジュリアーニ市政を引き継いだブルームバーグ市政においても引き続きこの「権利」を脅かし，ないがしろにしようとする動きが急であるという。「ホームレスのための全国連合 National Coalition for the Homeless」は，「ケアの継続」における3段階のその最初のシェルター段階から，「シェルターに対する権利」があることを確認し，主張している。しかし，全米では現在こうした権利が法的に認められている所が，ニューヨークを入れてわずかしか存在していない。シェルターに対する責任が公にあるのではなく，ホームレス生活者自身にあるという考え方，そしてそれにもとづく政策の実践は全米の圧倒的な趨勢となっている。
37) これは支援住宅としての通過施設がマキニー法の趣旨に沿って，どのような政策効果をあげているかについて，補助金の交付を受けた団体を対象に1989年から90年にかけて実施された調査の結果を明らかにしているものである。
38) 現地調査は，平成12年度科学研究補助金（基礎研究（B）（1））（12572019））および平成13年度厚生科学研究費補助金（H13－政策―012）による調査研究の一部として行われた。調査員は，第1回（平川，Marr，小池および大阪市立大学教授小玉徹，読売新聞記者原昌平），第2回（平川，Marr，小池および大阪市立大学大学院生久本貴志，同大西祥恵）である。
39) 以後，「通過施設プログラム」という場合，「通過施設」そのものを意味する場合，または通過施設に付帯する「支援サービス」だけを意味する場合，そしてその両者を含める場合の，いずれについてもあてはまるものとして便宜上用いることにする。
40) PATH 内部資料（PATH Finders Client Manual）1頁。
41) PATH スタッフに対するインタビューから。
42) 同上。
43) http://www.hamiltonfamilycenter.org/index.html（2003年9月27日参照）
44) Hamilton Family Center 事業概要案内書から。
45) Hamilton Family Center 通過施設スタッフへのインタビュー（2001年12月27日）。以下，同インタビューより。
46) Hamilton Family Center 内部資料（通過施設利用者規則 Transitional Housing

Program-Program Agreement) p.3.
47) Gary Blasi (professor of the University of California, Los Angels, School of Law) へのインタビューより（2001年2月28日）。
48) 501(c) 団体はすべて，本来の事業および関連収益事業所得について免税が認められている。非関連収益事業には課税される。税率は通常の法人税率と同じである。寄付控除に関しては，同じく501(c) 団体といっても，それが認められているものと認められていないものがある。寄付控除が認められているのは501(c) (1)，同(c) (3)，同(c) (8)，同(c) (10)，同(c) (13)，同(c) (19) であり，他は認められていない［山内，1999, 39頁］。現金を寄付する場合，個人の寄付控除は課税所得の50%まで，法人のそれは10%まで認められている。資産の寄付の場合，個人の寄付控除は課税所得の30%まで，法人のそれは10%まで認められている［初谷, 2001, 26・28頁］。
49) 501(c) (3) 団体と同(c) (4) 団体はともに種々の公益活動に従事する点で変わりない。違いはアドボカシー活動が認められる程度にある。前者の場合，ロビー活動を中心としたアドボカシー活動は，寄付金の20%以内でしか認められないというかたちで厳しく制限されているのに対して，後者にあってはそうした制限はない［Boris and Steuerle, 1999, pp.312-313］。なお後述の〈事業型NPO〉と〈運動型NPO〉はともに501(c) (3) 団体である。
50) 連邦レベルの福祉改革に関しては紙幅の関係上，簡単な説明にとどめた。詳細は［新井, 2002］，［OECD, 1999］，［Weathers, 2002］を参照されたい。
51) 「就労最優先アプローチ」に関連する制度として「勤労所得税額控除 Earned Income Tax Credit」（EITC）もまた福祉改革論争のなかで労働インセンティブを増すものとして注目されて，拡大されてきている。EITC は就労を条件とした，低所得者対象の所得保障の仕組みである。根岸［1999a; 1999b］に詳しい。
52) カリフォルニア州社会サービス省作成の Fact Sheet を参照した。以前はホームページ上で閲覧できたが，現在はできない。
53) 1998年1月以前に受給者であった者の期限は24カ月であった。
54) 2000年度から両親がいる世帯への扶助プログラムは，カリフォルニア州独自のプログラムに移行されたので，連邦の労働参加要件からはずされた。
55) ［Klerman et. al., 2000］のプログラム・モデルに依拠する。
56) 認可された教育プログラムは「自主プログラム self-initiated program」（SIP）とみなされて，「福祉から就労への活動」計画の一部となる。たとえば，コミュニティ・カレッジや職業学校などがある。
57) 雇用は「福祉から就労への活動」のカテゴリーに含まれているので，「福祉から就労への活動」の計画を立てて，それに署名しなくてすむようになる。
58) この調査は777人のホームレス生活者の親と2049人のホームレスの子どもを対象に行われた。対象となった家族は全米10都市の家族ホームレスのための居住施設から抽出された［Nunez and Fox, 1999, p.290］。
59) ここでの公的扶助には「貧困家族一時扶助」，フードスタンプ，メディケイドなどが含まれる［ibid., p.295］。

【参考文献】

新井光吉　2002：『アメリカの福祉国家政策—福祉切捨て政策と高齢社会日本への教訓』九州大学出版会。

小池隆生　2003：「連邦政府のホームレス生活者対策—マキニー法の成立・展開を軸に」小玉徹・中村健吾・都留民子・平川茂編著『欧米のホームレス問題（上）—実態と政策』法律文化社。

後藤玲子　2000：「公的扶助」藤田伍一・塩野谷祐一編『先進国の社会保障7　アメリカ』東京大学出版会。

須田木綿子　2000：「民間非営利団体の組織と活動」仲村優一・一番ヶ瀬康子編『世界の社会福祉9　アメリカ・カナダ』旬報社。

砂田一郎　2000：「連邦制・地方自治・立法過程—社会保障・福祉をめぐる争点対立の変化」藤田・塩野谷編『先進国の社会保障7　アメリカ』東京大学出版会。

竹内章郎　2001：『平等論哲学への道程』青木書店。

根岸毅宏　1999a：「アメリカのEITC（勤労所得税額控除）と所得保障政策」『國學院経済学』第47巻第1号。

根岸毅宏　1999b：「アメリカのEITC（勤労所得税額控除）の政策的意義と問題点—税制を通じた所得保障（Tax-Base Transfer）の具体例として」『國學院経済学』第48巻第1号。

初谷勇　2001：『NPO政策の理論と展開』大阪大学出版会。

平川茂　2002：「『事業型NPO』と『運動型NPO』—アメリカのホームレス支援NPOはアメリカのホームレス対策においてどのような役割を果たしているか？」『四天王寺国際仏教大学紀要』人文社会学部第34号。

平川茂　2003：「ホームレス生活者の歴史と現在」小玉・中村・都留・平川編著『欧米のホームレス問題（上）—実態と政策』法律文化社。

藤田貴恵子・野呂芳明　1989：「公的扶助」社会保障研究所編『アメリカの社会保障』東京大学出版会。

山内直人　1999：「データで読むアメリカのNPO」レスター M.サラモン（山内直人訳）『NPO最前線—岐路に立つアメリカ市民社会』岩波書店。

Alameda County Social Service Agency: CalWORKs 2000 Year End Report (http://www.co.alameda.ca.us/assistance/calworks/calworks7/end-file-2000.pdf).

Banks, Sandy 2001: "Foster Care: Noble Cause, Troubled System", *Los Angeles Times*, April 20 2001.

Barrow, Susan and Rita Zimmer 1999: "Transitional Housing and Services: A

Synthesis", in: Fosburg, Linda B. and Deborah L. Dennis (eds.), *Practical Lessons: The 1998 National Symposium on Homeless Research*, Washington, D.C.: U.S. Department of Housing and Urban Development and U.S. Department of Health and Human Services.

Besharov, Douglas J. and Peter Germanis 2000: "Welfare Reform-Four Years Later" *The Public Interest*, No.140.

Blau, Joel 1992: *The Visible Poor: Homelessness in the United States*, Oxford: Oxford University Press.

Blumenberg, E. 2001: "Welfare Reform and the California Labor Market", in: Ong, Paul M. and James R. Lincoln (eds.), *The State of California Labor*, Institute of Industrial Relations.

Bobo, Lawrence, Melvin L. Oliver, James Johnson, and Abel Valenzuela, Jr. 2000: *Prismatic Metropolis: Inequality in Los Angeles*, New York, NY: Russell Sage Foundation.

Boris Elizabeth T. 1999: "The Nonprofit Sector in the 1990s", in: Charles T. Clotfelter and Thomas Ehrlich (eds.), *Philanthropy and the Nonprofit Sector in a Changing America*, Bloomington, IN: Indiana University Press.

Boris Elizabeth T. and C. Eugene Steuerle (eds.) 1999: *Nonprofit and Government: Collaboration or Conflict*, Washington, D.C.: The Urban Institute Press.

Burt, Martha 1992: *Over the Edge: The Growth of Homelessness in the 1980s*, New York, NY: Russell Sage Foundation.

Burt, Martha, Laura Y. Aron, and Edgar Lee, with Jesse Valente 2001: *Helping America's Homeless: Emergency Shelter or Affordable Housing?*, Washington, D.C.: Urban Institute Press.

Bustillo, Miguel 2002: "Time is Running Out for Thousands on Welfare", *Los Angeles Times*, April 20, 2002.

California Budget Project 2000: "Housing Matters for CalWORKs Families" (http://www.cbp.org/2000/0006wel2.pdf).

Caraley, Demetorios James 2001: "Ending Welfare As We Know It: A Reform Still in Progress" in: *Political Science Quarterly*, Vol. 116, No. 4.

Cousineau, Michael R. 2001: "Comparing Adults in Los Angeles County Who Have and Have Not Been Homeless", in: *Journal of Community Psychology*, Vol. 29, No. 6:693–701.

Cousineau, Michael R. and Brian Shimabakura 1999: "The Five Year Prevalence of Homelessness in Los Angeles County: Findings From the Los Angeles County Health Survey", Los Angeles, CA: Institute for the Study of Poverty and Homelessness at the Weingart Center (www. weingart.org).

Culhane, Dennis P. and R. Kuhn 1998: "Patterns and Determinants of Shelter Utilization Among Single Adults in New York City and Philadelphia", in: *Journal of Policy Analysis and Management*, Vol.17, No.1:23-43.

Culhane, Dennis P., Stephen Metreaux, and Susan M. Wachter 1999: "Homelessness and Public Shelter Provision in New York City," in: Michael Schill (ed.), *Housing and Community Development in New York City: Facing the Future*, Albany, NY: State University of New York Press.

Culhane, Dennis P., Stephen Matraux, and Trevor Hadley 2001: "The Impact of Supportive Housing for Homeless People with Severe Mental Illness on the Utilization of the Public Health, Corrections and Emergency Shelter Systems: The New York-New York Initiative", Washington, D.C.: Fannie Mae Foundation (www.fanniemae.org).

Dennison, Becky, Rickey Mantley, Anisa Mendizabal, and Pete White 2001: "Downtown Women's Needs Assessment", Los Angeles, CA: Shelter Partnership, Inc. (www. shelterpartnership.org).

Ebener, Patricia A. and Jacob Alex Klerman 2000: "Welfare Reform in California: Results of the 1999 All-County Immplementation Survey", RAND (http://www. rand.org/publications/MR/MR1180/MR1180.pdf)

Erlenbusch, Bob, Matthew D. Marr, and Pete White 2001: "Life on Industrial Avenue: A Profile of an Urban Encampment", Los Angeles, CA: Los Angeles Coalition to End Hunger and Homelessness (www. lacehh.org).

Fosburg, Linda B. and Deborah L. Dennis (eds.) 1999: *Practical Lessons: The 1998 National Symposium on Homeless Research*, Washington, D.C.: U.S. Department of Housing and Urban Development and U.S. Department of Health and Human Services.

Gonzales-Baker, Susan 1996: "Homelessness and the Latino Paradox", in: James Baumohl (ed.), *Homelessness in America*, Phoenix, AZ: The Oryx Press.

Grant, David M., Melvin L. Oliver and Angela James 1996: "African Americans: Social and Economic Bifurcation", in: Roger Waldinger and Mehdi Bozorgmehr (eds.), *Ethnic Los Angeles*, New York, NY: Russell Sage Foundation.

Grunberg, Jeffrey and Paula F. Eagle 1990: "Shelterization: How the Homeless Adapt to Shelter Living", in: *Hospital and Community Psychiatry*, Vol. 41, No. 5:521-525.
Hopper, Kim 1996: "Homelessness and African Americans", in: James Baumohl (ed.), *Homelessness in America*, Phoenix, AZ: The Oryx Press.
Institute for Children and Poverty 1996: "Common Sense: Why jobs and training alone won't end welfare for homeless families" (http://www. homesforthehomeless.com/pdf% 20files/CommonSense.pdf)
Institute for the Study of Homelessness and Poverty 2001: "Just the Facts: Housing and Poverty in Los Angeles", Los Angeles, CA: Institute for the Study of Homelessness and Poverty at the Weingart Center (www. weingart.org).
Interagency Council on the Homeless 1994: *Priority: Home — The Federal Plan to Break the Cycle of Homelessness*, Washington, D.C.: U.S.Department of Housing and Urban Development.
Interagency Council on the Homeless 1999: *Homelessness: Programs and the People They Serve (Findings of the National Survey of Homeless Assistance Providers and Clients: Technical Report)*, Washington, D.C.: The Urban Institute (http://www.urban.org).
Jenks, Christopher 1994: *The Homeless*, Cambridge, MA: Harvard University Press. 岩田正美監訳 1995『ホームレス』図書出版社。
Klerman, Jacob Alex , Gail L. Zellman, Tammi Chun, Nicole Humphery, Elaine Reardon, Donna Farley, Patricia A. Ebener, and Paul Steinberg 2000: *Welfare Reform in California: State and County Implementation of CalWORKs in the Second Year*, RAND (http://www.rand.org/publications/MR/MR1177/ MR1177.pdf).
Koegel, Paul, M. Audrey Burnam, and Jim Baumohl 1996: "The Causes of Homelessness", in: James Baumohl (ed.), *Homelessness in America*, Phoenix, AZ: The Oryx Press.
Kozol, Jonathan 1988: *Rachel and Her Children: Homeless Families in America*, New York, NY: Crown. 増子光訳 1991『家のない家族』晶文社。
Link, B., J. Phelan, M. Bresnahan, A. Stueve, R. Moore, and E. Susser 1995: "Lifetime and Five-Year Prevalence of Homelessness in the United States: New Evidence and Old Debate", in: *American Journal of Orthopsychiatry*,

Vol. 65, No. 3:347-354.

Los Angeles Coalition to End Hunger and Homelessness 2000: "The People's Guide to Welfare, Heath, and Other Services in Los Angeles County", Los Angeles, CA: Los Angeles Coalition to End Hunger and Homelessness (www. peoplesguide.org).

Los Angeles Coalition to End Hunger and Homelessness 2002: "County's Aid for Homeless Families Fails Our Test" (http://www.lacehh.org/ homelessassistance.html).

Los Angeles Homeless Services Authority 2001: "Los Angeles Continuum of Care Narrative", Los Angeles, CA: Los Angeles Homeless Services Authority (www.lahsa.org).

MacDonald, Heather 2000: *The Burden of Bad Ideas: How Modern Intellectuals Misshape Our Society*, Ivan R Dee, Inc. 長縄忠・貝塚泉訳 2003『壊れてゆくアメリカ―愚かな理想・ゆがんだ民主主義』PHP研究所。

Marosi, Richard 2001: "New Homes Away From Foster Care", *Los Angeles Times*, June 14 2001.

Massey, Douglas and Nancy A. Denton 1993: *American Apartheid: Segregation and the Making of Underclass*, Cambridge, MA: Harvard University Press.

Montgomery, Deborah , Laura Kaye, Rob Green, and Karin Martison 2002: "Recent Changes in California Welfare and Work, Child Care, and Child Welfare Systems", The Urban Institute (http://urban.org/UploadedPDF/310495-recent-chnges- CA.pdf).

National Alliance to End Homelessness 2000: "A Plan, Not a Dream: How to End Homelessness in Ten Years", Washington, D.C.: National Alliance to End Homelessness (www.endhomelessness.org).

National Coalition for Homeless and Los Angeles Coalition to End Hunger and Homelessness 2000: "Welfare for What? Part II" (http://www. nationalhomeless.org/ ww2.pdf).

Nunez, Ralf and Cybelle Fox 1999: A Snapshot of Family Homelessness Across America", in: *Political Science Quarterly*, Vol. 114, No. 2.

OECD 1999: *The Public Employment Service in the United States*, Paris: OECD publication.

Office of Governor 2002: A Summery Report on California's Programs to Address Homelessness.

Office of Management and Budget 2003: *Budget of the United States Government—Fiscal Year 2004*, Public Budget Database (http://w3.access. gpo.gov/usbudget/fy2004/sheets/ budauth.xls).

Ong, Paul and Abel Valenzuela Jr. 1996: "The Labor Market: Immigrant Effects and Racial Disparities", in: Roger Waldinger and Mehdi Bozorgmer (eds.), *Ethnic Los Angeles*, New York, NY: Russell Sage Foundation.

Ong, Paul and Evelyn Blumenberg 1996: "Income and Racial Inequality in Los Angeles," in: Allen Scott and Edward Soja (eds.), *The City: Los Angeles and Urban Theory at the End of the Twentieth Century*, Berkeley, CA: University of California Press.

Ong, Paul M. and Shannon McConville 2001: "Welfare to Work and the Entry-Level Labor Market", in: Ong, Paul M. and James R. Lincoln (eds.), *The State of California Labor*, Institute of Industrial Relations.

Quigley, John M., Steven Raphael, and Eugene Smolensky 2001: "Homelessness in California", San Francisco, CA: Public Policy Institute of California (www. ppic.org).

Riccardi, Nicholas 2002: "County's Dilemma: Cost vs. Care", *Los Angeles Times*, June 24 2002.

Rivera, Carla 1998: "Homeless Women, Children Change the Face of Skid Row", *Los Angeles Times*, July 28 1998.

Rivera, Carla 2002: "Not All Praise Plan for Homeless Shelter", *Los Angeles Times*, March 15 2002.

Rossi, Peter 1989: *Down and Out in America: The Origins of Homelessness*, Chicago, IL: University of Chicago Press.

Salamon, Lester M. 1992: *America's Nonprofit Sector*, New York, NY: The Foundation Center. 入山映訳 1994『米国の「非営利セクター」入門』ダイヤモンド社。

Shelter Partnership 1995: "The Number of Homeless People in Los Angeles City and County, 1993 to 1994", Los Angeles, CA: Shelter Partnership, Inc. (www.shelter partnership.org).

Shelter Partnership 1999: "A Report on the Impacts of the Implementation of the Five Month Time Limit on General Relief Cash Benefits in Los Angeles County", Los Angeles, CA: Shelter Partnership, Inc. (www.shelterpartnership. org).

Shelter Partnership and Public Counsel Law Center 2002: "A Survey of General Relief Recipients: Housing, Utilization of Systems of Care, and Employability Status", Los Angeles, CA: Shelter Partnership, Inc (www. shelterpartnership.org).

Shinn, Marybeth and James Baumohl 1999: "Rethinking the Prevention of Homelessness", in: Fosburg, Linda B. and Deborah L. Dennis (eds.), *Practical Lessons: The 1998 National Symposium on Homeless Research*, Washington, D.C.: U.S. Department of Housing and Urban Development and U.S. Department of Health and Human Services.

Spivak, Donald 1999: "History of Skid Row", Los Angeles, CA: Institute for the Study of Poverty and Homelessness at the Weingart Center (www.weingart. org).

Stark, Louisa R. 1994: "The Shelter as a 'Total Institution': An Organizational Barrier to Remedying Homelessness", in: *American Behavioral Scientist*, Volume 37, Number 4: 553-562.

Stoner, Madeleine R. 1995: *The Civil Rights of Homeless People: Law, Social Policy, and Social Work Practice*, New York, NY: Aldine De Gruyter.

Timmer, Doug A., D. Stanley Eitzen, and Katheryn D. Talley 1994: *Paths to Homelessness: Extreme Poverty and the Urban Housing Crisis*, San Francisco, CA: Westview Press.

U.S. Census Bureau 1987: "American Housing Survey for the Los Angeles-Long Beach Metropolitan Area", Washington, D.C.: US Census Bureau.

U.S. Census Bureau 1999: "Current Construction Reports, Series C-40", Washington, D.C.: U.S. Census Bureau (www.census.gov).

U.S. Census Bureau 2000: "Housing Vacancies and Homeownership Annual Statistics: 2000", Washington, D.C.: U.S. Census Bureau.

U.S. Census Bureau 2001: "Emergency and Transitional Shelter Population: 2000", Washington, D.C.: US Census Bureau.

U.S. Conference of Mayors 2001: "A Status Report on Hunger and Homelessness in American Cities", Washington, D.C.: U.S. Conference of Mayors (www.usmayors. org).

U.S. Department of Housing and Urban Development 1995: "Stewart B. McKinney Homeless Programs: Policy Development and Research Report", Washington, D.C.: US Department of Housing and Urban Development

(www.huduser.org).
U.S. Department of Housing and Urban Development 2000a: "Worse Case Rental Needs in the Los Angeles MSA.", Washington, D.C.: US Department of Housing and Urban Development (www.huduser.org).
U.S. Department of Housing and Urban Development 2000b: "Affordable Housing Shortage in Metropolitan Los Angeles", Washington, D.C.: US Department of Housing and Urban Development (www.huduser.org).
U.S. Department of Housing and Urban Development 2001a: "Fair Market Rent History: 1983-2001", Washington, D.C.: U.S. Department of Housing and Urban Development (www.huduser.org).
U.S. Department of Housing and Urban Development 2001b: "Community Planning and Development", Washington, D.C.: U.S. Department of Housing and Urban Development (www.huduser.org).
U.S. Department of Housing and Urban Development 2002a: "Study on Section 8 Voucher Success Rates: Volume 1, Quantitative Study of Success Rates in Metropolitan Areas", Washington, D.C.: U.S. Department of Housing and Urban Development (www.huduser.org).
U.S. Department of Housing and Urban Development 2002b: "Review of Stewart B. McKinney Homeless Assistance Programs", Washington, D.C.: U.S. Department of Housing and Urban Development (www.huduser.org).
U.S. Department of Labor 1998: "Employment and Training for America's Homeless: Final Report on the Job Training for the Homeless Demonstration Program", Washington, D.C.: U.S. Department of Labor.
U.S. General Accounting Office 1990: *Homelessness: McKinney Act Programs and Funding for Fiscal Year 1989*, Washington, D.C..
U.S. General Accounting Office 1991a: *Homelessness: McKinney Act Programs and Funding for Fiscal Year 1990*, Washington, D.C..
U.S. General Accounting Office 1991b: *Homelessness: Transitional Housing Shows Initial Success but Long-term Effects Unknown*, Washington, D.C..
U.S. General Accounting Office 1992: *Homelessness: McKinney Act Programs and Funding Through Fiscal Year 1991*, Washington, D.C..
U.S. General Accounting Office 1994: *Homelessness: McKinney Act Programs and Funding Through Fiscal Year 1993*, Washington, D.C..
U.S. General Accounting Office 1999: *Homelessness: Coordination and Evalua-*

tion of Programs Are Essential, Washington, D.C..
Weathers, Charles 2002: "The Transformation of Employment and Income Support Policies in the United States", in: *The Keizaigaku Zasshi*, Vol. 103, No. 2.
Williams, Jean Calterone 2003: *A Roof Over My Head: Homeless Women and the Shelter Industry*, Colorado, CO: University Press of Colorado.
Wilson, William Julius 1980: *The Declining Significance of Race: Blacks and Changing American Institutions*, Chicago, IL: University of Chicago Press.
Wilson, William Julius 1987: *The Truly Disadvantaged: The Inner City, The Underclass, and Public Policy*, Chicago, IL: University of Chicago Press. 青木秀男監訳 1999『アメリカのアンダークラス―本当に不利な立場に置かれている人々』明石書店。
Wilson, William Julius 1996: *When Work Disappears: The World of the New Urban Poor*, New York, NY: Alfred A. Knopf. 川島正樹・竹本友子訳 1999『アメリカ大都市の貧困と差別―仕事がなくなるとき』明石書店。
Winton, Richard 2002: "Sheriff Releases 1,200 Nonviolent Offenders: Baca, in financial battle with supervisors, will also cut programs", *Los Angeles Times*, June 21, 2002.
Wolch, Jennifer 1996: "From Global to Local: The Rise of Homelessness in Los Angeles During the 1980s", in Allen Scott and Edward Soja (eds.), *The City: Los Angeles and Urban Theory at the End of the Twentieth Century*, Berkeley, CA: University of California Press.
Wolch, Jennifer and Michael Dear 1993: *Malign Neglect: Homelessness in an American City*, San Francisco, CA: Jerry Bass Publishers.

編著者紹介

中村健吾（なかむら・けんご）
大阪市立大学大学院経済学研究科助教授
主要著作「グローバリゼーションと地域統合の時代における社会政策の可能性」（社会政策学会編『グローバリゼーションと社会政策』法律文化社，2002年），「国民国家を超える公共圏の可能性──ＥＵの将来像をめぐるドイツでの論争」（山口定ほか編『新しい公共性──そのフロンティア』有斐閣，2003年）

中山　徹（なかやま・とおる）
大阪府立大学社会福祉学部教授
主要著作『高齢在日韓国・朝鮮人』（共著，御茶の水書房，1997年），「イギリスにおけるホームレス問題と『野宿者』(Rough Sleeper) 対策」（大阪市立大学経済学会『経済学雑誌』102巻3・4号，2002年3月）

岡本祥浩（おかもと・よしひろ）
中京大学商学部教授
主要著作『居住福祉の論理』（共著，東京大学出版会，1993年），「イギリスのホームレス問題と住宅政策の模索」（都市住宅学会『都市住宅学』34号，2001年7月）

都留民子（つる・たみこ）
県立広島女子大学生活科学部教授
主要著作『フランスの貧困と社会保護──参入最低限所得（ＲＭＩ）への途とその経験』（法律文化社，2000年），「フランスの排除Exclusion概念──わが国の社会問題に使用することは可能か」（国立社会保障・人口問題研究所『海外社会保障研究』141号，2002年12月）

平川　茂（ひらかわ・しげる）
四天王寺国際仏教大学人文社会学部助教授
主要著作「非正規雇用の広がりと都市最下層」（八木正編著『被差別世界と社会学』明石書店，1996年），「『事業型ＮＰＯ』と『運動型ＮＰＯ』」（『四天王寺国際仏教大学紀要』34号，2002年3月）

2004年3月31日　初版第1刷発行

欧米のホームレス問題（下）
── 支援の実例 ──

編著者　中村健吾・中山　徹
　　　　岡村祥浩・都留民子
　　　　平川　茂

発行者　岡村　勉

発行所　株式会社　法律文化社

〒603-8053 京都市北区上賀茂岩ケ垣内町71
電話 075(791)7131　FAX 075(721)8400
http://www.hou-bun.co.jp/

© 2004 K.Nakamura, T.Nakayama, Y.Okamoto,
T.Tsuru, S.Hirakawa, Printed in Japan
印刷：一進印刷株式会社／製本：酒本製本所
装幀　前田俊平
ISBN4-589-02714-3

真田是・宮田和明・加藤薗子・河合克義編
図説　日本の社会福祉
A 5 判・234頁・2520円

「社会福祉」とは何か。図表と解説の見開き頁でやさしく解説。国民の立場にたち，財政緊迫の今日の状況のなかで，いかに私たちの暮らしを護っていくべきかを，将来展望を視野にいれながら展開する。

芝田英昭編著
社会保障の基本原理と将来像
A 5 判・200頁・2415円

「誰の，何のための社会保障か」—社会保障の原理を歴史から問い直し，国民的立場から年金・医療保障，社会保障の将来像とその財源のあり方の基本原則を示す。今日の動向と政策課題を盛り込み，運動の指針となる書。

足立正樹編著
各国の社会保障〔第3版〕
A 5 判・246頁・2730円

医療・老齢保障を中心に，イギリス，スウェーデン，ドイツ，フランス，イタリア，アメリカ，韓国，日本の社会保障の歴史・現状を概観し，その全体像と特徴を明らかにする。この10年の変化に対応し，介護保障事情を紹介した最新版。

山本　隆著
イギリスの福祉行財政
―政府間関係の視点―
A 5 判・410頁・6825円

福祉の財源，権限，人員の視点から，1960年以降の英国の社会福祉における中央政府と地方自治体の関係の内実を解明する。中央の役割，自治体の自主財源や政策決定での自律性，民間の規制等を通して福祉改革を学ぶ。

武田公子著
ドイツ自治体の行財政改革
―分権化と経営主義化―
A 5 判・224頁・4515円

分権化の潮流を読み解く3つのキーワード—福祉国家の危機，補完性原理，市場化と経営主義化—から現代の分権化を定義づけ，会計制度や社会扶助費などドイツ自治体が抱える具体的な問題を素材に，行財政再編の方向を考察する。

D・ドマジエール　M＝T・ピニョニ著
都留民子監訳
行動する失業者
―ある集団行動の社会学―
四六判・264頁・2940円

97〜98年冬，フランスの失業者は沈黙と孤独から脱した。全国で繰り広げられた彼らの大行動を素材に，その実態調査，行動にいたる過程，集団行動を分析し，課題を提示する。監訳者が日本の社会保障研究における失業者研究について論及。

――――― 法律文化社 ―――――

表示価格は定価(税込価格)です